Informatik-Fachberichte 264

Herausgeber: W. Brauer
im Auftrag der Gesellschaft für Informatik (GI)

T. Härder, H. Wedekind
G. Zimmermann (Hrsg.)

Entwurf und Betrieb verteilter Systeme

Fachtagung der
Sonderforschungsbereiche 124 und 182
Dagstuhl, 19.-21. September 1990

Proceedings

Springer-Verlag
Berlin Heidelberg New York London
Paris Tokyo Hong Kong Barcelona

Herausgeber

T. Härder
G. Zimmermann
Universität Kaiserslautern, Informatik
Postfach 30 49, W-6750 Kaiserslautern

H. Wedekind
Universität Erlangen-Nürnberg, Informatik VI
Martensstraße 3, W-8520 Erlangen

Veranstalter der Fachtagung

SFB 124 „VLSI-Entwurfsmethoden und Parallelität"
an den Universitäten Kaiserslautern und Saarbrücken

SFB 182 „Multiprozessor- und Netzwerkkonfigurationen"
an der Universität Erlangen-Nürnberg

CR Subject Classification (1987): C.1.2, C.2.4, C.4

ISBN-13: 978-3-540-53490-7 e-ISBN-13: 978-3-642-76309-0
DOI: 10.1007/978-3-642-76309-0

2145/3140-543210 - Gedruckt auf säurefreiem Papier

Professor Dr. Wolfgang Händler
zum 70. Geburtstag gewidmet

Wolfgang Händler

Wolfgang Händler zum 70. Geburtstag

Es ist ein besonderer Glücksfall, wenn man die Entstehung einer neuen wissenschaftlichen Disziplin aus der Nähe miterleben und sogar mitgestalten darf. Sie, lieber Herr Händler, waren von Anfang an dabei. Im Krieg haben Sie bereits ein Analogrechengerät für die Marine konstruiert, danach, als einer der Architekten des TR4 am Entwurf des damals fortschrittlichsten Rechners in der BRD teilgenommen.

Ihre Initiative hat in Saarbrücken das Latein-Deutsch-Übersetzungsprogramm "Saladin" und das "Elektrologische Praktikum", einen der Pfeiler der späteren Informatikausbildung, ins Leben gerufen.

Direkt nach Ihrer Habilitation mit einer Arbeit über Lernverfahren, einem Thema, das auch heute wieder von hoher Aktualität ist, folgten Sie einem Ruf nach Hannover. Die Studenten, die Sie damals nach Hannover begleiteten, sind heute angesehene Informatikprofessoren an verschiedenen deutschen Hochschulen.

Ihr Hauptinteresse in der Informatik galt stets der Entwicklung eines Parallelrechnerkonzeptes. Obwohl der verbreitete anfängliche Enthusiasmus über Jahre hinweg einer großen Skepsis oder Gleichgültigkeit Platz machte, haben Sie sich niemals in Ihrem Glauben an die Zukunft des "verteilten Rechnens" erschüttern lassen. In Erlangen haben Sie den Grundstock für die Informatik gelegt. Das von Ihnen zusammen mit Herrn Herzog entwickelte Erlanger Parallelrechnersystem war das erste und auch praktisch erfolgreichste Parallelrechnersystem in unserem Land, und ohne dieses Projekt würde vermutlich auch der Sonderforschungsbereich "Multiprozessor- und Netzwerkkonfigurationen" in Erlangen nicht bestehen. Sie haben in Ihren Forschungen niemals das Wesentliche aus den Augen verloren, und so widmen Ihnen die an dem Sonderforschungsbereich "VLSI-Entwurfsmethoden und Parallelität" in Kaiserslautern und Saarbrücken und an dem von Ihnen mitgegründeten Erlanger Sonderforschungsbereich beteiligten Kollegen diesen Band aus Dankbarkeit und in Anerkennung Ihrer Pionierleistung auf dem Gebiet der Parallelrechner.

Günter Hotz

Im Oktober 1990

Vorwort

Die beiden Sonderforschungsbereiche "VLSI-Entwurfsmethoden und Parallelität" an den Universitäten Kaiserslautern - Saarbrücken (SFB 124) und "Multiprozessor- und Netzwerkkonfigurationen" an der Universität Erlangen-Nürnberg (SFB 182) veranstalteten im September 1990 auf Schloß Dagstuhl im Internationalen Begegnungs- und Forschungszentrum für Informatik (IBFI) eine gemeinsame Fachtagung, um über Forschungsergebnisse zum Thema "Entwurf und Betrieb Verteilter Systeme" zu referieren und zu diskutieren. Verteilte Rechnersysteme, in denen die Knotenrechner gemeinsam eine Aufgabenstellung bearbeiten, sind im vergangenen Jahrzehnt international zu einem zentralen Forschungsschwerpunkt der Informatik geworden. Methoden der Hard- und Softwarekonstruktion, Entwurf und Implementierung von Kommunikationstechniken sowie Methodologien der Anwendungssystementwicklung sind unter dem Aspekt der Verteilung langfristig zu einem so ergiebigen Forschungsgegenstand geworden, daß die Deutsche Forschungsgemeinschaft (DFG) sich veranlaßt sah, im Jahre 1990 noch einen weiteren Sonderforschungsbereich an der Technischen Universität München einzurichten (SFB 1275), der unter der Bezeichnung "Werkzeuge und Methoden für die Virtualisierung paralleler Architekturen" das Forschungsproblem "Verteilung" ebenfalls thematisiert.

Als Rahmenbedingung für die gemeinsame Tagung auf Schloß Dagstuhl galt die Forderung, daß nur solche Beiträge erwünscht waren, die eine tatsächliche oder aber mögliche Kooperation der Wissenschaftler aus Kaiserslautern und Saarbrücken mit denen aus Erlangen-Nürnberg aufweisen. Die Tagung wäre viel zu heterogen gewesen, wenn auch über die Spezialthemen in den beiden Sonderforschungsbereichen berichtet worden wäre. Eine Ausnahme machte der Block "Anwendungen". Hier wurde mit einem Thema aus der Bildverarbeitung und aus dem VLSI-Entwurf jeweils eine typische Anwendung behandelt. Die Veranstalter sind hocherfreut, mit Professor Reuter (Stuttgart) und Professor Nievergelt (Zürich) zwei renommierte Kollegen als Referenten zusätzlich gewonnen zu haben, die mit ihrer kritischen Sicht von "außen" die Tagung belebten. Der erste dieser Gastvorträge ist in dem Tagungsband enthalten.

Der Deutschen Forschungsgemeinschaft sei an dieser Stelle nochmals für ihre Förderung gedankt, ohne die die dargestellten Forschungsergebnisse nicht möglich gewesen wären.

Dieser Tagungsband ist unserem Erlanger Kollegen Professor Wolfgang Händler zum 70. Geburtstag am 11. Dezember 1990 gewidmet. Der Jubilar hat dem Aufbau der Informatik in Deutschland wesentliche Impulse gegeben. Herr Professor Hotz (Saarbrücken) hat dankenswerterweise für diesen Tagungsband eine Laudatio auf Professor Händler verfaßt.

Erlangen, Kaiserslautern und Saarbrücken, im September 1990

Prof. Theo Härder
Wissenschaftliche Leitung der Tagung

Prof. Hartmut Wedekind
Sprecher des SFB 182

Prof. Gerhard Zimmermann
Sprecher des SFB 124

Inhaltsverzeichnis

Kommunikation

Verteilte Verarbeitungsmodelle für Datenbank-Anwendungen

Anwender

Fehlertoleranz in universellen Hochleistungs-Parallelrechnern *

M. Dal Cin
Sonderforschungsbereich 182
Institut für Mathematische Maschinen und Datenverarbeitung
Universität Erlangen-Nürnberg

Zusammenfassung

Moderne Hochleistungs-Parallelrechner stellen neue Anforderungen an Verläßlichkeit und Fehlertoleranz, von denen einige in dieser Arbeit aufgezeigt werden. Anschließend werden Möglichkeiten diskutiert, Fehlertoleranz für Hochleistungs-Parallelrechner zu realisieren. Auf zwei, die im MEMSY-Projekt des Sonderforschungsbereichs 182 genutzt werden sollen, wird dann näher eingegangen: die Fehlertoleranz des Verbindungssystems, aufgebaut auf speziellen Kopplungselementen, und die Diagnose der Rechnerknoten mittels Watchdog-Coprozessoren.

1 Einleitung

Die Anfänge des fehlertoleranten Rechnens lassen sich bis zu Charles Babbage zurückverfolgen [LAR]. Auf breiter Basis wurde das Thema Fehlertoleranz mit Beginn der Entwicklung der Relais- und Röhrenrechner behandelt und stand im weiteren Verlauf der Rechnerentwicklung immer dann im Fordergrund der Forschung, wenn sich die jeweilig verfügbare Technologie im Hinblick auf die Komplexität der zu entwickelnden Systeme zuverlässigkeitskritisch auszuwirken begann [AVI]. Nach und nach wurden die verschiedenen Ebenen des Systementwurfs in die Fehlertoleranz-Überlegungen einbezogen. Zunächst ging es darum, durch digitale Hardware eine automatische Fehlererkennung und -behebung zu erreichen. Ende der sechziger, Anfang der siebziger Jahre spielten Überlegungen darüber eine wichtige Rolle, wie Fehlertoleranz durch Betriebssystemdienste erreicht werden kann, und erst relativ spät folgten Überlegungen, wie sich Anwendersoftware fehlertolerant gestalten läßt [DA2, KIM, RAN] .

Heute stellen Verteilte Systeme und Parallelrechner eine neue Herausforderung für die Fehlertoleranz dar. Diese Systeme können einerseits auf neuartige Weise ausfallen, andererseits aber ihre Funktion auch dann erfüllen, wenn Fehler auftreten, bei denen ein Monoprozessorsystem unweigerlich abstürzt. Parallelität bietet nämlich zusätzliche Möglichkeiten, Fehlertoleranz zu implementieren, z.B. durch Degradation oder durch logische oder strukturelle Rekonfiguration. Parallelität bedeutet aber nicht automatisch schon eine größere Fehlertoleranz. Sie muß vielmehr im richtigen Augenblick nutzbringend eingesetzt werden. Dabei ist die rechtzeitige Fehlererkennung und -lokalisierung während der Programmausführung (concurrent fault diagnosis) das wohl am schwierigsten zu lösende Problem. Denn je komplexer ein System ist, je mehr Einzelkomponenten es enthält, desto wahrscheinlicher wird ein Fehler und umso aufwendiger wird die Fehlerdiagnose. Fehlerursachen müssen aber schnell

*Diese Arbeit entstand mit Unterstützung durch die Deutsche Forschungsgemeinschaft

erkannt werden, damit ihre Auswirkung minimiert werden kann. Gerade für Parallelrechner ist eine Störung, die immer verlorene Zeit und/oder verlorene Daten bedeutet, besonders gravierend – auch wenn sie nicht in zuverlässigkeitskritischen Bereichen eingesetzt werden –, da Parallelanwendungen an sich schon viel Rechenzeit beanspruchen und die anfallenden Datenmengen meist sehr umfangreich sind.

Während es für Verteilte Systeme bereits eine reichhaltige Literatur zum Thema Fehlertoleranz gibt [GÖR] und auch verschiedentlich fehlertolerante Verteilte Syteme realisiert wurden (Transaktionsorientierte fehlertolerante Systeme wie die Systeme von Tandem [KAT] und Stratus [HAR] oder verteilte Echtzeitsysteme wie FUTURE [FÄR] und MARS [KOP]), sind Forschungsarbeiten über Fehlertoleranz für Parellelrechner noch relativ selten, da bei Parallelrechnern das Augenmerk bisher vor allem auf Leistung gelegt wurde. Die Verfahren, mit denen Fehlertoleranz in Verteilten Systemen erzielt werden kann, sind aber nicht ohne weiteres auch für Parallelrechner geeignet. So spielt z.B. bei Parallelrechnern die Skalierbarkeit eine besondere Rolle, d.h. die Möglichkeit der software-transparenten Leistungssteigerung durch modulare Hardware-Erweiterung. Im Hinblick auf Fehlertoleranz heißt dies, daß das System sich erweitern lassen muß, ohne daß seine Verläßlichkeit dadurch abnimmt. Die Fehlertoleranzmaßnahmen selbst müssen skalierbar sein. Kaum eines der bisher eingesetzten Fehlertoleranz-Verfahren ermöglicht dies aber.

Mehrere der neueren Parallelrechner-Projekte wie Cedar [YEW], Trac [LIP] oder SUPRENUM [BEH] und auch das MEMSY-Projekt des Sonderforschungsbereichs 182 verfolgen das Ziel, Fehlertoleranz auch für Parallelrechner zu verwirklichen.

MEMSY (Modulares Erweiterbares MultiprozessorSYstem) [FRI] ist ein Multiprozessorsystem mit drei hierarchisch angeordneten Ebenen von Rechnerknoten, die auf die unterschiedlichen Aufgaben:

- Steuerung (C-Ebene)
- Betriebssystem (B-Ebene)
- Bearbeitung der Anwenderprogramme (A-Ebene)

spezialisiert sind (Bild 1). Die orthogonalen, zweidimensionalen Nearest-Neigbour-Verbindungstrukturen der beiden unteren Ebenen werden durch Multiport-Speicherkopplung realisiert. Für Datenferntransporte steht in der B-Ebene außerdem ein globaler Bus zur Verfügung.

Während bei den erstgenannten Projekten Fehlertoleranz entweder nur soweit realisiert wurde, wie dies ohne spezielle, zusätzliche Architekturvorgaben möglich war, oder Fehlertoleranz durch dedizierte Systemkomponenten (z.B. Diagnoseprozessoren) erbracht wird, was sich nur schwer mit der Forderung nach Skalierbarkeit vereinen läßt, ist Fehlertoleranz für MEMSY ein zur Leistung gleichberechtigtes Entwurfsziel und wird integraler Bestandteil eines jeden Rechnerknotens von MEMSY sein.

Im nächsten Abschnitt sollen einige Aspekte zur Sprache kommen, die für die Fehlertoleranz speziell bei Parallelrechnern Bedeutung haben. Anschließend wird auf zwei dieser Aspekte – nämlich Fehlertoleranz des Verbindungsnetzwerks und Selbstdiagnose der Rechnerknoten – näher eingegangen.

Bild 1: MEMSY-Hochleistungsstruktur

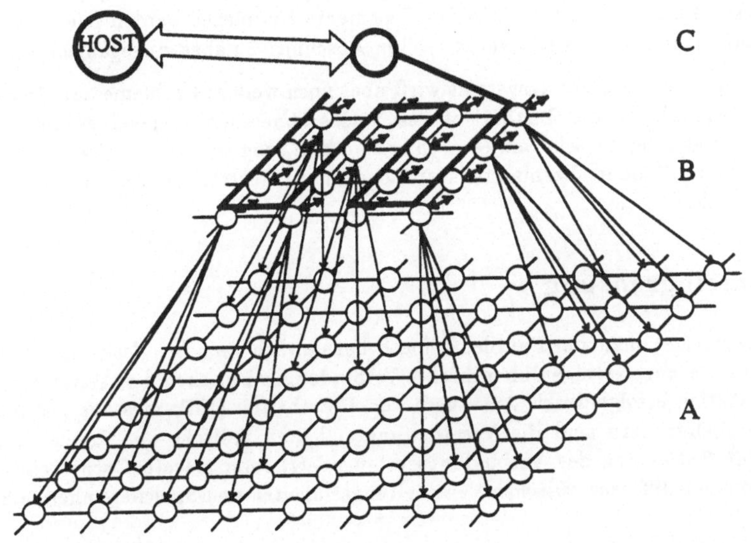

2 Fehlertoleranzaspekte bei Parallelrechnern

Parallelrechner bestehen aus dreierlei Moduln, die unterschiedlichen Anforderungen in Bezug auf Fehlertoleranz unterliegen:

- Verarbeitungseinheiten
- Speichereinheiten und
- Verbindungseinheiten.

Gegenüber Monoprozessoren und auch Verteilten Systemen ist das Subsystem aus Verbindungseinheiten (Interconnection Network) für Parallelrechner spezifisch. Es beeinflußt entscheidend deren Leistung. Aber auch hinsichtlich Zuverlässigkeit und Fehlertoleranz erfordert dieses Subsystem eine besondere Beachtung.

2.1 Fehlertoleranz des Verbindungsnetzes

Bei großen Parallelrechnern kann das Verbindungsnetz so komplex werden, daß die Wahrscheinlichkeit eines Fehlers im Netz nicht mehr vernachlässigt werden darf. Außerdem erhöhen fast alle Maßnahmen, die getroffen werden, um die beiden anderen Subsysteme eines Parallelrechners – das der Verarbeitungs- und das der Speichereinheiten – fehlertolerant zu machen, die Komplexität des

Verbindungssystems noch weiter, da Fehlertoleranz praktisch immer die Anzahl der zu verbindenden Einheiten vergrößert. Deshalb kann sich das Verbindungsnetz in einem Hochleistungs-Parallelrechner nicht nur zu einem Leistungs- sondern auch zu einem Zuverlässigkeits-Engpaß entwickeln. Um dies zu vermeiden, muß man auch für das Verbindungsnetz Redundanz vorsehen, was eine Leistungsminderung bewirken kann, da die einzelnen Schaltelemente komplexer werden oder zusätzliche Schaltstufen erforderlich sind. Auf diese Aspekte soll in Abschnitt 3 näher eingegangen werden.

Die Fehlertoleranz des Verbindungsystems wirft aber noch weitere Probleme auf. So kann z.B. durch Fehlertoleranzmaßnahmen die Testbarkeit des Netzes abnehmen. Gegenüber bestimmten Fehlern mag das Netz zwar tolerant sein, andere Fehler sind nun möglicherweise schwerer erkennbar. Auch können redundante Pfade im Verbindungsnetz sogenannte Wettrennbedingungen hervorrufen, die es auszuschließen gilt.

2.2 Fehlereingrenzung

Generell unterscheidet man bei Parallelrechnern bekanntlich zwischen loser und enger Kopplung. Lose gekoppelte Rechner verfügen über direkte Verbindungen zwischen den Verarbeitungselementen. Die Kommunikation erfolgt durch Austausch von Botschaften (MP: message passing). In eng gekoppelten Parallelrechnern sind die Verarbeitungseinheiten indirekt über gemeinsamme Speicher verbunden. Zur Entlastung des Verbindungssystems setzt man private Caches ein, die außerdem die Geschwindigkeitsdifferenz zwischen Verarbeitungseinheiten und Speichereinheiten drastisch reduzieren können.

Die speichergekoppelten Parallelrechner lassen sich in die mit globalem gemeinsamen Speicher (GSM: global shared memory) und in die mit lokal gemeinsamen Speichern (LSM: local shared memory) unterteilen. Rechner mit beschränkten Nachbarschaften wie MEMSY zählen zu den LSM-Systemen. Die Speichermodule, über die in einem LSM-System die Verarbeitungseinheiten miteinander verbunden sind, sollen Kommunikationsspeicher heißen. Neben diesen besitzt jedes Verarbeitungselement auch seinen privaten Speicher.

Vergleicht man nun MP-Systeme und LSM-Systeme hinsichtlich der Möglichkeiten, Fehlertoleranz zu implementieren, so spricht für letztere die Tatsache, daß sich bei ihnen ein Checkpointing (Rücksetzverfahren mit Erstellung von Sicherungspunkten) leichter bewerkstelligen läßt. Kommunikationsdaten lassen sich in den Kommunikationsspeichern so zwischenlagern, daß bei Ausfall eines Prozessors diese nicht – wie bei einem MP-System – erneut erzeugt und verschickt werden müssen (stabile Speicher). Das Rücksetzen nebenläufiger Prozesse im Fehlerfall erfordert deshalb in LSM-Systemen weniger Overhead.

Vergleicht man andererseits LSM- und GSM-Systeme, so läßt sich feststellen, daß wiederum in einem LSM-System die Fehlertoleranz aus mehreren Gründen weniger komplexe Mechanismen voraussetzt. Zum einen bilden in einem GSM-System der Systembus und der globale Speicher zentrale, zuverlässigkeitskritische Systemkomponenten, während sich in einem LSM-System der Ausfall eines Kommunikationsspeichers nur lokal auswirkt. Zum anderen ist es in einem GSM-System schwieriger, den Prozessorzustand vor externen Eingriffen zu schützen, da sich die entsprechenden Daten im globalen und nicht in einem privaten Speicher befinden. Mit anderen Worten, in einem GSM-System bilden Prozessor und globaler Speicher zusammen mit einem Teil des Verbindungssystems einen gemeinsamen Fehlereingrenzungsbereich (fault containment region), während in einem LSM-System Prozessor und lokaler Speicher einen kleineren, leichter zu schützenden Fehlereingrenzungsbereich bilden (weil z.B. auf einem Chip integriert). Die Kommunikatiosspeicher können als eigene Fehlereingrenzungsbereiche realisiert werden.

In einem GSM-System dürften vor allem auch die Datencaches (Cache-Kohärenz) schwierig zu lösende Probleme für die Fehlertoleranz aufwerfen. Jede Lese-/Schreibtransaktion zwischen einem der Prozessoren und dem globalen Speicher berührt gewissermaßen auch die restlichen Prozessoren des Systems. Deshalb können sich z.B. Snooping-Cachecontroller, die ständig den Adreßverkehr auf dem Speicherbus beobachten, als Zuverlässigkeitslecks erweisen. Erhält ein Cachecontroller aufgrund von Fehlern inkonsistente Information über den Zustand anderer Caches, so besteht nämlich die Gefahr, daß er dann die Konsistenz auch des eigenen Caches zerstört. Um dies zu vermeiden, wären selbstüberwachende, fehlertolerante Cachecontroller mit entsprechend robusten Cache-Protokollen nötig. In einem LSM-System würde es dagegen genügen, die Kommunikationsdaten als nicht cachegeeignet zu kennzeichnen und so bei Zugriffen auf die Kommunikationsspeicher die privaten Caches zu umgehen. (Dies dürfte die Arbeitsgeschwindigkeit der Prozessoren kaum mindern, da solche Kommunikationsdaten in einem Iterationszyklus oft nur ein einziges Mal gelesen oder modifiziert werden.)

Hinsichtlich Fehlertoleranz können also LSM-Systeme die Vorteile der beiden anderen Architekturen vereinigen: die Prozessorzustände können in geschützten privaten Speichern, Sicherungspunkte und Interprozessornachrichten in eigenen Fehlereingrenzungsbereichen liegen, so daß sie durch Prozessorausfälle nicht betroffen werden. Sie verursachen zudem keine Konsistenzprobleme, da sie nicht in private Caches kopiert werden. Die Kommunikationsspeicher sind dann aber als sogenannte stabile Speicher auszulegen.

2.3 Fehlerbehandlung

Parallelrechner bieten die Möglichkeiten, Fehlertoleranz zu realisieren, indem zusätzliche Rechnerknoten als maskierende Redundanz (relativ zwangslos) hinzugefügt werden. Maskierende Redundanz ist aber aufwendig und nur dann gerechtfertigt, wenn keine Fehlerbehandlungsmaßnahmen getroffen werden können. Für den Einsatz von Parallelrechnern dürfte dies jedoch nicht die Regel sein. Ein Fehler darf sich zwar im System nicht ausbreiten, kurze Unterbrechungen der Programmausführung und - z.B. bei numerischen Anwendungen [GRU] - die Wiederholung (oder sogar das Überspringen) einzelner Iterationsschritte sind aber durchaus tragbar. Um dann ein durch einen transienten Fehler (oder einen permanenten Fehler, wenn Rekonfiguration oder Degradation möglich ist) unterbrochenes Programm wiederaufsetzen zu können, müssen Sicherungspunkte (Checkpoints) generiert werden, zu denen im Fehlerfall wiederaufgesetzt wird. Will man innerhalb eines Sicherungsintervalls wiederaufsetzen können, um dadurch Dominoeffekte möglichst zu vermeiden, so ist eine schnelle Fehlerlokalisierung während der Programmausführung unabdingbar (concurrente Fehlerdiagnose). In Hochleistungsparallelrechnern ist dies das entscheidende Kriterium für den Erfolg von Fehlertoleranzmaßnahmen.

Im folgenden wollen wir deshalb auf die beiden, unserer Ansicht nach wichtigsten Aspekte der Fehlertoleranz in diesen Systemen - nämlich Fehlertoleranz des Verbindungssubsystems und Diagnose der Verarbeitungseinheiten - näher eingehen. Die Betrachtungen werden sich auf Shared-Memory-Architekturen beschränken.

3 Fehlertoleranz in Verbindungsnetzen

Die Verarbeitungs- und Speichereinheiten eines Shared-Memory-Parallelrechners lassen sich über Busse, Kreuzschiene oder über (meist) mehrstufige Netzwerke aus Schaltelementen miteinander verbinden. Diese Schalternetzwerke sind i.d.R. Permutationsnetzwerke. Wir wollen sie kurz MINs (multistage interconnection networks) nennen. Ein MIN heißt fehlertolerant, wenn seine Zugangseigenschaft (dynamic full-access, full access u.ä.) bei einer begrenzten Anzahl von Fehlern, die in einem Fehlermodell zu spezifizieren sind, erhalten bleibt.

3.1 MINs

MINs werden gewöhnlich mit einfachen Schalterelementen realisiert. Ein einziger defekter Schalter in einem solchen Netzwerk kann aber, falls keine Vorsorge getroffen ist, das ganze Rechnersystem zum Erliegen bringen. Deshalb hat man sich bemüht, solche Netzwerke fehlertolerant zu machen [ADA, BAT, RET]. Die Netze sollen außerdem die Fehlertoleranz des Gesamtsystems unterstüzen, indem alternative Verbindungsmöglichkeiten geschaltet werden können, wenn Verarbeitungs- oder Speichereinheiten ausgefallen sind.

Die Fehlertoleranz von Verbindungsstrukturen hat also zwei Aspekte:

- die Fehlertoleranz der Struktur selbst und
- ihr Beitrag zur Fehlertoleranz des Gesamtsystems.

Typische Fragestellungen sind bei

Punkt-zu-Punkt-Verbindungsstrukturen:

- Sind die nötigen Verbindungen vorhanden, falls ein ausgefallenes Verarbeitungselement (Prozessor) durch ein anderes ersetzt werden muß?
- Angenommen, ein Teil der Verarbeitungselemente ist der Anwendungsstruktur entsprechend nach einem bestimmten Muster zu verschalten (Ring, Baum, etc.). Kann diese Struktur - eventuell durch Verlagerung der Task auf andere Elemente - wieder hergestellt werden, wenn einige ausfallen sollten?
- Ist dies auch möglich, wenn eine beschränkte Anzahl von Verbindungen defekt wird?

und bei dynamischen Verbindungsstrukturen:

- Können Ersatzpfade geschaltet werden, wenn Knoten oder Verbindungen ausfallen?
- Kann die gewünschte Verschaltung von Verarbeitungselementen hergestellt werden, wenn Tasks verlagert werden müssen?
- Durch welche Redundanzverfahren können die Schaltelemente zuverlässig gemacht werden?

Chordale Ringe haben z.B. die Eigenschaft, daß - wenn Redundanz vorhanden ist – bei Ausfällen immer wieder ein Ring geschaltet werden kann; siehe Bild 2.

Bild 2: Chordaler Ring

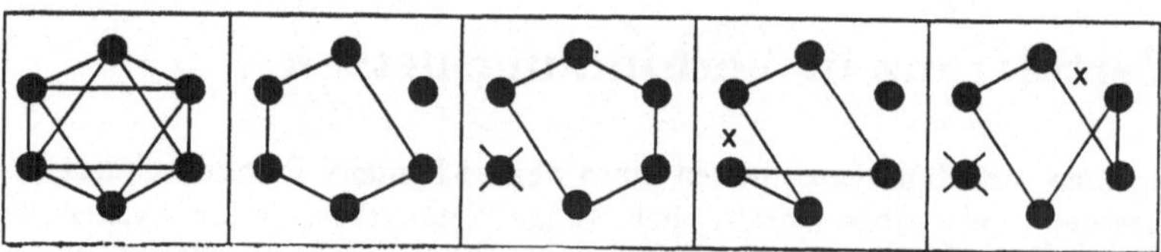

Ähnlich robuste Strukturen sind auch für Bäume, Gitter und Würfel entwickelt worden.

Der Hypercube ist besonders intensiv auf seine Fehlertoleranzeigenschaften untersucht worden, da er sich durch folgende Eigenschaften auszeichnet:

- Die maximale Distanz ist nur $D = \log_2 N$; N Anzahl der Knoten.
- Die Wegewahl ist relativ einfach.
- Es gibt $\log_2 N$ knotendisjunkte Pfade zwischen jedem Paar von Knoten.

Die beiden letzten Eigenschaften unterstützen die Fehlertoleranz dadurch, daß es bei einer beschränkten Anzahl an Ausfällen relativ einfach ist, auf einen anderen Pfad umzuschalten. Es können bis zu $D - 1$ Knoten ausgefallen sein.

Auch für die meisten MINs sind modifizierte Versionen entwickelt worden, die bis zu einem gewissen Grad fehlertolerant sind. Um dies zu erreichen, kann man

- zusätzliche Stufen oder
- zusätzliche Verbindungen zwischen den Stufen bei Erweiterung der Schaltelemente vorsehen oder
- gleich mehrere Kopien eines Basis-Netzwerkes vorsehen und die Ein- und Ausgänge entsprechend multiplexen bzw. demultiplexen.

Oft läßt sich bei Parallelrechnern die gewünschte Fehlertoleranz auch ohne ein Vervielfachen der Resourcen erreichen [MAL].

3.2 Koppelelemente

Für MEMSY wurde zum dynamischen Aufbau von Verbindungen zwischen den Verarbeitungseinheiten und den Kommunikationsspeichern ein spezielles Koppelelement entwickelt [HIL]. Dieses Element besitzt acht Ports (siehe Bild 3), von denen vier mit Verarbeitungs- und vier mit Speichereinheiten verbunden sind (siehe Bild 4). Jeder Port ist derart konfigurierbar, daß er als Ein- oder Ausgang geschaltet werden kann. Ein Koppelelement enthält vier Schalter [AMD], die, wie in Bild 4 angedeutet, physikalisch auf vier Prozessor/Speicher-Module (sogenannte PM-Module) verteilt werden, so daß MEMSY als skalierbarer Parallelrechner auf einfache Weise durch Hinzufügen identischer Module (im Prinzip) beliebig erweitert werden kann.

Bild 3: Koppelelement

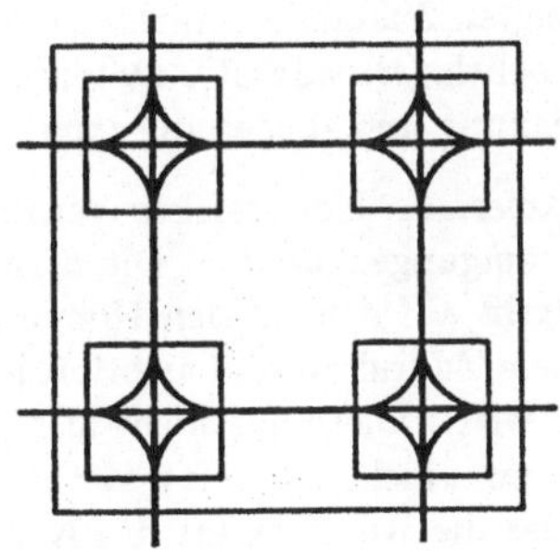

Bild 4: MEMSY-Topologie

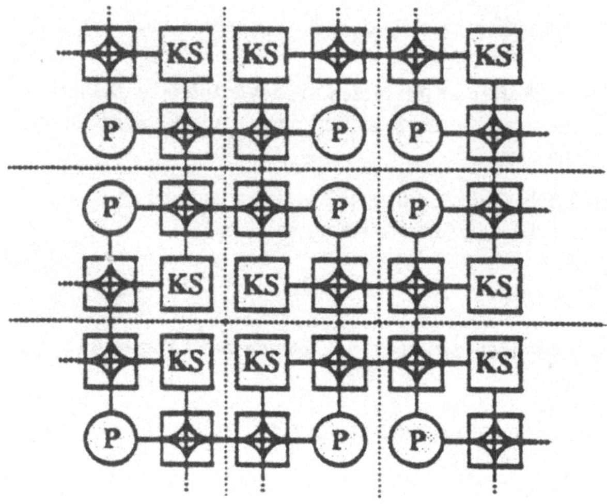

P: Prozessor mit lokalem Speicher
KS: Kommunikationsspeicher

Das aus diesen Koppelelementen aufgebaute Verbindungssubsystem von MEMSY toleriert Ausfälle, ohne daß dazu Mehrfachredundanz nötig wäre. Das zugrundegelegte Fehlermodell geht davon aus, daß Ausfälle von Verbindungen zwischen den einzelnen PM-Modulen (Kontaktprobleme) wahrscheinlicher sind als Ausfälle on-board. Außerdem sollen Ausfälle, z.B. Stuck-at-Fehler (SA-Fehler), von Schaltelementen toleriert werden.

Bild 5: Schalterzustände

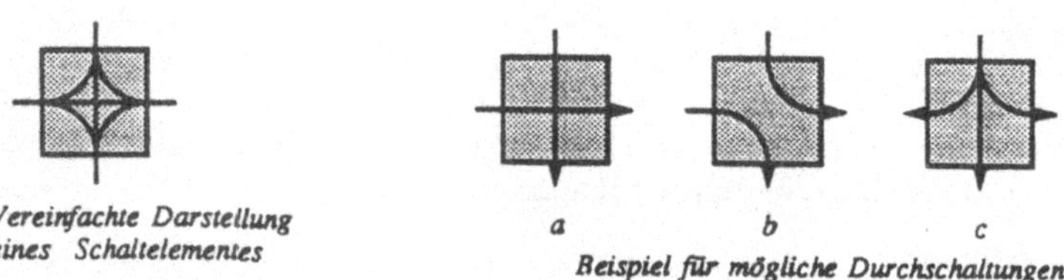

Ein Schalter kann die in Bild 5 gezeigten Zustände einnehmen. Zusätzlich sind Konfigurationen mit einem Quell- und drei Zielports möglich (Broadcast). Datenübertragungsfehler werden durch die bekannten Verfahren zur Fehlererkennung und -behebung toleriert.

Die Kopplungselemente sind fehlertolerant. Jede defekte Verbindung zwischen zwei PM-Modulen kann in MEMSY, wie Bild 4 zeigt, umgangen werden. Die Struktur des Koppelelementes toleriert außerdem Schalterausfälle beim Zugriff auf den lokalen Kommunikatiomsspeicher, da es on-board zwei Zugriffswege gibt. Auch bei einem Zugriff auf die nichtlokalen Kommunikationsspeicher werden Schalterausfälle (z.B. SA-Fehler) toleriert; allerdings nicht alle. (Von den 12 möglichen Einzel-SA-Fehlern bei einem Zugriff werden nur zwei nicht toleriert). Würde man verlangen, daß alle Einzel-SA-Fehler toleriert werden, so würde dies die Komplexität des Koppelelements wesentlich vergrößern, was wiederum dessen Zuverlässigkeit beeinträchtigen könnte. Ein Vorteil, der Koppelelemente ist aber gerade die Tatsache, daß die Verbindungsstruktur von MEMSY Fehlertoleranz ermöglicht, ohne einen größeren, zusätzlichen Hardwareaufwand zu erfordern.

Die Kopplungselemente tragen außerdem zur Fehlertoleranz des Gesamtsystems bei. Fällt der lokale

Kommunikationsspeicher eines PM-Moduls aus, so sind die Speicher der Nachbarn (ohne größeren Zeitverlust) über Broadcast immer noch zu erreichen und können somit als Ersatz für den ausgefallenen Kommunikationspeicher dienen. Wenn dagegen ein Verarbeitungselement ausfällt, bleibt sein lokaler Kommunikationsspeicher für die Nachbarn erreichbar. Ein Nachbar kann dann die Aufgabe des ausgefallenen Prozessors übernehmen, falls die dafür nötigen Daten (z.B. die Sicherungspunkte oder Diagnoseinformation) im lokalen Kommunikationspeicher niedergelegt werden.

Ein Vergleich mit anderen LSM-Systemen mag angebracht sein – beispielsweise mit PAX (Processor Array eXperiment) [HOS]. Die Rechnertopologie ist, wie bei MEMSY, die eines 2-dimensionalen Torus mit Nearest-Neighbor-Speicherkopplung; siehe Bild 6. Ein PAX-PM-Modul enthält mehrere Kommunikationsspeicher, die über einen gemeinsamen Bus mit dem Prozessor und seinem privaten Speicher verbunden sind. Zwischen Prozessor und Verbindungssystem gibt es aber in PAX keine alternativen Pfade. Fällt ein Bus oder ein Kommunikationsspeicher aus, so fällt auch ein Teil der Kommunikation aus.

Bild 6: PAX

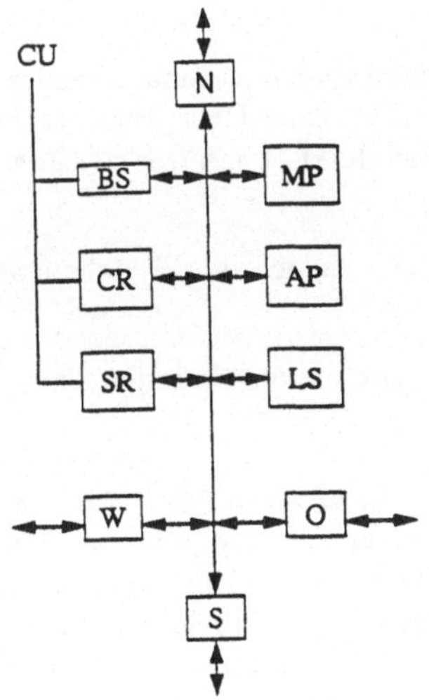

MP: Mikroprozessor
AP: Attached-Prozessor
LS: Lokaler Speicher

BS: Busschalter
CR: Steuerregister
SR: Statusregister
CU: Steuerrechner

N , O , S , W : Kommunikationsspeicher

4 Selbstdiagnostizierende Rechnerknoten

Die Diagnostizierbarkeit der Verarbeitungseinheiten (Rechnerknoten) ist das zweite wichtige Kriterium für die Fehlertoleranz des Rechenkerns von Hochleistungs-Parallelrechnern. Dabei ist zu fordern, daß die Fehlerlokalisierung so schnell erfolgen kann, daß ein problemloses Wiederaufsetzen der Rechnerknoten möglich wird.

Fehlererkennung und -lokalisierung (Diagnose) kann durch Software (softwareimplementierte Fehlertoleranz [DA1]) oder durch Hardware erfolgen. Für eine Parallelrechnerarchitektur wie MEMSY mit der Trennung in eine Betriebssystem- und eine Arbeitsebene muß sie zumindest in der Arbeitsebene durch die Hardware geschehen. Jeder Knoten dieser Ebene sollen nämlich durch einen möglichst kleinen Betriebssystemkern gesteuert werden. Somit stehen keine aufwendigeren Betriebssystemdienste für die Fehlerdiagnose in diesen Rechnerknoten zur Verfügung. Andererseits wird eine auf Selbsttests basierende (off-line) Fehlererkennung, wie sie z.B. in DIRMU [HÄN] implementiert wurde, nicht ausreichen, wenn auch transiente Fehler zuverlässig und schnell erfaßt werden sollen. Es sind aber gerade transiente Fehler wesentlich häufiger als permanente [SIE]. Außerdem bringt eine auf Selbsttests basierende Fehlererkennung immer Effizienzverluste mit sich. Sie ist jedoch vergleichsweise leicht zu realisieren. Für MEMSY erscheint deshalb eine hardwareimplementierte, concurrente Fehlerdiagnose am sinnvollsten [DA3].

4.1 Concurrente Fehlererkennung

Für eine hardwareimplementierte, concurrente Fehlererkennung gibt es verschiedene Möglichkeiten:

- Erweiterung des Knotenprozessors durch selbstüberprüfende Logikbausteine, z.B. durch sogenannte Self-Checking Checkers [LAL].
- Verdopplung des Knotenprozessors zu einem Duplexsystem mit entsprechender Vergleichslogik. Die beiden Prozessoren eines Knotens werden innerhalb eines Uhrzyklus' synchronisiert. Fehler werden dadurch unmittelbar bei einem Buszugriff entdeckt, d.h. bevor sie aktiv werden können, so daß die Fehlerausbreitung unterbunden wird.
- Einsatz eines sogenannten Watchdog-Prozessors, der asynchron die Arbeitsweise des Hauptprozessors überwacht [MAH].
- Einsatz von dedizierten Diagnoseknoten, die die Funktionszustände jeweils eines Clusters von Arbeitsknoten überprüfen [BEH].

Die erstgenannte Möglichkeit scheidet für MEMSY aus, da sie einen Eingriff in die Prozessorstruktur erfordert, für MEMSY aber Standardprozessoren vorgesehen sind. Die zweite Möglichkeit (Duplexsystem) wird heute verschiedentlich realisiert. Es gibt dafür bereits Prozessoren (z.B. MC 88100) zu kaufen. Sie ist aber mit maskierender Redundanz vergleichbar und relativ aufwendig. Vor allem ist bei diesem Verfahren die Redundanz nicht flexibel nutzbar. Zudem kann ein Fehler, der sich auf beide Teilsysteme gleich auswirkt, nicht erkannt werden, da Diversität in Programmen oder Hardware nicht möglich ist. Diesen Nachteil zeigt die dritte Möglichkeit nicht. Die vierte Möglichkeit ist, wie bereits erwähnt, nur in engen Grenzen skalierbar und erlaubt keine vollständig concurrente Fehlererkennung. Aus diesen Gründen ist für MEMSY die Verwendung von Watchdog-Coprozessoren vorgesehen.

4.2 Watchdog-Coprozessoren

Welche Aufgaben können den Watchdog-Coprozessoren übertragen werden?

Ein Prozessorfehler, der nicht sofort zum Systemabsturz führt, kann dreierlei bewirken.

- Der betroffene Prozessor kann versuchen, eine illegale Operation auszuführen (z.B. Zugriff auf nicht vorhandenen Speicher). Dies wird üblicherweise erkannt und führt zu einer Ausnahme mit entsprechender Behandlung.
- Der betroffene Prozessor kann einen inkorrekten Programmpfad wählen. Solche Fehler sind schwieriger aufzufinden als illegale Operationen und sind zum Teil von der Anwendung abhängig.

- Der Prozessor kann inkorrekte Daten produzieren. Dies automatisch zu erkennen, ist besonders schwierig, da die Anwendung bestimmt, was ein inkorrektes Datum ist. Eine, wenn auch eingeschränkte Möglichkeit, bieten sogenannte Akzeptanztests in Form von automatisch überprüfbaren Plausibilitätskriterien oder ausführbaren Zusicherungen (annotations). Das Aufstellen der Plausibilitätskriterien oder der Zusicherungen bleibt aber dem Anwender überlassen. Eine weitere Möglichkeit, Datenfehler zu erkennen, bieten robuste Datenstrukturen [TAY] und die concurrente oder periodische Überprüfung ihrer Konsistenz. Dadurch lassen sich aber nur strukturelle und nicht auch semantische Datenfehler aufdecken. Sowohl für die Ausführung von Zusicherung als auch für die Überprüfung robuster Datenstrukturen sind bislang noch keine effizienten Implementierungen gefunden worden.

Fehler der einen Art können natürlich Fehler einer anderen Art hervorrufen; s. Bild 7.

Bild 7: Folgefehler

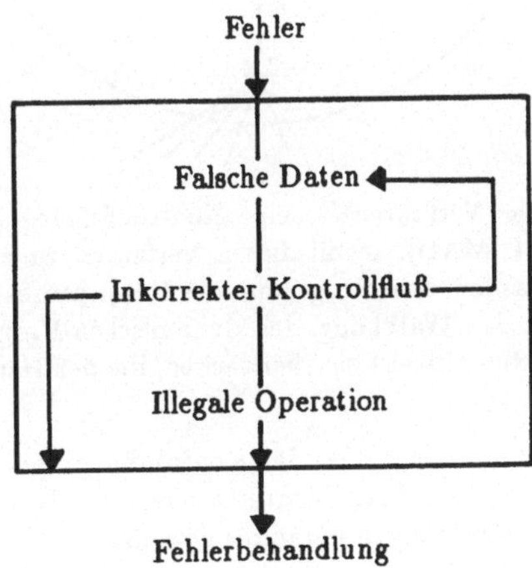

Ein inkorrekter Programmfluß kann beispielsweise zu einer illegalen Operation führen – möglicherweise aber erst relativ spät. Die Überwachung des Kontrollflusses deckt dagegen frühzeitiger bestimmte Fehler auf und läßt sich, verglichen mit der Datenfehlerüberwachung, leichter realisieren. Sie ist auch weniger anwendungsspezifisch. In [SCH] wurde untersucht, mit welchem Erfolg die Kontrollflußüberwachung Prozessorfehler aufdecken kann. Diese Untersuchungen zeigten, daß eine vergleichsweise hohe Fehlerüberdeckung bei geringer Fehlerlatenz erwartet werden kann.

Die nächstliegende und nächsteinfache Möglichkeit – nach der Überwachung illegaler Operationen – ist somit die Kontrollfluß-Überwachung. Diese kann, wie in MEMSY, ein Watchdog-Coprozessor übernehmen [MIC]; siehe Bild 8. (Vermutlich genügt es, nur die Knoten der B-Ebene mit solchen Coprozessoren auszustatten, die jeweils 4 Knoten der A-Ebene überwachen. Dann ergibt sich eine erheblich Reduzierung des zusätzlichen Hardware-Aufwands).

Bild 8: MEMSY-Knotenarchitektur

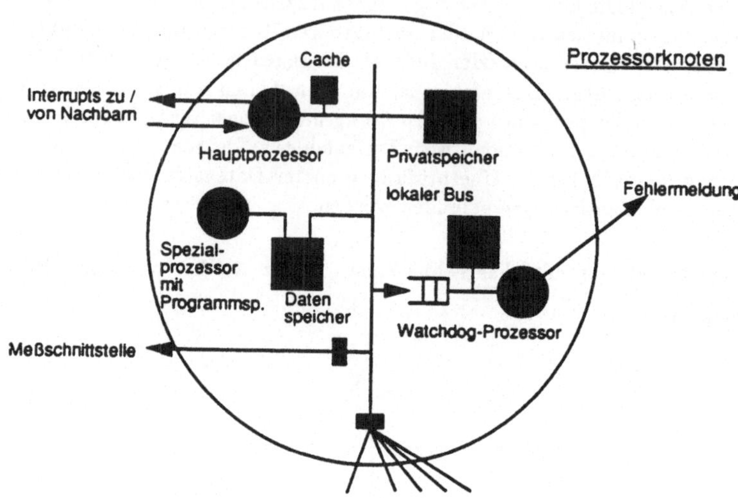

In der Literatur sind verschiedene Verfahren für eine Kontrollflußüberwachung vorgeschlagen worden. Einen guten Überblick gibt [MAH]. In all diesen Verfahren wird der Watchdog-Coprozessor mit einem Programm geladen, das aus dem Programm des Hauptprozessors abgeleitet wurde (durch einen Präprozessor). Es befähigt den Watchdog, den dynamischen Programmfluß des Hauptprozessors aufgrund von Information (Signaturen) zu überwachen, die der Hauptprozessor dem Watchdog übermittelt.

Das Watchdog-Programm codiert gewissermaßen den Kontrollflußgraphen des Hauptprogramms. Die Signaturen sind entweder eindeutig vergebene Identifikationen von Kontrollpfaden oder werden aus dem Instruktionscode der Blöcke des Hauptprogramms gewonnen.

Wichtig ist, daß ein Watchdog-Coprozessor neben der concurrenten Kontrollfluß-Fehlerentdeckung noch weitere Aufgaben übernehmen kann. Er ist somit vielseitiger einsetzbar als z.B. maskierende Redundanz. Der Watchdog-Coprozessor kann beispielsweise

- in der Programmausführungsphase neben der Kontrollflußüberwachung auch Plausibilitäts- und Datenstrukturüberprüfungen vornehmen, Viren aufspüren oder auch nur
- als intelligenter Timer sogenannte 'I am alive'-Botschaften der Nachbarknoten auswerten (Verteilte Diagnose), vgl. DIRMU und Tandem,
- in der Programmentwicklungsphase als Monitorunterstützung und Debugginghilfe dienen.

Ein wichtiger – bislang jedoch noch kaum beachteter – Aspekt dabei ist, daß es möglich sein muß, für den Watchdog konsistente Sicherungspunkte zu setzen, da ein Rücksetzen des Hauptprozessors auch das des Watchdogs bedingt. Ein weiteres, bislang noch nicht genügend beachtetes Problem ist, wie der Watchdog auf Systemaufrufe des Hauptprozessors und asynchrone Interrupts zu reagieren hat.

Ferner muß in einem Fehlertoleranzkonzept, das auf dem flexiblen Einsatz von Watchdog-Coprozessoren basiert, konsequenterweise auch in Betracht gezogen werden, daß diese selbst fehlerhaft sein können und es unter Umständen wichtig ist, zwischen Fehlern im Hauptprozessor und Fehlern im Watchdog unterscheiden zu können. Für einen Watchdog kommen dann Selbsttests eher in Frage als für den Hauptprozessor, da der Watchdog i.a. weniger belastet ist als der Hauptprozessor und deshalb ohne Effizienzverluste Selbsttests eingeschoben werden können. I.a.W. nach dem Erkennen und Melden eines Fehlers führt der Watchdog einen Selbsttest aus, damit festgestellt werden kann, ob er oder der Hauptprozessor den Fehler verursacht hat.

5 Schlußbemerkung

Es wurden einige Probleme angesprochen, die sich bei der Implementierung von Fehlertoleranz für Hochleistungs-Parallelrechner ergeben. Einige Lösungsmöglichkeiten wurden aufgezeigt und der Ansatz vorgestellt, der für MEMSY gewählt wurde.

Für viele wertvolle Diskussionsbeiträge zum Thema Fehlertoleranz in Parallelrechnern sei den Herren L. Lehmann-Emilius, U. Hildebrand, W. Hohl, A. Grygier, E. Michel (Erlangen), M. Malek (Austin) sowie R. Iyer und K. Fuchs (Urbana-Champaign) gedankt.

Literatur

[ADA] G.B. Adams, H.J. Siegel; The Extra Stage Cube: A Fault-Tolerant Interconnection Network for Supersystems, IEEE Trans. Computers Vol. TC-31, pp. 443 - 454, 1982

[AMD] Advanced Micro Devices; Am 29 C982/29 C983, Multiple Bus Exchange Handbook, Sunnyvale/Cal. 1988

[AVI] A. Avizienis; Ein kurzer Abriß der Geschichte der fehlertoleranten Systeme, Informationstechnik, it, Vol. 3/88 (M. Dal Cin, Hrg.), pp. 162-168, 1988

[BAT] D. Batcher; Design of a Massively Parallel Processor, IEEE Trans. Computers Vol. TC-29, pp. 836-840, 1980

[BEH] F.M. Behr, W.K. Giloi, H. Mühlenbein; SUPRENUM: The German super computer architecture - rationale and concepts, Proc. Int. Conf. Parallel Processing 1986, IEEE, pp. 569-575, 1986

[DA1] M. Dal Cin; Software implementierte Fehlertoleranz, Informatik Spektrum Band 7, p. 108, 1984

[DA2] M. Dal Cin; Zur explizit fehlertoleranten Programmierung von Parallelrechnern, PARS-Mitteilungen Nr. 6, pp. 47-55, 1989

[DA3] M. Dal Cin, U. Hildebrand, W. Hohl, L. Lehman, E. Michel; Mechanismen zur Fehlertoleranzdiagnose und -behebung für die MEMSY-Hochleistungsstruktur, Proceedings Workshop Pommersfelden, 1989

[FÄR] G. Färber; Task-Specific Implementation of Fault Tolerance, Process Automation in Self-Diagnosis and Fault Tolerance (M. Dal Cin, E. Dilger eds.) ATTEMPTO-Verlag, Tübingen, Werkheft 4, 1981

[FRI] G. Fritsch, W. Henning, H. Hessenauer, R. Klar, C.U. Linster, C.W. Oehlrich, P. Schlenk, J. Volkert; Distributed Shared Memory Multiprocessor Architekture MEMSY for High Performance Parallel Computations, Computer Architecture News, Dec. 1989

[GÖR] W. Görke; Fehlertolerante Rechensysteme, Oldenbourg, 1989

[GRU] H. Grubmüller, H. Heller, K. Schulten; Eine Cray für Jedermann, mc November 1988, pp. 48-56, 1988

[HÄN] W. Händler, E. Maehle, K. Wirl; DIRMU Multiprozessor-Configuration, Proc. Int. Conf. Supercomputing Systems 1985, Florida, pp. 468-475, 1985

[HAR] H.S. Harrison, E.J. Schmitt; The structure of System/88, a fault-tolerant computer, Comp. Sience a. Eng., Vol. 3, Nr. 3, pp. 140-162, 1988

[HIL] U. Hildebrand; Verbindungshardware für ein modular erweiterbares Multiprozessorsystem mit verteiltem gemeinsamen Speicher, PARS-Mitteilungen Nr. 7, pp. 96-105, 1990

[HOS] T. Hoshino; An invitation to the world of PAX, Computer, May 1986, pp. 69-79, 1986

[KAT] J.A. Katzman; A fault-tolerant computing system, Proc. 11th Hawaii Int. Conf. on System Science, pp. 85-117, 1978

[KIM] K.H. Kime; Approaches to mechanization of conversation scheme based on monitors, IEEE Trans. Software Eng., Vol. SE-8, pp. 189-197, 1982

[KOP] H. Kopetz, A. Damm, Ch. Koza, M. Mulazzani, W. Schnabel, Ch. Senft, R. Zamlinger; Distributed fault-tolerant real time systems: the MARS approach, IEEE Micro, February 1989, pp. 25-40, 1989

[LAL] P.K. Lala; Fault-Tolerant and Fault-Testable Hardware Design, Prenctice Hall, 1985

[LAR] D. Lardner; Babbage's Calculating Engine (1834), in 'Charles Babbage and His Calculating Engine', E. Morrison Ed., Dover Publ., 1961

[LIP] G.J. Liporsky, M. Malek; Parallel Computing, Theory and Comparison, J. Wiley, 1987

[MAH] A. Mahmood, E.J. McClusky; Concurrent Error Detection Using Watchdog Processors - A Survey, IEEE Trans. Computers Vol. TC-37-2, pp 160-174, 1988

[MAL] M. Malek; Responsive Systems, a challenge for the Nineties, Proc. Euromicro 90, Amsterdam, pp. 10-16, 1990

[MIC] E. Michel; Spezifikation eines Watchdogprozessors für das Multiprozessorsystem MEMSY, IMMD III, Interne Mitteilung, 1990

[RAN] B. Randell; System structure for software fault-tolerance, IEEE Trans. Software Eng. Vol. SE-1, pp. 220-232, 1975

[RET] R. Rettberg, R. Thomas; Contention is not obstacle in shared-memory multiprocessing, CACM Vol.19, pp. 1202-1212, 1986

[SCH] M.E. Schmid et al.; Upset exposure by means of abstraction verification, Proc. 12th Int. Symposion on Fault-Tolerant Computing (FTCS-12), pp. 237-244, 1982

[SIE] D.P. Siewiorek, R.S. Schwarz; The Theory and Practice of Reliable System Design, Digital Press, 1982

[TAY] D.J. Taylor, D.E. Morgan, J.P. Black; Redundancy in data structures: Improving software fault tolerance, IEEE Trans. Software Eng. Vol. SE-6, pp. 585-594, 1980

[YEW] P.C. Yew; Fault-Tolerance in the CEDAR Parallel Multiprocessor Architecture, Proc. Int. Workshop on Hardware Fault Tolerance in Multiprocessor Systems, Urbana/Illinois, pp. 75-76, 1989

Überblick über PRAM-Simulationen und ihre Realisierbarkeit

F. Abolhassan, J. Keller, W. J. Paul
Sonderforschungsbereich 124, Teilprojekt D4
Universität des Saarlandes
6600 Saarbrücken

Zusammenfassung

Der vorliegende Artikel gibt einen Überblick über den Stand theoretischer PRAM-Simulationen. Dabei werden die Schwierigkeiten aufgezeigt, die enstehen, wenn man versucht, diese theoretischen Ansätze zu realisieren. Wesentliche Schwerpunkte hierbei sind *packet routing*, *hashing* und *Wahl des Netzwerks*. Alle diese Punkte sind bis auf Konstanten gut gelöst, aber gerade diese gilt es bei einer Realisierung klein zu halten.

Im zweiten Teil des Artikels geben wir ein detailliertes Maschinenmodell an, das zur Realisierung geeignet ist, und welches wir beabsichtigen zu realisieren. Wir beweisen auf theoretischem Weg, daß es sich dabei um das bisher beste Simulationskonzept handelt. Wir verbessern dazu das Modell von Ranade [24] und führen virtuelle Prozessoren ein, die hardwaremäßig gepipelined auf einem physikalischen Prozessor abgearbeitet werden.

1 Einleitung

Ein Hauptgrund, sich mit parallelem Rechnen zu beschäftigen, ist der sogenannte *speed up*. Darunter versteht man den Laufzeitfaktor, den man gewinnt, wenn man ein Problem auf einem Rechner mit mehreren Prozessoren statt einem startet. Bis heute gibt es in diesem Punkt noch keine exakte Theorie, die die folgende wichtige Frage beantwortet: „Soll man eine große Zahl 'einfacher Knotenrechner' (geringer Befehlssatz, eventuell geringe Datenbreite...) oder aber eine geringe Zahl Prozessoren hohen Leistungsvermögens miteinander kommunizieren lassen?“.

Für beide Lager gibt es Maschinenbeispiele: die Connection Machine [3] für die erste Variante, die Cray [4, 5] für die zweite. Beide Varianten zu vergleichen ist schwierig, da das Zählen von Instruktionen oder Operationen pro Sekunde keinen Aufschluß über die eigentliche parallele Leistung einer solchen Maschine gibt. Hierfür ist die Kommunikation der Prozessoren über das Verbindungsnetzwerk ein entscheidender Faktor. Die Häufigkeit und die Organisation solcher Kommunikation hängt aber von dem Problem, dem Algorithmus und dem Hochsprachenübersetzer ab. Alle einzelnen Komponenten können jedoch nur für bestimmte Problemklassen gut genug sein. Ebenso kann der darunter liegende Rechner nur für bestimmte Probleme einen wirklich guten speed up erreichen. So hat man sich damit begnügt, die Problemklassen anzugehen, nach denen die Nachfrage am größten ist, und special purpose machines für diese Probleme zu entwickeln.

Ein großes, wenn nicht das größte Teilgebiet, bilden hier die numerischen Probleme, die sich oft auf das Lösen großer Gleichungssysteme reduzieren lassen. Für das effiziente Lösen von Graphenproblemen gibt es zwar sehr viele Algorithmen, aber keinen Rechner, auf dem diese gut zu implementieren sind. Der Hauptgrund hierfür ist das theoretische Maschinenmodell, auf das man solche Algorithmen abbildet, die sogenannte PRAM.

1.1 Das PRAM-Modell

Definition 1 *Ein* **Prozessor** *entspricht in diesem Kapitel der üblichen sequentiellen Registermaschine, wie sie etwa in [1] beschrieben wird.*

Definition 2 *Bei der n-***PRAM (parallel random access machine)** *handelt es sich um eine parallele Registermaschine mit n Prozessoren $P_1, \ldots, P_n$, die über einen (potentiell unendlichen) gemeinsamen Speicher der Größe m verfügen. Jeder Prozessor kann in einem Schritt entweder als seperate Registermachine arbeiten oder auf eine Speicherzelle des gemeinsamen Speichers zugreifen. Die einzelnen Prozessoren einer PRAM arbeiten synchron.*

Folgendes Beispiel zeigt wie ein solches Modell die Laufzeit enorm verkürzen kann:
Gegeben seien n Variablen $X_1, \ldots, X_n$ mit $X_i \in \{0,1\}$, berechne die Funktion $ODER_n$ mit
$ODER_n(X_1, \ldots, X_n) = 1$ gdw. $\exists i \in \{1, \ldots, n\}$ mit $X_i = 1$.

1.Lösung: Berechne das Ergebnis mit einem baumartigen Netzwerk, bei dem jeder Knoten eine $ODER_2$-Operation der Daten seiner Söhne durchführt. Die Wurzel des Baumes hält dann das Ergebnis. Die Laufzeit beträgt $O(\log n)$.

2.Lösung: Berechne das Ergebnis mit einer $n+1$-PRAM, d.h. verteile die Variable X_i auf Prozessor P_i und halte eine Variable *Ergebnis* auf Prozessor P_{n+1}. Benutze folgenden Algorithmus:

Für alle Prozessoren P_i tue parallel

if $X_i = 1$ then schreibe *Ergebnis* := 1

od.

Die Laufzeit beträgt O(1).

Dieses sehr einfache Beispiel zeigt die Effizienz eines solchen Modells. Gleichzeitig kann man an Hand dieses Beispiels auf die Unterscheidung mehrerer verschiedener PRAM-Modelle eingehen. In diesem Beispiel greifen alle Prozessoren $P_1, \ldots, P_n$ schreibend auf eine Speicherzelle *Ergebnis* (im Bereich von Prozessor P_{n+1}) zu. Das Modell muß also einen *concurrent write mode* erlauben. Wir erkennen, daß die Art, wie der Fall eines gleichzeitigen Speicherzellenzugriffs durch mehrere Prozessoren (Schreib-/Lesekonflikt) verschiedene PRAM-Modelle definiert:

- **EREW:** *(exclusive-read exclusive write)* Gleichzeitiges Lesen und Beschreiben einer Speicherzelle durch mehrere Prozessoren ist nicht möglich.
- **CREW:** *(concurrent-read exclusive write)* Gleichzeitiges Lesen erlaubt, gemeinsames Schreiben nicht.
- **CRCW:** *(concurrent-read concurrent-write)* Gemeinsames Lesen und Beschreiben einer Speicherzelle durch mehrere Prozessoren ist erlaubt. Das gemeinsame Beschreiben einer Speicherzelle durch mehrere Prozessoren bedingt das Festlegen von Konventionen, welcher der konkurrierenden Prozessoren gewinnt bzw. wessen Daten in die Zelle übernommen werden. Diese Konventionen untergliedern das letzte Modell wiederum in drei verschiedene Typen:
  - **arbitrary:** *(beliebig)* Es ist nicht entscheidend, welcher der konkurrierenden Prozessoren in die Speicherzelle schreibt.
  - **common:** *(gleichartig)* Alle konkurrierenden Prozessoren müssen das gleiche schreiben wollen.

- **priority:** *(priorisiert)* Es darf der Prozessor mit der höchsten (niedrigsten) Nummer schreiben.

Obiges simples Beispiel zeigt die Überlegenheit des letzten Modells. Viele Algorithmen wurden jedoch für das EREW-Modell entwickelt. Man kann dies damit begründen, daß jede CRCW-PRAM auf einer EREW mit Zeitverlust $O(\log n)$ simuliert werden kann [14]. Da den theoretischen Informatikern, die sich mit Algorithmen für PRAMs befassen, die Implementierung einer EREW-PRAM wohl denkbarer erschien als die einer CRCW-PRAM, betteten sie ihre Algorithmen auf dem schwächeren Modell ein.

Der Laufzeitverlust durch die Simulation ist allerdings schon bei geringen Problemgrößen, d.h. geringer Anzahl von Prozessoren, nicht mehr zu vernachlässigen. Bei einer PRAM mit 256 Prozessoren z.B. läuft ein CRCW-Algorithmus auf einer EREW-Machine um den Faktor $8c$ langsamer, wobei der Faktor c, der durch die Simulationsverwaltung entsteht, ebenfalls nicht zu vernachlässigen ist. Dies ist eine hinreichende Motivation, sich um eine CRCW-Machine zu bemühen bzw. abzuschätzen, was der zusätzliche Aufwand an Hardware kostet verglichen mit dem Laufzeitgewinn von $O(\log n)$. Ein Hauptresultat dieses Artikels ist, daß die Realisierung einer CRCW nur unwesentlich mehr Kosten als eine EREW-PRAM verursacht. Eine gute Übersicht über Anwendungen für die verschiedenen Modelle findet sich in [11, 14].

1.2 Motivation

Bevor wir zu den konkreten Realisierungsüberlegungen kommen, wollen wir noch motivieren, warum es von Interesse sein kann, eine parallele Maschine wie die PRAM zu bauen, die nicht das breite Feld von Anwendern wie etwa Gitterrechner zu haben scheint.

Der erste Grund ist , daß sich sehr viele Probleme auch als graphentheoretische Probleme formulieren lassen. Zur Lösung solcher Probleme stehen zur Zeit nur abstrakte Algorithmen zur Verfügung. Von praktischer Bedeutung ist zum Beispiel das im VLSI-Design auftretende Problem des *Design Rule Checking*. Hier gilt es, in einem Layout Verletzungen von Mindestabständen z.B. zwischen verschiedenen Leiterbahnen zu finden. Die vom Fertiger definierten Mindestabstände und das vom Designer gelieferte Layout sind dabei die Eingabe für den *Design Rule Checker*. Graphentheoretiker lösen dieses Problem durch Berechnung von Schnitten von Geradensegmenten effizient auf dem Modell der PRAM. Zu sehr guten Ergebnissen kommt Rüb in [26]. Mit dem Bau einer Maschine zur Realisierung dieser Algorithmen läßt sich damit beurteilen, welche Lösung die effizientere ist. Daraus läßt sich die Frage beantworten, ob bei dem heutigen Stand der Technik die PRAM lediglich von theoretischer Bedeutung ist oder auch ein anderen Maschinen (auf gewissen Problemen) überlegener Parallelrechner.

Der zweite Grund liegt darin, daß viele Probleme bei Routing und Hashing bis heute auf theoretischem Wege nicht gelöst werden konnten. Durch die Realisierung einer PRAM können Erfahrungen gewonnen werden, die empirisch einer Lösung nahekommen und hoffentlich auch Anstöße für die weitere theoretische Arbeit geben können.

1.3 Realisierungsüberlegungen

Das wesentliche am PRAM-Modell ist ein Speicher, auf dessen Zellen mehrere Prozessoren gleichzeitig zugreifen können. Speicherstrukturen, die es erlauben, daß mehrere Prozessoren lesend auf eine Adresse zugreifen bezeichnet man als *Multi-Port RAMs*. Sie werden aus gewöhnlichen RAM-Bausteinen aufgebaut. Der Lesekonflikt wird sequentiell gelöst. Für den Benutzer sieht eine „Runde“ von Anfragen aus wie ein einziger Takt und in diesem Sinne lesen mehrere Prozessoren in diesem einen Takt von der gleichen Speicherzelle.

Video-RAMs bieten die Möglichkeit, durch einen Prozessor schreibend auf eine Zelle und „quasigleichzeitig“ durch mehrere Prozessoren tatsächlich gleichzeitig lesend zuzugreifen. Typische Anwendungen

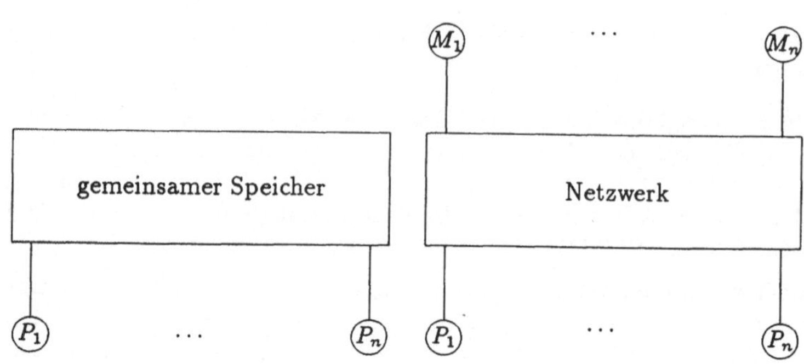

Abbildung 1: PRAM – Modell und Realisierung

sind Graphikkarten von Bildschirmsystemen. Dort wird der Bildschirmspeicher von einem Prozessor beschrieben und von mehreren „Einheiten“ ausgelesen und auf dem Monitor angezeigt.

Beide Bausteine erfüllen damit nicht die Anforderungen, die man an Speicher für eine PRAM stellt. In der Mikroelektronikwelt finden wir also keine Speicherbausteine, mit denen man eine PRAM direkt realisieren kann.

Die Optoelektronik arbeitet an der Möglichkeit, mit Lasern Daten zu übertragen. Diese Strahlen können von mehreren Sensoren (Prozessoren) gleichzeitig abgetastet werden. Dies würde dem CREW-Modell schon sehr nahe kommen. Diese Technik ist jedoch noch nicht ausgereift und befindet sich noch in einem sehr frühen Entwicklungsstadium.

Die hardwaremäßige Realisierung einer PRAM wird somit lediglich eine solche simulieren können.

1.4 Simulation einer PRAM

Wir simulieren eine n-PRAM auf einer Multi-Computer Maschine, indem wir den gesamten PRAM-Speicher auf Speichermodule $M_1, \ldots, M_n$ verteilen. Jedes Speichermodul M_i ist dabei mit Prozessor P_i eng gekoppelt. Die einzelnen Prozessoren $P_1, \ldots, P_n$ sind über ein Verbindungsnetzwerk miteinander verbunden (siehe Abb. 1). Prozessor P_i kommunizert mit P_j über dieses Verbindungsnetzwerk, wenn P_i auf eine Variable zugreifen möchte (lesend oder schreibend), die in M_j abgelegt ist (mit $i \neq j$). Die Kommunikation besteht darin, daß P_i ein Paket an P_j sendet, in dem er mitteilt, welche Variable gelesen oder überschrieben werden soll.

Die Simulation besteht somit aus zwei Schritten:

1. der Verteilung der in einer PRAM verwendeten Variablen $V_1, \ldots, V_m$ (m sei die Größe des PRAM-Speichers) auf $M_1, \ldots, M_n$ mittels einer Hash-Funktion,
2. der Versendung der Pakete über das Verbindungsnetzwerk mittels *packet routing*.

Das Maß für die Güte beider Schritte sind die Verzögerungszeit und die Kosten in Hardware, die beide verursachen. Wir wollen uns in den Kapiteln 2 und 3 näher mit diesen beiden Hauptpunkten der Simulation beschäftigen.

2 Hashing

2.1 Allgemeines

Wir sind interessiert an Funktionen $h : \{0, \ldots, m-1\} \rightarrow \{0, \ldots, n-1\}$, die uns die verwendeten Variablen unserer Algorithmen in einer Weise auf die Module $M_1, \ldots, M_n$ verteilen, daß das nachfolgende Routing möglichst konfliktfrei durchgeführt werden kann. Hierbei sei n die Anzahl der Prozessoren bzw. der Speichermodule und m die Größe des Speichers mit $m = n^k$. Legen wir uns auf eine bestimmte Hash-Funktion fest, so finden sich immer Anwendungsbeispiele, in denen die Verteilung sehr ungünstig für nachfolgendes Routing wird.

Mit den universellen Hash-Funktionen betrachtet man ganze Familien solcher Funktionen, die mit großer Wahrscheinlichkeit „gut verteilen". Dieses „gut verteilen" spiegelt sich in der folgenden Definition wider:

Definition 3 *Eine Familie $\mathcal{F}$ von Hash-Funktionen $h : D \rightarrow R$ heißt $(h)_\mu$-weise unabhängig, wenn $\forall y_1, \ldots, y_h \in R, x_1, \ldots, x_h \in D$ mit $x_i \neq x_j$ für $1 \leq i < j \leq h$ gilt:*

$$|\{h \in \mathcal{F} : h(x_i) = y_i, i = 1, 2, \ldots, h\}| \leq \mu \frac{|\mathcal{F}|}{|R|^h}$$

Informell heißt dies, daß die Anzahl der „schlechten Funktionen" beschränkt ist. Um zu verstehen, was im Sinne unseres Routings schlecht bedeutet, müssen wir etwas vorausgreifen. Wenn z.B. alle Prozessoren $P_1, \ldots, P_n$ mit einem einzigen Prozessor P_i kommunizieren wollen, so erhalten wir Verzögerungszeit $O(n)$ unabhängig davon, wie geschickt wir unser Netzkwerk gewählt haben. In unserer Definition entspricht das der Funktion $h_s(x_i) = y_i$ mit dem Zusatz $y_1 = \ldots = y_h$. Die Definition besagt, daß bei der zufälligen Auswahl einer Funktion aus einer Familie von Hash-Funktionen, die h_μ-weise unabhängig ist, mit einer Wahrscheinlichkeit von höchstens $P \leq \frac{\mu}{|R|^h}$ eine Funktion h_s gewählt wurde, die für dieses Routing „schlecht" ist.

Es enstehen nun folgende Fragen, wir in den Abschnitten 2.2 bis 2.5 beantworten wollen:

1. Wie finden wir solche Familien von h_μ-weise unabhängigen Hash-Funktionen?
2. Welches ist die im Sinne von Speicherplatz und Auswertungszeit günstigste Familie?
3. Ist die Funktion bijektiv, d.h wird jede Speicherzelle auch wirklich belegt und zwar von genau einer Variablen?
4. Benötigt man für das nachfolgende Routing wirklich solche „strengen" Familien von Hash-Funktionen?

2.2 Konstruktion von Hash-Funktionen

Mehlhorn und Vishkin zeigen in [21] die Existenz solcher Hash-Funktionen durch Konstruktion von Polynomen vom Grad $\log m = k \log n$, wenn n die Anzahl der Prozessoren und $m = n^k$ die Größe

	$\mathcal{H}$	Siegel1	Siegel2
Auswertungszeit	$\log m$ Add $\log m$ Mult	d^2 Add d Mult $d = 2 + \frac{k}{eps}$	$d'^2 = d^{\frac{2k}{eps}}$ Add $d^{\frac{k}{eps}}$ Mult $d' = d^{\frac{k}{eps}}$
Speicherplatz (Anzahl der Randomwörter)	$\log m$	dn^{eps}	$dn^{\frac{eps}{k}}$
Beispiel $m = 2^{25}, n = 32,\ k = 5$	 25 Add 25 Mult	$d \approx 8$ 64 Add 8 Mult	$d' \approx 105000$ 1.102510^{10} Add 105000 Mult
Größe des w.C.		2^{25} Knoten	32 Knoten

Tabelle 1: Vergleich von Hash-Funktionen

des Speichers ist.

Definition 4 *Eine Funktion $h(x)$ aus der Klasse*

$$\mathcal{H} = \left\{ h : h(x) = \left(\left(\sum_{i=0}^{d} a_i x^i \right) \bmod P \right) \bmod n \right\}$$

heißt Hash-Funktion vom Grad d. Jedes Element $a_i \in Z_P$ ist zufällig gewählt, die Zahl P ist eine festgelegte Primzahl, die nicht kleiner als m (Größe des PRAM-Adressraums) ist. Die Zahl d ist durch $k \log n$ spezifiziert. n ist die Anzahl der Prozessoren.

Die Koeffizienten eines solchen Polynoms sind dabei mittels eines „Pseudozufallsgenerators" zu Anfang des Programmstartes zu bestimmen und dann auf jedem Prozessor abzuspeichern, damit dieser wiederum die „Hash-Adresse $h(x)$" berechnen kann. Entscheidend für die Bewertung einer solchen Funktionenfamilie sind der Speicherplatzbedarf, den die „Randomwörter" (im Falle der Polynome die Koeffizienten) für eine Funktion dieser Familie benötigen, und die Zeit zur Auswertung. Der Speicherplatzbedarf ist im Falle von obigen Polynomen $O((\log m)^2)$, die Auswertungszeit $O(\log m)$, falls man in einem Schritt multiplizieren oder modulo rechnen kann.

In der Arbeit von Alan Siegel [27] wird eine h_μ-weise unabhängige Familie von Hash-Funktionen vorgestellt, die fast in Zeit $O(1)$ auswertbar sind. Es besteht allerdings ein großer Trade off zwischen Speicherplatz der Randomwörter und Auswertungszeit. Siegel benutzt zur Konstruktion dieser Hash-Funktionen einen bipartiten Graph zur Speicherung der Randomwörter. Der Grad d dieses sogenanten *weak concentrators (w.C.)* hängt jedoch von $k = \log_n m$ ab. Der folgende Vergleich zwischen Siegels Hash-Familien und der Familie von Polynomen zeigt, daß die konstante Auswertungszeit trotzdem noch sehr groß ist und daß der w.C. sehr groß wird. Siegel gibt außerdem kein konstruktives Verfahren an, um diesen bipartiten Graph zu finden. In einer zweiten Version, die wir mit Siegel2 bezeichnen, zeigt er, wie man auch mit „kleineren" w.C. auskommt. Dort steigt jedoch die Auswertungszeit in nicht akzeptierbarer Weise.

In Tabelle 1 vergleichen wir Auswertungszeit und Speicherplatzbedarf von polynomiellen Hash-Funktionen sowie beiden Funktionen von Siegel, dabei nehmen wir an, daß die Speichergröße m = 32 MByte und die Anzahl der Knoten $n = 32$ beträgt.

Die Tabelle stellt zunächst den Trade off zwischen Zeit und Platz in Siegels Funktionenfamilie dar. Außerdem ist seine Auswertungszeit nicht wirklich konstant, sondern hängt durch die Variable d von $k = \log_n m$ ab. Doch selbst wenn wir diesen Umstand vernachlässigen, sind die Konstanten trotzdem zu groß für die Verwendung in einer realen Maschine.

Im Zusammenhang mit der Bijektivitätseigenschaft der Funktionen (siehe auch 2.4) betrachten wir noch die universellen Hash-Funktionen von Dietzfelbinger und Meyer auf der Heide [7].

2.3 Realisierbarkeit

Für eine Realisierung verwenden wir wesentlich einfachere Hash-Funktionen des Typs $ax + b$, die für die meisten Anwendungsbeispiele (PRAM-Programme) hinreichend gute Ergebnisse liefern. Insbesondere bieten diese einfachen Funktionen den Vorteil der Bijektivität und erfordert weder großen Speicherplatz für die Randomwörter (hier nur a und b) noch eine große Auswertungszeit. Auch Ranade berichtet in [24], daß eine solche Hash-Funktion in seinen Simulationen ausreichend sei.

Ein weiterer für die Realisierung wichtiger Punkt ist die Division mit Rest. Betrachten wir nochmals die universelle Klasse von polynomiellen Hash-Funktionen:

$$h_a = \left(\sum_{i=0}^{k-1} a_i x^i\right) \bmod P, \quad \text{mit} \quad a_0, \ldots, a_{k-1} \in F.$$

Die Wahrscheinlichkeit für die Auswahl einer bestimmte Funktion dieser Familie ist nur dann gleich $\frac{1}{|F|^k}$, wenn wir über einem endlichen Körper F arbeiten. Diese endliche Körper werden meist durch Restklassenbildung mit Primzahl erzeugt. Besondere Bedeutung in der Rechnerdekodierung hat der Restklassenkörper GF(2) erlangt (siehe [2], S. 41 ff). Über diesem Körper haben Itoh und Tsujii [13] schnelle Multiplizierwerke entwickelt, die man leicht übertragen kann, um die mod$P$-Berechnung auszuführen. Durch die Restdivision bezüglich der Primzahl P wird ein Galoiskörper GF(P^k) der Kardinalität P^k definiert. Die Division dabei sollte bei einem realen Rechner möglichst einfach d.h. nicht durch ein Dividierwerk, sondern falls möglich durch Shift und einfache logische Operationen (z.B. exor) auszuführen sein. Dazu sind spezielle Primzahlen P erforderlich z.B. der Form $2^n - 1$. Der Artikel von Itoh und Tsujii enthält eine Tabelle von verwendbaren Primzahlen, auch Ribenboim beschäftigt sich in [25] mit Primzahlen dieser Form. Bei heutiger VLSI-Technik finden Arithmetikoperationen wie Division bei Verwendung von Semi Custom Technologie nur schwer auf Prozessoren Platz. Die obigen Arbeiten bieten somit eine gute Lösung.

2.4 Bijektivität

Bei den meisten Familien von h_μ-weise unabhängigen Hash-Funktionen handelt es sich nicht um bijektive Funktionen. Werden also mehrere Variablen auf die gleiche Speicherstelle verteilt, so muß man entweder den Hash-Vorgang wiederholen (Rehashing) oder aber mehrere Variablen in einer Liste von Speicherzellen ablegen, die dann linear durchlaufen wird. Eine gute Lösung für Rehashing bietet das Verfahren von Dietzfelbinger und Meyer auf der Heide [8]. Der Nachteil der zweiten Methode ist die größere Laufzeit und die Vergrößerung des Speichers. Im Extremfall, der natürlich unsinnig ist, müßte man quadratisch viel Speicher vorsehen, da alle Variablen in eine Zelle gehasht werden könnten.

Für unserer Maschine verwenden wir eine bijektive (die lineare) Funktion, so daß wir dieses Problem umgehen. Untersuchungen zu linearen Funktionen findet man bei Knuth im Rahmen der Zufallszahlenerzeugung [16].

2.5 Offene Probleme

Alle betrachteten Hash-Funktionen (außer der linearen) sollten die Definition der h_μ-weisen Unabhängigkeit erfüllen. Der Grund liegt in den in Kapitel 3 geschilderten Verfahren. Die h_μ-weise Unabhängigkeit garantiert, daß mit großer Wahrscheinlichkeit das nachfolgende Routing in Zeit $O(\log n)$

ausführbar ist. Eine interessante Frage ist in diesem Zusammenhang aber die folgende: Welche Eigenschaften müssen Hash-Funktionen haben, damit das Routing mit großer Wahrscheinlichkeit in Zeit $O(\log n)$ ausführbar ist. Dieses Problem ist von theoretischer Seite offen. Um es empirisch zu lösen, arbeiten wir mit einem Simulator, der mehrere verschiedene Routingalgorithmen und verschiedene Hash-Funktionen miteinander verknüpft. Dabei haben wir auf der Diplomarbeit von Alf Wachsmann [30] aufgesetzt bzw. dessen Arbeit erweitert. Wir hoffen, erste Simulationsergebnisse bald zur Verfügung zu haben.

3 Routing und Netzwerk

3.1 Einführung

Um Überlegungen hinsichtlich Netzwerkauswahl und sinnvollen Routingalgorithmen anstellen zu können, müssen wir zuerst klären, welcher Art die Zugriffe auf das Netzwerk sind:

Nehmen wir an, wir hätten die von einem Programm benutzten Variablen $y_1, \ldots, y_r, r \leq m$ (m=Speichergröße) mittels einer Funktion $h : \{1, \ldots, m\} \rightarrow \{1, \ldots, n\}$ auf die n verschiedenen Knoten bzw. deren zugeordnete Speichermodule verteilt. Während eines PRAM-Schrittes kann der i-te Prozessor entweder einen Befehl `STORE` y_i oder `LOAD` y_i ausführen. In beiden Fällen muß er mit dem Knoten kommunizieren, auf dem die Variable y_i abgespeichert ist. Dies ist der Knoten $h(y_i)$. Im ersten Fall schickt er mit der Zieladresse einen neuen Wert a durch das Netzwerk zum Zielprozessor, der seinerseits die endgültige Adresse von y_i finden muß und den alten Wert durch a ersetzt. Im zweiten Fall sendet er dem Knoten $h(y_i)$ die Botschaft, ihm den Wert der Variablen y_i zurückzusenden.

Wir sehen bei der Betrachtung dieser beiden Fälle zwei neue Aspekte: zunächst müssen wir beachten, daß wir, falls wir den entsprechenden Knoten gefunden haben, der die gewünschte Variable in seinem Speicheranteil hält, danach die genaue Adresse innerhalb dieses Bereiches finden müssen. Der zweite Aspekt tritt beim Befehl `LOAD` auf. Dann nämlich, wenn das Netzwerk von dem Ziel- zum Quellprozessor rückwärts durchlaufen wird, um den Inhalt der Speicherzelle mitzuteilen. Dies kann über dasselbe Netzwerk durch ein erneutes „Routing", bei dem jetzt Quelle und Ziel vertauscht sind, geschehen oder aber durch ein seperates Rücknetz.

Bei der Auswahl des Netzwerkes sind folgende Kriterien wichtig:

- Eignung für Paketvermittlung,
- geringer Durchmesser des Netzwerkes,
- Knoten mit geringem oder sogar konstantem Grad,
- Verfügbarkeit von möglichst einfachen Algorithmen mit kleiner, z.B. logarithmischer, Laufzeit.

Ein Netzwerk, das diese Kriterien erfüllt, und das außerdem universell in der Hinsicht ist, daß sich andere bekannte Netzwerke darauf gut simulieren lassen, ist der n-dimensionale Würfel (*Hypercube*). Viele Algorithmen basieren auf diesem Netzwerk, viele Sätze über Netzwerke wurden für ihn bewiesen. Der Hypercube hat einen Durchmesser von $\log n$, allerdings haben seine Knoten Grad $\log n$. Da bei der Realisierung eines Netzwerkes für einen Rechner auch die Skalierbarkeit eine große Rolle spielt, bevorzugt man Netzwerke mit konstantem Grad, z.B. die sog. *Delta-Netzwerke*. Wu und Feng zeigten [31], daß alle Netzwerke dieser Klasse topologisch äquivalent sind.

Ein Vertreter dieser Klasse ist das sogenannte *Butterfly-Netzwerk*. Die Netzknoten haben konstanten In- und Outgrad 2, der Durchmesser beträgt $\log n$. Das Butterfly-Netzwerk eignet sich für paketvermittlende Algorithmen mit lokalem Routing. Bei diesen Algorithmen ist die Routingentscheidung innerhalb eines Knotens nicht von Entscheidungen in anderen Knoten abhängig. Dies vereinfacht die Realisierung.

In den letzten 10 Jahren wurden mehrere paketvermittelnde Algorithmen für Hypercube bzw. Butterfly entwickelt. Gute Übersichten und Analysen findet man bei [17, 19, 29]. Man unterteilt die Routingverfahren in deterministische und randomisierte Routings. Randomisierte Verfahren unterscheiden sich von den deterministischen dadurch, daß ihr Verhalten von Zufallszahlen abhängig ist.

Vergleicht man deterministische mit randomisierten Routingverfahren, so kann man folgende Punkte herauskristallisieren:

- während deterministische Algorithmen immer eine Angabe der oberen Laufzeitschranke ermöglichen, erfüllen die randomisierten Verfahren die wesentlich niedrigere Laufzeit mit hoher Wahrscheinlichkeit.
- randomisierte Verfahren erfordern als zusätzlichen Hardwareaufwand Zufallsgeneratoren, die schnell und mit guter Verteilung arbeiten sollen.

Eine Hauptanwendung der Randomisierung ist die folgende: Man verdoppelt das Butterfly-Netzwerk und schickt ein Paket von der Quelladresse zuerst zu einer zufällig gewählten Zwischenadresse und von dieser zur Zieladresse. Beide Routings sind damit zufällig. Man bezeichnet dies als *Paradigma von Valiant.* Für zufällig verteilte Zugriffe bewies Valiant in [28] als erster einen Erwartungswert von Zeit $O(\log n)$ mit hoher Wahrscheinlichkeit [28]. Valiants Modell hat allerdings den Nachteil, daß die Eingangspuffer der Netzknoten eine Größe von $O(\log n)$ erreichen können.

Ranade stellt in [23] einen Routingalgorithmus vor, der mit konstanten Puffergrößen auskommt und beweist eine Laufzeit von $120 \log n$ mit hoher Wahrscheinlichkeit bei Puffergröße 120. Er benutzt außerdem zur Randomisierung nicht die Methode von Valiant, sondern wählt eine Hashfunktion zufällig aus. Von diesem Zeitpunkt an ist sein Algorithmus deterministisch.

Leighton, Maggs und Rao verbesserten und verallgemeinerten in [17] die Analyse von Ranades Verfahren. Die Puffergrößen haben jetzt Werte im Bereich 2 bis 4, die Laufzeitabschätzung wird durch die Verallgemeinerung schlechter.

Simulationen zeigen allerdings ein sehr viel besseres Verhalten der Algorithmen als angenommen. Ranade berichtet in [24] von einer Laufzeit $11 \log n$ bei Puffergröße 3. Leighton, Maggs und Rao kommen zu ähnlichen Ergebnissen [18].

Ranades Routingverfahren ist das beste bisher bekannte, das für die Simulation einer PRAM tauglich ist. Er skizzierte eine Maschine, die sog. *Fluent Machine*, die mit diesem Verfahren eine PRAM simulieren sollte [24]. Wir wollen nun Ranades Verfahren schildern. In Kapitel 4 beschreiben wir dann seine Maschine und welche Änderungen wir vornehmen, um sie nachweisbar verbessern zu können in einem Sinn, den wir in Kapitel 6 präzisieren werden.

3.2 Routing nach Ranade

Ranade benutzt ein Butterfly-Netzwerk. Die Netzknoten haben In- und Outgrad 2, hinter die Eingänge sind FIFO-Schlangen als Puffer geschaltet. Am Eingang und Ausgang des Netzwerkes haben wir FIFO-Schlangen der Länge $\log n$.Ein zu versendendes Paket besteht hier aus Zieladresse x, gehashter Zieladresse $h(x)$, Datum d und Modus M. Die Idee des Algorithmus besteht darin, daß die Pakete jeden Netzknoten in nach $h(x)$ sortierter Reihenfolge verlassen. Steht in einem Netzknoten an den Spitzen der Eingangspuffer je ein Paket, so wird das gewählt, das die niedrigere Adresse hat. Ist ein Paket ausgewählt, um verschickt zu werden, so trifft man die Routingentscheidung nach $h(x)$. Befindet sich der Netzknoten in der i-ten Stufe ($0 \leq i \leq \log n$), so entscheidet Bit i von $h(x)$, ob das Paket nach links oder rechts geschickt wird.

Verschickt ein Netzknoten ein Paket, so wird über den anderen Ausgang ein Ghost-Paket geschickt. Dieses unterscheidet sich vom verschickten Paket nur durch den Modus. Dieser ist beim echten Paket

LOAD oder STORE, beim Ghost-Paket GHOST. Hat ein Netzknoten keine Pakete und keine Ghost-Pakete mehr in seinen Puffern, so sendet er über beide Ausgänge einen End of Stream Ghost (EOS). Dies ist ein Ghost-Paket mit einer Adresse, die größer ist als alle vorkommenden.

Durch die Sortierung gewährleistet man zum einen, daß ein Paket nicht beliebig lange in einem Netzknoten hängt, da die Adressen der abgeschickten Pakete streng monoton wachsen, zum andern vereinfacht man konkurrierenden Zugriff, da Pakete mit gleicher Zieladresse sich zum gleichen Zeitpunkt an den Spitzen der Eingangspuffer des Netzknotens befinden, in dem ihre Wege sich vereinigen. So können die Pakete einfach zusammengefaßt werden.

Die Funktion der Ghosts ist die Aufrechterhaltung der Sortierung ohne unnötige Staus im Netzwerk. Erhält nämlich ein Netzknoten über einen Eingang kein Paket, weil sein Vorgänger ein Paket über den anderen Ausgang sandte oder keine Pakete zum Versenden hatte, so erhält er statt dessen ein Ghost Paket. Die Adresse $h(x)$ in diesem Ghost stellt eine unter Schranke dar für die Adressen aller Pakete, die nach diesem Zeitpunkt noch über den entsprechenden Eingang kommen werden. So braucht der Netzknoten nicht auf ein echtes Paket vom Vorgänger zu warten, sondern kann seine Auswahlentscheidungen mit Hilfe des Ghost treffen, ohne daß die Sortierung gestört wird. Ein Stau tritt nur auf, wenn die Adresse des Ghost kleiner ist als die Adresse des Paketes an der Spitze des anderen Eingangspuffers. Dann wird der Ghost über beide Ausgänge weiterverschickt. In diesem Fall müßte betreffendes Paket aber in jedem Falle warten, da nach dem Ghost noch ein echtes Paket mit kleinerer Adresse kommt.

Man sieht an diesem Beispiel, daß ein Ghost nur seinen Zweck erfüllt, wenn er im Eingangspuffer direkt an die Spitze kommt, also keine anderen Pakete mehr vor ihm sind. Ist der Eingangspuffer nicht leer, kann der Ghost sofort nach der Ankunft vernichtet werden.

Um Antworten von LOAD Anfragen zu versenden, benutzt Ranade ein separates Rücknetz. Dort wird allerdings keine Routingentscheidung mehr vorgenommen, sondern es wird in der gleichen Reihenfolge zurückgeschickt wie hin. Zu diesem Zweck gibt es in jedem Netzknoten des ersten Netzwerkes eine Richtungsqueue, in der die Routingentscheidungen für LOAD Anfragen wie z.B. 'linker Eingang nach rechtem Ausgang' oder 'Kombinierung zweier Pakete nach linkem Ausgang' festgehalten werden. Die Queue hat eine Breite von 3 Bits bei kompakter Kodierung. Die Länge der Queue beträgt $a \log n$, wobei a eine kleine Konstante ist.

Der entsprechende Netzknoten im Rücknetz fragt stets die Spitze der Richtungsqueue ab und routet die ankommenden Pakete in dieser Reihenfolge. So wird auch hier die Reihenfolge der Pakete aufrecht erhalten. Die Pakete im Rücknetz müssen nur noch aus dem angefragten Datum bestehen. Kann kein Paket verschickt werden, so wird ein Dummy Paket eingefügt. Dieses unterscheidet sich von einem echten Antwortpaket nur in einem zusätzlichen Bit.

Das Verfahren des Rücknetzes ist nicht optimal, es lassen sich Gegenbeispiele konstruieren. Die Realisierung ist aber sehr einfach. Außerdem unterstützt dieses Verfahren eine einfache Implementierung von Parallel Präfix.

4 Ranades Fluent Machine

Ranade stellt in [24] die Fluent Machine vor, die den Algorithmus aus Kapitel 3 benutzt. Die Fluent Machine besteht aus 6 aneinandergehängten oder besser gesagt übereinandergelegten Butterfly-Netzen. An jedem der 6-fach Netzknoten sitzt ein Prozessor und ein Speichermodul. Es gibt also $\log n$ Spalten mit je n Prozessoren bzw. n Reihen mit je $\log n$ Prozessoren. Die Maschine arbeitet in 6 Phasen:

1. Jeder Prozessor speist sein Paket in das erste Netzwerk, falls er einen LOAD oder STORE Befehl ausführt. Die Pakete wandern zum Ende der Reihe, d.h. zum Reihenführer *(Row leader)* des zweiten Netzwerkes.

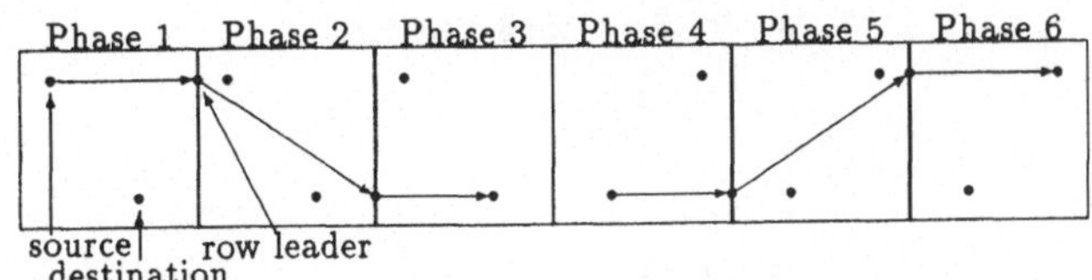

Abbildung 2: 6-Phasen-Routing der Fluent Machine

2. Die Pakete werden nach Ranades Routingverfahren durch das zweite Netzwerk geroutet.
3. Die Pakete werden bis zur richtigen Spalte geschoben und dort zum Speichermodul geleitet. Hier findet der Speicherzugriff statt.
4. Die Pakete werden vom Speicher ins Netzwerk geschoben und zum *Row Leader* des 5. Netzwerkes gebracht. Dieses Netzwerk bildet das Rücknetzwerk zum 3. Netzwerk.
5. Dieses Netzwerk bildet das Rücknetzwerk zum 2. Netzwerk.
6. Die Pakete werden bis zu dem Knoten geschoben, der sie in Phase 1 eingespeist hat. Dieses Netzwerk bildet das Rücknetzwerk zum 1. Netzwerk.

Eine bildliche Darstellung der Phasen findet sich in Abbildung 2.

Es fällt auf, daß nur die Phasen 2 und 5 ein echtes Butterfly-Netzwerk benötigen. In den Phasen 1 und 4 wird nur in einen Netzknoten eingespeist oder durch einen Netzknoten geschoben. In den Phasen 3 und 6 wird nur aus einem Netzknoten herausgeschickt oder durch einen Netzknoten durchgeschoben. Hier ergeben sich Ansatzpunkte zur Verbesserung.

Eine spezielle Anweisung der Fluent Machine ist *Multiprefix*. Ranade definiert sie folgendermaßen:

Definition 5 *Die Anweisung Multiprefix hat die Form* MP $A, \circ, D$. *A ist eine Adresse, $\circ$ ein assoziativer binärer Operator, D ein Datum. Senden zwei Prozessoren zur gleichen Zeit ein Multiprefix zur gleichen Adresse, so muß der Operator gleich sein. Sei zu einer Zeit T $P_A = \{p_1, \ldots, p_k\}$ eine Menge von Prozessoren mit $p_1 < \ldots < p_k$, die* MP $A, \circ, D_i$ *mit Daten $D_1, \ldots, D_k$ ausführen. Sei a der Inhalt von A zur Zeit T. Nach Ausführung des Multiprefix erhält p_i den Wert $a \circ D_1 \circ \ldots \circ D_{i-1}$ zurück, der neue Inhalt von A ist $a \circ D_1 \circ \ldots \circ D_k$.*

Die Ausführung dieser Operation wird vom Netzwerk übernommen. Die Netzknoten in den Phasen 1,2,5,6 erhalten dazu arithmetische Einheiten, die die Berechnungen übernehmen. Zusätzlich müssen, um die Zwischenergebnisse zu halten, parallel zu den Richtungsqueues zwischen Phase 1 und 6 (2 und 5) Puffer für die Zwischenergebnisse angelegt werden, die sog. *Multiprefix-Speicher*. Sie haben die gleiche Länge wie die Richtungsqueue, die Breite ist die eines Wortes. Die Richtungsqueue wird entsprechend erweitert um die Möglichkeit Multiprefix nach linkem/rechtem Ausgang.

5 Verbesserungen und neuer Entwurf

Verbesserungen in unserem Sinne resultieren zum einen aus Kostenersparnissen ohne wesentlichen Laufzeitverlust und Laufzeitverbesserungen ohne wesentliche Kostenerhöhungen. Ranade hat einerseits viele Kosten durch die Aneinanderreihung von 6 Butterfly-Netzwerken, die er nicht ausnutzen kann, zum andern dadurch, daß die $n \log n$ Prozessoren nach der Einspeisung ins Netzwerk $O(\log n)$ Schritte warten müssen, bis die Antwort auf ihre Anfrage kommt.

Zeit	1	2	3	4	5	6	x+3	x+4	x+5
Stufe									
Fetch	I1	I2	I3						
dekodieren		I1	I2	I3					
Argumente laden			I1	I2	I3				
Compute Takt 1				I1	I2	I3			
Compute Takt 2					I1	I2			
⋮									
Compute Takt x							I1	I2	I3
Ergebnisse speichern								I1	I2

I = Instruktion

Abbildung 3: Pipelining in Vektorrechnern

Unser Ziel ist es also, zum einen die Netzwerkkosten zu senken und zum andern die Prozessoren besser auszulasten. Hierzu könnte ein erster Ansatz so aussehen:

Man verwendet nur n Prozessoren und setzt diese an die n Netzwerkknoten der ersten Spalte des Netzwerkes. Jeder dieser Prozessoren simuliert sequentiell $\log n$ virtuelle Prozessoren (vP). Wir wählen als Anzahl der vP im weiteren statt genau $\log n$ $c \log n$, wobei die Bedeutung des Faktors c noch erläutert wird. Beziffert man die Kosten eines Prozessors mit c_P und die Kosten eines Netzwerkknotens mit c_N, so bringt uns diese Vorgehensweise eine Kostensenkung von $(c_P + c_N)n \log n$ auf $c_P n + c_N n \log n$. Wie wir in Kapitel 6 sehen werden, ist c_P erheblich größer als c_N. Wir erreichen also eine Kostensenkung um einen Faktor von fast $\log n$. Der Zeitverlust ist aber ebenfalls $\log n$. Die Zeit, die wir nun zur Simulation eines PRAM Schrittes benötigen, ist $O((\log n)^2)$.

Falls man die Zeit von $\log n$, die der i-te virtuelle Prozessor für einen Netzwerkzugriff braucht, überlappen könnte mit der Zeit, die man benötigt, um den $i+1$-ten virtuellen Prozessor des gleichen Prozessors zu starten, so könnte die Gesamtzeit zur Ausführung eines PRAM-Schrittes verringert werden. Diese Idee ist eine Anwendung des Pipelining-Prinzips, das in Vektorrechnern häufig benutzt wird. Mehrere Instruktionen werden überlappt ausgeführt, indem sie sich eine gemeinsame ALU teilen. Abbildung 3 zeigt ein Beispiel.

Eine einzelne Instruktion in diesem Beispiel benötigt Zeit $x + 4$, wenn x die Tiefe der ALU ist. Die Ausführung von t Instruktionen benötigt Zeit $t + x + 3$, während ohne Pipelining Zeit $t(x + 4)$ benötigt würde.

Anstatt mehrere Instruktionen eines Prozessors durch eine Pipeline zu beschleunigen, benutzen wir Pipelining für je eine Instruktion mehrerer vP, die im gleichen Prozessor simuliert werden. Damit genügend vP simuliert werden können, muß eventuell die Tiefe der ALU künstlich erhöht werden.

Die virtuellen Prozessoren teilen sich außer der ALU mit Pipeline auch das Netzwerk. So kann das Pipelining-Prinzip auch auf `LOAD` und `STORE` Befehle angewendet werden, da das Netzwerk die Reihenfolge der Pakete aufrecht erhalten kann. Der Beweis, daß die Laufzeit von $O(\log n)$ auch unter Pipeline-Routing oder Continuous Routing eingehalten wird, wurde von Chang und Simon geführt [6].

Zusätzliche Kosten beim Pipelining mehrerer Instruktionen entstehen nur durch Latches, die die Ergebnisse einer Stufe in die nächste retten. Zusätzliche Kosten beim Pipelining von k vP in einem Prozessor bestehen aus den Kosten für Latches der einzelnen Stufen und den Kosten für $k - 1$ zusätzliche Registersätze, da jeder vP einen eigenen Satz Register benötigt.

Wir wählen $k = c \log n$, wobei der optimale Wert von c durch Simulationen bestimmt werden muß.

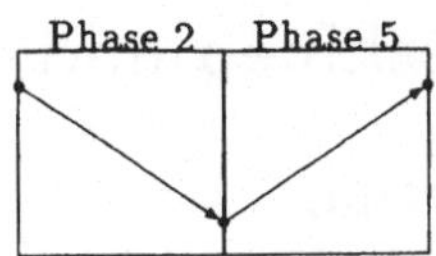

Abbildung 4: Vereinfachtes Routing

Wählt man c zu klein, ist die Pipeline nicht tief genug, um die Zeit, die im Netzwerk verbraucht wird, auszugleichen. Wählt man c zu groß, wird das Netzwerk zu stark belastet.

Die Funktion der Netzwerke 1 und 6 wird somit durch das zeitgleiche Verhalten der Pipeline übernommen und sie können wegfallen.

Das 3. Netzwerk ersetzt man folgendermaßen: An das Ende des 2. Netzwerkes setzt man n Speichermodule, die jeweils $\log n$ Bänke enthalten. Diese Bänke spricht man über einen Treiberbaum an. Die Tiefe des Treiberbaumes ist $\log \log n$. Hierbei wird zusätzlich zu den gesparten Kosten noch Zeit gewonnen.

Das 4. Netzwerk ersetzt man durch eine Auswahlschaltung der Bänke, die die Reihenfolge der Pakete aufrechterhält.

Damit bleiben nur die Phasen 2 und 5 des Netzwerkes übrig, was Abbildung 4 zeigt.

Zusätzlich zum Multiprefix führen wir eine Instruktion `SYNC` ein. Diese unterscheidet sich von Multiprefix dadurch, daß die Prozessoren keine Werte zurückerhalten. Sie dient zur Synchronisation nach der Ausführung von parallelen Konstrukten. Zu Beginn des Konstruktes wird eine Speicherzelle A auf Null gesetzt, dann führen alle beteiligten Prozessoren `SYNC` $+, A, 1$ aus. Danach enthält A die Anzahl der teilnehmenden Prozessoren. Ist ein Prozessor fertig, führt er `SYNC` $+, A, -1$ aus und wartet.

Die Ausführung ist vollständig beendet, wenn der Inhalt von A Null ist. Wichtig ist hierbei, daß niemals zur gleichen Zeit ein Prozessor `SYNC` $+, A, -1$ ausführt, weil er fertig ist, und andere Prozessoren den Inhalt von A lesen wollen, weil sie schon eine gewisse Zeit gewartet haben. Dabei könnten einige den alten Wert ungleich Null lesen und einige den neuen Wert gleich Null. Die Synchronität wäre zerstört. Man löst dieses Problem, indem man zur Synchronisation nur in Befehlen mit gerader Nummer schreibt und nur in ungeraden liest. Hierzu dient ein Flag im Statusregister, das mit jedem Befehl seinen Wert ändert. Der Wert dieses Flags ist bei allen Prozessoren gleich.

Die Zusammenfassung unserer Verbesserungen lautet:

- weiterhin Benutzung von Ranades Routing in Phase 2 und 5,
- Umorganisation der Prozessoren zwecks Kostenersparnis, als Nebeneffekt Einsparung von Phase 1 und 6,
- Zusammenfassung jeweils einer Reihe Speichermodule zu einem Modul mit Bänken, die über einen Baum adressierbar sind, dabei Einsparung der Phasen 3 und 4.

In Kapitel 6 werden wir ein Modell angeben, mit dem sich Maschinen vergleichen lassen und ausrechnen, wie groß unsere Einsparungen genau sind.

6 Bewertung der Maschinen und Vergleich

6.1 Grundlagen der Bewertung

Wir bewerten die beiden Maschinen mit folgender Methode aus [20]:

Definition 6 *Sei M_1 eine Maschine mit Kosten c_1 und M_2 eine Maschine mit Kosten c_2. Sei B ein Programm mit Laufzeit t_1 auf Maschine M_1 und Laufzeit t_2 auf Maschine M_2 (B wird im Allgemeinen* **Benchmark** *genannt). Wir nennen M_1 besser als M_2 genau dann wenn $c_1t_1 < c_2t_2$. c_it_i nennt man die* **time depending cost function** *TDC der Maschine M_i mit Benchmark B.*

Wir benutzen die Methode aus [20], um die c_i und t_i zu bestimmen, ohne eine Maschine tatsächlich zu bauen.

Als Grundlage für unsere Bewertung dient das bekannte Maß Preis pro Leistung , wobei wir Leistung als Kehrwert der Laufzeit bei hier fester Arbeit B betrachten.

Vergleicht man Parallelrechner, die skaliert werden können, so vergleicht man eigentlich zwei Familien von Maschinen, deren Mitglieder sich jeweils nur in der Größe unterscheiden und bei denen Kosten und Laufzeit abhängig von der Anzahl der Prozessoren sind. Um die Familien zu vergleichen, nimmt man korrespondierende Repräsentanten der Familien. Hierunter verstehen wir Mitglieder der beiden Familien, die gleiche Kosten haben.

Man wählt also aus Familie 1 einen Vertreter mit p Prozessoren und Kosten $x = c_1(p)$ und berechnet die Größe q des Vertreters der zweiten Familie mittels $q = c_2^{-1}(x)$. Der Vergleich der TDC reduziert sich in diesem Fall auf einen Vergleich der Laufzeiten. Erhält man für q keinen ganzzahligen Wert, so nimmt man den nächsten ganzzahligen Wert q' und berechnet als Korrekturfaktor den Quotienten $\frac{c_1(p)}{c_2(q')}$.

Die Kosten einer Maschine bestimmen wir nach [20] durch Zählen der Gatteräquivalente, die in der Maschine vorkommen. Hierzu muß man alle Funktionen, die in der Maschine realisiert sind, durch Schaltkreise bzw. Schaltwerke beschreiben oder die Kosten durch bekannte Schranken, z.B. Kosten ähnlicher Funktionen in bekannten Rechnern, abschätzen.

Jeder Gattertyp hat Basiskosten, z.B. Inverter 1, And 2, Exor 6, Register 12. Die Kosten eines Schaltkreises berechnen sich als Summe der Basiskosten seiner Gatter, multipliziert mit einem *Technologieparameter.*

Technologieparameter tragen der Tatsache Rechnung, daß verschieden regelmäßige Strukturen wie Logik, Arithmetik, statisches RAM verschieden gute Plazierungsergebnisse liefern; typisch sind 1 (Logik), 0.25 (Arithmetik), 0.1 (SRAM).

Die Kosten der Maschine berechnen sich als Summe der Kosten aller Schaltkreise und Schaltwerke, wobei der Hauptspeicher nicht gewertet wird. Zur Bestimmung der Kosten ist es nicht notwendig, die Maschine zu bauen. Die Kosten lassen sich aus einem Entwurf sehr genau bestimmen.

Als Beispiel soll hier der Entwurf eines Carry-Chain Addierers für 8-Bit Zahlen dienen. Dieser besteht aus 8 Volladdierern. Ein Volladdierer besteht aus 2 Halbaddierern und einem ODER-Gatter. Ein Halbaddierer besteht aus einem UND-Gatter und einem EXOR-Gatter. Unser Entwurf benutzt also 8 ODER-Gatter, 16 UND-Gatter und 16-EXOR Gatter. Der Addierer fällt unter Arithmetik, hat also Technologieparameter 0.25. Die Kosten des Addierers berechnen sich also zu $0.25(8c(OR) + 16c(AND) + 16c(EXOR)) = 36$.

Aus dem Entwurf einer Maschine erhält man auch die Ausführungszeiten der Maschinenbefehle. Zur Berechnung der Ausführungszeiten sucht man den längsten Pfad innerhalb eines Schaltkreises, der während eines Taktes durchlaufen werden muß. Hierbei verstehen wir unter einem *Takt* die Zeit zwischen den beiden Zeitpunkten, zu denen Register geladen werden. Jedes Gatter hat eine Basisverzögerung (*Gate Delay*). Die Verzögerung auf einem Pfad ist die Summe der Gatterverzögerungen

Teile	Fluent Machine	neuer Entwurf
Prozessoren	$n \log n$	n phys., $cn \log n$ vP
Netzwerkknoten	$3n \log n$	$n \log n$
Schlangen der Länge $\log n$	n	n
Hashauswertung	n	n

Tabelle 2: Teile der Fluent Machine und der neuen Maschine

auf diesem Pfad zuzüglich einer kurzen Zeit zum Laden der Register. Man hat nun eine untere Schranke für die Zykluszeit, d.h. eine obere Schranke für die Frequenz. Die Ausführungszeit eines Befehles erhält man nun aus der Zykluszeit multipliziert mit der Anzahl von Takten, die der Befehl benötigt.

In unserem Beispiel des Carry-Chain Addierers ist der längste Pfad folgender: im 1. Volladdierer von Eingang a_{in} oder b_{in} nach $carry_{out}$, im 2.-7. Volladdierer von $carry_{in}$ nach $carry_{out}$, im 8. Volladdierer von $carry_{in}$ nach sum_{out}.

Wird der $carry_{in}$ eines Volladdierers zum 2. Halbaddierer geschaltet, so wird im 1. Volladdierer ein EXOR, ein AND, ein OR, im 2.-7. Volladdierer ein AND, ein OR und im 8. Volladdierer ein EXOR durchlaufen. Die Gesamtverzögerung ist also $T_{Ges} = 7\text{delay}(AND) + 7\text{delay}(OR) + 2\text{delay}(EXOR)$.

Die Laufzeit des verwendeten Benchmarks erhält man nun, indem man das Programm von Hand compiliert und vom Maschinencode eine Laufzeitanalyse vornimmt, aus der man die Anzahl von `LOAD`, `STORE` und `COMPUTE` Befehlen erhält. Multipliziert man die Anzahl der Befehle jeder Gruppe mit ihrer Ausführungszeit und summiert über alle Gruppen, so erhält man die Laufzeit in *Gate Delays*.

6.2 Kosten der Fluent Machine und des neuen Entwurfs

Um die Kosten der beiden Maschinen mit einem $n \times \log n$ Butterfly-Netzwerk zu bestimmen, stellen wir in Tabelle 2 noch einmal die benötigten Teile zusammen und geben einen Überblick über die Kosten. Wir nehmen als Prozessor der Fluent Machine den Prozessor der neuen Maschine, allerdings ohne virtuelle Prozessoren und ohne Pipeline.

Anmerkung: Ranade wertet seine Hash-Funktionen im *Row Leader* des 2. Netzwerkes aus und benötigt deswegen nur n statt der erwarteten $n \log n$ Auswertungen.

Im folgenden werden wir nur noch mit einem Modell arbeiten, das kostengünstiger ist als in der Theorie. Wir werden dazu Abstriche an die Beweisbarkeit der Laufzeitschranken machen und dafür einfachere Realisierungen verwenden. Ein Beispiel hierfür ist die Hash-Funktion. Ranade beweist die Laufzeit seines Routingverfahrens für eine polynomielle Hash-Funktion, benutzt aber in seinen Simulationen eine lineare Funktion. Ähnliches gilt für Puffergröße und Routingzeit. Tabelle 3 zeigt die Unterschiede. Das beweisbare Modell wird im folgenden auch *certified version*, das auf Simulationen beruhende Modell auch *engineering version* genannt.

Die Tabellen 4 - 7 listen die Kosten für alle Teile der Maschine auf, die Grundlagen für die Berechnung ergeben sich aus Abschnitt 6.1 und dem Befehlssatz des Prototyps in Abschnitt 7.1.

Die Gesamtkosten der Maschinen ergeben sich aus der Summe aller Teilkosten. Sie werden in Tabelle 8 aufgeführt.

Wählen wir $c = 3$ wie im Prototyp vorgesehen, so erhalten wir als Gesamtkosten des neuen Entwurfs:

$$4889n \log n + 13557n + 0.5n \log^2 n + 15n \log\log n + 0.1n \log n \log\log n.$$

Teil	bewiesen (certified)	realisierbar (engineering)
Hash-Funktion	Polynom vom Grad $8 \log n$	lineare Funktion
Länge der Puffer	120	2
Routingzeit	$120 \log n$	$11 \log n$

Tabelle 3: Unterschiede zwischen certified und engineering Version

Teile	Fluent Machine	neuer Entwurf
Register SRAM	1180	$750 + 927c \log n + 3 \log\log n + 3 \log c$
ALU	3075	3075
Logik	3500	$3650 + 100c \log n$
Latches		$525 + 45c \log n$
Gesamt	7755	$8000 + 1072c \log n + 3 \log\log n + 3 \log c$

Tabelle 4: Kosten der Prozessoren

Teile	Kosten
5 Queues	$1\,270 + 0.5 \log n + 0.1 \log\log n$
2 Multiplexer	120
Logik	900
Addierer	125
Vergleicher	115
Gesamt	$1530 + 0.5 \log n + 0.1 \log\log n$

Tabelle 5: Kosten des Netzknotens

Teile	Kosten
Multiplizierer	2500
Addierer	125
Modulo	3000
Gesamt	5625

Tabelle 6: Kosten der Hash-Funktion

	Länge	Breite	Kosten
Zum Netzwerk	$\log n$	80	$99 \log n + 6 \log\log n - 49$
Vom Netzwerk	$\log n$	32	$44 \log n + 6 \log\log n - 23$
Gesamt			$143 \log n + 12 \log\log n - 72$

Tabelle 7: Kosten der Queues zum und vom Netzwerk

Teile	Fluent Machine	neuer Entwurf
Prozessoren	$7755n \log n$	$8000n + 1072cn \log n +$ $3n \log \log n + 3n \log c$
Netzknoten	$4590n \log n + 1.5n \log^2 n +$ $0.3n \log n \log \log n$	$1530n \log n + 0.5n \log^2 n +$ $0.1n \log n \log \log n$
Queues	$143n \log n + 12n \log \log n - 72n$	$143n \log n + 12n \log \log n - 72n$
Hash-Funktion	$5625n$	$5625n$
Gesamt	$12488n \log n + 5553n + 1.5n \log^2 n +$ $12n \log \log n + 0.3n \log n \log \log n$	$(1673 + 1072c)n \log n +$ $0.5n \log^2 n + (13552 + 3 \log c)n +$ $15n \log \log n + 0.1n \log n \log \log n$

Tabelle 8: Gesamtkosten der beiden Maschinen

Befehl	Fluent Machine	Neuer Entwurf
STORE	$25 \log n + 300$	$50c \log n$
LOAD	$275 \log n + 300$	$50c \log n$
COMPUTE	400	$50c \log n$

Tabelle 9: Ausführungszeiten

Die Kosten der neuen Maschine betragen damit schon bei $n = 32$ nur 56% von denen der Fluent Machine, dabei ist das Verhältnis bei den Prozessorkosten 62%, bei den Netzwerkknoten 33%. Bei $n = 1024$ sinkt das Kostenverhältnis der Maschinen sogar auf 47.9%. Eine Tabelle der korrespondierenden Maschinengrößen zeigt stets ein Verhältnis von p (Fluent Machine) zu $2p$ (neuer Entwurf); der Korrekturfaktor $\frac{c_1}{c_2}$ liegt zwischen 0.73 bei $p = 16$ und 0.95 bei $p = 512$.

Tabelle 5 zeigt 900 als Kosten der Logik im Netzknoten. Etwa 300 werden davon für Kombinierung verbraucht. Dies entspricht einem Anteil von 6% an den Gesamtkosten. Die zusätzlichen Kosten für CRCW anstatt EREW sind also klein.

6.3 Geschwindigkeit der beiden Maschinen

Die Zykluszeit der beiden Maschinen beträgt 50 Gatedelays für den Prozessor und 25 Gatedelays für den Netzwerkknoten. Sie ist bei beiden Maschinen gleich, da der gleiche Prozessor verwendet wird und die zusätzliche Zeit der Pipeline durch kleinere Tiefen der einzelnen Stufen ausgeglichen werden kann.

Die Anzahl der Takte, die ein Befehl benötigt, erhält man für unseren Entwurf aus der Tiefe der Pipeline. Hierbei haben wir c so gewählt, daß ein virtueller Prozessor normalerweise nicht auf eine Antwort des Netzwerkes warten muß. Bei der Fluent Machine ergibt sich die Anzahl der Takte für STORE aus der Tatsache, daß ein neuer Befehl erst begonnen werden darf, wenn alle Pakete das 1. Netzwerk verlassen haben. Dies sind $\log n$ Takte des Netzwerkes. Der zusätzliche Delay von 300 resultiert aus den Takten zum Fetchen des Befehls und zum Dekodieren. Bei LOAD gingen wir von Ranades Simulationsergebnis von $11 \log n$ Netzwerktakten aus. Bei COMPUTE rechneten wir die Tiefe der ALU. Die Ausführungszeiten aller Befehlsgruppen finden sich in Tabelle 9.

Diese Zeiten ändern sich bei Verwendung unseres Prototyps aus Kapitel 7, da wir durch Pin- und Gatterbeschränkungen der verwendeten ASIC-Bausteine höhere Durchlaufzeiten benötigen.

LOAD	STORE	COMPUTE
$4 + \frac{n}{p} + 16 \log n +$ $40\frac{n}{p} logn + 104\frac{m}{p} \log n$	$2 + 2\frac{n}{p} + 16 \log n +$ $24\frac{n}{p} \log n + 84\frac{m}{p} \log n$	$26 + 9\frac{n}{p} + 114 \log n + 8 \log(\frac{n}{p}) +$ $44\frac{n}{p} \log n + 32 \log(\frac{n}{p}) \log n +$ $112\frac{m}{p} \log n + 32 \log(\frac{m}{p}) \log n$

Tabelle 10: Analyse des Algorithmus

p	Quotient
16	5.47
512	5.62

Tabelle 11: Quotient der TDC

6.4 Verwendetes Benchmark

Wir wählten als Benchmark einen typischen PRAM-Algorithmus, die parallele Berechnung der Zusammenhangskomponenten eines ungerichteten Graphen. Der verwendete Algorithmus stammt aus [12]. Für dieses Problem ist keine direkte Implementierung auf einer EREW-PRAM bekannt.

Wir analysierten das handcompilierte Programm für einen Graphen mit n Knoten, m Kanten und k Zusammenhangskomponenten. Wir setzten bei der Fluent Machine $P = n \log n$ Prozessoren und bei der neuen Maschine $P = cn \log n$ virtuelle Prozessoren voraus. Wir unterschieden zwischen LOAD, STORE, COMPUTE. Die Analyse ist für beide Maschinen identisch, da sie den gleichen Befehlssatz haben. Lediglich P ist in beiden Fällen unterschiedlich zu wählen. Durch die gleichartige Analyse ist unser Vergleich vom speziellen Benchmark unabhängig, von Bedeutung sind nur noch die prozentualen Anteile der Gruppen an der Gesamtzahl der Befehle.

Hieraus und aus Tabelle 9 läßt sich mit Hilfe des Korrekturfaktors der Quotient $\frac{c_1(p)t_1(p)}{c_2(2p)t_2(2p)}$ berechnen, wenn die Fluent Machine als M_1 und unser Entwurf als M_2 bezeichnet wird. Dieser Quotient der TDC gibt Aufschluß darüber, um „wieviel" der neue Entwurf besser ist. Wir haben die Berechnungen für $n = 2^{20}, m = 8n, k = 1, p = 16, 512$ durchgeführt.

Zusätzlich berechnen wir noch einen asymptotischen Vergleich. Wir benutzen hierzu nicht die Kostenfunktionen aus Tabelle 8, da sie einen Term $n \log^2 n$ enthalten, der den Vergleich verfälscht. Da der Koeffizient dieses Terms mit 0.5 gegenüber dem Koeffizienten 4889 des Terms $n \log n$ verschwindend klein ist, würde er erst für Werte $n > 2^{9778}$ diesen dominieren. Wir ignorieren deshalb den Term $n \log^2 n$ und wählen diese Funktionen als Kostenfunktionen für unseren Vergleich.

$$\lim_{p \to \infty} \frac{c_1(p)t_1(p)}{c_2(2p)t_2(2p)} = 10.78$$

Ein Vergleich erscheint außerdem sinnvoll zwischen unserem Entwurf und einer *distributed memory machine*, da diese derzeit eine weitere Verbreitung haben. Allerdings ist derzeit keine Implementierung unseres Algorithmus auf einer solchen bekannt.

7 Ein Prototyp

7.1 Der Prozessorchip

In diesem Abschnitt beschreiben wir den von uns vorgeschlagenen Prozessor und erläutern die Realisierungsprinzipien.

7.1.1 Beschreibung

Der in unserer Maschine verwendete physikalische Prozessor soll, wie schon oben beschrieben, $c \log n$ Prozessoren einer Reihe als virtuelle Prozessoren in einer Pipeline beinhalten. Dadurch ergeben sich einige Richtlinien für seine Architektur:

- Alle Maschinenbefehle müssen gut in einer Pipeline ausführbar sein.
- Die Kontrolle für die Maschinenbefehle muß fest verdrahtet und einfach sein, da eine Mikroprogrammierung sich nicht für eine Abarbeitung mit tiefer Pipeline eignet.
- Alle realisierten Funktionen müssen direkt berechenbar sein, iterative Verfahren sind wegen der Pipeline nicht möglich.
- Alle Maschinenbefehle sollten ähnliche Ausführungszeiten haben.

Aus diesen Gründen entschieden wir uns für eine RISC-Architektur. Der Befehlssatz ähnelt in Teilen dem der Berkeley-RISC [22]. Die Entscheidung läßt sich folgendermaßen begründen:

- Eine `LOAD/STORE` Architektur (Zugriff auf Speicher nur bei `LOAD`, `STORE`, niemals bei `JUMP`, `COMPUTE`) trennt die Benutzung der beiden zeitintensivsten Teile einer Befehlsausführung, nämlich Speicherzugriff und Durchgang durch die ALU.
- Ein reduzierter Befehlssatz vereinfacht die Kontrollogik, eine Festverdrahtung ist ohne größere Probleme realisierbar.
- Als berechnete Funktionen wurden Addition, Subtraktion, Multiplikation, Shifts und bitweise Funktionen gewählt. Alle sind durch Schaltkreise berechenbar, benötigen also keine Schaltwerke und eignen sich daher für eine Pipeline. Nicht aufgenommene Funktionen wie Wurzelberechnung, Division, trigonometrische Funktionen lassen sich mit diesen Funktionen in wenigen Schritten errechnen.

Weitere Forderungen waren die Unterstützung von Synchronisation und parallelem Präfix und die Einfachheit der verwendeten Datentypen. Dazu wurden zwei spezielle Befehle (`SYNC` und `MP`) eingeführt, die beide ihre Bedeutung in der Zusammenarbeit mehrerer virtueller Prozessoren erlangen. Als Datentyp wurden 32 Bit Wörter einheitlich gewählt.

Die Pfade für Adressen und Daten sind alle 32 Bit breit. Dies erlaubt uns, alle frei verfügbaren Register als Daten- und Adressregister zu benutzen. Alle Probleme, die bei unterschiedlichen Datenbreiten auftreten, wie z.B. Vorzeichenerweiterung, fallen weg.

Für jeden virtuellen Prozessor existieren 32 Register, von denen die ersten 4 fest belegt sind: R0 hat stets den Wert Null, R1 ist der Programmzähler, R2 und R3 dienen als lokaler und globaler Stackzeiger. Jeder virtuelle Prozessor besitzt weiterhin ein Statusregister, das neben den normalen Flags für Null, Negativ, Überlauf und Übertrag ein Zählerflag, ein Modulo-Flag und einen Zählerstand besitzt. Das Zählerflag ist dann und nur dann gesetzt, wenn der Zählerstand Null ist. Der Zähler wird bei Ausführung jedes Befehls des virtuellen Prozessors um eins erniedrigt; er kann vorbesetzt werden. Das Modulo-Flag ist bei jedem Befehl mit gerader Nummer gesetzt.

Die Bedeutung des Moduloflags wurde in Kapitel 5 beschrieben. Zählerflag und Zählerstand dienen ebenfalls zur Erleichterung der Synchronisation nach der Ausführung von parallelen Konstrukten der Hochsprache. Die genaue Funktionsweise und der Einfluß auf die Synchronisation wird (zusammen mit weiteren theoretischen Ergebnissen) in einem weiteren Artikel vorgestellt.

7.1.2 Der Befehlssatz

Alle Befehle sind in 32 bit Wörtern kodiert. Das Befehlsformat ist einheitlich mit Ausnahme des Befehls LDHI und ähnelt dem von Patterson [22]. Der Befehlssatz kann unterteilt werden in `LOAD` Befehle, `STORE` Befehle, `COMPUTE` Befehle, `JUMP` und `STACK` Befehle. Tabelle 12 gibt einen Überblick.

7.1.3 Realisierung

Der physikalische Prozessor wird im Institut für Rechnerarchitektur und Parallelrechner an der Universität des Saarlandes in Saarbrücken in Sea-of-Gates VLSI-Technologie [15] entworfen und bei einem industriellen Fertiger gebaut werden. Aus Platzgründen werden die Register mit Ausnahme von Statusregister, Programmzähler und Stackzeiger in einen separaten RAM-Baustein ausgelagert. Dies erhöht allerdings die Anzahl der notwendigen Pins. Der Prozessor wird voraussichtlich mit einer Taktfrequenz von 25 MHz betrieben, was einer Zykluszeit von 40 ns entspricht. Alle 3 Takte beginnt die Bearbeitung eines weiteren virtuellen Prozessors. Die Zykluszeit der Pipeline beträgt also 120 ns.

Der Prozessor hat folgende Busse als Verbindung mit Speicher und Netzwerk:

- Adress- und Datenbus zum Speicher mit je 32 Bit Breite
- Adress- und Datenbus zu den ausgelagerten Registern mit 10 bzw. 32 Bit Breite.

Die zeitliche Auslastung der Busse wird in Tabelle 13 beschrieben.

7.2 Die CPU-Platine

Der Prozessor wird sich auf einer Platine befinden zusammen mit 4 Speichern, deren Größen in Tabelle 14 zu sehen sind.

Für den Prototyp gilt $n = 32$, c wird nach den Simulationsergebnissen von Wachsmann [30] zu 3 gewählt; damit ist $c \log n = 15$, wir wählen der Symmetrie wegen 16. Die Speicher sind dann je 1M $\times$ 32 Bit groß und werden aus dynamischen RAM-Bausteinen 1M $\times$ 4 Bit aufgebaut. Das Register-RAM wird aus schnellen statischen RAM-Bausteinen 1K $\times$ 8 Bit aufgebaut.

Somit befinden sich auf der CPU-Platine der Prozessorchip, 28 Speicherchips, PALs und Treiber zur Speichersteuerung, 3 Bausteine zur Auswertung der Hash-Funktion und DMA-Ports zum Ansprechen der Speicher vom Host aus. Siehe hierzu auch Abschnitt 7.4.

Die Platine wird Euro-Format 2fach hoch und 2fach extended haben. Sie wird mit einem System von Case Technologies im Institut für Rechnerarchitektur und Parallelrechner entwickelt.

7.3 Der Netzwerkchip

Zum Design eines Netzwerkchips muß zuerst die Paketgröße bestimmt werden. Diese ergibt sich aus der Größe der Hash-Adresse, der ursprünglichen Adresse (diese entfällt in unserem Falle, da

Anmerkung: Rx bedeutet Register x, x=0..31, R0=0, R1=PC=Befehlszähler, R2=SP0=globaler Stackzeiger, R3=SP1=lokaler Stackzeiger, ST=Statusregister, S_2= 13 bit Konstante oder Register mit Nummer $S_2<0{:}4>$, Y=19 bit Konstante. S(Ausdruck) bezeichnet den Inhalt der Speicherzelle mit Adresse Ausdruck. Die Unterscheidung zwischen lokalem und globalem Speicher wird durch das signifikanteste Adressbit getroffen.

LOAD Befehle		
LD	Rx,S_2,Rd	Rd:= S(Rx+S_2)
LDHI	Rd,Y	Rd(13:31):= Y, Rd(0:12):= 0
GETPSW	Rd	Rd:= ST
LDI	Rd	Rd:= Prozessornummer
MP $\circ$	Rx,S_2,Rd	nimm teil an MP (Rx+S_2),$\circ$,Rd
STORE Befehle		
ST	Rx,S_2,Rm	S(Rx+S_2):= Rm
SYNC $\circ$	Rx,S_2,Rm	s. Kap. 5, $\circ = +, \wedge, \vee, \max$
PUTPSW	Rm	ST:= Rm
COMPUTE Befehle		
ADD	Rx,S_2,Rd	Rd:= Rx+S_2
ADC	Rx,S_2,Rd	Rd:= Rx+S_2+carry
SUB	Rx,S_2,Rd	Rd:= Rx-S_2
SBC	Rx,S_2,Rd	Rd:= Rx-S_2-carry
AND	Rx,S_2,Rd	Rd:= Rx $\wedge$ S_2
OR	Rx,S_2,Rd	Rd:= Rx $\vee$ S_2
NAND	Rx,S_2,Rd	Rd:= Rx $\overline{\wedge}$ S_2
XOR	Rx,S_2,Rd	Rd:= Rx $\oplus$ S_2
ASL	Rx,S_2,Rd	Rd:= Rx linksgeshiftet arithm. um S_2 mod 32 bits
ASR	Rx,S_2,Rd	Rd:= Rx rechtsgeshiftet arithm. um S_2 mod 32 bits
LSL	Rx,S_2,Rd	Rd:= Rx linksgeshiftet logisch um ...
LSR	Rx,S_2,Rd	Rd:= Rx rechtsgeshiftet logisch um ...
WRL	Rx,S_2,Rd	Rd:= Rx linksrotiert um S_2 mod 32 bits ohne Carry
WRR	Rx,S_2,Rd	Rd:= Rx rechtsrotiert um ...
XRL	Rx,S_2,Rd	Rd:= Rx linksrotiert um S_2 mod 32 bits mit Carry
XRR	Rx,S_2,Rd	Rd:= Rx rechtsrotiert um ...
MUL	Rx,S_2,Rd	Rd:= Rx $\times$ S_2
RM	Rx,Rd	Rd:= $\lfloor \log \lvert Rx \rvert \rfloor$ falls $Rx \neq 0$, -1 sonst
JUMP und STACK Befehle ($i \in \{0,1\}$)		
JSRi	Rx,S_2	S(SPi++):= PC, PC:= Rx+S_2
PSHi	Rx	S(SPi++):= Rx
POPi	Rx	Rx:= S(–SPi)
JMP	Cond,Rx,S_2	if (Cond ist erfüllt) PC:= Rx+S_2

Tabelle 12: Befehlssatz

Takt	Adressbus	Datenbus	Adressbus Register	Datenbus Register
0	Programmadr.	Data in	Adr. Argument 1	Ergebnis out
1	Datenadresse	Data out	Adr. Argument 2	Argument 1 in
2	—	Prg. in	Adr. Ergebnis	Argument 2 in

Tabelle 13: zeitl. Auslastung der Adress- und Datenbusse

Speicher	Größe
globales Speichersegment	1M 32 Bit breit
Register-RAM	$c \log n \times 32$ Register 32 Bit breit
lokaler Speicher	$c \log n \times 64$K 32 Bit breit
Programmspeicher	$c \log n \times 64$K 32 Bit breit

Tabelle 14: Speicher einer CPU-Platine

die lineare Hash-Funktion bijektiv ist), des Datums und der Modus- und Kontrollbits. Adresse und Datum sind jeweils 32 Bit groß, Modus- und Kontrollbits zusammen 12 Bit. Die Paketgröße des Rücknetzes ist 32 Bit, da hier nur das Datum transportiert werden muß. Der Aufbau eines Netzknotens ist in Abbildung 5 zu sehen.

Da wir nur einen Chip entwerfen wollen, müssen wir alle Ein- und Ausgänge des Hin- und Rückknotens als Pins dieses Chips nach außen führen. Da ein Netzknoten In- und Outgrad 2 hat, benötigt man $4(76+32) = 432$ Bit. Dies übersteigt die Anzahl von Pins, die ein normaler Chip hat. Gleichzeitig ist die Anzahl g der benutzten Gatter, verglichen mit der Pinzahl, gering. Wir verfolgen mehrere Ansätze, um diese Probleme zu beseitigen:

- Schicke das Paket in zwei Teilen. Hierzu erweitern wir die Simulationen, um den Einfluß auf die Gesamtlaufzeit festzustellen.
- Schicke die Teile eines Paketes durch mehrere Chips, die über Kontrollsignale zusammenarbeiten.
- Implementiere mittels vorigem Vorschlag nicht einen Netzknoten, sondern ein 2×2-Butterfly-Netzwerk. Dieses benutzt $4g$ Gatter, braucht aber nur doppelt soviele Pins wie ein einzelner Netzknoten. Das Verhältnis wurde um einen Faktor 2 verbessert.

Eine endgültige Entscheidung wird berücksichtigen müssen, ob eventuell mehrere verschiedene Chips gefertigt werden oder ein Chip, der über Modus-Bits mehrere verschiedene Funktionen ausführen kann.

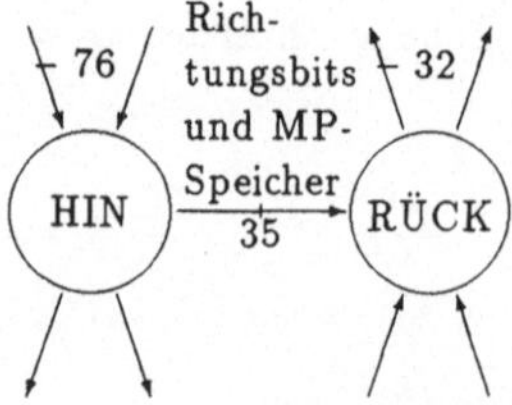

Abbildung 5: Aufbau des Netzknotens

7.4 Die Verbindung zum Host

Als Hostrechner der Maschine wird eine SUN-4 Workstation dienen, die Verbindung zwischen Host und Hostadapter wird durch einen Standardbus realisiert. Der Hostadapter erhält einen eigenen Standardmikroprozessor, voraussichtlich einen Motorola 68020, und steuert die Ein-Ausgabeaktivitäten. Die Prozessoren der Maschine kommunizieren mit dem Hostadapter mittels eines speziellen Speicherbereichs ihres lokalen Speichers, der sowohl von den Prozessoren als auch vom Hostadapater gelesen und geschrieben werden kann.

Prozessoren können in diesem Speicherbereich Anfragen an den Hostadapter ablegen, z.B. 'ich möchte ab Adresse A x Bytes ausgeben' oder 'ich möchte aus der Standardeingabe die nächsten x Bytes ab Adresse A haben'. Eine solche Anfrage löst beim Hostadapter einen Interrupt aus, so daß er baldmöglichst reagiert.

Der Hostadapter kann in diesem Speicherbereich Statusmeldungen an den Prozessor ablegen, z.B. 'letzte angeforderte Eingabe wurde abgelegt' oder 'gewünschtes File konnte nicht zum Schreiben geöffnet werden'. Das Lesen dieser Statusmeldungen muß vom Prozessor explizit geschehen, da den Prozessoren des Parallelrechners kein Interrupt zur Verfügung steht.

Der Hostadapter kommuniziert außerdem mit dem Host, dieser verwaltet das Terminal und die Massenspeicher. Als Vorbild für dieses Kommunikationsschema dient das Betriebssystem HCP/SCP (Host Control Program/Source Control Program) [9, 10] für den SPARK-Vektorrechner 2.0, der im Institut für Rechnerarchitektur und Parallelrechner entwickelt und gebaut wurde.

Das Versenden von Daten zu oder von einem Speicher des Parallelrechners erfolgt über DMA-Ports und einen internen Bus zum Hostadapter, wo die Daten in Puffern gelagert werden, bis die Kommunikation mit dem Host erfolgt. Bei einem Speicherzugriff über DMA wird die parallele Maschine angehalten, um Zugriffskonflikte zu vermeiden.

8 Zusammenfassung

Das Ziel unserer Untersuchung war, den Stand der Simulationen von PRAMs festzustellen und auf Realisierbarkeit einerseits, auf offene Probleme hin andererseits abzuklopfen. Das Resultat der Untersuchung ist ermutigend. Die Realisierung einer PRAM führt nicht zu astronomischem Overhead. Die zusätzlichen Kosten für concurrent read und write sind minimal. Viele Probleme erweisen sich außerdem in Simulationen besser handhabbar als in der beweisbaren Theorie. Als Beispiel seien lineare Hash-Funktionen genannt.

Schwerpunkte unserer weiteren Arbeit werden ausgedehnte Simulationen im Rahmen einer Diplomarbeit sein, der Bau eines Prototyps und Untersuchungen im theoretischen Bereich. Hier liegen erste Ergebnisse bereits vor, die baldmöglichst veröffentlicht werden.

Literatur

[1] A.V. Aho, J.E. Hopcroft, J.D. Ullman: The Design and Analysis of Computer Algorithms, Addison Wesley, 1974.

[2] T. Beth: Verfahren der schnellen Fourier-Transformation, Teubner Studienbücher Informatik, 1984.

[3] The Connection Machine System Model CM-2 Technical Summary, Thinking Machines Coorporation, Cambridge, Massachusetts, 1987.

[4] Cray X-MP Computer Systems: mainframe reference Manual Publication HR-0032, Cray Research Inc., Mendotsa Heights, Minnesota, 1982.

[5] The Cray X-MP series of Computer Systems Publication MP-2101, Cray Research Inc., Mendota Heights, Minnesota, 1984.

[6] Y. Chang, J. Simon: Continuous Routing and batch Routing on the Hypercube. 5th ACM Symposium on Principles of Distributed Computing, pp. 272-281, 1986.

[7] M. Dietzfelbinger, F. Meyer auf der Heide: A new universal class of hash functions and dynamic hashing in real time, Universität Paderborn, Bericht Nr. 67 Reihe Informatik, 1990.

[8] M. Dietzfelbinger, F. Meyer auf der Heide: How to Distribute a Dictionary in a complete Network, Universität Paderborn, Bericht Nr. 68 Reihe Informatik, 1990

[9] A. Formella: minHCP SPARK 2.0 minimal Host Control Program, Universität des Saarlandes 1988, nicht veröffentlicht.

[10] A. Formella: SCP V1.3 SPARK 2.0 Control Program, Universität des Saarlandes 1988, nicht veröffentlicht.

[11] A. Gibbons, W. Rytter: Efficient Parallel Algorithms, Cambridge University Press, 1988.

[12] T. Hagerup: Parallele Algorithmen, Vorlesungsskript, Universität des Saarlandes, 1989.

[13] Toshiya Itoh, Shigeo Tsujii: Structure of Parallel Multipliers for a class of Fields GF(2^m), Information and Computation 83, pp. 21-40, 1989.

[14] R.M. Karp, V.L. Ramachandran: A Survey of Parallel Algorithms for Shared-Memory Machines, Handbook of Theoretical Computer Science, North-Holland, 1989.

[15] R. Kolla, P. Molitor, H.G. Osthoff: Einführung in den VLSI-Entwurf, Teubner-Verlag, 1989.

[16] D.E. Knuth: The Art of Computer Programming, Vol. 2: Seminumerical Algorithms, Addison-Wesley, 1969.

[17] F.T. Leighton, B. Maggs, S. Rao: Universal Packet Routing Algorithms, Proceedings of the 29th IEEE Symposium on Foundations of Computer Science, pp. 256-269, 1988.

[18] F.T. Leighton, B. Maggs, S. Rao: Persönliches Gespräch. Die Ergebnisse der augedehnten Simulationen sind noch nicht veröffentlicht.

[19] W. Massonne: Schnelle Routing-Algorithmen auf Butterfly Netzwerken, Diplomarbeit, Universität des Saarlandes, 1990.

[20] S.M. Müller, W.J. Paul: Towards a formal Theory of Computer Architecture, Proceedings of PARCELLA 90, Advances in Parallel Computing, North-Holland, 1990.

[21] K. Mehlhorn, U. Vishkin: Randomized and Deterministic Simulations of PRAMs by Parallel Machines with Restricted Granularity of Parallel Memories, Acta Informatica 21, pp. 339-374, 1984.

[22] D.A. Patterson, C.H. Sequin: A VLSI RISC, IEEE Computer Vol. 15 No. 9, pp. 8-21, 1982.

[23] A.G. Ranade: How to Emulate Shared Memory, Proceedings of the IEEE Symposium on Foundations of Computer Science, pp. 185-194, 1987.

[24] A.G. Ranade, S.N. Bhatt, S.L. Johnson: The Fluent Abstract Machine, Proceedings of the 5th MIT Conference on Advanced Research in VLSI, pp. 71-93, 1988.

[25] P. Ribenboim: The Book of Prime Number Records, 2nd Ed., Springer-Verlag, 1989.

[26] C. Rüb: Parallele Algorithmen zum Berechnen der Schnittpunkte von Liniensegmenten, Dissertation, Universität des Saarlandes, 1990.

[27] A. Siegel: On Universal Classes of fast high performance hash functions, their time-space tradeoff, and their applications, Proceedings of the 30th IEEE Symposium on Foundations of Computer Science, 1989.

[28] L.G. Valiant: A Scheme for fast parallel Communication, SIAM Journal on Computing No.11, pp. 350-361, 1982.

[29] L.G. Valiant: General Purpose Parallel Architectures, Handbook of theoretical Computer Science, North-Holland, 1990.

[30] A. Wachsmann: Eine theoretische und experimentelle Untersuchung von Emulationsalgorithmen eines gemeinsamen Speichers auf einem Butterfly-Netzwerk, Diplomarbeit, Universität Dortmund, 1990.

[31] C.-L. Wu, T.-Y. Feng: On a Class of Multistage Interconnection Networks, IEEE Transactions on Comp., C-29 No. 8, pp. 694-702, August 1980.

Implementierung einer funktionalen Programmiersprache auf einem Transputernetz

Dieter Maurer
Fa. HighTec 6670 St. Ingbert

Martin Raber*
Universität Saarbrücken

1 Einleitung

Das Teilprojekt C1 im Sonderforschungsbereich 124 beschäftigt sich mit der effizienten Implementierung funktionaler Programmiersprachen auf geeigneten Rechnerarchitekturen. Speziell soll dabei die Möglichkeit der parallelen Auswertung funktionaler Programme ausgenutzt werden. Wir untersuchen diese Möglichkeit zur Zeit für eine spezielle Klasse funktionaler Sprachen, den Sprachen mit *verzögerter Auswertung* (engl.: lazy evaluation). Der Wert eines Datenobjektes wird dabei nur ermittelt, wenn er für die Berechnung des Endergebnisses benötigt wird, in welchem Fall er nach seiner Berechnung für eine weitere Benutzung gespeichert wird. Als Rechnerarchitekturen betrachten wir lose gekoppelte Punkt-zu-Punkt Netze aus handelsüblichen Microprozessoren. Für eine erste Realisierung verwenden wir Transputer, da dieser Prozessortyp Kommunikation und Scheduling durch spezielle Hard- bzw. Firmware unterstützt.

Für die Implementierung funktionaler Sprachen mit verzögerter Auswertung hat sich Graphreduktion als Auswertungsmechanismus weitgehend durchgesetzt [Clack] [Burn] [Johnsson] [Fairbairn] [Turner] [Lemaitre]. In diesem Auswertungsmechanismus wird ein (knotenmarkierter, geordneter) Graph gemäß einer Menge sog. Reduktionsregeln sukzessive transformiert. Ein Reduktionsschritt besteht dabei aus der Suche einer Stelle im Graphen, an der eine Regel angewandt werden kann. Diese Stelle wird dann gemäß der Regel modifiziert. Die Berechnung endet, wenn ein Graph erreicht wird, in dem keine Reduktionsregel mehr anwendbar ist. Dies ist eine sog. Normalform. Sie wird als Ergebnis der Programmauswertung definiert.

Im allgemeinen ist die Auswahl einer Reduktionsstelle nicht eindeutig. In diesem Fall kann eine spezielle Strategie benutzt werden, um eine Reduktionsstelle auszuwählen. Durch Wahl einer geeigneten Strategie kann einerseits eine Call-by-Value Parameterübergabe andrerseits verzögerte

*unterstützt durch SFB 124 - VLSI-Entwurfsmethoden und Parallelität der DFG

Auswertung realisiert werden. Wir erhalten parallele Graphreduktion, wenn die Strategie mehrere nichtüberlappende Reduktionsstellen auswählen kann.

Übliche Mikroprozessoren unterstützen meist sehr effizient Kelleroperationen und Kontrolltransfer in Form von Sprüngen, während der Aufbau von Graphen und die Suche nach Reduktionsstellen im Graphen aufwendig sind. Für Architekturen, die auf solchen Mikroprozessoren aufbauen, ist es wichtig, auf den Graphaufbau so weit als möglich zu verzichten und die Reduktionsstrategie möglichst direkt in den Kontrollfluß der Architektur zu übersetzen. Dies führt zur sog. *programmierten Graphreduktion.* Beispielsweise wird für die Regel $f\,x_1 \cdots x_n \Rightarrow$ $\mathbf{if}\ E_b\ \mathbf{then}\ E_1\ \mathbf{else}\ E_2$ Code erzeugt, der zunächst E_b auswertet, und anschließend in Abhängigkeit vom Ergebnis den Code zur Auswertung von E_1 bzw. E_2 anspringt. Graphteile werden nur aufgebaut für nichtprimitive Datenstrukturen und für die Argumente benutzerdefinierter Funktionen.

Als erster hat Thomas Johnsson eine abstrakte Maschine zur Realisierung programmierter Graphreduktion entwickelt [Johnsson] . Später haben Fairbairn und Wray [Fairbairn] den Gedanken fortgeführt. TIM, die von ihnen entwickelte abstrakte Maschine, reduziert die Anzahl der Graphkonstruktionen weiter, indem im Gegensatz zur G-Maschine nicht für alle partiellen Funktionsanwendungen und Funktionsargumente Graphteile aufgebaut werden. Die im Teilprojekt C1 des SFB 124 entwickelte parallele G-Maschine [Raber87,Raber88] ist eine Weiterentwicklung der G-Maschine von Johnsson zur Realisierung paralleler programmierter Graphreduktion, wobei Ideen aus der TIM Entwicklung übernommen wurden.

Die parallele G-Maschine besteht im wesentlichen aus einer während einer Programmauswertung wechselnden Anzahl virtueller sequentieller G-Maschinen, die einen gemeinsamen Graphen parallel transformieren. Ein spezieller Maschinenbefehl veranlaßt die Erzeugung einer neuen (sequentiellen) G-Maschine zur Auswertung eines Graphknotens. Verzögerte Auswertung wird durch einen Synchronisationsmechanismus realisiert, der sichert, daß ein Graphknoten höchstens von einer G-Maschine ausgewertet wird.

Zur Zeit haben wir eine Emulation der parallelen G-Maschine auf einem Transputernetz realisiert. Dazu wird jeder Transputer mit einem Betriebssystem zur Unterstützung des Ablaufs sequentieller G-Maschinen ausgestattet. Der Betriebssystemkern vermittelt die notwendige Kommunikation zwischen verschiedenen Transputern. Ein spezieller Modul, der *Reduzierer*, emuliert die Befehle der parallelen G-Maschine. Während der Auswertung eines Programms können verschiedene sequentielle G-Maschinen auf einem Transputer quasiparallel ablaufen. Ein *Scheduler* verwaltet diese G-Maschinen als Prozesse und teilt ihnen den Reduzierer als Betriebsmittel zu. Ein *Arbeitsverteilungsmodul* versucht, die Last der verschiedenen Transputer im Netz vergleichbar zu halten. Ein *Speicherverwalter* verwaltet schließlich den lokalen Speicher des Transputers und ermöglicht seine Nutzung als Ein- und Ausgabepuffer, als Kellerabschnitte und als Graphspeicher.

In einer zweiten Implementierungsphase wollen wir G-Maschinencode direkt in die Transputer-Maschinensprache übersetzen. Die sequentiellen G-Maschinen werden dann Transputerprozesse, der Reduzierer wird nicht mehr benötigt und die Aufgaben des Schedulers werden im wesentlichen vom Hardwarescheduler der Transputer mitübernommen. Die Aufgaben des Arbeitsverteilers und Speicherverwalters bleiben unverändert; ihre Realisierung kann übernommen werden.

Im nächsten Kapitel wird die parallele G-Maschine beschrieben. In Kapitel 3 folgt ein Überblick über ihre Realisierung auf dem Transputernetz.

2 Die parallele G-Maschine

In diesem Kapitel wird der Aufbau der abstrakten parallelen Maschine und die Effekte ihrer Befehle beschrieben. Die Beschreibung dient als Referenz für die im nächsten Kapitel skizzierte Implementierung auf dem Transputernetz. Im Anhang folgt die Übersetzung einer einfachen funktionalen Sprache in G-Maschinencode.

2.1 Der Aufbau der parallelen G-Maschine

Die parallele G-Maschine besteht aus drei Komponenten, einem auszuführenden Programm **P**, einem Graphen **G** und einer Menge **SG** virtueller sequentieller G-Maschinen.

Das Programm besteht aus einer Folge von Anweisungen. Jede Anweisung enthält einen G-Maschinen-Befehl evtl. mit Parametern. Auf die Befehle und ihre Effekte wird später eingegangen.

Der Graph dient zur Realisierung verzögerter Auswertung und nicht-primitiver Datenobjekte sowie als Kommunikationsmedium für mehrfach benutzte Datenobjekte. Die Graphknoten gehören zu vier *Knotentypen*, den *Tupelknoten*, den *Konstruktorknoten*, den *Funktionsknoten* und den Abschlußknoten. In diesem Bericht werden sie in der Form

$$[a_1, \ldots, a_n], \quad Const: tc, rc, args, \quad Fun: cp, args \quad \text{bzw.} \quad Clos: sync, cp, args$$

dargestellt. Ein Tupelknoten repräsentiert einen Vektor, dessen Komponenten Verweise auf andere Graphknoten sind. Ein Konstruktorknoten repräsentiert die Anwendung eines Konstruktors auf seine Argumente. Um streng typisierte Programmiersprachen effizient auf der G-Maschine implementieren zu können, wird der Konstruktor durch das Paar (tc, rc) beschrieben; tc beschreibt den Typ des Konstruktors, rc unterscheidet zwischen den verschiedenen Konstruktoren zu diesem Typ. $args$ repräsentiert die Argumente des Konstruktors. Ein Funktionsknoten repräsentiert eine partielle Funktionsanwendung. Der Code der Funktion beginnt an der Stelle cp, die bisher bekannten Argumente werden durch $args$, einen Verweis auf einen Tupelknoten, angegeben. Ein Abschlußknoten repräsentiert eine verzögerte Berechnung, beschrieben durch den Codezeiger cp und den Verweis $args$ auf ein Tupel von Argumenten. Die $sync$-Komponente dienst der Synchronisation. Ihr Inhalt ist *locked*, wenn die Berechnung gerade durchgeführt wird, ansonsten *free*.

Die Menge **SG** ist eine Menge (virtueller sequentieller) G-Maschinen, die gemeinsam an der Ausführung des Programms **P** arbeiten. Die Menge kann durch den **activate**-Befehl erweitert werden, der **stop**-Befehl entfernt G-Maschinen daraus. Jede der G-Maschinen in **SG** verfügt über drei Keller, einen Verweiskeller **S** (Stack), einen Wertekeller **V** (value stack) und einen Dump **D** sowie zwei Register **PC** (program counter) und **AP** (argument pointer)[1]. **PC** verweist in das Programm **P** und zeichnet den aktuellen Befehl aus. **AP** enthält einen Verweis auf ein Tupel mit den Argumenten der aktuellen Berechnung als Komponenten.

[1] Im ursprünglichen Entwurf für die parallele G-Maschine [Raber88] waren die Keller **S** und **V** zu einem Keller zusammengefaßt, der Verweise und Basiswerte enthalten konnte. Für die Speicherverwaltung ist es jedoch hilfreich, wenn Verweise und Basiswerte unterschieden werden können. Wird Referenzcounting für die Speicherverwaltung benutzt, ist dies sogar erforderlich. Eine Unterscheidung wird möglich, wenn auf dem Keller neben dem Wert auch ein Typ abgespeichert wird. Dies vergrößert jedoch den Speicherbedarf, nicht nur für die Darstellung des Kellers, sondern auch in allen Graphknoten, da der Inhalt von Kellerelementen in Graphknoten zwischengespeichert werden kann. Um Platz zu sparen, benutzen wir deshalb in der jetzigen Version zwei Keller zum Speichern von Zwischenergebnissen. Der Verweiskeller enthält ausschließlich Verweise auf Graphknoten, der Wertekeller enthält Objekte, die vom Speicherverwalter nicht berücksichtigt zu werden brauchen.

2.2 Die Befehle der parallelen G-Maschine

Jede sequentielle G-Maschine führt einen Instruktionszyklus aus. Er besteht in der Erhöhung von **PC** und der anschließenden Ausführung des Befehls im Programm **P** an der Stelle **PC** − 1.

Die Befehle lassen sich grob in folgende Klassen einteilen:

1. Datenkonstruktion und -selektion,
2. Sprünge,
3. Operationen auf dem Wertekeller,
4. Operationen auf dem Verweiskeller,
5. Beginnen und Beenden von Teilberechnungen,
6. Starten und Anhalten von G-Maschinen.

Im folgenden wird die Wirkung der Befehle informal beschrieben. Wir benutzen dabei Konventionen, die aus imperativen (C) oder funktionalen Sprachen bekannt sind. Insbesondere bezeichnet für einen Verweis p $*p$ das Objekt, auf das p verweist. $a_1 : a_2 : \cdots : s$ bezeichnet einen Keller, in dem $a_1, \ldots, a_n$ die obersten n und die Elemente im Keller s die restlichen Elemente sind, [] bezeichnet den leeren Keller, die Funktion *length* liefert die Anzahl der Elemente in einem Keller. In der Beschreibung gibt es zwei Hilfsfunktionen mit einem Seiteneffekt auf den Graphen der parallelen Maschine: *new* und *access*. Der Parameter für *new* beschreibt ein Datenobjekt, wie es in Graphknoten abgelegt werden kann. Das Ergebnis des Aufrufes ist ein Verweis auf einen neuen Graphknoten, dessen Inhalt durch den aktuellen Parameter des Aufrufs bestimmt wird. Das Argument von *access* ist ein Verweis auf einen Graphknoten. *access* hat keine Wirkung, wenn der Graphknoten kein Abschlußknoten ist. Ist der Graphknoten ein Abschlußknoten mit *sync*-Komponente *free*, dann wird diese Komponente zu *locked* geändert und *access* kehrt zurück. Ansonsten ist der Graphknoten ein Abschlußknoten mit *sync*-Komponente *locked*. In diesem Fall wird die Bearbeitung des *access*-Aufrufs so lange verzögert, bis sich dies (als Wirkung eines von einer anderen sequentiellen G-Maschine ausgeführten Befehls) geändert hat. *access* wird zur Synchronisation der sequentiellen G-Maschinen benutzt.

Die Ausführung eines Befehls durch eine sequentielle G-Maschine kann die **G**- und die **SG**-Komponente der parallelen Maschine modifizieren. Daneben verändert sie im allgemeinen die Komponenten der ausführenden G-Maschine, nie jedoch die Komponenten anderer G-Maschinen. Wenn in der Befehlsbeschreibung daher auf Komponenten einer sequentiellen Maschine Bezug genommen wird, sind die Komponenten der ausführenden Maschine gemeint.

Mit diesen Konventionen wird die Wirkung eines Befehls durch ein imperatives Programm mit einem mächtigen Matchmechanismus erklärt.

2.2.1 Datenkonstruktion und -selektion

Die Befehle aus dieser Klasse konstruieren Graphknoten mit vorgegebenem Inhalt, erlauben Komponenten von Graphknoten zu selektieren und ihren Typ zu erfragen.

Die Befehle **mktup** und **mktup*** konstruieren Tupel.

mktup* — konstruiert Tupelknoten

if $\mathbf{V} = n : V \ \wedge\ \mathbf{S} = p_n : p_{n-1} : \cdots : p_1 : S$
then $\mathbf{V} := V;\ \mathbf{S} := (new([p_1, p_2, \ldots, p_n])) : S$
else *undefined*

mktup n ist äquivalent zu der Befehlsfolge **load** n; **mktup***.

istup testet, ob der vom obersten Element von **S** adressierte Graphknoten ein Tupelknoten ist, **gettuplen** legt in diesem Fall seine Länge auf dem Wertekeller ab, **pushtupcomp*** legt die vom obersten Element des Wertekellers angegebene Komponente auf den Verweiskeller.

istup — testet auf Tupelknoten

if $\mathbf{S} = p : S \ \wedge\ *p \neq Clos : \_, \_, \_$
then $\mathbf{V} := (*p = [\_, \ldots, \_]) : \mathbf{V}$; $\mathbf{S} := S$
else *undefined*

pushtupcomp* — selektiert Tupelkomponente

if $\mathbf{S} = p : S \ \wedge\ \mathbf{V} = n : V \ \wedge\ *p = [a_1, \ldots, a_m] \ \wedge\ m \geq n \geq 1$
then $\mathbf{S} := a_n : S$; $\mathbf{V} := V$
else *undefined*

Der Befehl **pushtupcomp** n ist äquivalent zu **load** n; **pushtupcomp***.

Die Befehle **mkconst** und **mkbasic** konstruieren Konstruktorknoten.

mkconst $tc\,rc$ — konstruiert Konstruktorknoten

if $\mathbf{S} = p : S$ **then** $\mathbf{S} := (new(Const : tc, rc, p)) : S$ **else** *undefined*

mkbasic tc — konstruiert nullstelligen Konstruktor

if $\mathbf{V} = rc : V$ **then** $\mathbf{S} := (new(Const : tc, rc, nil)) : \mathbf{S}$; $\mathbf{V} := V$ **else** *undefined*

Der Befehl **isconst** testet ob ein Graphknoten ein Konstruktorknoten ist.

isconst — testet auf Konstruktorknoten

if $\mathbf{S} = p : S \ \wedge\ *p \neq Clos : \_, \_, \_$
then $\mathbf{S} := S$; $\mathbf{V} := (*p = Const : \_, \_, \_) : \mathbf{V}$
else *undefined*

Die Befehle **getconsttc**, **getconstrc** und **pushconstargs** selektieren die entsprechenden Komponenten.

getconsttc — selektiert tc-Komponente

if $\mathbf{S} = p : S \ \wedge\ *p = Const : tc, rc, args$
then $\mathbf{S} := S$; $\mathbf{V} := tc : \mathbf{V}$
else *undefined*

Der Befehl **getconstrc** ist analog definiert.

pushconstargs — selektiert Konstruktorargumente

if $\mathbf{S} = p : S \ \wedge\ *p = Const : tc, rc, args$ **then** $\mathbf{S} := args : S$
else *undefined*

mkclos l konstruiert Abschlußknoten

if $\mathbf{S} = p : S$ **then** $\mathbf{S} := (new(Clos : free, l, p)) : S$ **else** *undefined*

Es gibt keine Befehle, um auf Komponenten von Abschlußknoten zuzugreifen. Abschlußknoten werden ausschließlich von Befehlen der **eval**-Familie interpretiert.

Es gibt weder Befehle zur expliziten Konstruktion von Funktionsknoten noch zur Selektion ihrer Komponenten. Sie werden implizit von Befehlen zum Beenden von Teilberechnungen angelegt und von den Befehlen der **eval**-Familie interpretiert.

Die folgenden Befehle werden zur Konstruktion zyklischer Datenobjekte benutzt.

alloc n Anlegen leerer Abschlußknotens

$$\mathbf{S} := \underbrace{(new(Clos : free, nil, nil)) : \cdots : (new(Clos : free, nil, nil))}_{n-\text{mal}} : \mathbf{S}$$

rewrite n Überschreiben eines Graphknoten

if $\mathbf{S} = p_0 : p_1 : \cdots : p_n : S \;\wedge$

$*p_n \neq Clos : locked, \_, \_ \;\wedge\; *p_0 \neq Clos : locked, \_, \_$

then $\mathbf{S} := p_1 : \cdots : p_n : S; \quad *p_n := *p_0$

else *undefined*

2.2.2 Sprünge

Die G-Maschine besitzt einen unbedingten Sprung **jmp**, einen bedingten Sprung **jfalse** zur Realisierung des Bedingungsoperators und einen indizierten Sprung **jmpx** zur Realisierung der Fallunterscheidung.

jmp l unbedingter Sprung

$\mathbf{PC} := l$

jfalse l Sprung wenn *false*

if $\mathbf{V} = b : V$ **then** $\mathbf{V} := V; \quad \mathbf{PC} := l$ falls $b = false$

else *undefined*

jmpx indizierter Sprung

if $\mathbf{V} = i : V$ **then** $\mathbf{V} := V; \quad \mathbf{PC} := \mathbf{PC} + i$

else *undefined*

2.2.3 Operationen auf dem Wertekeller

Der Wertekeller enthält unter anderem Basiswerte (mit oder ohne Typkennung). Eine Vielzahl von Operatoren auf Basiswerten erwarten ihre Argumente auf dem Wertekeller und ersetzen sie durch das Operationsergebnis. Die Operatormenge wird von der Implementierung festgelegt. Ihre Wirkung wird beispielhaft an einem Operator *sub* für die Subtraktion ganzer Zahlen verdeutlicht.

sub — Subtraktion

if $\mathbf{V} = v_1 : v_2 : V$ **then** $\mathbf{V} := (v_2 - v_1) : V$ **else** *undefined*

Der Befehl **load** lädt eine Konstante auf den Wertekeller.

load v — lädt Konstante

$\mathbf{V} := v : \mathbf{V}$

Daneben verändern viele Befehle zur Konstruktion von Daten und Selektion ihrer Komponenten den Wertekeller.

2.2.4 Operationen auf dem Verweiskeller

Der Verweiskeller enthält ausschließlich Verweise auf Graphknoten. Zahlreiche Befehle erwarten Argumente auf diesem Keller bzw. legen ihr Ergebnis dort ab. Daneben werden die folgenden Befehle ausschließlich zur Kellermanipulation benutzt.

push n — Kopieren eines Verweises

if $\mathbf{S} = p_1 : p_2 : \cdots : p_n : S$ **then** $\mathbf{S} = p_n : \mathbf{S}$
else *undefined*

pusharg n — Push von Argument n

if $*\mathbf{AP} = [p_1, \ldots, p_m] \;\wedge\; m \geq n \geq 1$ **then** $\mathbf{S} := p_n : \mathbf{S}$
else *undefined*

slide $n\,m$ — Verkürzen des Kellers

if $\mathbf{S} = p_1 : \cdots : p_{n+m} : S$ **then** $\mathbf{S} := p_1 : \cdots : p_n : S$
else *undefined*

Der Befehl **pushnil** schreibt *nil*, einen speziellen 'Verweis', der auf nichts zeigt, auf den Verweiskeller. Der Befehl dient dazu, auf dem Verweiskeller Platz für einen später von **enter** zu erstellenden Eintrag zu schaffen.

pushnil

$\mathbf{S} := nil : \mathbf{S}$

2.2.5 Beginnen und Beenden von Teilberechnungen

Unsere G-Maschine versucht, die Kosten für Funktionsanwendungen möglichst niedrig zu halten und den Aufbau von Graphteilen für partielle Funktionsanwendungen nach Möglichkeit zu vermeiden.

Wird beispielsweise eine n-stellige Funktion f auf $m > n$ Argumente angewandt, dann werden Beschreibungen $b_1, \ldots, b_m$ der Werte der aktuellen Parameter auf dem Keller abgelegt und anschließend die Kontrolle an den für f erzeugten Code übergeben. Wenn das Programm korrekt ist, wird das Ergebnis der Funktionsanwendung von f auf $b_1, \ldots, b_n$ eine (partielle) Funktionsanwendung $g\, b'_1, \ldots, b'_{n'}$ sein. Da dieses Teilergebnis nicht mehrfach benutzt werden kann, besteht kein Grund, hierfür einen Funktionsknoten im Graphen anzulegen. Vielmehr wünschen wir uns, daß evtl. neue Argumente über den restlichen Argumenten auf dem Keller stehen und die Kontrolle unmittelbar an den Code von g übergeben wird.

Unsere G-Maschine speichert deshalb nur dann ein Teilergebnis im Graphen ab, wenn das Ergebnis evtl. mehrfach benötigt wird, oder nicht mehr genügend Argumente für die Durchführung einer weiteren Funktionsanwendung vorhanden sind.

Wird beispielsweise eine Funktionsanwendung $x\, a_1 \cdots a_m$ ausgewertet, wobei x ein formaler Parameter ist und nicht sicher ist (evtl. aufgrund einer Sharing Analyse [Goldberg]), daß der Wert von x nicht mehrfach benutzt wird, dann überschreibt das Ergebnis der Auswertung von x den an x gebundenen Graphknoten. Falls $m > 1$ gilt, ist dieses Ergebnis bei korrektem Programm eine partielle Funktionsanwendung $g\, b'_1 \cdots b'_{n'}$. In diesem Fall werden nach dem Abspeichern des Ergebnisses die Argumente $b'_1, \ldots, b'_{n'}$ auf dem Keller abgelegt und die Kontrolle geht an den Code für g.

Ein funktionales Ergebnis $g\, b'_1 \cdots b'_{n'}$ einer Auswertung von $f\, a_1 \cdots a_n$ in **strict**$x == f\, a_1 \cdots a_n \ldots$ wird ebenfalls im Graphen abgespeichert. In diesem Fall wird jedoch nur ein Verweis auf den Funktionsknoten auf dem Keller abgelegt, und die Kontrolle geht nicht an den Code für g, sondern zurück in den für das **strict**-Konstrukt erzeugten Code.

Die Auswertung einer Funktionsanwendung heißt eine *Teilberechnung*, wenn ihr Ergebnis im Graphen abgespeichert wird. Entsprechend den verschiedenen Verwendungsmöglichkeiten für das Ergebnis gibt es drei Typen von Teilberechnungen:

- das Ergebnis überschreibt einen vorhandenen Graphknoten; ist es eine partielle Funktionsanwendung, dann werden ihre Argumente auf den Keller gelegt und der Funktionscode angesprungen (*U-Teilberechnung*);
- das Ergebnis wird in einem neuen Graphknoten abgespeichert, ein Verweis darauf auf dem Keller abgelegt; die Kontrolle geht an die beim Start der Teilberechnung festgelegte Adresse (*C-Teilberechnung*);
- das Ergebnis überschreibt einen vorhandenen Graphknoten, ein Verweis darauf wird auf dem Keller abgelegt; die Kontrolle geht an die beim Start der Teilberechnung festgelegte Adresse (*CU-Teilberechnung*);

Teilberechnungen sind in natürlicher Weise hierarchisch geordnet. Wenn eine neue Teilberechnung beginnt, sagen wir, die aktuelle Teilberechnung werde unterbrochen. Wenn jene endet, wird diese wieder fortgesetzt. Um die Fortsetzung einer unterbrochenen Teilberechnung zu ermöglichen, wird die hierfür relevante Information auf dem Dump abgelegt.

enter $l\, n$ beginnt eine neue C-Teilberechnung. Nach ihrem Abschluß geht die Kontrolle an die Programmstelle l. n gibt die Anzahl der Kellerelemente an, die vom Verweiskeller der unterbrochenen Teilberechnung auf den Verweiskeller der neuen Teilberechnung übertragen werden müssen. Der Inhalt des **AP** Registers wird im obersten Kellerelement der unterbrochenen Teilberechnung gespeichert[2].

[2]eine Festlegung, die erst im nächsten Kapitel einsichtig wird, wenn darstellt wird, wie wir den Dump

Daneben werden Teilberechnungen von Typ C, U und CU von den Befehlen **Ceval**, **Ueval** bzw. **CUeval** zur Auswertung von Abschlußknoten begonnen. **eval** wertet ebenfalls Abschlußknoten aus, jedoch als Teil der aktuellen Teilberechnung[3].

Eine Teilberechnung wird von **testargnum** (für funktionale Ergebnisse) bei Parameterunterversorgung und von **return** (für nichtfunktionale Ergebnisse) beendet[4].

enter $l\ n$ — Starte C-Teilberechnung

```
if S = p_1 : ··· : p_n : p_{n+1} : S
then D := (C : l, (AP : S), V) : D
   S := p_1 : ··· : p_n : []; V := []
   AP := nil
else undefined
```

return — Beenden einer Teilberechnung

```
if V = [] ∧ S = p : []
then
   loop
      if D = (U : (ra : [])) : D ∧
         *ra = Clos : locked, _, _
      then
         D := D; *ra := *p
         continue
      if D = (C : pc, (ap : S), V) : D
      then
         S := p : S; V := V
         AP := ap; PC := pc
         D := D
         break
      if D = (CU : pc, (ap : ra : S), V) : D ∧
         *ra = Clos : locked, _, _
      then
         S := ra : S; V := V
         AP := ap; PC := pc
         D := D; *ra := *p
         break
      else undefined
else undefined
```

implementieren.

[3]Die Befehle **Ceval** und **CUeval** sind nicht unbedingt erforderlich, da ihre Wirkung im wesentlichen mit Hilfe von **enter** und **eval** bzw. **Ueval** simuliert werden kann.

[4]In der aktuellen Version der parallelen G-Maschine muß der Wertekeller am Ende einer Teilberechnung leer sein. Zur Effizienzsteigerung kann es aber sinnvoll sein, Funktionsargumente und -ergebnisse auch über den Wertekeller zu kommunizieren. Eine spätere Version wird dies u.U. ermöglichen.

testargnum n — Test Argumentanzahl

```
if V = []
then t := nil
    loop
        let S = p_1 : ··· : p_m : []
        if n ≤ m then break
        else
            if t = nil then t := new([AP, p_1 : ··· : p_m])
            if D = (U : (ra : S) : D  ∧
                *ra = Clos : locked, _, _
            then
                S := p_1 : ··· : p_m : S
                D := D;  *ra := Fun : PC − 1, t
                if S ≠ nil then t := nil
                continue
            if D = (C : pc, (ap : S), V) : D
            then
                S := (Fun : PC − 1, t) : S;  V := V
                AP := ap;  PC := pc
                D := D
                break
            if D = (CU : pc, (ap : ra : S), V) : D  ∧
                *ra = Clos : locked, _, _
            then
                S := ra : S;  V := V
                AP := ap;  PC := pc
                D := D;  *ra := Fun : PC − 1, t
                break
            undefined
else undefined
```

eval — Auswertung eines Abschlußknotens

```
if S = p : S  ∧  V = []
then access(p)
    if *p = Const : _, _, _  ∨  *p = [_, ..., _]
    then behave like return
    if *p = Fun : cp, args  ∧  args = [a_0, ..., a_n]
    then S := a_1 : ··· : a_n : S;  AP := a_0;  PC := cp
    if *p = Clos : locked, cp, args
    then S := S;  AP := args;  PC := cp
else undefined
```

Der Befehl **Ueval** verhält sich im wesentlichen wie **eval**, wertet den Abschlußknoten jedoch in einer eigenen U-Teilberechnung aus.

Ueval Auswertung in U-Teilberechnung

if $\mathbf{S} = p : S \ \wedge\ \mathbf{V} = []$
then $access(p)$
  if $*p = Const : \_,\_,\_ \ \vee\ *p = [\_,\dots,\_]$
  then behave like **return**
  if $*p = Fun : cp, args \ \wedge\ args = [a_0, \dots, a_n]$
  then $\mathbf{S} := a_1 : \dots : a_n : \mathbf{S};\ \ \mathbf{AP} := a_0;\ \ \mathbf{PC} := cp$
  if $*p = Clos : locked, cp, args$
  then $\mathbf{D} := (U : \mathbf{S}) : \mathbf{D}$
    $\mathbf{S} := [];\ \ \mathbf{AP} := args;\ \ \mathbf{PC} := cp$
else *undefined*

Der Befehl **Ceval** startet eine C-Teilberechnung, nach deren Ende die Berechnung an der auf den **Ceval** Befehl folgenden Adresse fortgesetzt wird.

Ceval Auswertung in C-Teilberechnung

if $\mathbf{S} = p : S$
then $access(p)$
  if $*p = Const : \_,\_,\_ \ \vee\ *p = [\_,\dots,\_] \ \vee\ *p = Fun : \_,\_$
  then **do_nothing**
  if $*p = Clos : locked, cp, args$
  then $\mathbf{D} := (C : \mathbf{PC}, (\mathbf{AP} : S), \mathbf{V}) : \mathbf{D}$
    $\mathbf{S} := [];\ \ \mathbf{V} = [];\ \ \mathbf{AP} := args;\ \ \mathbf{PC} := cp$
else *undefined*

Der Befehl **CUeval** verhält sich wie **Ceval**, startet jedoch eine CU-Teilberechnung.

CUeval Auswertung in CU-Teilberechnung

if $\mathbf{S} = p : S$
then $access(p)$
  if $*p = Const : \_,\_,\_ \ \vee\ *p = [\_,\dots,\_] \ \vee\ *p = Fun : \_,\_$
  then **do_nothing**
  if $*p = Clos : locked, cp, args$
  then $\mathbf{D} := (CU : \mathbf{PC}, (\mathbf{AP} : \mathbf{S}), \mathbf{V}) : \mathbf{D}$
    $\mathbf{S} := [];\ \ \mathbf{V} = [];\ \ \mathbf{AP} := args;\ \ \mathbf{PC} := cp$
else *undefined*

2.2.6 Starten und Anhalten von G-Maschinen

Die Befehle dieser Gruppen erweitern oder verkleinern die **SG**-Komponente der parallelen Maschine.

activate Aktivieren einer G-Maschine

if $\mathbf{S} = p : S$
then $access(p)$

$$\text{if } *p = Clos : locked, cp, args$$

$$\text{then } \mathbf{SG} := \mathbf{SG} : \begin{pmatrix} \mathbf{S} := nil : p : [] \\ \mathbf{V} := [] \\ \mathbf{D} := (CU : stop, nil, nil) : [] \\ \mathbf{PC} := cp \\ \mathbf{AP} := args \end{pmatrix}$$

else do_nothing

else *undefined*

stop Anhalten einer G-Maschine

Falls die G-Maschine mit Nummer i in

$$\mathbf{SG} = (SG_1, \ldots, SG_{i-1}, SG_i, SG_{i-1} \ldots, SG_n)$$

den Befehl **stop** ausführt, dann wird die i-te G-Maschine aus **SG** entfernt, d.h.

$$\mathbf{SG} := (SG_1, \ldots, SG_{i-1}, SG_{i+1}, \ldots, SG_n),$$

wenn i von 1 verschieden ist. Ist $i = 1$, dann wird das Berechnungsergebnis ausgegeben. Enthält das Berechnungsergebnis weitere Komponenten, dann werden die Komponenten nacheinander in C Teilberechnungen rekursiv ausgewertet und ausgegeben. Ist das Berechnungsergebnis vollständig ausgegeben, hält die parallele G-Maschine.

2.3 Anfangszustände der parallelen G-Maschine

Die parallele G-Maschine startet mit einem beliebigen Programm, einem leeren Graphen und einer einzigen virtuellen sequentiellen G-Maschine. Diese startet mit leeren Kellern, ihr **PC** zeigt auf den Programmanfang und **AP** ist *nil*.

3 Implementierung auf einem Transputernetz

In diesem Kapitel wird die Implementierung der parallelen G-Maschine auf einem Transputernetz skizziert.

Wir gehen zunächst kurz auf die Transputerhardware ein, beschreiben die Struktur der Abbildung der parallelen G-Maschine auf ein Transputernetz, detaillieren die Struktur der Software auf einem einzelnen Transputer und beschreiben schließlich die für die Speicherverwaltung wichtigen Implementierungsdetails.

3.1 Transputerhardware

Die Prozessoren der Transputer Familie sind schnelle RISC Architekturen, die Kommunikation und Scheduling durch Hard/Firmware unterstützen.

Ein Transputer verfügt über 4 serielle bidirektionale Datenkanäle mit einer Datenübertragungsrate von 20Mbits/sec. Über diese Datenkanäle, im folgenden Transputerlinks genannt, kann ein Transputer mit anderen Transputern durch Nachrichtenaustausch kommunizieren. Die eigentliche Datenübertragung erfolgt über direkten Speicherzugriff. Ein Transputer verfügt ferner über ein kleines On-Chip RAM und ein Speicherinterface zur Kommunikation mit einem externen Speicher.

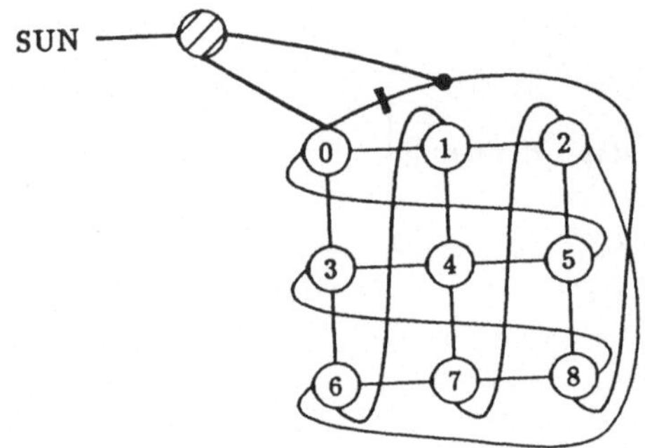

Figure 1: Twisted Torus

Ein Transputer [inmos] führt eine dynamisch variierende Anzahl von Prozessen in zwei Prioritätsklassen aus, die untereinander über sog. Kanäle miteinander kommunizieren können. Die Transputerhard/firmware verwaltet dazu für jede Prioritätsklasse eine Warteschlage bereiter Prozesse.

Ein Kanal ist entweder ein Transputerlink oder ein sog. logischer Kanal, realisiert durch einen beliebigen Speicherbereich. Die Kommunikation ist synchron: ein Prozeß, der eine Kommunikation über einen 'leeren' Kanal durchführen möchte, wird suspendiert, und es wird eine entsprechende Notiz auf dem Kanal hinterlassen; wünscht ein weiterer Prozeß eine Kommunikation über denselben Kanal, findet die Kommunikation statt, und der ursprüngliche Prozeß wird wieder bereit. Kanäle sind Prozessen nicht fest zugeteilt, sondern jeder Prozeß, der einen Kanal kennt, kann über ihn kommunizieren.

Die Kommunikation ist wesentliches Synchronisationsmittel für Transputerprozesse. Als weiterer Synchronisationsmittel unterstützt die Transputerhardware nur noch das Warten eines Prozesses auf die Terminierung der Prozesse aus einer (indirekt) vorgegebenen Prozeßmenge.

Prozesse höherer Priorität können solche niedriger Priorität unterbrechen, sie selbst werden nur unterbrochen, wenn sie dies explizit anfordern oder wenn sie auf eine Kommunikation warten. Prozesse niedriger Priorität werden nach einer zeitscheibengesteuerten Round Robin Strategie verwaltet.

Ein großer Nachteil der derzeitigen Transputerversionen ist die unzureichende Hilfe bei der Fehlererkennung. Sie unterstützen weder Speicherschutz, noch erkennen sie fehlerhafte Kanalbenutzungen.

3.2 Abbildung der parallelen G-Maschine auf ein Transputernetz

Wir verbinden die Transputer über ihre Links miteinander zu einem Punkt-zu-Punkt Netz verbunden, das über eine SUN Workstation mit der Außenwelt verbunden ist. Als Topologie erscheint ein Twisted Torus wie in Abbildung 1 am geeignetsten, da er

- die Links der Transputer voll ausnutzt,
- ein homogenes Netz bildet, in dem je zwei Transputer über nur eine Zwischenstation miteinander kommunizieren können (Durchmesser = 2).

Neben den 9 Transputern für den eigentlichen 3x3 Twisted Torus benötigen wir einen weiteren Transputer, um die Kommunikation mit der Außenwelt zu ermöglichen. Im Twisted Torus haben alle Prozessoren einen Ausgangsgrad von 4, so daß keiner der Transputer einen freien Transputerlink für die Kommunikation mit der Außenwelt hätte. Wir trennen daher die Verbindung zwischen Transputer 0 und 8 (in der Abbildung durch einen Balken dargestellt) und fügen einen Hilfstransputer ein, der die Verbindung zur SUN herstellt. Für die eigentliche Realisierung der parallelen G-Maschine verwenden wir nur die Transputer auf dem Twisted Torus, der Hilfstransputer wird als Vermittlung zwischen Transputer 0 und 8 und als Ziel für die Versendung von Berechnungsergebnissen und Meldungen benutzt.

Im folgenden wird skizziert, wie wir die parallele G-Maschine auf einem lose gekoppelten Punkt-zu-Punkt Netz realisieren wollen.

In unserer ersten Implementierung wird das während der Programmauswertung unveränderliche Programm der parallelen G-Maschine auf alle Prozessoren des Netzes kopiert.

Der während der Programmauswertung ständig veränderte Graph wird verteilt in den lokalen Speichern der Prozessoren abgespeichert. Jeder dieser lokalen Speicher enthält einen Teil der Knoten des Graphen der parallelen G-Maschine. Die Kanten dieses Graphen können deshalb in zwei Klassen eingeteilt werden: Kanten zwischen Knoten in demselben lokalen Speicher, *lokale Kanten*, und Kanten zwischen Knoten in verschiedenen lokalen Speichern, *nicht-lokale Kanten.* Zugriffe auf Knoten über nicht-lokale Verweise werden auf einen Nachrichtenaustausch abgebildet.

Die sequentiellen G-Maschinen in der **SG**-Komponente der parallelen Maschine können zu jedem Zeitpunkt in zwei Klassen eingeteilt werden:

1. G-Maschinen, die bereits mit ihrer Arbeit begonnen haben,
   Der Zustand dieser G-Maschinen kann sehr komplex werden. Entsprechend groß und komplex müssen auch die Datenstrukturen sein, die diesen Zustand repräsentieren. Aus diesem Grund wollen wir diese Datenstrukturen nicht von einem Prozessor zu einem anderen übertragen. G-Maschinen, die bereits mit ihrer Arbeit begonnen haben, werden fest einem Prozessor zugeordnet, den sie nicht mehr verlassen können, bis sie ihre Aufgabe vollständig erfüllt haben. Sie werden deshalb *immobil* genannt.
2. G-Maschinen, die neu erzeugt wurden und noch nicht mit der Arbeit begonnen haben.
   Ihr Zustand kann allein durch den Graphknoten beschrieben werden, den sie auswerten sollen. Um einen schnellen Start auch auf einem anderen Prozessor zu ermöglichen, repräsentieren wir eine solche G-Maschine jedoch nicht nur durch einen Verweis auf diesen Knoten, sondern wir fügen den Inhalt des Knoten (und evtl. weitere Information) hinzu. Dennoch ist diese Beschreibung relativ klein und kann über das Netz an andere Prozessoren verschickt werden, wenn dies zur Lastverteilung sinnvoll erscheint. Die G-Maschinen dieser Klasse heißen deshalb *mobil.*

Jeder Prozessor enthält einen Modul zur Emulation sequentieller G-Maschinen, genannt *Reduzierer.* Der Reduzierer realisiert eine Simulation einer einzelnen sequentiellen Maschine. Die immobilen G-Maschinen auf einem Prozessor werden von diesem als Prozesse behandelt. Ein *Scheduler* wählt eine bereite immobile G-Maschine aus und teilt ihr den Reduzierer als Betriebsmittel zu. Kann der Reduzierer die Simulation nicht unmittelbar fortsetzen, weil er dazu auf das Eintreten eines bestimmten Ereignisses warten müßte, etwa beim Zugriff auf einen nicht lokalen Knoten auf die Ankunft der Nachricht mit dem Inhalt des Knotens oder beim Zugriff auf einen gesperrten Knoten auf die Freigabe des Knotens, dann suspendiert der Scheduler die entsprechende G-Maschine und teilt den Reduzierer einer anderen bereiten G-Maschine zu. Tritt ein Ereignis ein, dann reiht der Scheduler alle G-Maschinen, die auf das Ereignis warten, ans Ende der Warteschlange bereiter G-Maschinen-Prozesse ein.

Während der Scheduler die immobilen G-Maschinen auf einem Prozessor verwaltet, ist ein anderer Modul, der sog. *Arbeitsverteiler*, in Zusammenarbeit mit den Arbeitsverteilern benachbarter Prozessoren dafür verantwortlich, die Last der Prozessoren auszugleichen. Hierzu können sie mobile G-Maschinen nach einem auf lokaler Information beruhenden einfachen heuristischen Verfahren über das Netz an andere Prozessoren schicken mit dem Ziel,

- die Summe der Prozessorwartezeiten niedrig zu halten,
- die Programmlokalität möglichst zu erhalten.

Vor allem zum Aufbau des Graphen werden Speicherbereiche benötigt, die nicht kellerartig verwaltet werden können. Sie sind durch folgende Eigenschaften gekennzeichnet:

- sie können von verschiedenen Stellen referenziert werden,
- ihre Benutzungsdauer ist nur schwer abzuschätzen,
- sie haben verschiedene Größe.

Ein spezieller Modul, der *Speicherverwalter*, stellt solche Speicherabschnitte bei Bedarf zur Verfügung. In Kooperation mit den Benutzern der Speicherabschnitte muß er desweiteren erkennen, wann ein Speicherbereich nicht mehr benötigt wird und einer neuen Benutzung zugeführt werden kann.

Um Informationen zwischen Prozessoren auszutauschen, müssen Nachrichten verschickt werden. Ein Basisbetriebssystem auf jedem Prozessor besorgt das Routen solcher Nachrichten durch das Netzwerk und verwaltet auf jedem Prozessor eine Menge benannter Briefkästen (FIFO-Queues). Es stellt folgende Basisoperationen an die anderen Module zur Verfügung:

- das Versenden einer Nachricht an einem Prozessor p und ihr Ablegen im Briefkasten mit einem Namen b,
- das Versenden einer Nachricht an alle Prozessoren und ihr jeweiliges Ablegen im Briefkasten b.

Das Basisbetriebssystem kennt zwei Nachrichtenklassen, *normale Nachrichten* und *dringende Nachrichten*. Innerhalb einer Klasse kommen Nachrichten, die von einem Prozessor p zu einem Prozessor p' in einen Briefkasten b gesandt werden, in derselben Reihenfolge an, in der sie abgesendet wurden.

3.3 Datenstrukturen zur Repräsentation der Maschinenkomponenten

In diesem Abschnitt gehen wir auf die Darstellung des Graphen der parallelen Maschine, der Verweise in den Graphen, der Keller der virtuellen sequentiellen Maschinen und schließlich der virtuellen Maschinen selbst ein.

3.4 Repräsentation von Graphknoten

Wie im letzten Abschnitt erläutert, wird der Graph verteilt in den lokalen Speichern der Prozessoren abgespeichert. Auf einem Prozessor wird ein Graphknoten als ein geeigneter Speicherbereich realisiert. Da die Lebensdauer von Graphknoten keinem LIFO-Prinzip genügt, können diese Speicherbereiche nicht über Keller verwaltet werden. Stattdessen werden sie von einem Speicherverwalter zur Verfügung gestellt, der auch für die Wiederverwendung nicht mehr benötigter Speicherbereiche sorgt. Alle vom Speicherverwalter verwalteten Speicherbereiche bestehen aus drei

Teilen, einem Feld mit Verwaltungsinformation, einem Kennungsfeld und einem Datenfeld. Das Kennungsfeld bestimmt wesentlich die Struktur und die Interpretation des Datenbereiches. Für die Speicherverwaltung ist es notwendig, Verweise auf andere vom Speicherverwalter verwaltete Speicherbereiche erkennen zu können. In unserer Implementierung wird diese Information implizit durch das Kennungsfeld und die Information im Verwaltungsteil gegeben.

Für die Graphknoten ergibt sich die folgende Struktur. Das Feld mit Speicherverwaltungsinformation ist nicht dargestellt. Doppelt umrahmte Kästchen repräsentieren Verweise auf andere vom Speicherverwalter verwaltete Speicherbereiche, einfach umrahmte Kästchen enthalten Information, die keine Verweise beinhaltet.

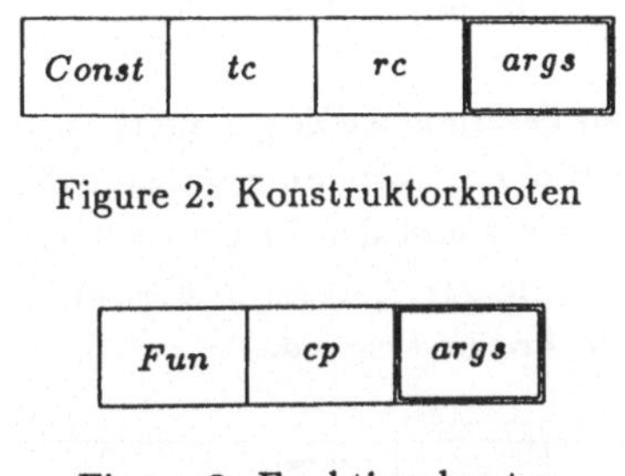

Figure 2: Konstruktorknoten

Figure 3: Funktionsknoten

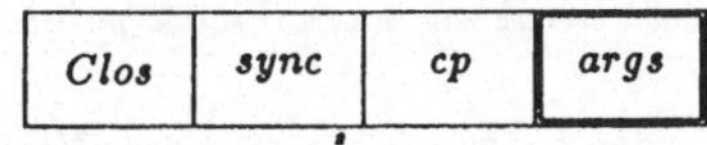

Figure 4: Abschlußknoten

Die Spezifikation der G-Maschine gestattet das Überschreiben von Abschlußknoten mit dem Inhalt anderer Graphknoten. Um dies realisieren zu können, müssen wir fordern, daß die Speicherbereiche für Abschlußknoten mindestens so groß wie die für Konstruktor- und Funktionsknoten sind. Das Überschreiben wird in diesem Fall realisiert, indem Kennzeichnungsfeld und Datenfeld des Quellknotens die entsprechenden Felder des Abschlußknotens überschreiben. Da die Speicherbereiche für Tupelknoten unbeschränkte Größe haben können, kann man dies für Tupelknoten nicht verlangen. Aus diesem Grund benutzen wir zwei alternative Darstellungen für Tupelknoten. Die erste Darstellung stellt Tupelknoten als zusammenhängenden Speicherbereich dar, die zweite als einen Indirektionsknoten, der auf einen Tupelknoten verweist. Wenn wir fordern, daß ein Indirektionsknoten keinen größeren Speicherbereich belegt als ein Abschlußknoten, dann können wir einen Abschlußknoten mit einem Tupelknoten überschreiben, indem wir Kennzeichnungsfeld und Datenfeld des Abschlußknotens mit den entsprechenden Werten eines geeigneten Indirektionsknotens überschreiben.

3.5 Repräsentation von Verweisen auf Graphknoten

Verweise sind Graphkanten und Einträge auf dem Verweiskeller. Verweise lassen sich in zwei Klassen einteilen: lokale Verweise, d.h. Verweise auf Graphknoten im lokalen Speicher, und nichtlokale Verweise, d.h. Verweise auf Graphknoten in den Speichern anderer Prozessoren.

Lokale Verweise werden als gewöhnliche Zeiger implementiert. Zugriffe über lokale Verweise werden in der üblichen Weise realisiert.

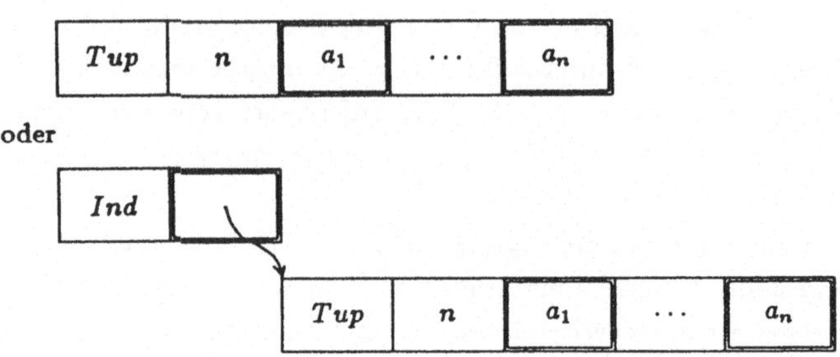

Figure 5: Tupelknoten

Nicht-lokale Verweise werden als gewöhnliche Zeiger auf spezielle Indirektionsobjekte im lokalen Speicher, sog. *remote pointer*, realisiert. Abbildung 6 zeigt die Struktur dieser Objekte. Die Information in einem Indirektionsobjekt gibt den Prozessor an, in dessen Speicher der verwiesene Graphknoten abgelegt ist, und seine lokale Adresse in diesem Speicher. Daneben enthält er ein Statusfeld mit den Werten *free*, *locked* und *copied*.

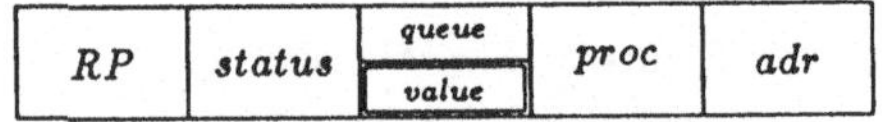

Figure 6: Struktur eines *remote pointer*'s

Zugriffe auf *Remote pointer* werden in Abhängigkeit vom Wert im Statusfeld folgendermaßen realisiert:

status = *free*: In einer unteilbaren Aktion erhält das Statusfeld den Inhalt *locked*, der zugreifende Prozeß wird suspendiert, seine Prozeßidentifikation in einer neu angelegten Warteschlange abgelegt und ein Verweis auf den Anfang der Warteschlange im *queue*-Feld abgelegt. Anschließend wird eine Nachricht an *proc* geschickt — und zwar eine *Eval&Copy*-Nachricht, wenn der Zugriff von der Ausführung eines Befehls aus der eval-Familie ausgelöst wurde, sonst eine *Copy*-Nachricht.

status = *locked*: Der zugreifende Prozeß wird suspendiert, seine Prozeßidentifikation in der von *queue* verwiesenen Warteschlange abgelegt.

status = *copied*: Das *value*-Feld enthält einen Verweis auf eine lokale Kopie des Graphknotens

3.6 Kellerrepräsentation

Die drei Keller einer (immobilen) sequentiellen G-Maschine werden mit Hilfe zweier Kellerabschnittsketten *VK* und *SK* dargestellt. Kellerabschnitte sind zusammenhängende Speicherbereiche, deren Struktur und Verkettung in Abbildung 7 veranschaulicht wird. Die Abbildung zeigt eine (rechts beginnende) Kellerabschnittskette aus zwei Kellerabschnitten. In jeden Kellerabschnitt zeigen zwei Verweise, *ptr* und *top*. Die Zellen vom Anfang des Abschnitts bis *ptr* — in der Abbildung straffiert — sind mit Information gefüllt, die Zellen zwischen *ptr* und *top* sind noch frei.

Wir wollen den Verweis- bzw. den Wertekeller in der *SK* bzw. *VK* Kellerabschnittskette abspeichern — und zwar jeweils im ersten Kellerabschnitt. Für einen Verweiskeller mit Inhalt $p_1 : \cdots : p_n : []$ ist dies in Abbildung 8 veranschaulicht. Die Kellerelemente liegen in aufeinander-

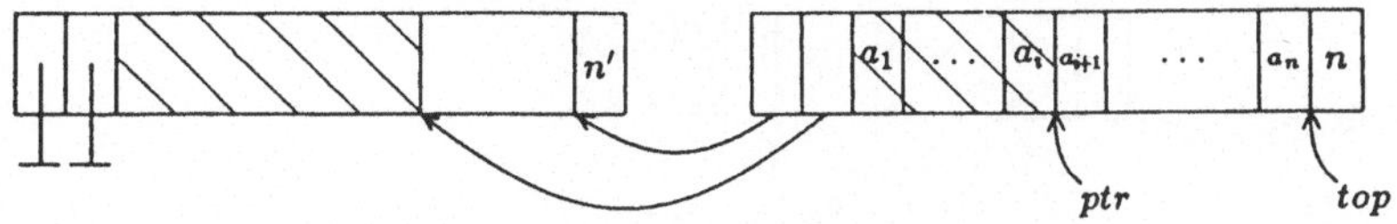

Figure 7: Kellerabschnitte und ihre Verkettung

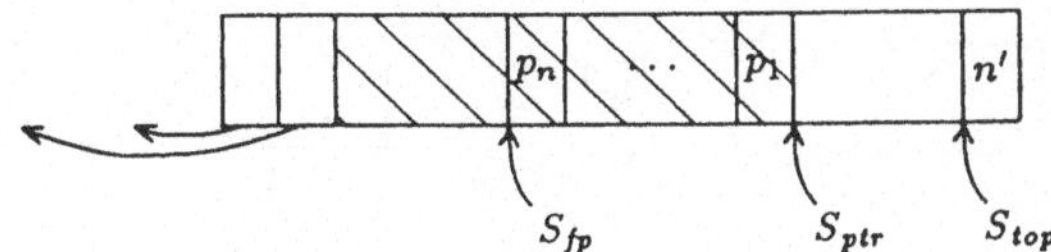

Figure 8: Darstellung des Verweiskellers in der *SK* Kellerabschnittskette

folgenden Zellen des Kellerabschnitts, beginnend mit p_n bei S_{fp} und endend vor S_{ptr}. Die Grundoperationen, Erweitern des Kellers, Verkürzen des Kellers sowie Zugriff auf das i-te Kellerelement, lassen sich durch Abspeichern des Wertes an der Stelle S_{ptr} und anschließendes Inkrementieren von S_{ptr}, durch Dekrementieren von S_{ptr} bzw. durch Zugriff auf das Element S_{ptr-i} in einfacher Weise realisieren — sofern der Keller tatsächlich ganz in dem Kellerabschnitt liegt. Wenn wir bereit sind, bei jeder Kelleroperation auf Überschreitung der Kellerabschnittsgrenzen zu prüfen, können wir einen Keller auch in mehreren aufeinanderfolgenden Kellerabschnitten abspeichern. Da Kelleroperationen jedoch zu den häufigsten G-Maschinenoperationen gehören, möchten wir diesen Overhead vermeiden. Wir benutzen dazu Techniken, wie sie aus der Übersetzung imperativer Sprachen, etwa PASCAL, für ähnliche Zwecke verwendet werden.

Bei einer Programmübersetzung kann der Übersetzer immer eine Abschätzung dafür angeben, wieviel Platz auf dem Keller für die Ausführung einer Befehlsfolge höchstens benötigt wird, sofern der Platzbedarf für die Auswertung geschachtelter Funktionsanwendungen und für die Ausführung verzögerter Berechnungen nicht berücksichtigt zu werden braucht. Wenn der Übersetzer diese Information im Programm kodieren kann, braucht nur am Anfang des Codes von Funktionsrümpfen und verzögerter Berechnungen getestet zu werden, ob auf dem Kellerabschnitt noch genügend Platz ist, um den Platzbedarf der gesamten Teilberechnung zu befriedigen. Ist dies nicht der Fall, wird ein neuer Kellerabschnitt hinreichender Größe angefordert, die relevanten Teile werden vom alten Kellerabschnitt in den neuen übertragen und die Berechnung mit dem neuen Abschnitt fortgeführt. Die Abbildung 9 veranschaulicht die Anforderung des neuen Kellerabschnittes. Ist eine Teilberechnung beendet und der zweite Kellerabschnitt in der Kette enthält noch genügend Platz, um das Ergebnis aufzunehmen, dann wird der erste Kellerabschnitt in einer Operation freigegeben, die genau entgegengesetzt zur Anforderung eines Kellerabschnitts abläuft.

Um dem Übersetzer zu ermöglich, den Platzbedarf mitzuteilen, führen wir einen neuen Befehl in die abstrakte Maschine ein: **stacklimits** $v\ s$. Ich möchte auf eine formalere Einführung des Befehls verzichten und mich auf die Bemerkung beschränken, daß dieser Befehl die Zusicherung macht, daß die aktuelle Teilberechnung zu den gerade belegten Zellen auf dem Werte- bzw. Verweiskeller höchstens noch v bzw. s Elemente benötigt. Das Berechnungsergebnis ist undefiniert, wenn die Zusicherung fälschlicherweise gegeben wird. Daneben mache ich die Einschränkung, daß dieser Befehl nur dann einen definierten Effekt hat, wenn der Wertekeller leer ist. Damit gilt, daß der Wertekeller am Anfang und Ende jeder Teilberechnung und bei Ausführung von **stacklimits** leer ist bzw. sein muß. Wir brauchen deshalb nie Teile des Wertekellers über Kellerabschnittsgrenzen

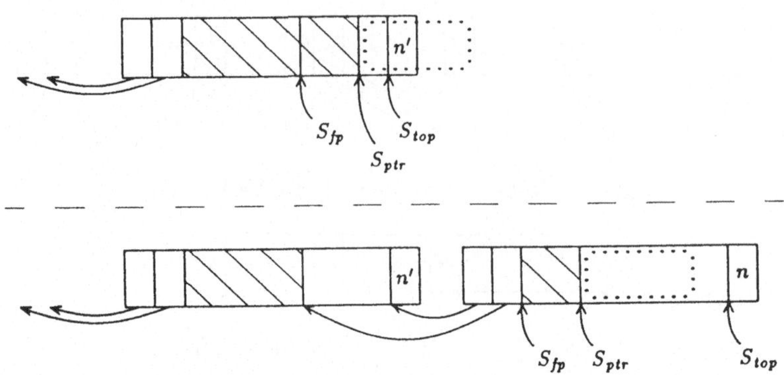

Figure 9: Anfordern eines neuen Kellerabschnitts

zu übertragen. Desweiteren brauchen wir den Anfang des Verweiskeller nicht zu kennen, und wir können bei der Darstellung des Wertekellers in der *VK* Kellerabschnittskette auf den zu S_{fp} analogen Zeiger V_{fp} verzichten.

Es folgt nun die Darstellung des Dumps.

Die Information in einem Dumpelement d wird in drei Teile aufgeteilt: Information über den Typ der unterbrochenen Teilberechnung $t(d)$, den gespeicherten Verweiskeller $S(d)$ und den gespeicherten Wertekeller $V(d)$.

$$\begin{array}{llll} d = C : pc, S, V \Rightarrow & t(d) := C, pc & S(d) := S & V(d) := V \\ d = CU : pc, S, V \Rightarrow & t(d) := CU, pc & S(d) := S & V(d) := V \\ d = U : S \Rightarrow & t(d) := U & S(d) := S & V(d) := [] \end{array}$$

Sei $\mathbf{D} = (t_1, S_1, V_1) : \cdots : (t_n, S_n, V_n) : []$. Dann zeigt Abbildung 10 die Repräsentation der drei Keller in den beiden Kellerabschnittsketten *VK* und *SK*. In der Abbildung wurden die belegten Teile der Kellerabschnitte aneinandergeschoben; Kellerabschnittsgrenzen werden durch dickere Trennstriche markiert.

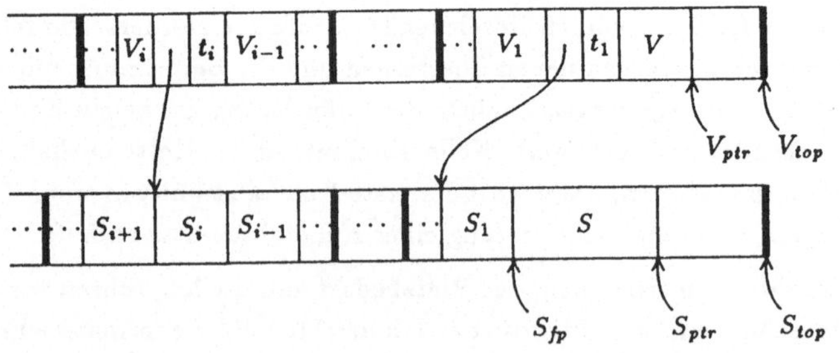

Figure 10: Repräsentation der drei Kellerinhalte

Wird eine neue Teilberechnung begonnen, dann wird der S_{fp} Zeiger und die t-Information aus dem neu zu erzeugenden Dumpelement im aktuellen *VK* Kellerabschnitt gespeichert. Enthält er hierfür nicht mehr genügend Platz, wird zuvor ein neuer *VK* Kellerabschnitt angefordert. Desweiteren kann der Befehl **stacklimits** je einen neuen *VK* und *SK* Kellerabschnitt anfordern, wenn im jeweils aktuellen Kellerabschnitt nicht mehr genügend Platz vorhanden ist, um die Speicheranforderung zu befriedigen. Wird ein neuer *SK* Kellerabschnitt angefordert, dann wird der Inhalt des Verweiskellers in den neuen Abschnitt übertragen. Wird eine Teilberechnung beendet, wird getestet, ob der aktuelle *VK* Kellerabschnitt leer ist. In diesem Fall wird er freigegeben. Ferner wird getestet, ob S_{fp} auf den Anfang des ersten *SK* Kellerabschnitts zeigt. In diesem Fall wird getestet, ob der vorangehende Kellerabschnitt genügend Platz aufweist, um den aktuellen Verweiskellerinhalt aufzunehmen. Ist das der Fall, wird der Kellerinhalt übertragen und der erste Kellerabschnitt freigegeben[5]. Ist dies nicht der Fall, wird der Verweiskellerinhalt der unterbrochenen Berechnung wie in Abbildung 11 veranschaulicht auf den aktuellen Kellerabschnitt übertragen.

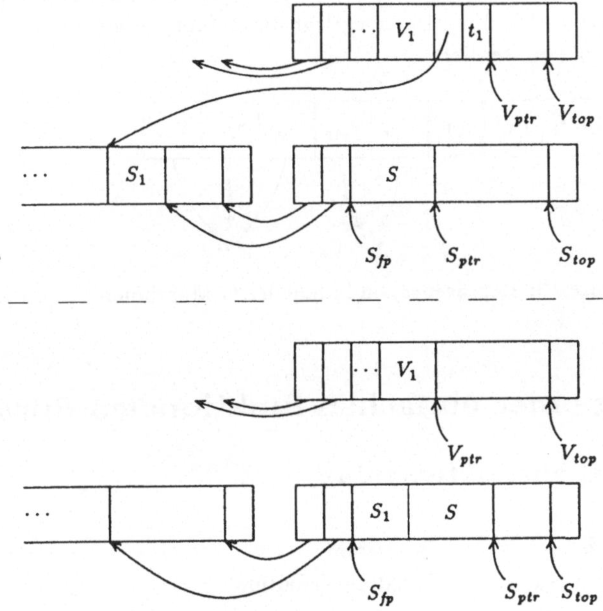

Figure 11: Beenden einer Teilberechnung mit Übertragung des Verweiskellers der unterbrochenen Teilberechnung auf den aktuellen Kellerabschnitt

3.7 Repräsentation virtueller G-Maschinen

Wie wir in einem früheren Abschnitt gesehen haben, werden zu jedem Zeitpunkt zwei Typen virtueller sequentieller G-Maschinen unterschieden: mobile und immobile G-Maschinen.

Mobile G-Maschinen haben mit ihrer Ausführng noch nicht begonnen. Ihr Zustand ist deshalb durch den Knoten, den sie auswerten sollen, eindeutig bestimmt. Um einen schnellen Start zu ermöglichen, verwenden wir zwei Darstellungsformen. Ist der auszuwertende Knoten auf demselben Prozessor wie die Beschreibung der Maschine, verwenden wir die Darstellung a) in Abbildung 12, sonst die Darstellung b). *p* ist dabei ein lokaler Verweis auf einen Graphknoten, *rref* ist ein Verweis auf einen auf einem fremden Prozessor abgelegten Graphknoten, repräsentiert durch Prozessor

[5] Optimierungen sind denkbar, um zu verhindern, daß ein Kellerabschnitt freigegeben und unmittelbar danach ein neuer angefordert wird.

und lokale Adresse, *content* ist eine Beschreibung des Knoteninhalts in einer Form, die sich für das Versenden über das Netz besonders eignet.

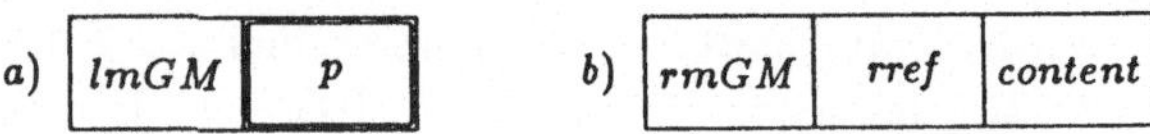

Figure 12: Repräsentation mobiler G-Maschinen

Immobile G-Maschinen werden in der Implementierung wie in Abbildung 13 veranschaulicht durch einen Speicherbereich repräsentiert, der u.a. den Inhalt der **PC** und **AP** Register festhält. Die drei Keller sind wie durch Abbildung 10 nahegelegt durch fünf Verweise in die beiden Kellerabschnittsketten *VK* und *SK* repräsentiert.

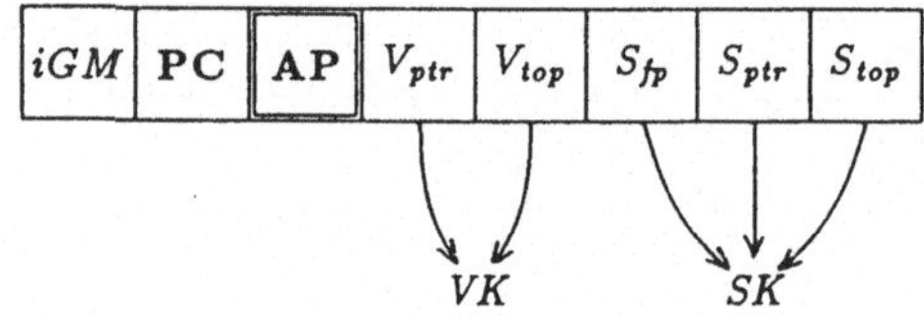

Figure 13: Repräsentation immobiler G-Maschinen

A Übersetzung einer einfachen funktionalen Sprache

A.1 Eingabespache, abstrakte Syntax

$P ::=$	$Gl^* \, E$	Programm
$Gl ::=$	$f \, v_1 \cdots v_n == E$	Funktionsdefinition
$E ::=$	c	Basiskonstante
	f	Funkionsvariable
	v	Objektvariable
	$E_1 \, E_2$	Funktionsanwendung
	$E_1 op E_2 \mid op E$	Basisoperationen
	$E_1 \rightarrow E_2, E_3$	Bedingungsoperator
	$\lambda v_1 \ldots v_n.E$	Funktionsabstraktion
	{**let** | **letrec** | **strict** | **spawn**} $VGL^* \, E$	lokale Definitionen, Auswertungskontrolle
$VGL ::= v == E$		Objektdefinition

A.2 Übersetzungsschemata

$\mathrm{P}\,[[P]]$	Übersetzung eines Programms
$\mathrm{F}\,[[f\, v_1 \cdots v_n == E]]\,\psi$	Übersetzung einer Funktionsdefinition
$\mathrm{E}\,[[E]]\,\psi\,\rho\, s\, a\, r\, sl\, l$	Code zur Auswertung der Anwendung von E auf aktuelle Argumente
$\mathrm{B}\,[[E]]\,\psi\,\rho\, s$	Code zur Auswertung von E zu einem Basiswert
$\mathrm{C}\,[[E]]\,\psi\,\rho\, s$	Code zum Aufbau eines Abschlusses für E
$\mathrm{S}\,[[E]]\,\psi\,\rho\, s$	Code zur Auswertung von E

Dabei ist ψ eine Abbildung von Funktionsvariablen auf Programmadressen (Funktionsumgebung) und ρ eine Abbildung von Objektvariablen auf Adressierungsinformation der Form (ST, i) bzw. (AP, i) (Variablenumgebung). (ST, i) bedeutet, daß die Variable relativ zur Kellerspitze adressiert wird: $s - i$ gibt den aktuellen Index der Variablen relativ zur Kellerspitze an. (AP, i) besagt, daß die Variable die i-te im Argumenttupel ist, auf das **AP** zeigt. s reflektiert den Pegel auf dem Verweiskeller relativ zum Anfang des Datenbereichs der aktuellen Funktionsauswertung. a gibt die Anzahl der Funktionsargumente für E an, die oben auf dem Keller stehen. r ist eine Anzahl von Zwischenergebnissen, die unterhalb der a Argumente auf dem Keller stehen, aber selbst keine Funktionsargumente für E sind, obwohl sie für die Auswertung von E wichtig sein können. sl ist eine Liste von Paaren der Form (a, r). Jedes dieser Paare hat dieselbe Bedeutung wie a und r, jedoch für tiefer gelegene Kellerelemente. l ist entweder eine Programmadresse oder nil. Im ersten Fall gibt l die Adresse an, an der die Berechnung fortgesetzt werden soll, wenn die Auswertung abgeschlossen ist. Ansonsten wurde die Fortsetzungsadresse bereits zuvor auf dem Keller abgelegt.

$$
\begin{aligned}
\mathrm{P}\,[[Gl_1 \ldots GL_n\, E]] = {} & l_1\mathrm{:F}\,[[GL_1]]\,\psi \\
& \vdots \\
& l_n\mathrm{:F}\,[[GL_n]]\,\psi \\
& \mathrm{S}\,[[E]]\,\psi\,[]\,0 \\
& \mathbf{stop}
\end{aligned}
\qquad
\begin{aligned}
& GL_i = f_i \ldots == \ldots \\
& \psi = \psi_0[f_i \mapsto l_i]_{i=1}^{n}
\end{aligned}
$$

ψ_0 ist eine Funktionsumgebung für vordefinierte Funktionen.

$$
\begin{aligned}
\mathrm{F}\,[[f\, v_1 \cdots v_n == E]]\,\psi = {} & \mathbf{testargnum}\, n \\
& \mathrm{E}\,[[E]]\,\psi\,[v_i \mapsto (ST, n-i)]_{i=1}^{n}\, n\, 0\, n\, []\, nil
\end{aligned}
$$

$\mathrm{E}\,[[E]]\,\psi\,\rho\, s\, a\, r\, sl\, l =$ **case** E **of**

$c \Rightarrow$	$\mathrm{B}\,[[c]]\,\psi\,\rho\, s$	
	doslide sl'	$sl' = (a, r){:}sl$
	enter l asum(sl')	falls $l \neq nil$
	mkbasic tc(c)	
	return	
$f \Rightarrow$	doslide sl'	$sl' = (a, r){:}sl$
	enter l asum(sl')	falls $l \neq nil$
	jmp $\psi(f)$	
$v \Rightarrow$	**pushvar** $\rho(v)\, s$	

doslide sl' — $sl' = (a{+}1, r){:}sl$
enter l asum(sl') — falls $l \neq nil$
Ueval — **eval** falls nicht mehrfach benötigt

$E_1\, E_2 \Rightarrow$ — C $[[E_2]]\,\psi\,\rho$ — S statt C, falls E_1 als strikt bekannt
E $[[E_1]]\,\psi\,\rho\,(s+1)\,(a+1)\,r\;sl\;l$

$E_1\; op\; E_2 \Rightarrow$ — B $[[E]]\,\psi\,\rho\,s$
doslide sl' — $sl' = (a, r){:}sl$
enter l asum(sl') — falls $l \neq nil$
mkbasic tc(op)
return

Analog: $op\; E_1$

$E_1 \rightarrow E_2, E_3 \Rightarrow$
B $[[E_1]]\,\psi\,\rho\,s$
jfalse l_1
E $[[E_2]]\,\psi\,\rho\,s\,a\,r\;sl\;l$
l_1: E $[[E_3]]\,\psi\,\rho\,s\,a\,r\;sl\;l$

$\lambda v_1 \ldots v_n . E'$

$\Rightarrow$ falls $n \leq a$
E $[[E']]\,\psi\,\rho'\,s\,0\,n\,((a{-}n, r){:}sl)\,l$
$\rho' = \rho[v_i \mapsto (ST, s-i)]_{i=1}^{n}$

$\Rightarrow$ falls $n > a$ — Optimierungen möglich
C $[[E]]\,\psi\,\rho\,s$
doslide sl' — $sl' = (a{+}1, r){:}sl$
enter l asum(sl') — falls $l \neq nil$
eval

let $(v_1 == E_1 \ldots v_n == E_n)\; E_0 \Rightarrow$
C $[[E_1]]\,\psi\,\rho\,s$
C $[[E_2]]\,\psi\,\rho\,(s+1)$
$\vdots$
C $[[E_n]]\,\psi\,\rho\,(s+n-1)$
E $[[E_0]]\,\psi\,\rho'\,(s+n)\,0\,n\,((a, r){:}sl)\,l$
$\rho' = \rho[v_i \mapsto (ST, s+i-1)]_{i=1}^{n}$

S statt C für **strict**
C plus **activate** für **spawn**

letrec $(v_1 == E_1 \ldots v_n == E_n)\; E_0 \Rightarrow$
alloc n
C $[[E_1]]\,\psi\,\rho'\,(s+n)$
rewrite n
$\vdots$
C $[[E_n]]\,\psi\,\rho'\,(s+n)$
rewrite 1
E $[[E_0]]\,\psi\,\rho'\,(s+n)\,0\,n\,((a, r){:}sl)\,l$
$\rho' = \rho[v_i \mapsto (ST, s+i-1)]_{i=1}^{n}$

$B[[E]]\,\psi\,\rho\,s =$ **case** E **of**

$c \Rightarrow$ **load** c

$E_1\,op\,E_2 \Rightarrow$ $B[[E_1]]\,\psi\,\rho\,s$
$B[[E_2]]\,\psi\,\rho\,s$
op

$op\,E_1 \Rightarrow$ $B[[E_1]]\,\psi\,\rho\,s$
op

$E_1 \rightarrow E_2, E_3 \Rightarrow$
$B[[E_1]]\,\psi\,\rho\,s$
jfalse l_1
$B[[E_2]]\,\psi\,\rho\,s$
jmp l_2
l_1: $B[[E_3]]\,\psi\,\rho\,s$
l_2:

E $S[[E]]\,\psi\,\rho\,s$
getconstrc weitere Optimierungen für
let, strict... möglich

$C[[E]]\,\psi\,\rho\,s =$ **case** E **of**

$c \Rightarrow$ $B[[c]]\,\psi\,\rho\,s$
mkbasic tc(c)

$v \Rightarrow$ pushvar $\rho(v)\,s$

$\lambda v'_1 \ldots v'_{n'}.E' \Rightarrow$
pushvar $\rho(v_1)\,s$ $\{v_1,\ldots,v_n\} = \text{free}(E)$
⋮
pushvar $\rho(v_n)\,(s+n-1)$
mktup n **pushnil** falls $n = 0$
mkclos l
jmp l'
l: **testargnum** n'
$E[[E']]\,\psi\,([v_i \mapsto (AP,i)]_{i=1}^{n}[v'_i \mapsto (ST,n-i)]_{i=1}^{n'})\,n'\,0\,n'\,[]\,nil$
l':

$E \Rightarrow$ pushvar $\rho(v_1)\,s$ $\{v_1,\ldots,v_n\} = \text{free}(E)$
⋮
pushvar $\rho(v_n)\,(s+n-1)$
mktup n **pushnil** falls $n = 0$
mkclos l
jmp l'
l: $E[[E]]\,\psi\,([v_i \mapsto (AP,i)]_{i=1}^{n})\,0\,0\,0\,[]\,nil$
l':

$S[[E]]\,\psi\,\rho\,s$ = **case** E **of**

$c \Rightarrow$ $B[[c]]\,\psi\,\rho\,s$
mkbasic tc(c)

$v \Rightarrow$ pushvar $\rho(v)\,s$
CUeval **Ceval** falls nicht mehrfach benötigt

$E_1\,op\,E_2,\ op\,E_1 \Rightarrow$
$B[[E]]\,\psi\,\rho\,s$
mkbasic tc(op)

$\lambda v_1 \ldots v_n.E'$
$C[[E]]\,\psi\,\rho\,s$

$E \Rightarrow$ **pushnil**
$E[[E]]\,\psi\,\rho\,(s+1)\,0\,0\,[]\,l$
l:

pushvar erzeugt die korrekten Befehle zum Laden einer Variablen.

pushvar $(AP, i)\,s$ = **pusharg** i
pushvar $(ST, i)\,s$ = **push** $(s-i)$

tc liefert den Typcode zu einer Konstanten bzw. zu einem Operator, free liefert zu einem Ausdruck E die Menge der in ihm frei vorkommenden Objektvariablen. doslide erzeugt eine Folge von **slide** Befehlen:

doslide []	=	
doslide $((a, r){:}sl)$	=	**slide** $a\ r$
		doslide sl

Mögliche Optimierungen: **slide** a 0 äquivalent zur leeren Befehlsfolge;
Befehlsfolge **slide** $a\ r$; **slide** 0 r' äquivalent zu **slide** $a\ (r{+}r')$.

asum summiert die a-Werte in der Argumentliste auf:

asum []	=	0
asum $((a, r){:}sl)$	=	a + asum sl

References

[Johnsson] Th. Johnsson *Efficient compilation of lazy evaluation*, proceedings of the ACM SIGPLAN Symposium on compiler construction SIGPLAN notices Vol.19 no.6, pp. 58-69, 1984

[Fairbairn] Jon Fairbairn, Stuart Wray, *TIM: a simple lazy abstract machine to execute supercombinators* Departemental research report CSC/87/R6, University of Glasgow

[Burn] G.L. Burn, S.L. Peyton-Jones, J.D.Robson, *The spineless G-Machine* Proceedings of the ACM Lisp and Functional Programming, 1988, Utah, pp. 244-258

[Clack] C. Clack, S.L. Peyton Jones *The Four Stroke Reduction Engine* ACM Conference on LISP and Functional Programming 1986, pp. 220-232

[Raber87] M.Raber, Th. Remmel et al., *A concept for a parallel G-Machine* SFB-Bericht 06/1987 des SFB 124-C1, Universität des Saarlandes

[Raber88] M.Raber, Th. Remmel et al., *Compiled Graph Reduction on a Processor Network* 10. GI/ITG Conference: Architektur und Betrieb von Rechensystemen, März 1988, Paderborn

[Goldberg] B. Goldberg *Detecting Sharing of partial applications in functional programs* Proceedings of 1987 Functional Programming Languages and Computer Architecture Conference, pages 408-425, Springer-Verlag, LNCS 274, September 1987

[Lemaitre] M. Lemaitre et al. *Mechanisms for efficient multiprocessor combinator reduction* ACM Conference on Lisp and Functional Programming Proceedings, 1986

[Turner] D.A. Turner *A new implementation Technique for applicative languages* Software Practice and Experience,9:31-49,1979

[inmos] Inmos, *The Transputer Applications Notebook* Architecture and Software, Inmos Databook Series

Verteilte Termersetzung als Berechnungsmodell für objektorientierte Systeme

C. Schiedermeier

SFB 182, TP B1
Lehrstuhl für Programmiersprachen
Friedrich-Alexander Universität Erlangen-Nürnberg
Martensstraße 1
D-8520 Erlangen

Zusammenfassung

Methoden zur Spezifikation von Softwaremodulen und abstrakten Datentypen sind seit fast 20 Jahren bekannt. Diese Verfahren werden nur in begrenztem Umfang zur *Spezifikation* und zum *Entwurf* von objektorientierten Systemen eingesetzt. Darüber hinaus hatten sie so gut wie keinen Einfluß auf die Art und Weise, wie objektorientierte Systeme *programmiert* werden. Statt dessen werden objektorientierte Systeme mit den Mitteln imperativer, funktionaler oder logischer Programmiersprachen realisiert.

Hier wird ein Verfahren gezeigt, um algebraische Spezifikationen abstrakter Datentypen auf Objekte in objektorientierten Systemen zu erweitern. Damit können Programme für objektorientierte Systeme integriert mit ihren Spezifikationen entwickelt werden, bzw. es können Programme für Objekte aus Spezifikationen abgeleitet werden.

Dieser Konstruktionsvorgang führt zu einer Sprache zur Programmierung und einem Berechnungsmodell zur Ausführung objektorientierter Systeme. Das Berechnungsmodell basiert auf Termersetzung, die verteilt in Objekten stattfindet.

Das Modell erlaubt eine unmittelbare Implementierung, die verteilt und parallel ist. Durch die Implementierung von Prototypen ist bereits nachgewiesen worden, daß das Konzept pragmatischen Anforderungen genügt und eine effiziente Realisierung möglich ist.

1 Einleitung

Parallele und verteilte Systeme kann man sehr gut objektorientiert programmieren, da objektorientierte Systeme in natürlicher Weise parallele Aktivitäten und räumliche Verteilung durch kommunizierende aktive Objekte unterstützen. Objekte haben die Eigenschaften von Prozessen. Man spricht von parallelen objektorientierten Systemen (concurrent object oriented systems).

Die Grundlage für das hier vorgestellte Konstruktionsverfahren von Objektprogrammen aus Spezifikationen sind Spezifikationen von Softwaremodulen bzw. abstrakten Datentypen, die in den 70er Jahren entwickelt wurden [Parnas72] [Liskov75] [Guttag77] [Goguen78].

Es besteht ein enger Zusammenhang zwischen Datenobjekten abstrakter Datentypen und Objekten im Sinn der objektorientierten Programmierung. Es gibt jedoch auch wesentliche Unterschiede. Datenobjekte abstrakter Datentypen stellen nur konstante Werte dar, während Objekte einen veränderlichen Zustand haben. Objekte können zudem auch aktiv sein, also ihren eigenen Zustand und den Zustand anderer Objekte durch Senden von Nachrichten ändern. Aufgrund asynchron ablaufender Berechnungen kann sich ein paralleles objektorientiertes System nichtdeterministisch entwickeln und besitzt, im Gegensatz zu abstrakten Datentypen, keine naheliegende algebraische Semantik.

In jüngerer Zeit hat die Forschung über Termersetzungssysteme einen anderen Aspekt abstrakter Datentypen in den Vordergrund gerückt. Faßt man die Gleichungen einer algebraischen Spezifikation als Termersetzungssystem auf, so erhält man eine operationelle Semantik des Datentyps, die unter einer bestimmten Bedingung (Vollständigkeit) mit der beabsichtigten algebraischen Semantik übereinstimmt. Das Termersetzungssystem selbst kann Grundlage sowohl theoretischer Untersuchungen (Terminierung, Konfluenz) als auch praktischer Implementierung (Graphreduktionsmaschinen, Übersetzung) sein.

Es wird gezeigt, daß sich diese regelbasierte Sicht abstrakter Datentypen auf allgemeine objektorientierte Systeme übertragen läßt und zu einer konsistenten Beschreibung vieler Aspekte objektorientierter Systeme führt. Damit wird ein fließender Übergang zwischen ausführbaren Spezifikationen und hochstehender Programmierung geschaffen, aus dem sich neue Möglichkeiten zur integrierten Spezifikation und Programmierung paralleler objektorientierter Systeme ergeben.

Das resultierende Berechnungsmodell ist abstrakt genug, um theoretische Untersuchungen zuzulassen, macht aber dennoch Beschränkungen und Entwurfsentscheidungen, die in der Praxis auftreten, sichtbar.

Die grundlegende Idee des Modells ist, den Zustand eines Objekts nicht durch eine Menge von Variablenwerten, sondern durch *einen* Term darzustellen, der im einfachsten Fall aus empfangenen Nachrichten und deren Parametern gebildet wird. Ähnlich wie in Systemen zum Testen algebraisch spezifizierter Datentypen wird *Termersetzung* als operationelle Semantik verwendet. Um auch die Kommunikation zwischen Objekten beschreiben zu können, werden außer den Termersetzungsregeln für passive Objekte, die aus der algebraischen Spezifikation abstrakter Datentypen resultieren, Regeln eingeführt, die interne Aktivitäten der Objekte und die Kommunikation mit anderen Objekten beschreiben.

Vorteile des Ansatzes sind:

- Durch Objektorientierung wird Verteiltheit des Systems ermöglicht.
- Termersetzung als Berechnungsmodell erlaubt Parallelität zwischen und in Objekten.
- Der Zustand eines Objekts wird durch einen Term repräsentiert. Auf implementierungsspezifische Zustandsvariablen kann verzichtet werden.
- Aus algebraisch spezifizierten Datentypen läßt sich das Programm für passive Objekte ableiten.
- Die Semantik von objektorientierten Systemen wird durch ein Transitionssystem angegeben, die einzelnen Objekte behalten eine algebraische Semantik.
- Es bieten sich Möglichkeiten zur Spezifikation und Verifikation objektorientierter Systeme, indem man Konzepte abstrakter Datentypen überträgt.
- Die Objektkommunikation ist im Modell i.allg. asynchron. Durch eine zusätzliche Reduktionsstrategie ist ein gewünschtes Maß an synchroner Kommunikation möglich.
- Durch Einführen neuer Zustandsrepräsentationen kann man von einem abstrakten Programm zu einer effizienten Implementierung gelangen.
- Eine Hardware-Realisierung auf der Basis von Graphreduktionsmaschinen ist möglich.

2 Konstruktion

Die Konstruktion objektorientierter Programme aus algebraischen Spezifikation abstrakter Datentypen erfolgt in vier Schritten. Zunächst ein Überblick:

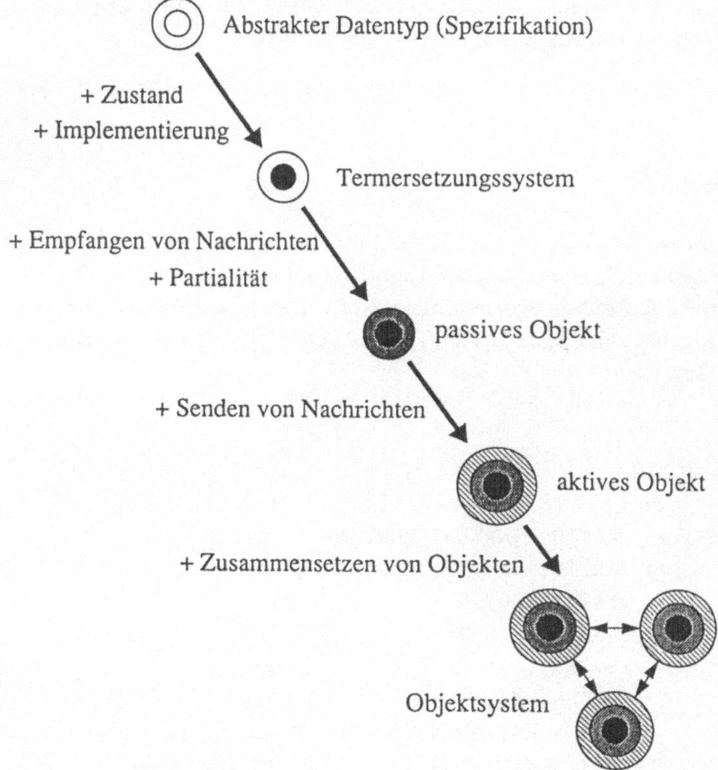

Im ersten Schritt wird aus den Gleichungen einer algebraischen Spezifikation durch Vervollständigung ein Termersetzungssystem konstruiert. Diese Konstruktion gelingt in vielen Fällen. Das erhaltene Termersetzungssystem ist eine Implementierung des abstrakten Datentyps, die es erlaubt, lokale Berechnungen in Objekten auszuführen.

Im Gegensatz zu lokalen Berechnungen in Objekten kann man weder das Empfangen noch das Senden von Nachrichten durch Gleichungen einer algebraischen Spezifikation beschreiben. Mit diesen Kommunikationsvorgängen sind Zustandsübergänge in objektorientierten Systemen verbunden. Im zweiten Schritt wird daher das Empfangen von Nachrichten formalisiert. Dadurch werden Spezifikation und Programm ergänzt. Man erhält Programme für passive Objekte, die keine Nachrichten senden können.

Im dritten Schritt wird das Senden von Nachrichten hinzugefügt. Auf diese Weise werden aktive Objekte, Prozessobjekte, dargestellt.

Schließlich wird im vierten Schritt die Zusammensetzbarkeit von Objektsystemen aus solchen Objekten untersucht. Dabei interessieren sowohl die Parallelität bei der Ausführung der Systeme als auch deren Gesamtverhalten. Durch Ergänzen der Programme um Reduktionsstrategien können deterministische Systeme gebildet werden.

Die einzelnen Schritte werden an einem Beispiel demonstriert, das auf [Hewitt79] zurückgeht.

2.1 Spezifikation

Ein Objekt *Konto* verwaltet einen wechselnden Kontostand und akzeptiert Nachrichten zum Ein- und Auszahlen von Beträgen sowie zum Abfragen des Kontostands. Der Zustand des Kontos wird ausschließlich durch den aktuellen Kontostand beschrieben, der eine natürliche Zahl ist. Eine algebraische Spezifikation, die auf einer Spezifikation natürlicher Zahlen aufbaut, könnte so aussehen:

```
CLASS Konto;
  SORTS     NAT, KONTO;
  OPERATIONS
            einzahlen: KONTO x NAT -> KONTO;
            auszahlen: KONTO x NAT -> KONTO;
            konto:     NAT -> KONTO;
            kontostand: KONTO -> NAT;
            0:         -> NAT;
            succ:      NAT -> NAT;
            +:         NAT x NAT -> NAT;
            -:         NAT x NAT -> NAT;
  VARIABLES x: NAT; y: NAT;
  EQUATIONS einzahlen(konto(x),y) = konto(+(x,y));
            auszahlen(konto(x),y) = konto(-(x,y));
            kontostand(konto(x))  = x;
            +(succ(x),y)          = +(x,succ(y));
            +(0,x)                = x;
            -(succ(x),succ(y))    = -(x,y);
            -(x,0)                = x;
```

Alle Funktionssymbole werden im Abschnitt SYMBOLS definiert. Die Gleichungen der Spezifikation sind unter EQUATIONS notiert.

2.2 Termersetzungssystem

Im ersten Schritt wird daraus ein Termersetzungssystem gewonnen, indem die Gleichungen zu Termersetzungsregeln orientiert und vervollständigt werden:

```
CLASS Konto;
  SORTS      NAT, KONTO;
  OPERATIONS
             einzahlen: KONTO x NAT -> KONTO;
             ...
  VARIABLES  x: NAT; y: NAT;
  RULES      einzahlen(konto(x),y) -> konto(+(x,y));
             auszahlen(konto(x),y) -> konto(-(x,y));
             kontostand(konto(x))  -> x;
             +(succ(x),y)          -> +(x,succ(y));
             +(0,x)                -> x;
             -(succ(x),succ(y))    -> -(x,y);
             -(x,0)                -> x;
```

Die zentrale Idee ist nun, den Zustand eines Objekts durch einen *Term* zu repräsentieren. Beim Empfangen einer Nachricht wird daraus ein neuer Term gebildet, der mit den Termersetzungsregeln vereinfacht werden kann. Die Termersetzungsregeln erlauben somit, Berechnungen in einem Objekt auszuführen.

Diese Vorgänge werden in einer Übersicht verdeutlicht, die die Begriffe in der objektorientierten Welt, die Realisierung im hier konstruierten Berechnungsmodell, und am Beispiel des Kontos gegenüberstellen:

Objekt	Mein Modell	Beispiel Konto
Zustand	Term	*konto(0)*
Empfangen einer Nachricht	neuer Term	*einzahlen(konto(0),succ(0))*
Programm	Termersetzungsregeln	einzahlen(...
Ausführen von Operationen	Termersetzungen, die Zustandsterm vereinfachen	*einzahlen(konto(0),succ(0))* *konto(+(0,succ(0)))* *konto(succ(0))*

Bei genauer Betrachtung fallen Mängel der Konstruktion auf: Der Zustandsübergang eines Objekts beim Empfangen einer Nachricht ist nicht formalisiert. In der objektorientierten Terminologie: Wie werden Nachrichten an Methoden (Operationen) gebunden? Welche Nachrichten bewirken Antwortnachrichten an den Sender, welche verändern der Zustand des Empfängers? Ebensowenig geht aus dem Programm hervor, daß ein Konto nicht überzogen werden darf.

Die Lösung besteht zum einen darin, Symbole und Terme für Nachrichten einzuführen, und Empfangsregeln anzugeben, die festlegen, welcher Zustandsübergang des Empfängers abhängig von der empfangenen Nachricht eintritt. Die Nachrichten werden analog zu [Parnas72] in O- und V-Nachrichten klassifiziert. Mit bedingten Empfangsregeln können partielle Operationen (bzw. nicht empfangbare Nachrichten) realisiert werden. Dies führt zu folgendem Programm:

```
CLASS Konto;
  SORTS      NAT, KONTO, KONTONAME, BOOLEAN;
  O-MESSAGES
             EINZAHLEN: KONTONAME x NAT -> KONTONAME;
             AUSZAHLEN: KONTONAME x NAT -> KONTONAME;
  V-MESSAGES
             KONTOSTAND: KONTONAME -> NAT;
  OPERATIONS
             einzahlen: KONTO x NAT -> KONTO;
             auszahlen: KONTO x NAT -> KONTO;
             konto:     NAT -> KONTO;
             kontostand: KONTO -> NAT;
             0:          -> NAT;
             succ:       NAT -> NAT;
             +:          NAT x NAT -> NAT;
             -:          NAT x NAT -> NAT;
             >=:         NAT x NAT -> BOOLEAN;
             <:          NAT x NAT -> BOOLEAN;
             true:       -> BOOLEAN;
             false:      -> BOOLEAN;
  VARIABLES x: NAT; y: NAT; k: KONTO; kn: KONTONAME;
  RULES      einzahlen(konto(x),y) -> konto(+(x,y));
             ...
             >=(succ(x),succ(y))    -> >=(x,y);
             k, EINZAHLEN(kn,x) -> einzahlen(k,x);
             IF >=(k,x) : k, AUSZAHLEN(kn,x) -> auszahlen(k,x);
             k, KONTOSTAND(kn) -> kontostand(k);
```

In den Abschnitten `O-MESSAGES` und `V-MESSAGES` werden Funktionssymbole für Nachrichten vereinbart. Mit ihnen können Terme aufgebaut werden, die aus algebraischer Sicht die Inhalte von Nachrichten bzw. „Nachrichtenwerte" sind. Das Ein- und Auszahlen von Beträgen erfolgt durch *O-Nachrichten*, die das empfangende Kontoobjekt verändern. Das Abfragen des Kontostands ist dagegen eine *V-Nachricht*, die eine natürliche Zahl, den Kontostand, als Antwortnachricht zurückliefert.

Der operationelle Teil der Kommunikation wird im Abschnitt `RULES` durch die letzten drei Regeln spezifiziert:

Die Regel `k, EINZAHLEN(kn,x) -> einzahlen(k,x);` gibt an, daß ein Konto im Zustand `k` bei Empfang einer Nachricht `EINZAHLEN(kn,x)` zum Einzahlen eines Betrages `x` in den Zustand `einzahlen(k,x)` übergeht. `einzahlen` ist eine Operation eines abstrakten Datentyps *Konto*. (`kn` ist eine Variable für den Namen des empfangenden Objekts. Der Empfängername ist der erste Parameter jeder Nachricht.)

Bei Empfang einer Nachricht `AUSZAHLEN(kn,x)` zum Auszahlen eines Betrages `x` geht ein Kontoobjekt im Zustand `k` durch die Regel

```
IF >=(k,x) : k, AUSZAHLEN(kn,x) -> auszahlen(k,x);
```

dann, wenn der Betrag gedeckt ist, in den Zustand `auszahlen(k,x)` über. Die Prüfung der Deckung ist durch einen Bedingungsteil spezifiziert.

Wird eine Nachricht `KONTOSTAND(kn)` empfangen, so wird die Operation `kontostand` auf den aktuellen Zustand `k` des Kontos angewandt und das Resultat zurückgeschickt.

2.3 Senden von Nachrichten

Das Senden von Nachrichten erfolgt durch die Anwendung von Senderegeln, die symmetrisch zu Empfangsregeln aufgebaut sind. Beispielsweise kann ein sparsamer Kunde, der sein ganzes Geld auf sein Konto einzahlt, durch ein Objekt mit dieser Regel modelliert werden:

```
IF >(x,0) : hat_Geld(x) -> hat_Geld(0), EINZAHLEN(kn, x);
```

Die Regel gibt an, daß ein Zustandsübergang eines Objekts Kunde von Zustand `hat_Geld(x)` in den Zustand `hat_Geld(0)` erfolgen kann, wenn gleichzeitig eine Nachricht `EINZAHLEN(kn, x)` an das Kontoobjekt mit Namen `kn` gesandt wird.

2.4 Zusammensetzen von Objektsystemen

Objektorientierte Systeme, die aus Objekten zusammengesetzt werden, die wie oben gezeigt mit Regeln programmiert werden, ermöglichen ein hohes Maß an Parallelität bei der Ausführung. Dies betrifft zum einen objektinterne Parallelität durch das gleichzeitige Anwenden mehrerer Regeln in einem Objekt. Zum anderen können sich auch mehrere Objekte beliebig parallel entwickeln, da sie über Nachrichten kommunizieren.

Es stellt sich die Frage, wann sich solche Systeme deterministisch entwickeln. Dabei soll Determinismus bedeuten, daß die Zustände, die die Objekte des Systems schließlich erreichen, und die Nachrichten, die sie dabei an die Umgebung absenden, ausschließlich vom Anfangszustand des Systems und den aus der Umgebung empfangenen Nachrichten abhängen. Im Allgemeinen wird man nicht für beliebige Systeme fordern, daß sie sich deterministisch entwickeln. Man denke etwa an Anwendungsgebiete wie die Verarbeitung von asynchronen Sensordaten, die mit wenig Zeitverlust dezentral verarbeitet werden sollen.

Für die hier vorgestellten regelbasierten objektorientierten Systeme gilt: Einzelne passive Objekte, deren Programme man aus einer Spezifikation konstruiert hat, verhalten sich immer deterministisch. Für einzelne aktive Objekte, die auch Nachrichten senden können, ist eine Reduktionsstrategie nötig, die die Anwendbarkeit von Regeln zusätzlich einschränkt. Solche Strategien erreichen oft den gewünschten Zweck - deterministisches Senden von Nachrichten - und erlauben dennoch ein hohes Maß an objektinterner Parallelität. Systeme aus mehreren Objekten entwickeln sich, falls man deterministische Einzelobjekte voraussetzt, nur dann nichtdeterministisch, wenn mehrere Nachrichten in unbestimmter Reihenfolge bei einem Empfängerobjekt eintreffen können (nondeterministic merge). Auch hier kann man Reduktionsstrategien angeben, die ein deterministisches Gesamtverhalten erzwingen.

Die Vorteile von Reduktionsstrategien als Mittel zur Flußkontrolle lassen sich in den folgenden Punkten zusammenfassen:

- Reduktionsstrategien erlauben ein differenziertes Maß an Ablaufkontrolle, das spezifisch für einzelne Objekte (Klassen) sein kann.
- Reduktionsstrategien sind weitgehend unabhängig von der Logik eines Programms.
- Parallelität wird ohne besondere Maßnahmen allein durch die Abwesenheit von serialisierenden Reduktionsstrategien zugelassen.

3 Implementierung

Zwei Prototypen mit unterschiedlichen Schwerpunkten wurden bereits implementiert:

Zunächst wurde ein Interpreter für regelbasierte objektorientierte Systeme in SCHEME, einem LISP-Dialekt, geschrieben. Eine Objektsystem ist in diesem Interpreter eine Menge von LISP-Symbolen, die in je einer Liste der Klassen und der Objekte zusammengefaßt sind. Zusätzliche Datenstrukturen beinhalten die „Prozesszustände" (passiv, bereit, laufend) von Objekten. Die Bindung der Symbole in der globalen Umgebung sind die Regeln von Klassen bzw. der Zustand von Objekten.

Die Eingabesprache besteht aus SCHEME-Ausdrücken zum Definieren von Klassen und Objekten sowie zum Anstoßen einer Berechnung.

Der Leistungsumfang des Systems ist gegenüber dem hier vorgestellten Modell eingeschränkt: Es wird eine feste, sequentielle Reduktionsstrategie verwendet: Zyklisch wird jedes nicht in Normalform befindliche Objekt durch (sequentiell ausgeführte) Reduktionsschritte nach einer parallel-outermost-Strategie reduziert. Das Senden von Nachrichten bewirkt Seiteneffekte auf den Zustand anderer Objekte. Der Nachteil des Prototypen sind die relativ großen Ausführungszeiten.

Um größere Effizienz zu erreichen, wurde eine zweite Version implementiert. Nach dem Verfahren von [Kaplan87a] werden Regeln in die Zielsprache SCHEME *übersetzt*. Dabei wird jedem Funktionssymbol eine Prozedur zugeordnet, die nach Prüfen der Argumentterme eine passende Regel auswählt und deren rechte Seite, einen Ausdruck mit Variablen, auswertet. Das Überführen des Zustands eines Objekts in Normalform geschieht durch Auswerten seines Zustandsterms, der als SCHEME-Ausdruck aufgefaßt wird.

Ein großer Vorteil des Ansatzes ist, daß die nach SCHEME übersetzten ROO-Programme in einer zweiten Stufe durch Compiler in effizientere maschinennahe Programme übersetzt werden können. Nachteilig ist allerdings, daß flexible Reduktionsstrategien nur mit großem Aufwand realisierbar sind. Die Eingaben in das System sind auch in dieser Version SCHEME-Ausdrücke.

Schließlich wurde eine dritte Implementierung [Heyer90] vorgenommen, in die Erkenntnisse aus den bestehenden Prototypen einflossen. Sie verarbeitet Programme mit der hier vorgestellten Syntax. Ein breiteres Spektrum an Reduktionsstrategien wurde realisiert, allerdings keine echte Parallelverarbeitung.

Abschließend werden noch Ansätze erwähnt, die zu einer weiteren Steigerung der Effizienz solcher Systemen führen.

- Verwenden von „shared" DAGs zur Repräsentation von Termen zwecks Speicherplatz- und Rechenzeitersparnis,

- Benutzung der Maschinen-Datentypen und -Operationen für vordefinierte Klassen, z.B. für ganze Zahlen und Gleitpunktzahlen [Kaplan87a],
- Einsatz spezieller Hardware, z.B. von Graphreduktionsmaschinen.

4 Vergleich mit funktionalen Sprachen

Die äußerliche Ähnlichkeit von Programmen, die nach dieser Idee formuliert werden, mit objektorientierten Programmen in funktionalen Programmiersprachen ist nicht zufällig. Die folgenden wesentlichen Unterscheidungspunkte waren jedoch die Motivation dafür, das vorgestellte Berechnungsmodell nicht auf dem Lambda-Kalkül oder funktionalen Sprachen aufzusetzen:

- Objektorientierte Systeme erfordern Objekte, die von mehreren Objekten konkurrierend abgefragt und verändert werden können. Mit rein funktionalen Sprachen bzw. dem Lambda-Kalkül können solche Objekte nicht formuliert werden.
- Pragmatische funktionale Sprachen erlauben Seiteneffekte in nahezu beliebiger Weise, beispielsweise auch innerhalb von Objekten. Im vorliegenden Ansatz können Objekte dagegen nur durch explizite Kommunikation modifiziert werden, ihre Zustände lassen sich rein funktional beschreiben. Seiteneffekte werden gewissermaßen auf die Ebene ganzer Objekte beschränkt.
- Pragmatische funktionale Sprachen haben meist eine feste Auswertestrategie. Um die Eigenschaften aktiver Objekte auszudrücken und Parallelität zu nutzen, ist dagegen eine abgestufte Menge von spezifizierbaren Reduktionsstrategien erforderlich.

Literatur

[Goguen78] Goguen, J.A., Thatcher, J.W., Wagner, E.G., „An Initial Algebra Approach to the Specification, Correctness and Implementation of Abstract Data Types", *Yeh, R. (Ed.): Current Trends in Programming Methodology*, pp. 80-149, Prentice Hall, 1978

[Guttag77] Guttag, J.V., „Abstract Data Types and the Development of Data Structures", *Communications of the ACM*, Vol. 20, No. 6, 1977, pp. 396-404

[Hewitt79] Hewitt, C., Attardi, G., Lieberman, H., „Specifying and Proving Properties of Guardians for Distributed Systems", *Lecture Notes in Computer Science*, Vol. 70, Springer-Verlag, 1979

[Heyer90] Heyer, M., „Entwurf und Implementierung eines Interpreters für regelbasierte objektorientierte Systeme", *Diplomarbeit am Lehrstuhl für Programmiersprachen, Friedrich-Alexander Universität Erlangen-Nürnberg*, August 1990

[Kaplan87a] Kaplan, S., „A Compiler for Conditional Term Rewriting Systems", *Lecture Notes in Computer Science*, Vol. 256, pp. 25-41, Springer-Verlag, 1987

[Liskov75] Liskov, B., Zilles, S.N., „Specification Techniques for Data Abstraction", *IEEE Transactions on Software Engineering*, Vol. 1, No. 1, pp. 7-21, March 1975

[Parnas72] Parnas, D.C., „A technique for software module specification with examples", *Communications of the ACM*, Vol. 15, No. 5, pp. 330-336, May 1972

PM: Eine Umgebung zur Programmierung verteilter Systeme

Peter Schlenk

Sonderforschungsbereich 182, Teilprojekt B2
Lehrstuhl für Betriebssysteme (IMMD IV)
Friedrich-Alexander Universität Erlangen-Nürnberg
Martensstraße 1
D-8520 Erlangen

1. Einleitung

Die Einbindung von Multiprozessoren in ein verteiltes System über lokale Netzwerke macht hohe Rechenleistung neben weiteren Betriebsmitteln systemweit verfügbar. Zur Programmierung eines solchen Systems wird ein verteiltes Betriebssystem benötigt, das geeignete Abstraktionen für die verteilte und parallele Programmierung bereitstellt. Basierend auf diesen Abstraktionen werden herkömmliche Betriebssystemdienste (wie z.B. Dateisystem) verteilt realisiert.

Bei der Programmierung verteilter Systeme finden objektorientierte Methoden eine zunehmende Verbreitung, wie in jüngster Zeit publizierte Übersichtsartikel mit einer Vielzahl von Beispielen eindrucksvoll belegen [Bal89], [Borghoff89]. Diese Entwicklung hängt offensichtlich damit zusammen, daß der objektorientierte Ansatz Strukturierungsmechanismen wie Abstraktion durch Hierarchiebildung und Wiederverwendung durch Instanziierung und Vererbung zur Komposition komplexer Systeme bietet, die sich für eine Abbildung auf ein verteiltes Rechnersystem eignen.

Der Einsatz dieser Methode in verteilten Systemen erfordert die Integration von Maßnahmen zur Behandlung von Nebenläufigkeit, Fehlertoleranz, Persistenz und Verteilung. Die dabei getroffenen Entwurfsentscheidungen charakterisieren wesentlich eine objektorientierte Programmierumgebung für verteilte Systeme.

Die objektorientierte Programmierumgebung PM (Parallele Module) wurde im Rahmen des Teilprojektes B2 des SFB 182 mit dem Ziel konzipiert, Betriebssystemkomponenten für verteilte und parallele Systeme zu entwerfen. In dem Beitrag wird PM unter dem Aspekt der Integration von Nebenläufigkeit vorgestellt und die getroffenen Entwurfsentscheidungen aufgrund dieser Zielsetzung motiviert.

Im 2. Kapitel werden die für PM wesentlichen Strukturierungseigenschaften genannt und die Merkmale eines physisch verteilten Systems als Basis für die Implementierung eines logisch verteilten Systems beschrieben.

Das 3. Kapitel diskutiert mögliche Varianten für die Zuordnung von Aktivitätsträgern zu Objekten und unterscheidet dabei zwei Vorgehensweisen: das *prozeß-* und das objektorientierte Paradigma. Die Entscheidung für das objektorientierte Paradigma wird motiviert und die daraus resultierenden Anforderungen hinsichtlich Kommunikation und Koordinierung dargestellt.

Im 4. Kapitel wird eine erste Implementierung der PM-Entwicklungsumgebung vorgestellt, die auf existierenden Werkzeugen aufbaut. Am Beispiel eines virtuellen, globalen Speichers wird der Systementwurf in dieser Umgebung verdeutlicht.

Das fünfte Kapitel faßt schließlich die vorliegende Arbeit zusammen.

2. Struktur eines verteilten Systems

Ein System wird aufgefaßt als eine Menge von Objekten, die interagieren und nach außen hin ein Ganzes bilden. Die Schnittstelle eines Objektes wird durch einen Satz von Methoden gebildet, die von anderen Objekten durch Senden einer Nachricht aktiviert werden können.

Der objektorientierte Ansatz strukturiert nun die Menge der Objekte durch folgende Beziehungen:

- Hierarchiebildung: Ein Objekt abstrahiert von seiner Innenstruktur, die aus *lokalen* Objekten gebildet wird. Die oberste Ebene dieser *Implementierungshierarchie* bildet das logisch verteilte System, die unterste Ebene wird durch *primitive* Objekte der Programmierumgebung repräsentiert. Die auf der obersten Ebene sichtbaren Objekte nennen wir *globale* Objekte. Charakteristisch für ein verteiltes System ist damit die Eigenschaft, daß es aus einer Menge von globalen Objekten mit jeweils disjunkter Innenstruktur gebildet wird.
- Klassenbildung: Ein Objekt wird als Instanz einer *Klasse* erzeugt, d.h. jedes Objekt gehört zu einer bestimmten Klasse, die im wesentlichen die Schnittstelle des Objekts und die Semantik der Methoden festlegt. Die Wiederverwendbarkeit von Klassen erfordert die Möglichkeit der Instantiierung von Objekten auf jeder Hierarchieebene.

Wir fassen nun ein physisch verteiltes System auf als eine Menge von Rechnerknoten mit eigener Innenstruktur, die durch die zugeordneten Speichereinheiten gebildet wird und den Zustand des Knotens repräsentiert. Zustandsänderungen werden durch Prozessoren, also statisch zugeordnete Aktivitätsträger, ausgeführt. Interaktion zwischen Rechnerknoten erfolgt durch Nachrichtenübertragung, die zu einer Zustandsänderung im Zielknoten führt. Als Reaktion auf das Eintreffen einer Nachricht wird eine Operation durch einen Aktivitätsträger ausgeführt.

Globale Objekte sind die naheliegende Einheit der Verteilung auf das physisch verteilte System. Da die Anzahl der Rechnerknoten im allgemeinen begrenzt ist, wird auf jedem Knoten ein Betriebssystemkern vorausgesetzt, der abgeschlossene Zustandsräume als *virtuelle Knoten* mit eigenen Aktivitätsträgern bereitstellt. Ein globales Objekt wird dann zusammen mit seinen lokalen Objekten in einen virtuellen Knoten abgebildet. Weiterhin wird von diesem Kern gefordert, daß jedes globale Objekt eine global eindeutige Adresse besitzt und damit von allen anderen globalen Objekten erreichbar ist.

Wesentlich für ein verteiltes System ist also die mögliche Nebenläufigkeit sowohl zwischen als auch innerhalb globaler Objekte, sofern mehrere Aktivitätsträger vorhanden sind. Die im weiteren zu untersuchende Frage ist deshalb die Integration von Nebenläufigkeit in das zunächst sequentielle objektorientierte Programmiermodell.

3. Integration von Nebenläufigkeit

Da die Interaktion zwischen Anwendern und Betriebssystemkomponenten im allgemeinen prozedurorientiert abläuft, gehen wir für die weitere Betrachtung von einer synchronen Aufrufsemantik aus. Der Aufrufer wird also blockiert, bis die Ausführung der Operation im Zielobjekt terminiert. Die Koordinierung zwischen Objekten erfolgt also durch den Operationsaufruf.

3.1 Zuordnung der Aktivitätsträger

Nebenläufigkeit innerhalb eines Objektes entsteht bei zeitlich überlappenden Aufrufen. Hier stellt sich nun die Frage nach der Zuordnung von Aktivitätsträgern zu Objekten. Diese Zuordnung hat entscheidenden Einfluß auf die Koordinierung der Operationen und den Ablauf der Kommunikation zwischen Objekten. Prinzipiell lassen sich zwei Vorgehensweisen unterscheiden:

- **Statische Zuordnung**: Ein Aktivitätsträger wird statisch einem Objekt zugeordnet. Eingehende Nachrichten werden in einer Warteschlange abgelegt und sequentiell durch den Aktivitätsträger abgearbeitet. Die Entgegennahme von Aufträgen erfolgt durch explizite Empfangsanweisungen (z.B. *accept* in Ada [Ada83]) oder implizit in Actor-basierten Sprachen [Agha87]. Diese Vorgehensweise lehnt sich an die feste Zuordnung von Prozessoren zu Rechnerknoten an und entspricht dem Prozeß-Paradigma von Monoprozessor-Betriebssystemen. Die Koordinierung paralleler Operationsausführungen innerhalb eines Objektes ist nicht erforderlich.

- **Dynamische Zuordnung**: Der Aktivitätsträger wandert mit dem Operationsaufruf in das Zielobjekt aus und führt dort die Operation aus. Diese Vorgehensweise lehnt sich an das Prozedur-Konzept an und kann im lokalen Fall auch entsprechend implementiert werden. Allerdings erfordert die strikte Trennung der Zustandsräume globaler Objekte eine vollständige Umschaltung der Adressierungsumgebung. Da nun mehrere Operationen parallel abgewickelt werden können, ist eine Koordinierung der Ausführung erforderlich.

Grundsätzlich sind bei beiden Ansätzen Koordinierungsmaßnahmen notwendig. Im ersten Fall der statischen Zuordnung muß die Entnahme von Aufträgen aus der Eingangswarteschlange abhängig vom Objektzustand erfolgen, um Blockierungen zu vermeiden [Liskov86]. Dazu dienen *guards* als zusätzliche Bedingungen bei explizitem Nachrichtenempfang oder selektive Freigabe von Operationen im Actor-Modell [Kafura89]. Interessanterweise sind auch im Actor-Modell zusätzliche Bedingungen zur Vermeidung von Blockierungen erforderlich [Mattern89]. Eine Nachricht wird nur dann empfangen und die zugehörige Operation ausgeführt, falls die Bedingung über dem Objektzustand und den Operationsparametern erfüllt ist. Folgende Argumente sprechen gegen diese Vorgehensweise:

- Die Evaluierung der guards wird durch das Laufzeitsystem unter Umständen mehrfach vorgenommen, da der Zustand des Objektes potentiell durch jede Operationsausführung geändert wird. Da der Zustand gerade durch die lokalen Objekte repräsentiert wird, sind im allgemeinen Operationsaufrufe lokaler Objekte erforderlich. Soll das Verhalten für den Programmierer deterministisch sein, sollte er nur nicht-modifizierende Operationen in guards verwenden. Dennoch erscheint die Evaluierung von guards nach jeder Operationsausführung sehr zeitaufwendig.

- Die statische Zuordnung eines Aktivitätsträgers legt bereits die Implementierung als globales Objekt fest, so daß lokale Objekte getrennt programmiert werden müssen. Diese Vorgehensweise schränkt die Wiederverwendung erheblich ein.

- Die Koordinierung erfolgt grundsätzlich auf Operationsebene. Eine feinere Koordinierung ist nicht möglich.

- Durch die Zuordnung von genau einem Aktivitätsträger wird die möglich Parallelität innerhalb eines Objektes erheblich eingeschränkt.

3.2 Koordinierung

Aus den genannten Gründen wird in PM eine dynamische Zuordnung der Aktivitätsträger vorgenommen. Zur Formulierung der dabei notwendigen Koordinierungsmaßnahmen wurden eine Reihe von Spezifikationsmethoden vorgeschlagen, die wir zunächst kurz betrachten wollen.

Die zunächst angestrebte Methode zur Koordinierung der Aktivitätsträger geht auf die Methode zur Spezifikation von asynchronen Prozeßsystemen von Mackert [Mackert83] zurück. Die dort vorgeschlagenen Konstrukte zur Spezifikation der Koordinierungsmaßnahmen sind strikt vom algorithmischen Teil der Objektbeschreibung getrennt und umfassen in ihrer Mächtigkeit alle in [Bloom79] bzw. [Liskov86] genannten Konstrukte. Die Koordinierungsbedingungen werden als Relationen über folgenden Mengen formuliert.

- Den Operationsnamen

- Den aktuellen Argumenten einer Operation

- Der Zustandsmenge des Objektes

Die beabsichtigte Vorgehensweise war nun, die Spezifikation maschinell in Spezifikationscode für die Implementierung zu übersetzen. Erste Schritte in dieser Richtung sind in [Hofmann84b] beschrieben.

Eine wesentliche Voraussetzung der Spezifikationsmethode konnte jedoch bei der Implementierung nicht mehr aufrecht erhalten werden: Es wird vorausgesetzt, daß Anweisungsfolgen atomar bezüglich konkurrierenden Abarbeitungen ausgeführt werden. Bei einer Multiprozessorimplementierung hätte diese Voraussetzung eine wesentliche Einschränkung der möglichen Parallelität und zusätzliche Koordinierungsmaßnahmen zur Folge gehabt, da die einzelnen Anweisungsblöcke einer Operation unter gegenseitigem Ausschluß hätten abgearbeitet werden müssen. Um diesem Problem zu begegnen, wurden in [Hofmann90] *regions* eingeführt, so daß Anweisungsfolgen geklammert, benannt und als zusätzliche Elemente in die Koordinierungsrelationen eingeführt werden konnten. Damit wurde aber die ursprünglich angestrebte Trennung von Koordinierungsmaßnahmen und Implementierung der Operationen aufgegeben.

Ein weiteres Problem zeigte sich bei der Implementierung eines einfachen Dateisystems in PM [Plewan90]. Es war gefordert, daß Aufrufe an ein Objekt in einer bestimmten Reihenfolge von einem bestimmten Aufrufer durchgeführt werden. Da die Vergangenheit und der Aufrufer nicht zur Spezifikation von Koordinierungsmaßnahmen herangezogen werden können, mußte diese Information in den Zustand des Objektes abgebildet werden. Koordinierungsmaßnahmen werden damit sehr umständlich implementiert.

Die einzige bekannte Methode zur direkten Spezifikation von Reihenfolgeproblemen sind die Pfadausdrücke [Campbell74]. Allerdings können in der ursprünglichen Form lediglich Ausdrücke über den Operationen formuliert werden. Andler beschreibt in [Andler79] die Erweiterung der Pfadausdrücke um Prädikate über dem Objektzustand zu *Predicate Path Expressions.* Bloom untersucht in [Bloom79] die Mächtigkeit von Synchronisationsmechanismen und kommt u.a. zu dem Schluß, daß der Zugriff auf Operationsparameter zur Lösung einer bestimmten Problemklasse unerläßlich ist. Krämer macht sich in [Krämer87] diese Argumentation zueigen und erweitert die Prädikate um Operationsparameter zu *Extended Predicate Path Expressions.*

Die angegebenen Erweiterungen der Mächtigkeit der Pfadausdrücke reicht jedoch noch nicht aus, um das Reihenfolgeproblem für einen bestimmten Aufrufer ohne zusätzliche Zustandsvariablen zu spezifizieren. Die mit den Pfadausdrücken spezifizierbaren Reihenfolgen gelten global, unabhängig vom jeweiligen Aufrufer. Ein Ansatz zur Integration des Klienten in Pfadausdrücke findet sich in CDL* [Shyamasundar89]. In CDL* spezifizierte Pfadausdrücke gelten lediglich für einen Aufrufer.

Es ist also ein Trend hin zu einer Erweiterung der Mächtigkeit der Spezifikation von Koordinierungsmaßnahmen erkennbar. Unserer Erfahrung nach nimmt damit aber auch die Schwierigkeit des Anwenders zu, die Semantik seiner Spezifikation richtig zu deuten.

Wir geben deshalb die Spezifikationsmethode auf und wählen einen algorithmischen Weg zur Koordinierung objektinterner Abläufe, der darauf beruht, daß sich allgemeine Koordinierungsprobleme durch einen binären Semaphor realisieren lassen, wenn die Implementierung nicht behinderungsfrei sein muß [Hofmann84a]. Die für die Koordinierung wesentlichen Objekte, z.B. ein Zähler im Falle eines allgemeinen Semaphors, werden zusammen mit entsprechenden Operationen, im Beispiel P und V, zu einem *koordinierenden Objekt* zusammengefaßt. Abgeleitet wird dieses Objekt von einer Basisklasse *Synch*, die den binären Semaphor bereitstellt. Die Modifikation der lokalen Objekte und daraus resultierende Scheduling-Entscheidungen werden mit Hilfe dieses Semaphors unter gegenseitigem Ausschluß getroffen. Ein vergleichbarer Ansatz wurde bereits in [Bershad88] beschrieben.

4. Die PM Prototypumgebung

In diesem Kapitel wollen wir die PM-Entwicklungsumgebung für verteilte Systeme vorstellen, die mit folgenden Zielvorstellungen entworfen wurde:

- **Trennung von Programmierung und Konfiguration:** Die in Kapitel 3 festgelegte einheitliche Aufrufsemantik erlaubt die Wiederverwendung von Objekten auf allen Ebenen. Damit kann eine Objektklasse unabhängig von der späteren Implementierung programmiert werden (*programming in the small*).
  Die Konfiguration erlaubt dann die Beschreibung der logischen Struktur eines verteilten Systems als Ganzes (*programming in the large).*

- **Flexible Abbildung auf die Hardwarestruktur**: In einem zweiten Schritt der Konfiguration wird die logische Struktur auf das physisch verteilte System abbgebildet und erlaubt damit die Anpassung an sich ändernde Hardwaregegebenheiten.

Die Erfahrungen anderer Forschungsgruppen mit der Entwicklung eines kompletten Betriebssystem auf einer gegebenen Hardware haben uns dazu veranlaßt, von einer solchen Entwicklung Abstand zu nehmen, bis sich die PM Konzepte auch bei der Implementierung ernsthafter Anwendungen bewährt und Implementierungsentscheidungen stabilisiert haben.

Wir haben deshalb so weit als möglich vorhandene Ressourcen genutzt. Folgende Rahmenbedingungen charakterisieren unsere Implementierung.

- Das Betriebssystem UNIX stellt die Basis für unsere Ausführungsumgebung dar. Genutzt werden Prozesse als virtuelle Knoten, wobei die Beschränkung auf einen Aktivitätsträger in einem Prozeß durch zusätzliche Maßnahmen aufgehoben wurde. Der Datagram-Dienst *UDP* stellt die Basis für unsere RPC-Implementierung dar.
- Die objektorientierte Programmiersprache C++ [Stroustrup86] bildet die Grundlage für die Programmierung der Klassen.

Unsere Entwicklungsumgebung läßt sich grob in drei Komponenten untergliedern:

- die Konfigurationssprache PM/CL
- die Programmiersprache PM/PL
- dem Laufzeitsystem bestehend aus dem *Multi Thread Environment* und einer Fernaufrufimplementierung.
- Dem UNIX betriebssystemkern erweitert um einen *Name Server* und einen Objektverwalter.

Das Schichtenmodell des PM Prototypen zeigt die folgende Abbildung. Wir wollen nun die einzelnen Komponenten detaillierter beschreiben.

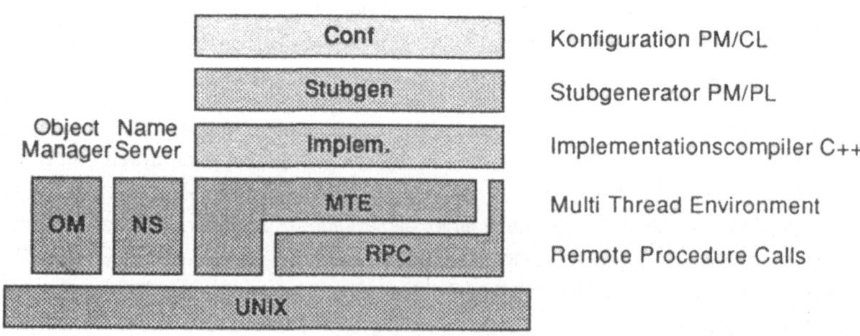

Bild 1: Schichtenmodell des PM Prototypen

4.1 Laufzeitunterstützung

Die Laufzeitunterstützung hat die Aufgabe, das in Kapitel 2 definierte physisch verteilte System nachzubilden. Der Adreßraum eines globalen Objektes wird auf einen UNIX-Prozeß abgebildet.

Die Bereitstellung einer beliebigen Anzahl von Aktivitätsträgern in einem UNIX-Prozeß wird durch das *Multi-Thread-Environment* (MTE) geleistet. Es wurde so ausgelegt, daß auf einem Multiprozessor echte Parallelarbeit innerhalb eines virtuellen Knotens möglich ist. Die Implementierung, insbesondere die Bereitstellung von koordinierenden Objekten werden wir im Anschluß darstellen.

Die systemweit transparente Kommunikation basiert auf dem UDP Datagram-Dienst. Die Adressierung erfolgt über eine Port-Nummer, die jedoch wiederverwendet wird, somit also über einen längeren Zeitraum nicht eindeutig bleibt. Deshalb ist auf jedem Knoten ein spezielles globales Objekt, der *Object manager*, installiert, der eine Erweiterung des lokalen Betriebssystems darstellt. Er lädt globale Objekte auf seinem Knoten und vergibt dabei eine global eindeutige *Object Identification* (OID). Der *Object Manager* selber hat eine vordefinierte, bekannte Adresse und ist damit für alle Objekte erreichbar.

Das Binden globaler Objekte erfolgt zur Laufzeit über symbolische Namen. Dieser Namensraum wird von einem einmal im System vorhandenen *Name Server* verwaltet, der ebenfalls unter einer vorgegebenen Adresse erreichbar ist. Der Namensraum ist zweistufig hierarchisch strukturiert: Eine *Domain* faßt alle Namen der globalen Objekte eines verteilten Systems zusammen. Die Namen werden in der Konfigurationsbeschreibung festgelegt. Die Konkatena-tion von Domain- und Objektnamen identifiziert eindeutig ein globales Objekt. Der *Name Server* bildet Namen in OIDs ab und erlaubt so das dynamische Binden an Objekte. Der *Object Manager* registriert die OID während des Ladevorgangs zusammen mit dem Namen im *Name Server*.

Eine spezielle Domain *PhysicalConfiguration* enthält die Namen aller physikalischen Knoten des Systems. Die zugehörigen OIDs verweisen auf den *Object Manager* des jeweiligen Knotens. Diese Domain wird beim Laden eines verteilten Systems benötigt.

Die Abbildung der OID in eine UDP-Adresse wird von der RPC-Implementierung PM/RPC zusammen mit dem *Object Manager* geleistet. Der *Object Manager* enthält eine Tabelle, die OIDs den UDP-Ports zuordnet. Diese Tabelle wird beim Laden der Objekte aufgebaut. Die Adreßauflösung geschieht nun in folgenden Schritten:

- Ein globales Objekt wendet sich an PM/RPC mit einer OID, um einen Fernaufruf abzuwickeln.
- PM/RPC verwaltet einen internen Cache zur Beschleunigung der Adreßauflösung. Ist die OID in dem Cache enthalten, wird der zugehörige UDP-Port zur Adressierung verwendet und der Auftrag abgewickelt.
- Wird die OID nicht gefunden, wendet sich PM/RPC mit einem Fernaufruf an den lokalen *Object Manager*. Ist dort die Adresse vorhanden, kann der Auftrag abgewickelt werden.
- Falls nicht, wird ein UDP-*Broadcast* an alle *Object-Manager* abgewickelt.
- Führt auch der Broadcast nicht zum Erfolg, ist die Adresse ungültig.

Diese Strategie erlaubt also potentiell die Verlagerung von globalen Objekten, da die OID selbst keine physikalische Adresse enthält.

PM/RPC wird zusammen mit MTE, das im folgenden Abschnitt beschrieben wird, zu jedem globalen Objekt gebunden. PM/RPC implementiert den Fernaufruf mit *at most once* Semantik. Für jeden eingehenden Auftrag wird mit Hilfe von MTE ein eigener Aktivitätsträger zur Ausführung der gewünschten Operation des globalen Objektes erzeugt. Zur Minimierung des Nachrichtenverkehrs werden *light-weighted connections* aufgebaut, so daß das in [Kaiserswerth87] beschriebene Verfahren zur Bestätigung von Ergebnissen mittels neuen Aufträgen verwendet werden kann. Ist eine Verbindung für eine bestimmte Zeit inaktiv, wird sie wieder abgebaut.

Eine detailliertere Beschreibung der geschilderten Zusammenhänge findet sich in [Monge89a] und [Monge89b].

4.1.1 Das Multi-Thread-Environment

MTE stellt eine nur durch Implementierungskonstanten begrenzte Menge von Aktivitätsträgern in einem Adreßraum zur Verfügung. Es ist intern objektorientiert strukturiert und in C++ implementiert. Das folgende Bild zeigt die wesentlichen Objekte.

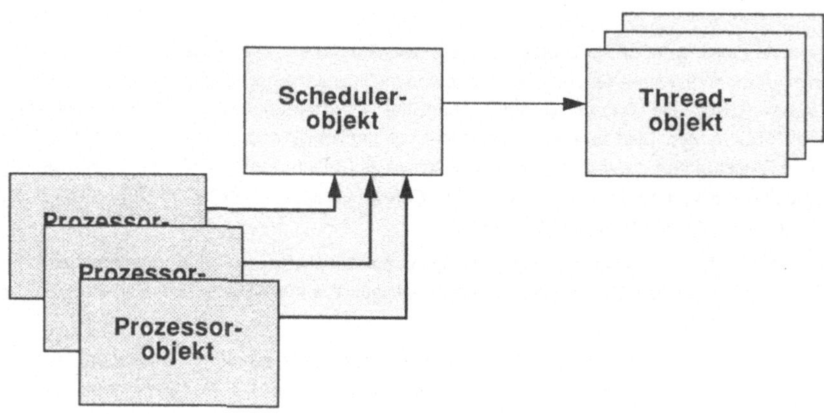

Bild 2: Objekte in MTE

Das Prozessorobjekt repräsentiert einen UNIX-Prozeß. In dem Bild sind drei Prozessorobjekte gezeigt, die jeweils einen eigenen UNIX-Prozeß verwalten. Beim Anlegen der Prozesse wird dafür gesorgt, daß sie über gemeinsame Datenbereiche verfügen. Das Prozessorobjekt wendet sich an das Schedulerobjekt, um einen Aktivitätsträger zur Ausführung zugeteilt zu bekommen. Das Schedulerobjekt implementiert die Zuteilungsstrategie. Die Aktivitätsträger selber werden durch Threadobjekte repräsentiert, die die geforderten Operationen *suspend* und *resume* dem Anwender zur Verfügung stellen.

Zur Implementierung von Koordinierungsobjekten steht die Klasse *Synch* zur Verfügung. Die Operationen *lock* und *unlock* dienen zur Realisierung eines exklusiven Zugriffs auf den internen Zustand eines Koordinierungsobjektes. Eine weitere Klasse *threadlist* dient zur Verwaltung von blockierten Aktivitätsträgern. Sie stellt die Operationen *insert* zum Eintragen eines Aktivitätsträgers in die Blockiertliste und *extract_a_thread* zum Entnehmen eines Aktivitätsträgers nach einer anwenderdefinierbaren Strategie zur Verfügung.

Die Implementierung einer *two way bounded* Semaphore als von *Synch* abgeleitetete Klasse ist nun in folgendem Bild dargestellt.Mit den *lock* und *unlock* Operationen der Basisklasse wird der kritische Abschnitt zur Manipulation des internen Zustands geschützt, der aus der Semaphor-Variablen und der Blockiertliste besteht. Es sei hier auf folgende *race condition* hingewiesen: Wird ein Aktivitätsträger an der Semaphore blockiert, gibt er den kritischen Abschnitt frei. Würde er an dieser Stelle blockiert, könnte ein zweiter Aktivitätsträger die Semaphore freigeben und den ersten Aktivitätsträger deblockieren. Da dieser sich noch nicht blockiert hat, würde die Deblockierung ohne Auswirkung bleiben. Führt er dann die *suspend*-Operation aus, wird er unter Umständen für immer warten. Diese Situation wird auch als *lost-wakeup* bezeichnet.

```
void pv2way::p()
{
        thread *thr;

        lock();                         // Methode aus class synchro

        if( semaphore==1 )
        {
                thr= blocked_threads.extract_a_thread();
                                        // versch. Strategien z.B. FIFO

                if( thr==NULL )
                        semaphore= 0;
                else
                        thr->resume( DELAYED );

                unlock();
        }
        else
        {
                blocked_threads.insert( thisthread );
                unlock();
                thisthread->suspend();
        }
}
```

Bild 3: Implementierung einer Semaphore

Diese Situation wird durch eine Variation der *resume* Operation vermieden. Der Parameter *DELAYED* zeigt an, daß genau ein folgendes *suspend* ignoriert wird. Die resultierenden Zustände und die Zustandsübergänge sind im folgenden Bild dargestellt.

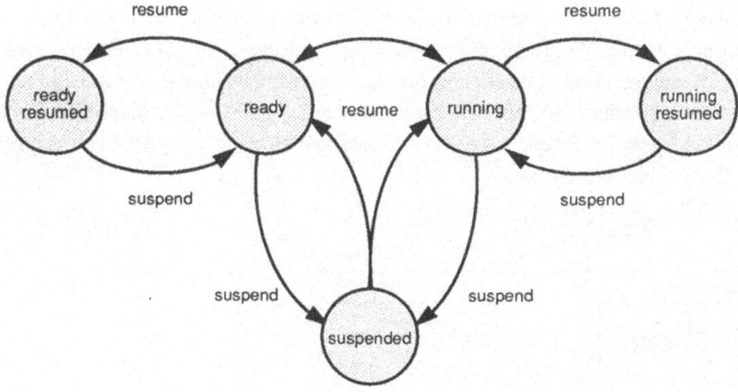

Bild 4: Zustandsübergänge des Aktivitätsträgers

4.2 Programmiersprache PM/PL

Die Programmiersprache PM/PL stellt eine Erweiterung der objektorientierten Programmiersprache C++ dar. Die wesentliche Aufgabe ist die Erzeugung von Interfaceroutinen (*Stubs*) zur Verpackung von Parametern der Operationen globaler Objekte zu generieren. Dazu benötigt der PM/PL-Compiler die Klassendefinition aller in einem Objekt verwendeten Klassen. Da diese Informationen in C++ nicht vorliegen, wurde die C++ Klassendefinition um eine Interface-Definition ähnlich wie in Modula-II [Wirth84] erweitert. Darin werden alle importierten und exportierten Klassen und Objekte dem Compiler explizit bekannt gemacht. Eine detaillierte Beschreibung der Spracherweiterungen ist in [Hauck89] niedergelegt.

4.3 Konfigurationssprache PM/CL

In PM/CL wird die logische Konfiguration eines verteilten Systems sowie die Abbildung auf das physikalisch verteilte System in einzelnen Abschnitten beschrieben.

In ersten Abschnitt werden die referenzierten Objekte und Klassen benannt. In dem Abschnitt *configuration* werden die lokalen Objekte instantiiert und mit einer *bind* Anweisung entsprechend der internen Struktur des Systems verbunden.

Daran schließt sich in dem Abschnitt *locate* die Abbildung auf die physikalische Konfiguration an, wobei die Namen aus der oben angesprochenen Domain *PhysicalConfiguration* verwendet werden.

4.4 Beispiel: Verteilter Globaler Speicher

Zur Veranschaulichung des Systementwurfs in PM soll ein einfaches Beispiel dienen. In [Tam90] wird das Konzept eines globalen verteilten Speichers als geeignetes Paradigma für verschiedene Algorithmen vorgestellt. Wir skizzieren nun eine stark vereinfachte Implementierung dieses Konzeptes.

Ein einmal vorhandenes Objekt *backup* speichert eine Menge von *Items*, die über einen Schlüssel ausgewählt werden können. Ein *cache* auf jedem Rechnerknoten stellt diese *Items* den dort residierenden Objekten *clients* zur Verfügung, wobei häufig benötigte *Items* in einem lokalen Objekt *itemstore* gehalten werden. Ein weiteres koordinierendes Objekt *region* stellt einen kritischen Abschnitt zur Koordinierung paralleler Aufrufe bereit. Zur Vereinfachung wird davon ausgegangen, daß lediglich lesend auf den *cache* zugegriffen wird. Damit entfallen Konsistenzprobleme. Das folgende Bild zeigt die Struktur des Systems:

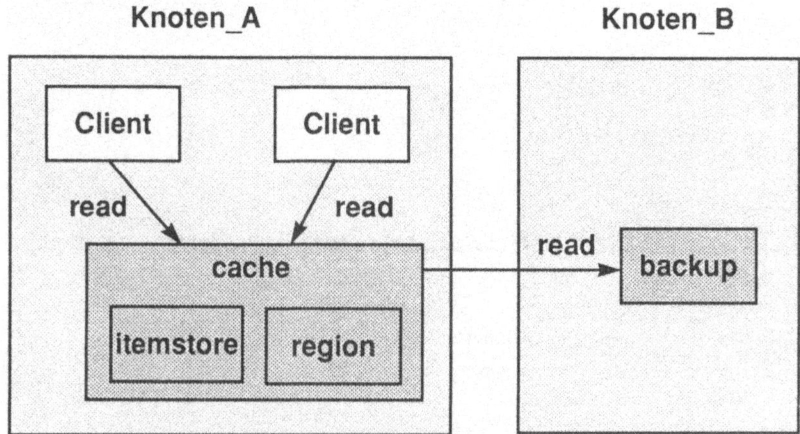

Bild 5: Struktur des Systems

Das folgende Bild zeigt die Implementierung der Klasse *Cache* mit der Schnittstellenbeschreibung und der *read*-Operation.:

```
class Cache
{
        import:
                LinkedList, Backup, Region;

        use:
                LinkedList itemstore;
                Backup backup;
                Region region;
}

Cache :: read (in int key, out Item item)
{
        if (item = itemstore.get(key))
                return;
        else {
                region.enter();
                if (!(item = itemstore.get(key))) {
                        item = backup.read(key);
                        itemstore.add(item,key);
                }
                region.leave();
        }
}
```

Bild 6: Klasse *Cache* in PM/PL

Das nächste Bild zeigt die Klasse *Region* mit ihrer *enter*-Operation. Die Implementierung entspricht der Semaphor-Klasse.

```
class Region : Synchro
{
        public:
                void enter();
                void leave();

        private:
                bool free = TRUE;
                Threadlist blocked_threads;
};

void Region :: enter()
{
        lock();                         // Exklusiver Zugriff

        if( free )
        {
                free = FALSE;
                unlock();
        }
        else
        {
                blocked_threads.insert( thisthread );
                unlock();
                thisthread.suspend();
        }
}
```

Bild 7: *Region* in PM/PL

Die Konfiguration entsprechend Bild 5 wird schließlich im folgenden Bild gezeigt.

```
domain DistributedSharedMemory
{
      import:
            LinkedList, Cache, Backup, Region;

      configuration:
            Backup backup;
            Cache cache;
            LinkedList itemstore (100);
            Region region;

            bind backup to cache.backup,
               itemstore to cache.itemstore,
               region to cache.region;
      locate:
            itemstore, region in cache;
            cache at "Knoten_A";
            backup at "Knoten_B";

      export: cache;
}
```

Bild 8: Konfiguration in PM/CL

5. Zusammenfassung und Ausblick

In der vorliegenden Arbeit wurde gezeigt, wie objektorientiert strukturierte, verteilte Systeme auf verteilte Rechensysteme abgebildet werden können. Als zentrales Problem wurde dabei die Erweiterung des objekorientierten Paradigmas um Konzepte zur Behandlung von Nebenläufigkeit identifiziert. Es wurden verschiedene Ansätze hierzu diskutiert und schließlich die Entscheidung für die dynamische Zuordnung von Aktivitätsträgern beim Operationsaufruf begründet.

Das resultierende Programmiermodell wurde in einer Prototyp-Implementierung vorgestellt, die den Konfigurationsaspekt beim Entwurf eines verteilten Systems betont. Die Voraussetzungen für eine getrennte Konfiguration wurden mit einer Erweiterung der Programmiersprache C++ geschaffen. Die Anwendung dieses Programmiermodells wurde schließlich an einem Beispiel demonstriert. Erste Anwendungen dieser Umgebung sind:

- Ein verteiltes Dateisystem mit austauschbarer Konsistenzstrategie.
- Ein Name Server mit fehlertoleranten Eigenschaften.
- Verteilte Implementierung eines MultiGrid-Solvers.

Als weitere Forschungsschwerpunkte lassen sich nennen:

- Die Untersuchung des Zusammenhangs zwischen Koordinierung und Vererbung.
- Integration dynamischer Strukturänderungen, so daß Erzeugen und Löschen von Objekten als strukturändernde Operationen aufgefaßt werden können. Dazu ist ein definierter Zugriff auf die logische und physikalische Konfiguration zur Laufzeit erforderlich.

Literaturverzeichnis

[Ada83] Ada, "Reference Manual for the Ada Programming Language", *ANSI/MIL-STD-1815A-1983*, United States Department of Defense, 1983

[Agha87] Agha, G.; Hewitt, C., "Concurrent Programming Using Actors", *Object-Oriented Concurrent Programming*, Editor: Yonezawa, A.; Tokoro, M., MIT Press, 1987, pp.37-53

[Andler79] Andler, S., "Predicate Path Expressions", *Proceedings 6-th ACM Symposium on Principles of Programming Languages*, San Antonio, TX, January 1979, pp.226-236

[Bal89] Bal, H.E.; Steiner, J.G.; Tanenbaum, A.S., "Programming Languages for Distributed Computing Systems", *Computing Surveys*, Amsterdam, Vol. 21, No. 3, September 1989, pp.1-89

[Bershad88] Bershad, B.N.; Lazowska, E.D.; Levy, H.M.; Wagner, D.B., "An Open Environment for Building Parallel Programming Systems", *Proceedings of the ACM/SIGPLAN PPEALS 1988*, Vol. 23, No. 9, September 1988, pp.1-9

[Bloom79] Bloom, T., "Evaluating Synchronization Mechanisms", *Proceedings of the 7th ACM Symposium on Operating Systems Principles*, December 1979, pp.24-32

[Borghoff89] Borghoff, U.M.; Nast-Kolb, K., "Distributed Systems: A Comprehensive Survey", *Report No TUM-I8909*, Technische Universität München, November 1989

[Campbell74] Campbell, R.H.; Habermann, A.N., "The Specification of Process Synchronization by Path Expressions", *Lecture Notes in Computer Science*, Springer-Verlag, Vol. 16, 1974, pp.89-102

[Hauck89] Hauck, F.J., "Implementierung eines Stubgenerators als Phase des PM/PL Compilers", *Universität Erlangen, IMMD IV Bericht Nr. 13/89, Diplomarbeit*, Erlangen, July 1989

[Hofmann84a] Hofmann, F., "Betriebssysteme: Grundkonzepte und Modellvorstellungen", *Betriebssysteme: Grundkonzepte und Modellvorstellungen*, Teubner Verlag, Stuttgart, 1984

[Hofmann84b] Hofmann, W., "Interaktive Generierung von Synchronisationscode aus einer abstrakten Spezifikation", *Diplomarbeit, Universität Erlangen Nürnberg, IMMD IV*, 1984

[Hofmann90] Hofmann, W., "Die Koordinierung in Betriebssystemen für Multiprozessoren", *Dissertation*, Universität Erlangen-Nürnberg, June 1990

[Kafura89] Kafura, D.G.; Lee, K.H., "Inheritance in Actor Based Concurrent Object-Oriented Languages", *Proceedings of the Third European Conference on Object-Oriented Programming, ECOOP 1989*, Nottingham, July 1989, pp.131-146

[Kaiserswerth87] Kaiserswerth, M., "Der Fernaufruf als Betriebssystemdienst", *Dissertation an der Universität Erlangen, IMMD IV*, Erlangen, August 1987

[Krämer87] Krämer, R., "An Object Oriented Architecture for Concurrent System and Application Software in Distributed Environment", *ESPRIT Document No.: 4.3.1/237/Ph 59*, December 1987

[Liskov86] Liskov, B.; Herlihy, M.; Gilbert, L., "Limitations of synchronous communication with static process structure in languages for distributed computing", *Proceedings of the 13th ACM Symposium on Principles of Programming Languages*, St. Petersburg, Florida, January 1986

[Mackert83] Mackert, L., "Modellierung, Spezifikation und korrekte Realisierung von asynchronen Systemen", *Dissertation an der Universität Erlangen, IMMD IV*, Erlangen, Vol. 16, No. 7, Juli 1983

[Mattern89] Mattern, F., *Verteilte Basisalgorithmen*, Springer-Verlag, Informatik-Fachberichte 226, July 1989

[Monge89a] Monge, R., "Communication, Management and Naming of PM Global Objects", *Bericht 89/3 des Sonderforschungsbereichs 182 Multiprozessor- und Netzwerkkonfigurationen, Teilbereich B2*, Universität Erlangen, 1989

[Monge89b] Monge, R., "PM-RPC : An Inter-object Communication Mechanism for Global Objects", *Bericht 89/3 des Sonderforschungsbereichs 182 Multiprozessor- und Netzwerkkonfigurationen, Teilbereich B2*, Universität Erlangen, 1989

[Plewan90] Plewan, H.J.; Schlenk, P., *Auf der Suche nach Parallelität: Ein Sprachvergleich ParMod - PM*, Technische Universität München, Bericht Nr. TUM-I9016, March 1990

[Shyamasundar89] Shyamasundar, R.K.; Thatcher, J.W., "Language Constructs for Specifying Concurrency in CDL*", *IEEE Transactions on Software Engineering*, Vol. 15, No. 8, August 1989, pp.977-993

[Stroustrup86] Stroustrup, B., "The C++ Programming Language", Addison-Wesley, 1986

[Tam90] Tam, M.-C.; Smith, J.M.; Farber, D.J., "A Taxonomy-Based Comparison of Several Distributed Shared Memory Systems", *ACM Operating Systems Review, SIGOPS*, Vol. 24, No. 3, July 1990, pp.40-67

[Wirth84] Wirth, N., "Programming in Modula-2", *Texts and Monographs in Computer Science*, Editor: David Gries, Springer-Verlag, Berlin, 1984

Design Rationale for the MOSKITO Kernel

J. Nehmer, T. Gauweiler
Sonderforschungsbereich 124, Teilprojekt D1
University of Kaiserslautern
P.O.-Box 3049
D-6750 Kaiserslautern/Germany

1. Introduction

The MOSKITO kernel is a distributed operating system kernel designed as a runtime basis for distributed applications. The flexible and efficient mechanisms for interrupt processing offered at the kernel interface make MOSKITO particularly attractive for real time applications.

The natural hardware environment for the MOSKITO kernel is a network of processing nodes, interconnected by a high speed local area network. Each node may consist of a tightly coupled multiprocessor: the efficient use of multiprocessing capacity by applications is supported by appropriate structuring tools for the software running the MOSKITO kernel.

The MOSKITO kernel may be viewed as a software backplane for the easy construction of distributed applications [2,3]. As such, the functionality of the MOSKITO kernel is solely restricted to basic mechanisms for

- creation / deletion of computational entities (objects)
- communication between objects across the network
- exception handling
- I/O-support
- memory management
- test and debug aids.

The sum of these mechanisms offered by the kernel defines a particular client/server model.

Numerous client/server models have been proposed in recent years and put into operation in experimental systems. The client/server model of MOSKITO traces back to the computational model of the distributed language LADY developed as part of the INCAS project [1].

The MOSKITO kernel shares the team concept with the systems V[4], Eden[5], CONIC[6], Chorus[7] and INCAS[8]. The concept of multicast groups has been adopted from V. The port concept in MOSKITO has benefited from ideas in Accent [9]. Although protection is not an integral part of the kernel mechanisms it is easy to build protection mechanisms on top of it. Capability based protection schemes have been integrated in Accent [9] and Amoeba [10]. Although the intended protection concept of MOSKITO differs from those in Accent and Amoeba the general ideas were considered extremely useful for our development.

The purpose of this document is to provide the reader with a concise overview of the fundamental concepts comprising the client/server model of the MOSKITO kernel. We will demonstrate why the set of concepts has been chosen in order to achieve essential criteria such as

- portability
- universality of mechanisms for a broad range of hypothetic applications
- dynamic incremental system extensibility
- real time ability
- fault tolerance
- protection

etc.

The choice of a certain concept is always a compromise between the factors

- degree of "perfection" which should be achieved
- the effort (in man power and code) one is willing to spend
- the efficiency, required for the intended application scope.

The set of mechanisms in the MOSKITO kernel have been selected carefully to achieve a maximum degree of perfection with a high probability of an efficient implementation. It is not the intention of this report to give a precise specification of each function offered by the MOSKITO kernel. These are described in separate documents.

2. A Short Overview of the Client/Server Model of MOSKITO

Before discussing single concepts in detail in the succeeding sections, we start with a general overview of the architecture of the client/server model of MOSKITO in order to provide a basic understanding for the following discussions.

A distributed application running on top of the MOSKITO kernel is structured as a set of *teams* interacting by the exchange of *messages* via *ports* (Fig. 1).

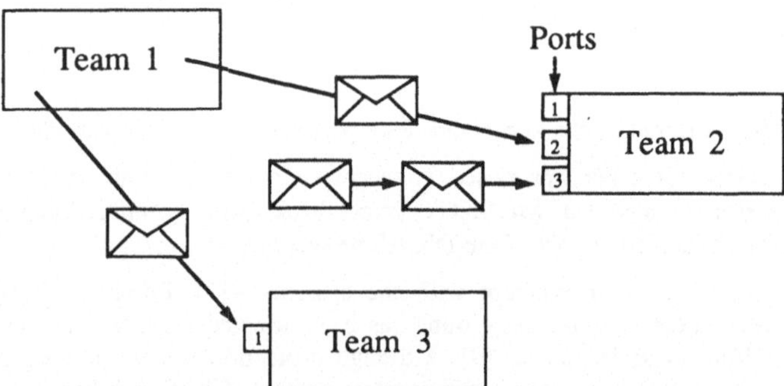

Team 1: has no ports, is in the process of sending messages to Team 2 and Team 3

Team 2: has 3 ports, receives a message on port 2, has 2 messages pending on port 3

Team 3: has 1 port, receives a message on port 1

Fig. 1: The client/server architecture of MOSKITO

Teams as client/server objects are the units of distribution: they are not further divisible with respect to their placement in the processing nodes. Each node may host an arbitrary number of teams (although implementation restrictions may put an upper bound on the number of teams locatable at a node).

Ports are entry points for messages transmitted by send-operations from other teams. They define the external interface of a team visible to the outside world. The sole purpose of the port concept is to provide an abstract method for structuring the interface of a server into a set of well defined service functions thereby hiding the details of the internal organization of servers.

Consider, for example, a file server with the operations Open, Close, Read, and Write. A natural mapping of this file server interface to the port structure of MOSKITO would result in the creation of four ports corresponding to the four file operations.

The team concept may be viewed as a generalization of the process concept: it is defined by a cluster of tightly coupled processes which share - by definition - the same logical address space (AS). As opposed to other models [11] teams are *active* objects which don't need a transfer of control from outside in order to execute actions. Since processes in different teams can only communicate via messages sent to ports, the team concept provides an additional method for process communication: processes within a team can communicate via *shared variables* thereby reducing communication costs substantially. This clustering method for processes within teams is preferable in all circumstances where a high communication density between processes prohibits delays usually encountered in message communication.

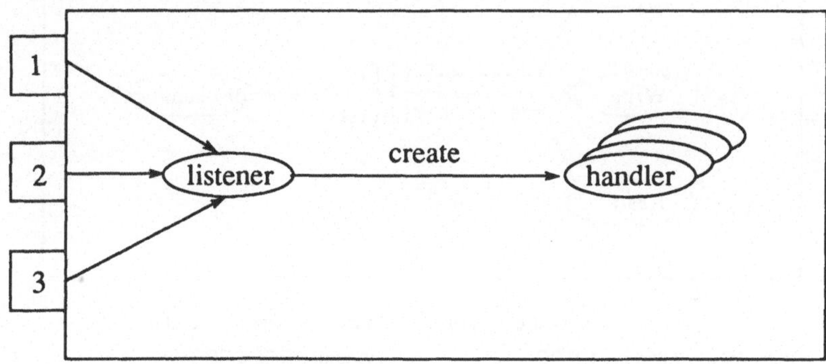

port 1 : Allocate   port 2 : Write   port 3 : Read

```
listener : PROCESS
DO
    LOOP
        Wait for incoming messages;
        Create handler process;
        Pass portId and messageId to it;
    END;
END listener;
```

```
handler : PROCESS (Parameter)
DO
    Execute the specified request;
    Pass back reply message if
        requested;
END handler;
```

Fig. 2: Load sharing approach for a buffer server

The clustering facility for processes offered by the team concept has proven to be extremely useful for structuring servers. This is demonstrated by the following example. Let us assume we want to design a buffer server which offers functions for storing and retrieving data blocks of constant size on client requests. The buffer server stores the data on a disc and caches the least recently used blocks in its working store. Three functions are provided by the buffer server:

BlockId = Allocate ()

allocates space for one block in the buffer server and returns the BlockId for future references.

Write (BlockId, DataPtr)

writes the data block pointed to by DataPtr into the block designated by BlockId.

Read (BlockId, DataPtr)

reads the data block designated by BlockId from the buffer server into the memory section of the reader pointed to by DataPtr.

Let us assume further that handling the disc, including interrupt processing, is part of the buffer server's responsibility.

It would be extremely difficult, if not impossible to organize the buffer server as a single process. Consider the problems associated with supporting local read/write requests in the cache as well as supporting disc processing in the single process model. Delays of read/write requests for blocks in the cache while accessing the disc are unavoidable.

Using the team concept there exist at least two natural solutions for the problem. Fig. 2 shows our first proposal for an appropriate structure of a buffer server.

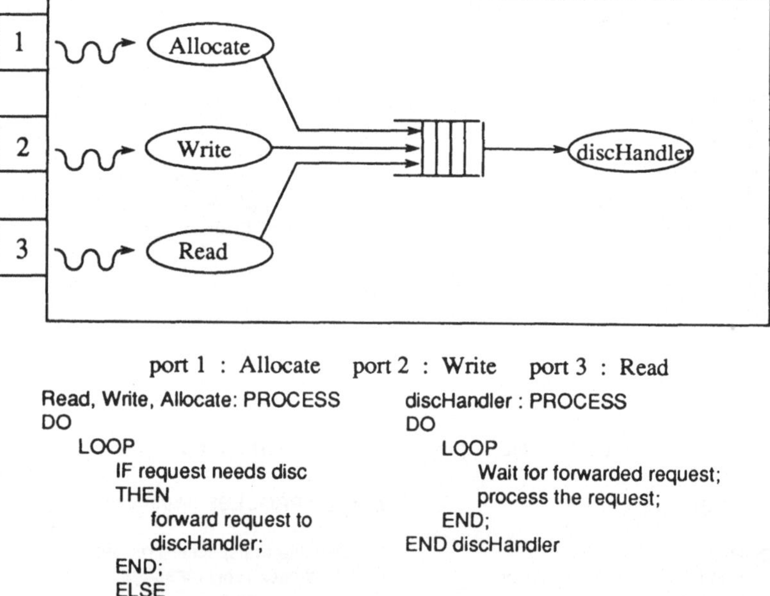

port 1 : Allocate port 2 : Write port 3 : Read

```
Read, Write, Allocate: PROCESS
DO
    LOOP
        IF request needs disc
        THEN
            forward request to
            discHandler;
        END;
        ELSE
            process the request;
        END;
    END;
END Read, Write, Allocate
```

```
discHandler : PROCESS
DO
    LOOP
        Wait for forwarded request;
        process the request;
    END;
END discHandler
```

Fig. 3: Work sharing approach for a buffer server

The three functions Allocate, Write and Read are each represented by a different port. A listener process listens to all three ports to detect arrival of a message. On message arrival, the listener process creates a handler process and passes the portId and messageId of the message in question to it. Each handler process processes the corresponding request until completion and then terminates after returning the desired information. This strategy guarantees that requests which are independent with respect to the resources they need, will be processed independently without introducing unnecessary delay due to inadequate scheduling policies. We call this approach the *load sharing* approach to structuring servers, as the number of (identical) handler processes in the server changes dynamically with the load, measured in terms of concurrently processed messages. Our second solution depicted in Fig. 3 is based on a fixed number of handler processes which are dedicated to a specific function but cooperate with each other to achieve the intended goals.

The processes Allocate, Read and Write take care of all incoming requests and process those requests immediately which don't need the disc. All requests which need the disc are forwarded to a fourth process called discHandler, which processes the corresponding requests in a FIFO manner. We shall call this approach to server structuring the *work sharing* approach since the total work of the server in terms of its functions is delegated to a fixed number of dedicated handler processes.

It is not the intention here to compare these solutions. The sole purpose of this example was to demonstrate that the team concept with its ability to structure complex tasks by a cluster of tightly coupled processes, favours solutions which are hard to achieve with a single process. Another important property of the proposed client/server model can be derived from the above example: although both solutions start from the same port interface specification of the buffer server they result in totally different internal server structures. A client team which uses the buffer server wouldn't have to be changed if one implementation of the buffer server is replaced by another one as long as the port interface stays the same.

This discussion demonstrates that ports have an important information hiding effect: the internal structure of teams remains transparent to the outside world. This property is lost if processes are addressed directly by message passing operations.

In the remaining sections of this document it is shown, that the whole set of mechanisms offered by the MOSKITO kernel centres around these few but general concepts we have introduced so far:

- teams
- processes
- ports
- messages.

3. The MOSKITO Concepts in Detail

In this section we shall discuss the different concepts comprising the client/server model of MOSKITO in detail. Implementation issues are treated in the following section.

3.1. The Port Concept

Communication between teams is restricted to the exchange of messages sent to and received from ports respectively. Ports are entry points for messages with a globally unique address and are *owned* by the team which *created* them.

The general structure of a portId is

```
portId = RECORD
            hostId :        BIT (32);
            teamId :        BIT (32);
            groupflag :     BIT (1);
            localportId :   BIT (31);
         END
```

The MOSKITO kernel offers the following functions for port management:

- GetStandardPorts

- CreatePort
- CreatePortWithId
- RemovePort
- CreateGroup
- JoinGroup
- LeaveGroup
- GetGroupId
- OpenPort
- ClosePort

They can roughly be divided into functions for the administration of single ports and for the management of port groups.

In order for a server team to receive messages from potential clients it must first *create* and *open* a port before. Closing a port by an owner does not affect messages which have already arrived at this port: only succeeding messages will be rejected.

The main purpose of opening and closing ports is to record the precise state of ongoing communications between teams which provides a better handle for recovery actions in case of failure situations.

Buffers are allocated to ports dynamically on a demand basis. We rejected the notion of explicit reservation techniques for buffer allocation to ports for the following reasons:

- Our experience has shown that it is impossible for most applications to derive good estimates for their actual buffer requirement in high load situations.
- The definition of explicit functions for buffer allocation introduces another degree of complexity to the port management which - in our opinion - should be avoided if it is of questionable value.

Multicast messages are supported in MOSKITO in a flexible manner by the concept of port groups. Each port can become a member of a group. The owning team can either create a new group (with the given port as the first member) or insert a port to an already existing group. A port can only belong to one group at a time. A port group ceases to exist if its last member leaves the group. Notice that neither of the functions for the management of ports and port groups require any kind of global cooperation between MOSKITO kernels. With the exception of message communication all functions of the MOSKITO kernel obey the principle of strict locality. For example, group identifiers of port groups are neither broadcast to the remaining MOSKITO kernels nor removed in all kernels upon deletion of a group. A message sent to a port group with no member will reach none, resulting in the null effect.

A related question is how MOSKITO assures uniqueness of port identifiers across node boundaries. We use a similar approach to the one implemented in the V kernel [4]: port identifiers are 96 Bits long and contain a 32 Bit logical host identifier. Provided that logical host Id's are uniquely associated to each node, globally unique portId's can be generated by a local generation mechanism which uses the logical host address as a prefix. In certain rare cases it is necessary to create ports with a predetermined portId. In these circumstances the function CreatePortWithId should be used.

In order to avoid naming collisions between internally and externally generated portId's the externally generated portId's must be taken from the name space defined by hostId = -1.

It is finally worth mentioning that a team knowing about a portId can *contact* this port by sending messages to it. The MOSKITO kernels do not impose any kind of protection. This reflects our strong belief that protection in a truly distributed environment cannot be based on trustworthy kernels. We consider protection as a separate concept added on top of the kernel. Although this document focuses on the client/server model and the MOSKITO kernel design itself we will give an overview on how to build complete MOSKITO systems including our protection philosophy in section 5 and 6.

3.2. The Team Concept

A team is a collection of tightly coupled processes sharing the same logical address space. At any instant in time, a team is defined by

- its current address space (AS)
- the actual processes residing in the team
- the ports owned by the team.

The team concept is best understood by following a team's life from birth to death using the operations:

- CreateTeam
- AllocPages
- FreePages
- Protect

After initialization of a MOSKITO kernel a first team called the root exists. A new team is created by an already existing team calling the CreateTeam operation of the MOSKITO kernel. This operation establishes a new team on the same node as the creator with the following initial configuration:

- an initial team space limited to the space requirements of a boot process,
- a boot process responsible for loading and creating a first application process,
- a standard port called GuardPort initially closed

The standard port GuardPort serves an important purpose: it is passed back as a return parameter to the parent team thereby establishing a link from the parent team to the child. There exists also a mechanism for establishing the reverse link: during CreateTeam the creator's GuardPort Id is stored in the team control block of the child and may be obtained from the kernel calling the GetStandardPorts operation mentioned in section 3.1. The two way links between parent and child teams established by GuardPorts are a simple method of providing communication paths for teams along the team creation tree. These initial communication paths can be further used in order to exchange more information between teams, for example portId's of newly created ports.

Notice that the creation tree established between teams within a node does not impose any control strategy of parent teams over child teams. Teams in one node have equal rights. If a team terminates the MOSKITO kernel will not enforce termination of potential child teams. It is our belief that sophisticated control strategies for objects within a processing node are unnecessary: in a truly distributed system only a few teams will reside at one node. The more challenging task is to envisage control strategies for teams which are effective at the network level.

A simple rule assures that all GuardPorts of teams within a node are members of the same port group: a GuardPort of a newly created team inherits its port group Id from its parent team. This property allows the system to distribute urgent state information to all teams within a node by a single multicast-send operation.

In order for the boot process to load the appropriate code and start the first application process it has to know a port which serves as the provider for this information. This port is called the LoadPort. Its Id is passed as an input parameter to the created team and can be obtained by the boot process through the GetStandardPorts operation. The boot process uses the LoadPort in the following procedure in order to load the code, start the first application process and adjust the space allocated for that team:

```
boot : PROCESS
 DO
     GetStandardPorts (LoadPort,...)
     Send (LoadPort,...); {returns module size}
     AllocPages (modulesize);
     Send (LoadPort,...) {returns code of team}
     CreateProcess (...);
     StartProcess (...);
END boot
```

There are two notable characteristics associated with the creation method of a new team:

- A team is always created from a fixed, identical template. This dramatically simplifies the creation procedure. The template can be stored in the MOSKITO kernel and copied, as a whole, each time the CreateTeam operation is called.
- The boot procedure adopted in the CreateTeam operation was deliberately chosen to be as strategy independent as possible. By passing the appropriate LoadPort to the newly created team it is possible to load the first application process either from the kernel, from the parent team or from a load server which has been established already as an independent team.

Notice that there does not exist an explicit function for team termination. A team is terminated when its last process terminates.

The team space may be viewed as a linearly ordered set of contiguous memory blocks called pages. In our present simple model we allow the allocation and removal of any pages in the logical team address space by the AllocPages and FreePages operation. The Protect operation allows us to associate an access right to a contiguous set of pages, called areas. If supported by an adequate memory management unit this mechanism allows us to protect critical information from being freely accessed by the processes of the calling team, thereby facilitating the construction of robust and secure team structures.

3.3. The Process Concept

Processes in MOSKITO are independent execution units defined by a piece of invariant code, a run time stack for storing the local variables and a state descriptor recording the actual execution state of the process. Processes operate in the address space domain of the team from which they have been created. This has the consequence that processes within one team, have access to all cells of their team AS in principle. The sharing of a common address space between all processes within a team has some positive and negative side effects:

- Processes in a team can efficiently communicate with each other via shared variables
- A context switch from one process to another within one team is simplified as the current memory map state remains unchanged. Only processor registers, including the program counter, have to be *saved* and *restored.*
- It is generally impossible for this strategy to protect specific space regions of the AS from undesired accesses on a process basis. We adopted this approach in the current kernel design of MOSKITO in order to retain the desirable property of efficient process context switches.

A more advanced method is based on associating a *protection vector* for each process which contains an *access key* (none, read, read/write, execute) for each page of the current AS of the associated team. However, the price for a better protection with such a scheme is a higher overhead even during team-internal context switches of processes. Advanced memory management units can help to reduce these costs, especially if they are capable of storing the mapping information for several processes in an internal memory.

The available MOSKITO functions representing the process concept can be roughly divided into functions for

- process management
- process control
- process synchronization

The process management functions are:

- CreateProc
- GetProcId
- SetContext
- GetContext
- Scheduler

The process control and synchronization functions are:

- Terminate
- Suspend
- Resume
- Sleep
- Continue
- Lock
- Unlock
- Kill
- Delay

These functions are best explained using the process state model depicted in Fig. 4. A process state of a process in MOSKITO is a compound state composed of two state levels. The *superior states* ACTIVE and SUSPENDED determine whether a process is principally allowed to run (ACTIVE) or disallowed (SUSPENDED). The corresponding state changes are initiated by an external force (typically by a debugger process within the same team). Since debugging is the main motivation for these states they leave the subordinate states of a process untouched.

The *subordinate states* RUNNING, READY, SLEEPING and BLOCKED are the states seen by the dispatcher. The corresponding state transition functions are used to realize the desired control behaviour for processes in the absence of debugging.

A process enters the state model by the CreateProc function which - by definition - puts the process into the compound state ACTIVE_SLEEPING. It can circulate then around the compound states ACTIVE_READY, ACTIVE_RUNNING, ACTIVE_SLEEPING and ACTIVE_BLOCKED as long as the process remains in the superior state ACTIVE. Whenever a process is forced from some state ACTIVE_X into the compound state SUSPENDED_X by a debugger process it will be further ignored by the dispatcher for processor assignment. This has the effect that the process halts until it is put back into the superior state ACTIVE. Any process control function applied to a process in the state SUSPENDED_X which changes its subordinate state X to Y results in the compound state SUSPENDED_Y (with the exception of Y=RUNNING which is impossible due to the previous rule).

Notice that the Suspend operation called by a debugger process will never find the target process in the subordinate state RUNNING provided the nodes are only single processor nodes. In multiprocessor nodes it is advisable to first make sure that the target process returns to the subordinate state READY, SLEEPING or BLOCKED before carrying out the state transition to SUSPENDED [12].

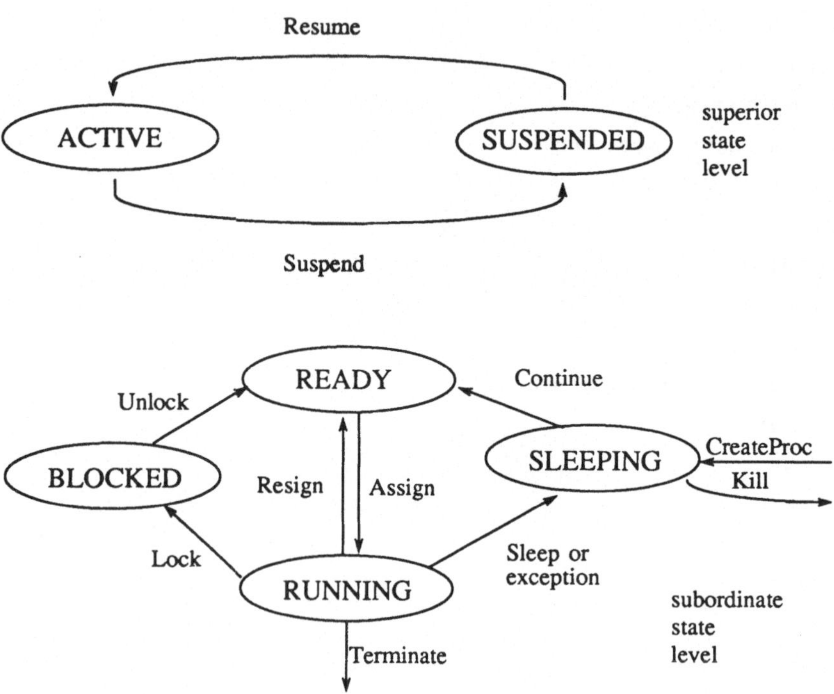

Assign and Resign only for internal use within the Dispatcher of the MOSKITO kernel

Fig. 4: Process State Model

The motivation for the two-level state model introduced above is ease of debugging: a process to be debugged which is put into the SUSPENDED state by a debugger can be monitored in a silent state without getting interfered with state transitions triggered by external events as, for example, arriving messages, a V-operation on a semaphore the process is waiting on, etc.

The Scheduler function may be used in order to associate with a process a certain processor scheduling class. On occurrence of a scheduling event (for example, a time slice end) the appropriate scheduler is called, which schedules the process according to its scheduling class. An arbitrary number of schedulers may be loaded in the MOSKITO kernel as specified in the kernel generation procedure.

Process synchronization is limited to simple Lock/Unlock functions defined on a single fixed semaphore associated with each team and a Delay operation allowing a process to block itself for a certain number of time slots.

The Lock/Unlock functions support the construction of a simple critical region within each team. We have preferred this simple mechanism over more sophisticated ones (e.g. a general semaphore mechanism supporting the creation of an arbitrary number of semaphores for each team) in order to keep the internal organization within the MOSKITO-kernel simple and efficient. A general semaphore mechanism would result in the need for a dynamic allocation policy for semaphore storage which would slow down the synchronization operations noticably.

We also can show that applications which need more semaphores to structure the synchronization task within a team can use the Lock/Unlock scheme or the Delay function in order to construct the synchronization environment they need. Let us assume that each semaphore at the team level is represented by the following data structure:

```
SEMAPHOR = RECORD
    SemaCount : INTEGER;
    WaitingProcesses : QUEUE OF ProcId;
END
```

Three procedures called SemaInit, V and P are provided for general use which have the following structure:

```
SemaInit : PROCEDURE (SemaPtr : POINTER, InitialCount : INTEGER)
DO
    Lock;
    SemaPtr -> SEMAPHOR.SemaCount := InitialCount;
    Unlock;
END

P: PROCEDURE (SemaPtr : POINTER)
DO
    Lock;
    DEC (SemaPtr -> SEMAPHOR.SemaCount);
    IF SemaPtr -> SEMAPHOR.SemaCount < 0 THEN
        DO
            Add (SemaPtr -> SEMAPHOR.WaitingProcesses, MyProcId);
            Sleep;
            RETURN;
        END;
    Unlock;
END

V: PROCEDURE (SemaPtr : POINTER)
DO
    Lock;
    IF SemaPtr -> SEMAPHOR.SemaCount < 0 THEN
        DO
            WaitProc := Remove (SemaPtr -> SEMAPHOR.Waiting Processes);
            Continue (WaitProc);
        END;
    INC (SemaPtr-> SEMAPHOR.SemaCount);
    Unlock;
END;
```

Notice that the solution for a light-weight semaphore mechanism sketched above works correctly since the Sleep-operation automatically frees the team semaphor if held by the process issuing the Sleep. The same method can be used in order to implement the monitor concept [13].

A last comment concerns the "light-weightness" of the process concept of MOSKITO. Every process created by the CreateProc operation is seen by the dispatcher and therefore is a subject for processor allocation. From this perspective, processes are heavy-weighted. We have deliberately chosen this alternative in order to exploit potential multiprocessor capacity of a node at the team level. Several processors could run processes in parallel within one team.

However, the process concept is light-weighted with respect to process context switching within one team: since such a context switch leaves the memory-map unchanged, it is guaranteed that team internal process switches are fast. It is an interesting research effort to envisage new processor scheduling algorithms which try to optimize processor allocation by minimizing heavy-weighted context switching.

3.4. Message Communication Concept

The message communication concept in MOSKITO is based on small fixed length messages and a versatile set of message handling functions which cover a broad spectrum of different message communication mechanisms.

The following functions are available at the MOSKITO kernel interface:

- Send
- Receive
- Reply
- WaitMsg
- PassMsg
- GetReply
- CopyTo
- CopyFrom

With the Send operation a process may send a message to a destination port or a port group and specify whether a reply message is expected from the receiver(s) or not. In case a reply message is expected the sender is blocked until arrival of the first reply message. We call this type of communication *synchronous, order-oriented,* since the request message and the corresponding reply may be viewed as an *order*.

In case "no reply" has been specified in the send operation, the sender is blocked until successful delivery of the message at the destination port (in case of a multicast send the first successful message arrival will deblock the sender). We call this message transmission semantics *asynchronous, notification-oriented.*

Notice that the send operation comprises a multicast send since only the portId determines whether a point-to-point or a multicast operation is issued.

Two operations are offered for processes to *synchronize* themselves with incoming messages (WaitMsg) and to *synchronize* to and *accept* incoming messages (Receive). In work sharing server organizations where a specific process is dedicated to each port the Receive operation alone would suffice. The WaitMsg has been defined in order to support the easy construction of load sharing server organizations which are best structured by a listener process which *waits* for arriving messages at a specified number of ports and creates handler processes for further message processing.

Request messages which need a reply message passed back to the sender are held in the message queue of the port until the reply operation is issued. The MOSKITO kernel does not force servers to process requests one at-a-time. A server may work on several uncompleted requests in an interleaved fashion before completing a specific request by the reply operation. This provides the handler processes a chance to process requests from one port in an arbitrary order although received in a FIFO manner.

If a message is sent to a port group the sender can control the desired degree of success of the multicast operation: the first reply message deblocks the sender. If more reply messages are expected they can be obtained from the port queue by the nonblocking GetReply operation.

With the PassMsg function a receiver can pass an already received (and partly processed) message to another port. This function is very useful to construct pipelined server structures and may also be helpful in the implementation of fault tolerant applications. If a message has been passed to another process the original sender remains completely unaware of this fact.

Large data sections can be passed forward and backward between the sender and the receiver in a synchronous, order-oriented message operation if a pointer and a length of a data segment have been passed as parameters to the Send operation. Data transmission of such a data segment is initiated from the receiver by calling the CopyTo function (from the server to the client) or the CopyFrom function (from the client to the server) as first proposed in the V kernel. There are necessary restrictions to this mechanism: data segments are not allowed to be passed to receivers in a asynchronous, notification oriented send. It is also prohibited to pass data segments as part of a multicast operation. Both exceptions are necessary in order to avoid uncoordinated shared access to the data segment by the client and the protocol handler. Such a situation could occur if the client of a multicast send is deblocked after receipt of the first reply message. Succeeding accesses to the previously sent data segment could interleave with further CopyTo, CopyFrom operations initialized by other servers which are still operating on the request.

3.5. Alarm and Exception Handling Concept

Alarms are asynchronous interrupt signals typically associated with peripheral devices such as a disc or a timer. Exceptions are synchronous interrupts triggered by abnormal conditions detected during execution of the current instruction as, for example, overflow, privilege violation, or page fault. While a mechanism for exception handling seems to be a mandatory requirement for any application it is not obvious that a mechanism for alarm handling is necessary or even desirable at the application level. The need for an alarm handling mechanism in MOSKITO is the consequence of our philosophy of device handling: the MOSKITO kernel does not know about devices at all. We have decided to handle I/0 and device management outside the MOSKITO kernel for the following reasons:

- Memory based I/0 architectures get more and more common in advanced microprocessor systems. In these systems, portions of the address space are dedicated to a device. I/0-operations are initialized by writing/reading control information to/from the reserved portion of the address space allocated with the kernel function MapDevice.
  An example for a typical device controlled by an associated section of the address space are bit-mapped displays.
  It would be very difficult to define an I/0-concept which could handle the variety of different devices from discs to bit-mapped displays by a universal set of I/0-functions without substantial loss of efficiency. We believe that it is a better strategy to encapsulate device handling in associated servers outside the kernel. The device-dependent operations could be implemented straightforward if the address section representing the device has been linked to the AS of the server team. Device independence is provided at the device server's interface by means of the port concept.
- The organization of device servers outside the kernel simplifies the test and debugging process since the MOSKITO kernel provides a more powerful and comfortable implementation basis than internal interfaces within the kernel.
- The MOSKITO kernel will become simpler and smaller.

The advantages of the I/0 concept introduced above are retained only if combined with a simple and fast method of routing I/0-interrupts to device servers.

Our solution to this problem is transforming interrupts into messages sent to a port. If a port is used for this purpose it is called an alarm port. The Send operation is - by definition - notification oriented (i.e. no reply message).

Each team intending to receive alarms of a certain type has to create a port before. In order to associate incoming alarms with a given alarm port, the port has to be *opened* and *connected* to an alarm line before messages from the alarm port can be received. Only one alarm can be connected to a given port. We will show in section 4.6 that this mechanism can be implemented very efficiently.

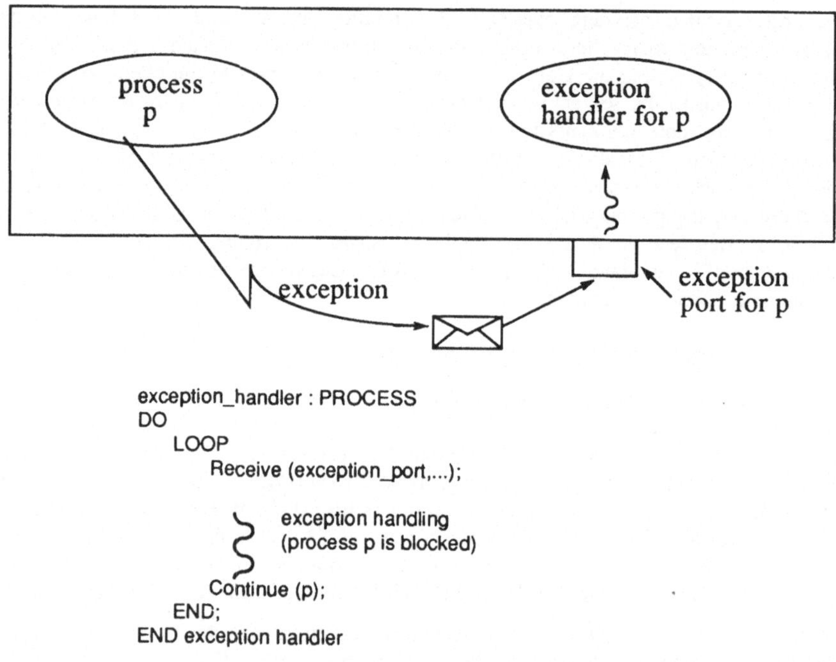

Fig. 5: The principle of exception handling

Exception handling is based on the same idea: exceptions are transformed into messages and sent to a port for further processing. However, since exception handling should be process specific, each process must have the ability of defining its individual exception handler. We adopted a mechanism similar to that in Mach [14]: each process can define a port as the destination of exception messages using the EnableException operation. If a process is preempted by an exception, it is blocked and an exception message is sent to the port specified in the EnableException operation. The exception message is received by an exception handler process within the same team, which analyses the exception and takes the appropriate actions. The preempted process may be continued in the same or a changed state using the Continue operation. This paradigm is illustrated in Fig. 5. Notice that the exception handler process is a regular process: it is neither running in a disabled mode nor does it possess additional privileges. This has the consequence that even exception handlers may be preempted by exceptions which results in potential exception handler cascades. Exceptions which find a process disabled trigger a standard exception handler in the MOSKITO kernel.

4. Implementation Concepts for the MOSKITO Kernel

In the previous section the MOSKITO kernel was discussed from its interface perspective. In this section we shall give an overview of some important design decisions concerning the architecture of the MOSKITO kernel.

4.1. The Storage Concept

The client/server model supported by the MOSKITO kernel is defined by message interconnected teams running in distinct logical address spaces. Each logical address space is represented by a map table which maps pages into blocks of physical memory. The map tables for all logical address spaces of one node are managed by the corresponding MOSKITO kernel.

The open question we shall discuss here is how teams are linked to their kernels with respect to the underlying storage concept. There are at least three standard solutions to this problem:

- The kernel is placed in an disjunct logical address space.
- The kernel is working in real addressing mode and occupies a predefined physical memory section.
- The kernel space is a protected part of each logical team address space.

We have decided to adopt method (c) as it provides the same degree of protection between the application level and the kernel as methods (a) and (b), but avoids time consuming mechanisms for the exchange of data between a team and the kernel in course of processing a kernel trap or an interrupt. This decision is based on advanced memory map units which allow us to change the access rights to pages or segments of the logical address space dependent on the operation mode (normal or privileged).

4.2. Layered Architecture

The MOSKITO kernel is decomposed into layers as depicted in Fig. 6. Each layer constitutes an abstract machine which encapsulates a single concept and offers a set of functions for use by higher layers.

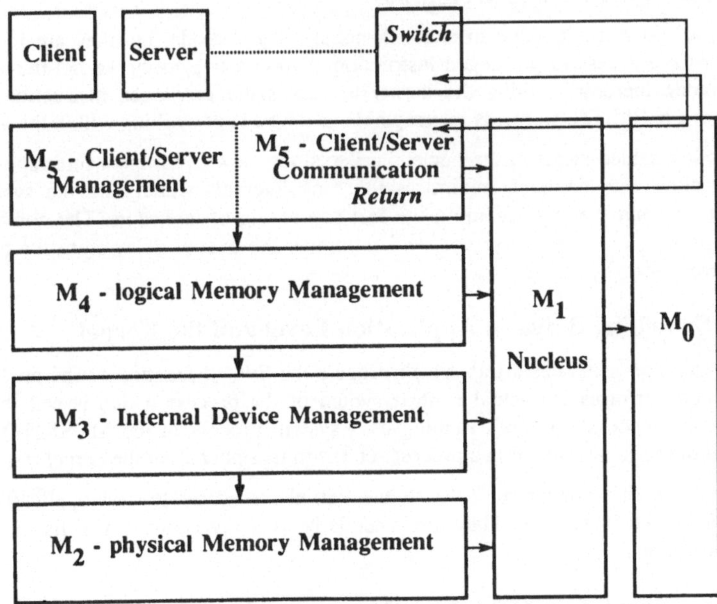

Fig. 6: The MOSKITO kernel architecture

Six layers exist in the MOSKITO kernel:

Layer 0: provides a logical interrupt concept

Layer 1: provides simple processes and semaphore operations

Layer 2: provides physical memory management

Layer 3: provides device management for MOSKITO-internal devices

Layer 4: provides logical address space management

Layer 5: provides team management and team communication

The advantages of layered architectures have been extensively discussed in the literature and are only summarized here:

- the overall system complexity is reduced noticably,
- each layer may be tested in isolation assuming that the layers below work correct,
- integration tests may proceed bottom up by adding the next layer on top of already tested ones.

Notice that the layers M0 and M1 form the *nucleus* of the system: they provide the infrastructure for the higher kernel layers and the basic context switching mechanisms to switch between the application level and the kernel.

4.3. Kernel Modes

A MOSKITO system can be in one of three operational modes:

- user mode = (ENABLED, NON_PRIVILEGED)
- kernel mode = (ENABLED, PRIVILEGED)
- nucleus mode = (DISABLED, PRIVILEGED)

At the team level, all programs operate in enabled, nonprivileged mode, i.e. they are interruptable at any time and don't have access to privileged instructions. Upon a trap to the kernel the mode switches to the kernel mode thereby enabling the kernel to access the privileged instructions and kernel memory. Notice that a MOSKITO kernel is interruptable as long as not working within the nucleus.

The decision to limit disabled states to the nucleus reflects our view of efficient interrupt handling under realtime constraints: our approach minimizes the time intervals which find the system disabled upon receipt of an interrupt thereby favouring the fast processing of interrupts. The combination with a fast method for passing interrupts to servers will minimize the overall delay from the occurrence of an interrupt to its processing by servers.

4.4. Context Switching Between Application Level and the Kernel

A call of a kernel function generates a trap which triggers the Switch function of the nucleus. The nucleus function Switch performs the actual context switch of the process which issued the call. After the context switch the process continues running as a system process in the MOSKITO kernel until completion. By call of the Return function a process returns to its state before the kernel trap.

This method guarantees that concurrent calls to the kernel issued by several application processes are conceptually processed in parallel. They are potentially as many concurrent calls to the kernel as processes existing in teams.

4.5. Procedure Orientation of Abstract Machines

The interfaces between the layers of the MOSKITO kernel are procedures. This has the advantage that parallel threads of control can coexist in the kernel and execute without interference as long as they don't access common data. The weak protection property of procedural interfaces is not considered a serious argument for the internal structure of the kernel.

4.6. Interrupt-Message Transformation

A key issue for any real time oriented system design is the fast reception and processing of interrupts. As explained in a previous chapter, the concept of interrupt processing in MOSKITO is based on the transformation of interrupts into messages. Although messages in MOSKITO are of fixed small length (64 Bytes) it would be unacceptable to dynamically allocate message buffers on each occurrence of an interrupt (alarm or exception). We use instead *counters* preallocated to each port for counting alarms of a certain alarm line and a preallocated buffer within each PCB (process control block) for storing the status of an exception. An interrupt connected to an alarm port or enabled as an exception causes either to increment a counter or to store the exception status in preallocated storage locations in addition to process switching. This is the minimal effort which has to be spent for interrupt routing under any circumstances.

4.7. How to Achieve Portability

The lowest level abstract machine of the MOSKITO kernel called the M0 Machine is an abstraction of interrupt processing concepts found in today's advanced micro-computer systems. It allows to abstract from physical particularities of interrupt systems thereby hiding one of the most hardware dependent software parts in a well defined system layer. The connection of the logical interrupt processing layer (M1 machine = nucleus) to the physical interrupt system is specified in the kernel configuration procedure explained in the next section.

This philosophy together with the decision to push device handling to the server level has the following positive consequences:

- the MOSKITO kernel remains relatively simple and small,
- device dependent code is encapsulated in well defined servers outside the kernel.

As a consequence, except for the M0 machine the MOSKITO kernel was coded completely in C. The M0 machine was successfully implemented on the MC 68020 and the μVAX within three months. This has enhanced our confidence that the logical interrupt processing model provided by the M0 machine is sufficiently general to be portable to a wide spectrum of different machine architectures.

4.8. MOSKITO Kernel Generation Procedure

The procedure of configuring and generating a specific MOSKITO kernel is based on the assignment of configuration parameters stored in a #include file of C under UNIX. Due to the fact that devices are not handled inside the MOSKITO kernel the set of parameters is pretty small and the generation process is straight forward.

The #include files include the following configuration parameters:

- logical-to-physical interrupt mapping
- interrupt handlers and their mapping to logical interrupts
- schedulers and their mapping to scheduler table

After assignment of values to all parameters the generator will produce a core load of a MOSKITO kernel which can be loaded by the boot loader of a computer node.

5. Building Distributed Systems with the MOSKITO Kernel

As explained in the introduction, MOSKITO kernels merely provide a software backplane for the construction of distributed applications. Even "usual" services of an operating system such as printing or file service are not part of the MOSKITO kernel: they have to be implemented as servers running under control of a MOSKITO kernel in a special node. A complete application is established by a set of standard servers such as file servers, print servers, terminal servers etc., a set of application oriented servers and a set of application oriented clients which don't offer any services to the remaining community of teams. The sets of servers and clients may conceptually be viewed as forming a hierarchy as indicated in Fig. 7. Since teams with their port interfaces are created locally based on generation schemes for Id's which insure global consistency it remains to show how newly created clients/servers learn about their environment so that existing servers can be used by sending messages to ports. The approach taken in MOSKITO is a dynamic linking scheme based on a *name server* which maps character strings organized in a tree oriented name space to portId's. Complete names in the tree represent specific services which are mapped to portId's. While names are considered rather static over time, portId's may come and go reflecting the dynamic growth of a system. The name server will provide functions for the definition and deletion of names, connection and disconnection of portId's to resp. from names and query of the name tree.

A newly created server has to request connection to a service name from the name server before he can get used by a client. Clients, before using a service, have to interrogate the valid portId's associated with a certain service from the name server. This requires that the portId's of the name server are publicly known to all potential clients and remain fixed over time. In order to achieve that a certain section in the name space for portIds is reserved for this purpose. The name server may be viewed as playing in a distributed system the same role as the yellow pages in the telephone system. As depicted in Fig. 7, the name server is a mandatory component of any distributed system therefore.

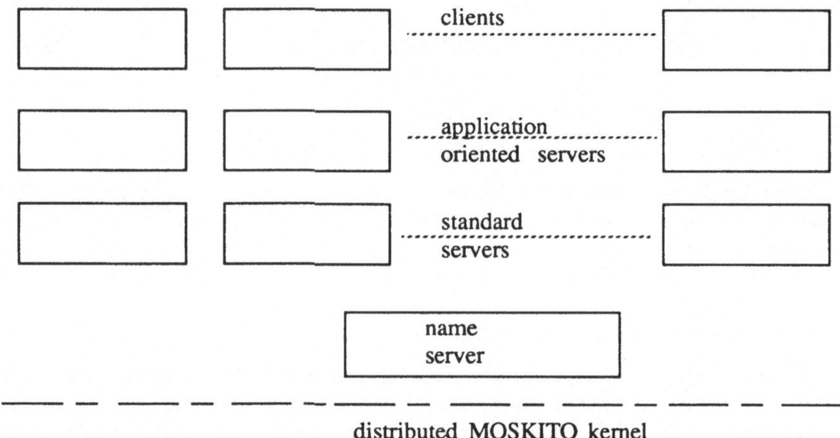

Fig. 7: Conceptual view of a complete MOSKITO system

6. The Protection Philosophy of MOSKITO

As stated in the introduction, protection in distributed systems can usually not be based on trustworthy kernels. As a consequence, the MOSKITO kernel does not contain any protection mechanisms.

The protection philosophy in MOSKITO is based on controlling access rights to ports. A client who sends a message to a port has to pass a key with the message in order to get the message accepted and processed by the server. The validity of the access request to the port is checked in the server by comparing the key against a *lock* possessed by the server. The keys and the locks are computed by the name server upon connecting a portId to an existing service name. Only confidential servers need to protect themselves with the key/lock scheme. Public servers which offer their services to everyone don't need to use the protection scheme at all.

The above scheme results in another crucial function associated with name servers: the management of protection information. In order for a client to learn about the services he is allowed to use we adopted the following procedure:

The client may query the name server for portId's he is allowed to access. In case of confidential servers the client gets back a key which has to be submitted as part of every message sent to such a server. Protection requirements are maintained by forcing all clients of the name server to pass with each request a password. Requests with illegal passwords are rejected.

The name server is considered a privileged server which has to be protected against abusement.

References

[1] D. Wybranietz, P. Buhler: The LADY Programming Environment for Distributed Operating Systems,
PARLE89, Lecture Notes in Computer Science, Vol. 365, 100-117 (1989)

[2] J. Nehmer, T. Gauweiler: Die Funktionsschnittstelle des MOSKITO-Kerns,
ZRI-Bericht Nr. 10/89, Universität Kaiserslautern, Febr. 1989

[3] E. Kulig: Realisierung des verteilten Betriebssystemkerns MOSKITO durch UNIX-Prozesse,
Diplomarbeit am FB Informatik, Universität Kaiserslautern, Sept. 1989

[4] D. Cheriton: The V Distributed System,
CACM 31, 314-333 (1988)

[5] G.T. Almes, A.-P. Black, E.D. Lazowska, J.D. Noe: The Eden System: A Technical Review,
IEEE Trans. on Software Engineering 11, No. 1, 43-59 (1985)

[6] J. Kramer, J. Magee, M. Sloman, A. Lister: CONIC - An Integrated Approach to Distributed Computer Control Systems,
IEEE Proc. Vol. 130, Part E, No. 1, 1-10 (1983)

[7] H. Zimmermann, J.S. Banino, A. Caristan, M. Guillemont, G. Morisset: Basic Concepts for the Support of Distributed Systems: the Chorus Approach,
Proceedings 2ICDCS, 60-66 (1981)

[8] J. Nehmer, D. Haban, F. Mattern, D. Wybranietz, H.D. Rombach: Key Concepts of the INCAS Multicomputer Project,
IEEE Trans. on Software Engineering Vol. 13, No. 8, 913-923 (1987)

[9] R.F. Rashid, G.G. Robertson: Accent: A Communication Oriented Network Operating System Kernel,
Proc. SOSP, 64-75 (1981)

[10] S. J. Mullender, A.S. Tanenbaum: The Design of a Capability-Based Distributed Operating System,
The Computer Journal, Vol. 29, No. 4, 289-300 (1986)

[11] D. Dasgupta, R.J. LeBlanc, W.F. Appelbe: The Clouds Distributed Operating System,
Proc. 8ICDCS, June 1988

[12] J. Nehmer: Dispatcher Primitives for the Construction of Operation System Kernels,
Acta Informatica 5, 237-255 (1975)

[13] C.A.R. Hoare: Monitors: An Operating System Structuring Concept,
CACM 17, 549-557 (1974)

[14] D.L. Black, D.B. Golub, K. Hauth, A. Tevanian, R. Sanzi: The Mach Exception Handling Facility,
CMU-CS-88-129, Carnegie-Mellon University (1988)

Performance Analysis of Distributed Systems in the COIN Environment

Peter Buhler and Peter Sturm

Sonderforschungsbereich 124, D1
Department of Computer Science
University of Kaiserslautern, P.O. Box 3049
D-6750 Kaiserslautern, FRG
Email: buhler@informatik.uni-kl.de, sturm@informatik.uni-kl.de

Abstract

COIN is an integrated environment for general purpose parallel and distributed programming. It supports the activities of design, implementation, execution, as well as behavior and performance analysis of distributed applications. The environment is founded on the COIN model for concurrent computation whose development goal was to incorporate aspects of concurrency and software visualization into the object-oriented paradigm. This paper gives an overview of the COIN model and presents the concepts of the performance analysis package of the environment.

1. Introduction

In a group of individuals, the natural way to perform a task is to split it in a set of subtasks which can be efficiently performed by particular subgroups. By decomposing a complex task we try to identify subtasks which are independent and may, therefore, be performed in parallel in order to speed up the execution. Software development for distributed systems consisting of a collection of computers linked together by a communication network employs similar problem solving mechanisms. If a programmer after programming centralized computing systems changes to distributed systems, he might feel like a manager who after managing a single worker gets a larger group. The identification of subtasks and their interdependencies as well as assigning the subtasks to appropriate computers so that the task requirements will be met is a challenging problem. To solve it efficiently, a programmer needs models which guide him in designing and structuring distributed software systems and tools assisting him in all program development phases. Programming environments that integrate these tools, manage information that appears in programmer's activities, and coordinate these activities may substantially increase the productivity of software development and the quality of the software produced.

The current goal of the *INCAS** project is the development of an integrated environment for general purpose distributed programming that supports the activities of design, implementation, execution, as well as behavior and performance analysis of distributed applications [5]. This work is based on experience gained in the earlier stages of the project [7, 13, 18, 25], where corresponding tools were built and assessed.

What is an appropriate model for distributed computation? The effort to find an answer to this key question led to the *COIN* model [6], which is an attempt to bring together design, implementation,

* Funded by the Deutsche Forschungsgemeinschaft as part of the Research Institute SFB-124 *"VLSI-Design and Parallel Architectures"*, Federal Republic of Germany

and visualization of software systems. Based on this model, a distributed object-oriented language COIN/L, which is an extension of the C programming language, and a distributed operating system kernel COIN/K, which is directly used as a run-time system for the language, have been developed. We currently have a prototype COIN kernel running on a workstation network, the next step is the implementation of COIN on a Transputer cluster.

The goal of behavior and performance analysis in the process of software development is to improve the understanding of the dynamic characteristics of a program, to get insights into the interplay of its components under different circumstances. By identifying which shares have a program's components of the overall execution time of a task and their waiting conditions, hot spots and bottlenecks of a program can be detected. Performance analysis is based on the traces of measurement data collected during the execution of a program. If only because of the large amount of this information sophisticated tool support is required. To provide analysis techniques which guide the programmer through the performance data using the knowledge of a program's semantics is the key allowing performance evaluation not only for system experts but also for application programmers.

The subject of performance analysis tools especially gains importance in parallel and distributed systems consisting of a collection of cooperating processes which may run on different processors. The analysis of such systems is complicated by the parallelism in the execution. Furthermore, the performance of distributed systems substantially depends on factors such as costs of interprocess communication and the strategy of assigning processes to system processors. In order to speed up the execution of a distributed program, the influence of these factors on the program's performance must carefully be studied. Generally, programmers of concurrent systems are very sensitive when performance is concerned since there exist additional metrics for software quality which may easily be determined; for instance, two characteristic criteria for assessment of distributed software are: a) the effect an extension of the number of system processors has on the program's performance and b) the utilization of the computational power of the system by the application.

After an overview of the COIN model, which is given in the next section, the major concepts of our performance analysis package are presented. Here, the emphasis is put on the graphical user interface which provides a set of interactive techniques allowing users an intuitive access to the performance data.

2. Overview of the COIN Model

Motivated by the needs of integrated programming environments, the COIN model of computation has been developed in the course of the INCAS project. COIN stands for ***Connected Object Interfaces***. It is a model for large-scale software construction with special emphasis on concurrent and distributed systems. The major design goal of this model was to integrate *design, implementation,* and *visualization* of distributed applications. Hence, the COIN model is based on the ideas of object-oriented programming, which has proven to be a practical way of making software easier to *design, implement,* and *reuse* [8, 15]. Furthermore, the object-oriented approach seems to be exceptionally well-suited for structuring concurrent and distributed systems; a concurrency model that views objects as active entities reflects the perception of real world systems as consisting of interacting objects which may have their own ability to execute [1, 26]. Thus, software systems can be developed using our natural thinking patterns.

The initial step of the object-oriented design is to identify the objects and interactions involved in a particular application. Here, an object represents an entity in the designer's conception of the real world. Reduction of system complexity is achieved by creating a hierarchy of objects, that means an object may encapsulate other objects. At each level of abstraction, objects and their interconnections can be represented as an *object interaction diagram*, which allows designers to express the system structure in a graphical way. Viewing a system in terms of the *client/server model*, an object is described by specification of services that it requires and provides. As a consequence, a client/server interaction in an object interaction diagram is represented as a connection between the service required by the client and the service provided by the server. The *integration of design and implementation* phases means that both use the same object model so that an object interaction diagram developed during system design is reflected in the program structure.

Another important aspect of COIN is the *graphical object notation* which allows a straightforward visual representation of object interaction diagrams. This graphical notation can be used by the design and programming environment during the whole software life cycle. It is widely agreed that structural information is acquired at a significantly higher rate by analyzing graphical diagrams than by reading text [20]. The availability of powerful workstations with sophisticated input and output capabilities now makes possible the construction of tools providing highly interactive graphical user interfaces. As a consequence, visualization and the use of a uniform graphical notation throughout the software development phases are two of the major requirements of advanced environments for software development.

To achieve the goal of integration, the COIN model introduces several new concepts into the object-oriented paradigm. The work on the model has been greatly influenced by the current research on distributed programming languages, as for instance by the ideas of Emerald [3] and Lynx [21]. The main distinguishing characteristics of COIN are: a) *hierarchical object structures* which determine the visibility of objects; b) *multiple explicit object interfaces* that represent services (i.e. sets of operations) which are provided and required by an object; c) *explicit* and *dynamic binding* of operations of an interface to operation implementations; d) generation of structures consisting of several objects and their interconnections as a single *atomic action.*

In COIN, a system is viewed as a collection of objects, which may be hierarchically organized. An object encapsulates data, operations (methods) to manipulate this data, and other objects. Thus, hierarchical structures, which are typical for well-organized complex systems and, therefore, also for object interaction diagrams developed during system design, can be directly expressed using the object model. The object hierarchy in COIN is built *dynamically*; the hierarchical level of an object is determined at its creation time, i.e. an object can be created either as an internal (or nested) object or at the hierarchical level of the creator. The introduction of the concept of internal objects improves encapsulation due to access control based on application structure, and allows visualization of applications at several levels of abstraction, where an object at one level may contain a group of objects at the next lower level.

Objects in COIN are not only self-contained modules, but also units of concurrent execution and of distribution, independent of whether they are encapsulated by other objects or not. Conceptually, each object has its own processing power and may, therefore, execute independently of other objects. This model for parallel computation, which combines two mechanisms, objects and processes, into one, is typically employed by modern object-oriented concurrent programming languages.

All interactions between objects are by message passing via interfaces which are the communication ports of the objects. The notion of *interface* is central to the COIN model: an interface consists of the specification of operations that can be invoked via this interface. A message sent to an interface is a request to execute one of its operations which is indicated by the message type. As a result of an operation invocation reply parameters are returned to the sender. In other words, an object interface designates an access point to a service (i.e. a set of operations). Interfaces are typed; a set of operation specifications can be grouped together to form an interface type, which can be seen as a description of a service.

A COIN object can have *multiple interfaces.* These interfaces represent services which are both provided and required by the object; an object not only receives but also sends messages solely via its interfaces. The reaction to messages sent via an interface is determined by the current *bindings* of its operations. COIN objects are structured hierarchically, and this necessitates two visibility classes of interfaces: *external* and *internal.* In contrast to the internal interfaces of an object which are encapsulated and, therefore, can be used only for communication with its internal objects, the external object interfaces are visible to the objects of the outside world.

The specification of an interface and *binding* of its operations to implementations are *independent* actions. For each of its interfaces an object must explicitly define what should happen when a message arrives through this interface. There are two mechanisms in the COIN model to serve this purpose: *home definition* and *connection of interfaces*. By means of these mechanisms the bindings of operations that constitute an interface to appropriate implementations can be established and re-arranged at run time.

In COIN, an object can send messages only via its interfaces; in order to access a service provided by another object, the *connection* between appropriate interfaces must be established. If an interface is connected, all messages sent to it are forwarded to the interface it is connected to, which is invisible to the clients. A connection between two interfaces can be established only when these interfaces are of the same type and, because of the hierarchical object structures, not hidden from each other by the borders of an object.

The other way of binding the operations of an interface to implementations is the *home definition*. The home of an interface describes the object's reaction to messages which can be sent to it via this interface dependent on the message types. As a possible reaction to an incoming message either the execution of an object operation or forwarding the message to another interface of the object can be specified. Thus, an interface home may be seen as a list which contains for each operation of an interface a reference to either an operation implementation provided by the object itself or another interface of the object. Naturally, an operation of an interface can only be bound to an operation implementation with the same specification or to an interface that contains the same operation. As is the case for an interface connection, an interface home is defined dynamically. In a home definition, an operation of an interface cannot be bound to an interface of another object; defining a home of an interface it is only possible to refer to the object's own interfaces, whose operations the object itself can also invoke. By means of this restriction we make sure that all services required by an object are described in terms of its interfaces.

An interface home may be *active* or *passive*. We could also say the operations of an interface may be at home or not. The home of an interface is active when no connection exists for this interface. In this case its operations are bound in accordance to the last home definition. After connecting an interface, its home gets passive and remains in this state until a new home is defined or the previous home is *reactivated*, which destroys the connection.

The home concept of COIN provides support for *software reuse*, which has been recognized as an important aspect in software engineering [2], without compromising encapsulation. It allows, for example, the definition of an object interface which contains operations implemented by other objects. In COIN, this concept takes the place of *inheritance*, which is the reuse mechanism in most object-oriented languages. While (multiple) inheritance supports the definition of a new class as an extension of existing classes, home definition allows the description of an object's interface as an extension of its other interfaces.

As described above, an interface operation may be bound only to one implementation at a time. Accordingly, sending a message to an interface causes a single operation provided by an object of the system to be executed. In other words, until now interfaces have served solely for one-to-one communication. Besides this form of communication, one-to-many communication capabilities (i.e. multicast) have been recognized as a very useful means for distributed programming. This mechanism is often used for notifications and queries, in particular, when the members of the group addressed are not explicitly known.

In order to express one-to-many interactions, the COIN model provides the concept of *group interfaces*. Group interfaces and normal interfaces differ in their home definitions. In contrast to normal interfaces, the home of a group interface comprises a set of interfaces and group interfaces, which are of its interface type. By manipulating this set, the home of a group interface is defined. A message sent to a group interface is forwarded to *all* interfaces which constitute its home, provided the home is active. Thus, sending a single message to a group interface may lead to concurrent execution of multiple operations, each of which subsequently returns reply parameters.

Objects interact by *operation invocation*. An operation is invoked by sending a *request message* to an interface. The operation implementation to be executed to answer a message is determined by the current binding of the corresponding interface operation. An operation invocation entails the creation of a new *thread of control* within the object whose operation is called. The only task of this thread is the execution of the operation. After an operation activation returns the reply parameters, which are sent back to the invoker in form of a *reply message*, the thread attached to it terminates. All the message transmissions are *asynchronous* in the sense that a message can be sent at any moment, irrespective of the receiver's current state.

Operation invocation and waiting for results are *independent* in COIN. Of course, these two actions can be linked together to achieve an ordinary remote procedure call, in which the caller waits for the call to complete before continuing. But it is also possible to invoke an operation and to proceed with the computation until the results are needed. By this means, a single thread of control can make a sequence of calls which might be processed concurrently. Solely the invoker thread has access to the results of an operation invocation; when a thread terminates, all reply messages to its calls are lost. To wait in a non-deterministical way for specific reply messages a *select* construct is used.

By the use of *group interfaces*, a single operation invocation can directly lead to the execution of multiple operations. Thus, as a result of an operation invocation *multiple reply messages* may be produced. Not all of these messages, however, necessarily reach the invoker. In COIN, a call via a group interface may have multiple results, whereas a call via a normal interface has always a single result. In other words, if a message is sent to a group interface, multiple reply messages may come back; otherwise, if an operation of a normal interface is called, the caller gets only one reply message, independent of the number of operations activated in response to the call. Consider an operation of a normal interface which is bound to a group interface. A request message indicating this operation will be forwarded to the group interface and might therefore cause multiple operations to be executed. On the other hand, only one of the reply messages produced will be delivered to the invoker. An operation of a group interface may have a set of bindings to normal and group interfaces. The reply messages which come back from a group interface in reaction to an incoming request message are: *one* reply message from each normal interface and *all* reply messages from each group interface the request message was forwarded to.

As a result of multiple invocations of an object's operations, multiple threads of control may coexist within a single object. These threads, which share the object's data, execute in mutual exclusion, one thread at a time. There is *no* real or simulated parallelism inside an object and, therefore, also no need for the threads to synchronize the access to the common data. Context switches between threads happen only when the current thread terminates and at explicit *wait* constructs.

Objects are created dynamically by executing an *object constructor* which is the description of the object's behavior. Moreover, it is possible to create a structure consisting of several objects and their interconnections as an *atomic action*. This mechanism provides a basis to embed graphical development of object interaction diagrams into the model. When an object structure is described graphically, its creation is successful only if all its components are created. Furthermore, a graphical representation of an object structure does not contain information about the sequence in which the objects should be generated; we expect that all of them become active at the same time. Atomic creation of object structures addresses these aspects.

3. Monitoring and Processing of Performance Data

Tools for performance analysis rely on traces of measurement data collected during a program's execution. In general, these traces are generated by means of instrumentation probes consisting of measurement instructions inserted into the software to be analyzed. By inserting probes the events significant for performance analysis are defined; here, an event is associated with a certain program activity. The instructions of a probe may write event tokens either to a hardware system interface observed by a hardware monitor (hybrid monitoring), or directly construct a trace record in the memory of the system monitored (software monitoring). In the COIN environment *software monitoring* is used. However, if hardware monitors were available, they could easily be adopted in order to reduce the overhead caused by the instrumentation probes, as experiences with hybrid monitoring [13, 14] show.

Event traces generated during a program execution give a view of its dynamic behavior at a certain level of abstraction. The lower the abstraction level, the more time and space are needed to collect the growing number of events considered to be interesting. Thus, there has to be a trade-off between accuracy and resolution of the performance data. We allow performance analysis of COIN programs down to the *thread level* of abstraction. As described above, a COIN system is composed of interacting objects each of which may contain multiple threads of control. During analysis we are not able to look into the internal course of a thread, we may only see the inter-thread activities, which means the interaction of a thread with the world outside. The inter-thread activities consequently define the events to be collected. Basically, the events occurring at this level are: sending and receiving a message, synchronization activities, generation and termination of an object.

An important consequence of restricting analysis to the thread level is that all significant events can be collected by the COIN operating system kernel, which provides the distributed run-time environment for COIN programs. As a result, no instrumentation probes have to be inserted into application programs; when starting a program execution, the user may specify that the performance data should be generated, which activates the monitor of the system.

The COIN kernel consists of multiple local kernels located on each system processor; each of these kernels has its local monitor which is responsible for generating traces of events occurring there. The traces are written into a reserved area of the processor memory; instrumentation probes are executed as a part of uninterruptable kernel functions, so that the probes do not have to synchronize their access to the trace memory. Since the monitoring tool is integrated into the kernel, it has a direct access to all data needed for the construction of trace records, as, for example, to the clock values. The characteristics stated here are essential for efficient trace generation by software monitors.

A trace of measurement data generated by a local monitor is composed of *event records* each of which contains, at least, the following information: event class, identifier of the thread of control where the event occurs, and time-stamp. The *event class* is a value which specifies a certain thread activity triggering the generation of the event record; for example, "message send" and "object creation" are event classes. A *time-stamp* gives the local time at the monitor when event was detected. We do not rely on the existence of a global system clock; the clocks accessible by the local monitors have not to be synchronized. As a consequence, a precise determination of the time interval between two events is only possible if they occur on the same processor.

To analyze the execution of a distributed program, the dependences between events of the local traces must be determined. If the time-stamps of events are not comparable, their causal dependences provide the only basis to order them. The desirable structure for analysis is an *event dependency graph*: the nodes of this graph represent events and the arcs describe their causal dependences. An arc connecting events of different traces has no exact time attribute; it may only be a rough approximation. However, to construct such a graph we need information which allows identifying pairs of *cause* and *effect* events in the traces. In particular, the problem is to find the corresponding send and receive events. Here the kernel provides a special support. A send event record contains an *event identifier* which is sent by the kernel as a part of the message; when a message is received, this identifier is added to the receive event record.

Event records which describe the creation of objects and threads contain the type identifier of the new object or the identifier of the operation executed by the thread respectively. These identifiers are used to establish a connection between the measurement data of a program's execution and the program code. Futhermore, these event records also reflect the hierarchical level of the created objects.

4. The User Interface of the Performance Analysis Tool

A substantial part of the performance analysis tool is the *graphical user interface*. The task of user interfaces, in general, is to prepare and structure the information the user relies on, to represent results, and to process user inputs in a way suitable for the application area [9,22]. Especially in case of performance analysis, where the user is confronted with an immense amount of information, sophisticated interfaces are important. Various input facilities have to be provided, but tailored to the specific needs of the performance analysis process, and the information shown on the screen must be kept manageable by the user.

First tools for performance analysis were investigated and evaluated in the area of sequential programs. Here, the underlying assumptions and evaluation schemes are more intelligible than in the case of distributed programs. The early performance analysis tools such as *gprof*—a utility offered by the UNIX system [12]—were a first step with only few possible user manipulations. These tools normally present measurement information in a predefined way. Even in the specification of a subset of entities to inspect and interesting time-slots, the user is restricted. Extending the scope of analysis tools to distributed programs, providing flexibility in input and output is substantial. Performance analysis in distributed programs is multivarious and complicated due to the inherent non-determinism and the execution of many processes in parallel. Therefore, a user interface for performance analysis has to provide *multiple and flexible interaction facilities* and its main role is by no means the presentation of results only—as the tools with limited flexibility do—but also *active assistance and guidance* of users.

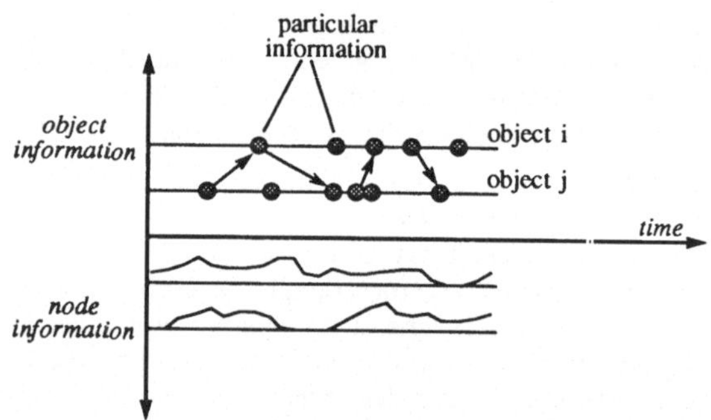

Fig. 1: Basic structure of the performance analysis data

Graphics play a key role in the design considerations of a modern user interfaces . The advantages of graphics—if used reasonably—are promising. Graphics can be easier to understand and provide more expressive power than conventional textual representations because of additional dimensions such as shape, size, and color. Because of the huge amount of information maintained in the performance analysis tool, graphical mechanisms for user navigation facilities and result representations are strongly recommended and concepts investigated in research areas such as *visualization of scientific data* [10] can be applied.

A user interface for performance analysis has—especially in case of *large distributed systems*—to be realized within several constraints: a large number of computing nodes, an even larger number of processing objects, and many collected events and computed information for each of these objects and nodes. All these data may be important for the user and have to be maintained by the tool. The representation of this information in two dimensions is quite natural. Extended by additional information about event dependencies (e.g. dependency between send and receive events), the partitioning of information in this way results in the well-known graphical representation of *event dependency graphs* (see figure 1).

For both dimensions of the presented data a specific set of manipulation mechanisms must be provided. In the *dimension of time*, backward as well as forward stepping and selecting a slot of time should be possible with the aid of techniques such as scrollbars. The main purpose for all the user commands available in the *dimension of objects and nodes* is to reduce the number of entities that are currently analyzed. The number of entities is, in most cases, too large that one is able to cope with at a time and without restrictions, the visualization capacity of current display systems is exhausted immediately. Objects and nodes can—by applying simple mouse manipulations—be added to a set of selected objects or they can be removed from this set (similar to selection mechanisms in MacDraw for example). Subsequently, an interactive command such as "delete all the selected objects from the screen" can be issued by the user. By selecting objects that are currently not shown on the screen using additional mechanisms, all deletions can be withdrawn. By this means, the user is able to make a first raw selection of objects he wants to analyze in the moment or not.

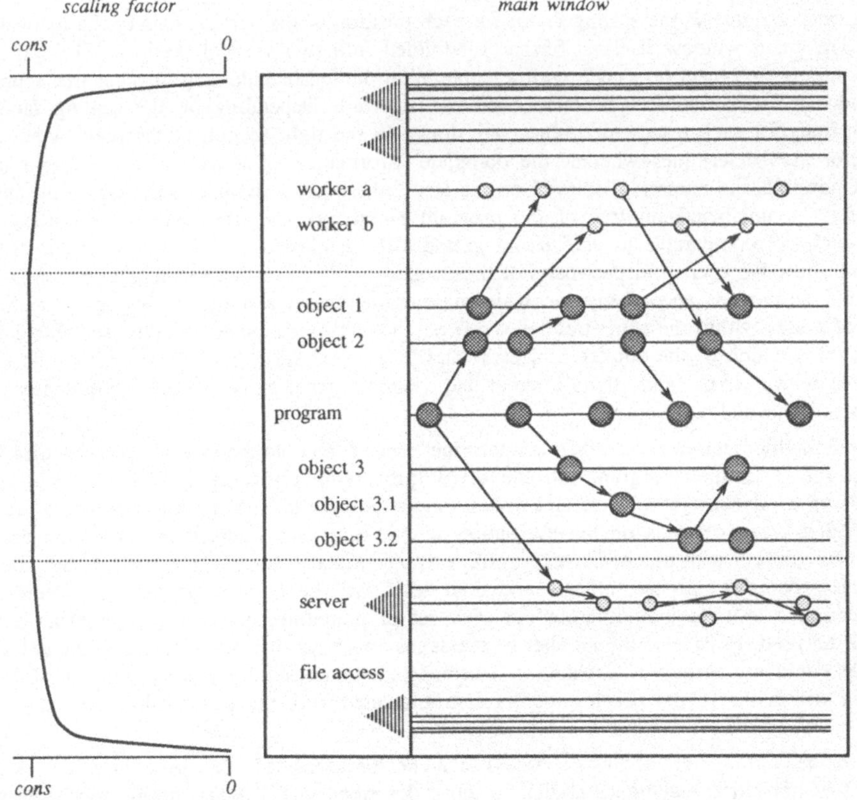

Fig. 2: Wide-angle display of object and node information

With the underlying COIN language model, further and more sophisticated selection mechanisms can be provided. Knowing about structural hierarchies as defined in the COIN language model, the user can apply *browsing strategies* on all the selected objects. At the beginning of a performance analysis session, the user interface represents one line which comprises informations and significant events describing the application program as a whole. This line can be expanded to a set of lines comprising all the top-level objects which exist at a specific time. The horizontal line of any of these objects can also be further expanded recursively (as long as possible) to show all the internal objects by several lines. In conjunction with the basic selection mechanisms, the interface enables the top-down expansion of the program by *descending the program structure hierarchically*. Eventually the objects and nodes shown on the screen are defined by the requirements of the analyzing process and the user.

Although the user interface provides a comprehensive set of commands for the session-specific selection of objects to be represented on the screen, there is a high probability that the available space of the display is not sufficient. For this reason, *visualization techniques with a non-constant scaling factor* in the vertical axis are employed (see figure 2). Similar mechanisms have also been applied to the visualization of structured files [11]. In case of performance analysis, the whole displaying window is split into three disjoint sections with variable sizes. The area in the center of the window has a constant scaling factor and comprises all the objects the user is currently interested in. The area above has a exponentially decreasing scaling-factor, which means that a line becomes smaller and smaller the more it is represented near the top of the window. The same behavior holds for the region below the center area with respect to the bottom of the main window.

On the left side of figure 2, the scaling factor for each position of the vertical axis of the main window is shown. The main window itself is further subdivided into two vertical sections. The left section labels each line of an object or a node with a name. With the aid of indenting or other tree representation techniques, the hierarchical structure can be visualized. Depending on the scaling factor, the information lines for each represented object are drawn in the right section of the main window. The scaling factor also determines whether the complete information or a part of it is shown in both sections. If possible, the name is displayed on the left. Otherwise, a triangle is drawn by the interface that identifies an unlabeled sub-tree of the program hierarchy. The user interface provides further facilities which are comparable to *magnifying glasses*. These glasses can be moved within the main window and allow the user to inspect parts of the diagram with a user-defined magnification. A set of specific input commands accompany the wide-angle visualization and magnifying glass techniques. The order of nodes within the same tree level can be changed interactively by the user. For example, in figure 2 the position of the objects "object 3" and "server" could be switched. This yields in a rearranged tree with "server" and all its internal and visible objects to be drawn in the center section with a constant scale and vice versa.

With the interaction facilities described so far, the user is able to browse within the hierarchical structure of the distributed program and the set of processing nodes. A next step in the analysis process will be to identify the objects and nodes which satisfy a given criterion and which are worth to pay attention to. It depends on the evaluation scheme the user wants to apply to the execution traces, whether objects with much message traffic or objects that belong to the critical path should be analyzed next. For this purpose, objects and their lines will be colored by the user interface. By simply selecting a specific interpretation out of a set of predefined metrics, a appropriate coloring scheme will be used. In case of the number of messages an object or node exchanges, the color green for example could represent few exchanges, whereas red would signify a huge amount of message transmission within that entity. Each entity is also annotated with the exact value the metric yields for it.

More assistance during the analysis process can be provided by the user interface with the employment of animation techniques similar to those described in [4]. Such mechanisms improve the analysis process substantially. The dynamics of object behavior and interaction are very hard to extract from a static diagram, but dynamical aspects are of major importance to the performance analysis of distributed programs. Animation takes place at an early stage of the analysis session. When an user starts, he has normally no concrete notion where to begin the analysis and the whole diagram provided by the interface is far to complex to serve as a good starting point. Visualizing the most critical objects that have a long blocking time or belong to the critical path dynamically might give the user first insights. At any time, the animation of the event traces can be interrupted interactively and by using other navigation facilities the nature of the problem can be examined in depth.

By summarizing the set of possible input commands, three orthogonal dimensions can be recognized (see figure 3). All the interaction facilities provided by the interface can be issued by the user concurrently. Because the three dimensions of interaction serve different needs, one class of input commands is used more often in specific stages of the analysis process than others. Coloring and animation for example are used—as described above—in situations where the next steps to be taken are vague and not clearly identified. Such mechanisms fulfill not only navigational aspects. They provide guidance in the sense, that they incorporate—together with an adequate set of predefined evaluation schemes—sophisticated mechanisms which lead the user to small but critical portions of the overall diagram. To the contrary, the remaining input mechanisms of the interface are solely of a navigational type and can not be used for guidance. The quality of these facilities is determined by their ease-of-use and whether the most common tasks in performance analysis can be solved fast or not.

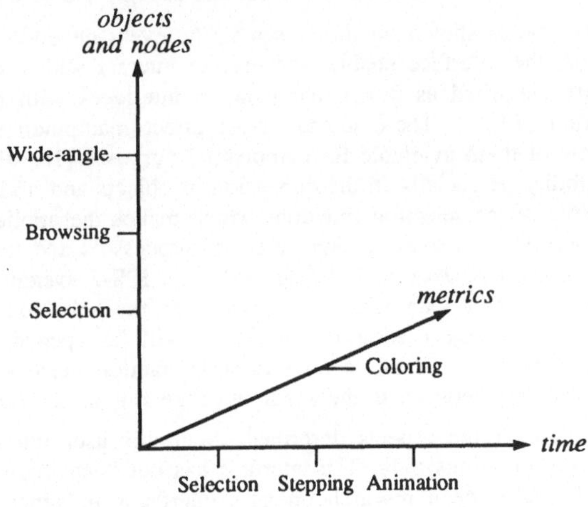

Fig. 3: Three dimensions of input commands

The number of windows which display the event dependency graph for a specified set of objects and nodes is not limited. One of the commands that can be applied to all the members of the set of selected objects is, to fork a new window that comprises all these entities. These different *views to the event dependency graph* are independent in the two interaction dimensions "objects and nodes" and "metrics" which means that commands out of these classes have no consequences to other windows except the one they have been applied to. In the third category of input commands "time", the user can specify whether or not he wants independence. In case two windows are independent, changes of the time slot of one window do not affect the other window. Otherwise, time changes are applied also to the second window. By this means, the risk of "getting lost in space" can be reduced by the user.

Getting lost in space is one of the major problems complex user interfaces have to cope with. The problem is inherent and is closely related to the flexibility the interface offers to the user. High flexibility yields a high probability of getting lost. Two strategies can be used to decrease this probability: *task-driven interaction with structural knowledge* and *coherence* between all the visualization mechanisms. In case of the performance analysis interface, the first strategy is embodied by all the interaction mechanisms that are based on the structural hierarchy of the distributed programs. It is definitely easier to work on a complex object tree with the knowledge of the program hierarchy. The second strategy means, that relations between entities on the screen which are important for the user's task should be visualized automatically or on request. For example, if a user selects a specific object in one of the windows, this object will be highlighted and all occurrences of this objects in other windows will be highlighted too. Coherence within the user interface is normally not visible but makes the interaction with the user smooth and because of its importance, it is one of the substantial requirements that have to be addressed.

The notion of *interaction* is of major importance for the user interface. Interaction means fast or at least reasonable response time on user input and ideally no need for a preprocessing phase. Therefore, all the evaluation algorithms and data structures depend on the environment the tool is designed for, whether it is batch-like or interactive. Global results such as critical path analysis can not be computed within a few seconds out of several MBytes event traces. A simple solution is to provide only functions that can be answered within seconds. It is a challenging problem to find out whether such a comprehensive and interactive set of inputs functions can be defined or not. Alternatively, the interface software has to inform the user if time-consuming operations are initiated. All these functions can be interrupted and their execution can be put into background by the user.

The main graphical entity that is shown on the screen is the event dependency graph which can be manipulated directly. Thus, the interface enables the user to interact with a diagram and animate it. Interfaces of this type are classified as direct manipulation interfaces with respect to the nature of human-computer interaction [17,22]. There already exist direct manipulation interfaces for performance analysis tools, some of them available for commercial purposes [16,19]. Most of the interfaces provide only limited flexibility. Especially in the dimension of objects and nodes, no tool except IPS-2 [16] offers a comprehensive set of selection functions which makes the application to large distributed systems complicated. Many tools solely address a set of processors and the communication media (e.g. Hyperview in [19], pp. 26 or Axe in [19], pp. 25). The IPS-2 system visualizes the program hierarchy and it provides a direct manipulation interface for the selection of objects the user is interested in. For each selected object additional windows will be opened containing the analysis results in tabular or graphical form. There is no further interaction besides object selection in the system and the coherence problem between all the windows of the tool has not been addressed yet.

It has to be mentioned, that all the aspects described about this user interface for a performance analysis tool are design considerations only. The interface has not been implemented yet. Part of the overall research project has also been research on user interfaces in general and their design and implementation. As one result, a user interface development system (IUICE) has been designed and implemented [23,24]. It is currently discussed to implement the interface by using the IUICE system.

5. References

[1] Agha, G. 1986. *A Model of Concurrent Computation in Distributed Systems*. MIT Press.

[2] Biggerstaff, T. and Richter, C. 1987. *Reusability Framework, Assessment, and Directions*. IEEE Software, March, pp. 41-49.

[3] Black, A., Hutchinson, N., Jul, E., Levy, H. and Carter, L. 1987. *Distribution and Abstract Types in Emerald*. IEEE Trans. Softw. Eng. SE-13, 1 (Jan.), 65-76.

[4] Brown, M.H. 1988. *"Exploring Algorithms Using Balsa-II"*. IEEE Computer, Vol. 21, No. 5, pp. 14-36.

[5] Buhler, P. and Wybranietz, D. 1990. *The COIN Programming Environment for Distributed Systems*. To appear in Proc. of the IEEE Workshop on Experimental Distributed Systems, Huntsville, Alabama.

[6] Buhler, P. 1990. *The COIN Model for Concurrent Computation and its Implementation.* Microprocessing and Microprogramming 30, North Holland, pp. 577-584.

[7] Buhler, P. and Wybranietz, D. 1989. *Tools for Distributed Programming in the INCAS Project.* Microprocessing and Microprogramming 27, North Holland, pp. 199-206.

[8] Cox, B.J. 1986. *Object-Oriented Programming: An Evolutionary Approach.* Addison Wesley.

[9] Foley, J.D., Van Dam, A. 1984. *"Fundamentals of Interactive Computer Graphics".* Addison-Wesley

[10] Frenkel, K.A. 1988. *"The Art and Science of Visualizing Data".* Communications of the ACM, Vol. 31, No. 2, pp. 111-121.

[11] Furnas, G.W. 1985. *"The FISHEYE view: a new look at structured files".* Bell Laboratories Technical Memo, Murray Hill, New Jersey.

[12] Graham, S.L., Kessler, P.B., McKusik, M.K. 1982. *"gprof: A Call Graph Execution Profiler".* Proc. of the SIGPLAN '82 Symposium on Compiler Construction, SIGPLAN Notices, Vol. 17, No. 6, pp. 120-126.

[13] Haban, D. and Wybranietz D. 1990. *Hybrid Monitor for Behavior and Performance Analysis of Distributed Systems.* IEEE Trans. Softw. Eng. SE-16, 2 (Feb.), pp. 197-211.

[14] Hofmann, R., Klar, R., Luttenberger, N., Mohr, B and Werner, G. 1988. *An Approach to Monitoring and Modeling of Multiprocessor and Multicomputer Systems.* Proc. of the Int. Seminar on Performance of Distributed and Parallel Systems, Kyoto, pp. 91-110.

[15] Mayer, B. 1988. *Object-Oriented Software Construction.* Prentice Hall.

[16] Miller, B. P. Morgan, C., Hollingsworth, J., Kierstead, S., Lim, S.-S.,Torzewski, T. 1990. *"IPS-2: The Second Generation of a Parallel Program Measurement System".* IEEE Trans. on Parallel and Distributed Systems, Vol. 1, No. 2, pp. 206-217.

[17] Myers, B.A. 1989. *"User-Interface Tools: Introduction and Survey".* IEEE Software, Vol. 6, No. 1, pp. 15-23.

[18] Nehmer, J., Haban, D., Mattern, F., Wybranietz, D., and Rombach, H.D. 1987. *Key Concepts of the INCAS Multicomputer Project.* IEEE Trans. Softw. Eng. SE-13, 8 (Aug.), pp. 913-923.

[19] Nichols, K.M. (1990), *"Performance Tools".* IEEE Software, Vol. 7, No. 3, pp. 21-30.

[20] Reader, G. 1985. *A Survey of Current Graphical Programming Techniques.* IEEE Computer, Vol.18, 8 (Aug.), pp. 11-25.

[21] Scott, M.L., 1987. *Language Support for Loosely Coupled Distributed Programs,* IEEE Trans. Softw. Eng. SE-13, 1 (Jan.), pp. 88-103.

[22] Shneiderman, B. 1987. *"Designing the User Interface".* Addison-Wesley.

[23] Sturm, P. 1990. *"IUICE: An Interactive User Interface Construction Environment."* Proc. of Eurographics/ESPRIT-Workshop on User Interface Management Systems and Environments, Lisbon, Portugal.

[24] Sturm, P. 1990. *"The IUICE System for Interactive Development of Graphical User Interfaces".* To appear in Proc. of the European X Window System Conference (EX), London, United Kingdom.

[25] Wybranietz, D. and Buhler, P. 1989. *The LADY Programming Environment for Distributed Operating Systems.* PARLE'89 Proceedings. Springer-Verlag, LNCS 365, 100-117. (Also to appear in Future Generation Computer Systems Journal).

[26] Yonezawa, A. and Tokoro, M., Eds. 1987. *Object-Oriented Concurrent Programming.* MIT Press.

Integrating Monitoring and Modeling to a Performance Evaluation Methodology

Richard Hofmann, Rainer Klar, Norbert Luttenberger,*
Bernd Mohr, Andreas Quick, Franz Sötz
Universität Erlangen-Nürnberg, IMMD VII,
Martensstraße 3, D-8520 Erlangen, West Germany
*IBM European Networking Center,
Tiergartenstraße 8, D-6900 Heidelberg

Abstract

This paper presents a comprehensive methodology for monitoring and modeling parallel and distributed systems systematically. The integration of models, measurements, and evaluators to an efficient set of performance evaluation tools is described. Three typical tools are presented. One of them is the distributed hardware and hybrid monitor ZM4, another is the monitor independent and source related event trace interface POET/TDL. Both were developed at the Universität Erlangen-Nürnberg. As a modeling tool stochastic Petri-nets have been used. These tools have been used for analyzing the performance of multiprocessor and multicomputer systems. Here, they are applied in a case study for performance analysis and improvement of a communication subsystem prototype for B(roadband)-ISDN that was developed by IBM's European Networking Center. The measurement results give some interesting hints concerning the prototype's architecture which helped to improve the communication subsystem. Measuring the existing communication subsystem was accompanied by models for predicting the performance of modified ones.

1. Introduction

The performance of multiprocessors and distributed systems is highly dependent on the achieved degree of parallelism and the efficiency of their communication systems. Both, efficiently parallelizing big jobs and successfully designing high-speed communication systems, need insight in the dynamic behavior of activities in at least two computers at a time. This paper presents a methodology for supporting the design and the improvement of complex hardware and software systems consisting of more than one computer. The essential premise of this methodology is the fact that today we are no longer running short of hardware resources, but ask how to achieve a desired functionality. As a consequence, resource-oriented models like queueing network models — which regard activities abstractly as consumers of service time — are often superseded by function-oriented models which explicitly model the functional interdependence of activities and their competition for resources. Some aspects of this methodology have already been published in the context of improving parallel algorithms in multiprocessor systems [HKLM87], [HKL+88], [KMQ89], [SW90], [Sot90]. Here, we show that the same methodology is suited for improving the communication in distributed systems.

The features of our approach are:

- Modeling and Monitoring are integrated to one comprehensive methodology. Both rely on the same abstraction of the dynamic behavior, i.e. the same activities and events. The models support systematic monitoring and the monitored results help to validate the models.
- Function-oriented monitoring and modeling provide insight and abstract the dynamic behavior to an event trace with a manageable number of interesting events.
- Event-driven monitoring is specified in an intelligible way based on problem-oriented identifiers, e.g. source related events.
- Using hybrid monitoring leads to minimal interference with the object system. It is reduced to initiating event tokens by software. Event collection is done by a hardware monitor.
- The distributed architecture of the hardware monitor together with a common monitor clock makes the methodology applicable to arbitrary multiprocessors and distributed systems.
- Since there is a strong commitment to make the theoretical considerations fruitful for real world problems, research is accompanied by development of respective hardware and software tools. These tools are not isolated but cooperate in a modular environment.

Summarizing this list of features we present a concept for increasing the efficiency of implementations systematically. The basic idea of our performance evaluation strategy is to specify performance monitoring in terms of a functional model, in our case precedence graphs or Petri-net models. This approach has two advantages: it strongly ties together system specification, development, and performance test and integrates both, functional modeling and performance monitoring. This integrated concept is a result of a research project sponsored by Deutsche Forschungsgemeinschaft (DFG).[1] Also the distributed hardware and hybrid monitor system ZM4[2] and the principles of object- and monitor-independent event trace handling in the evaluation environment SIMPLE are first results of that research project.[3]

A cooperation of Universität Erlangen-Nürnberg and IBM-ENC gives the opportunity to test the methodology in a real application: the event-driven monitoring methods and evaluation tools, and also the functional and the performance models are thoroughly checked in applying it to IBM's prototype communication subsystem for Broadband-ISDN (B-ISDN).

In the following section we describe the principal properties of our methodology. Section 3 shortly presents three essential aspects of our monitoring concept, the hardware architecture of the distributed monitor system ZM4, the event trace-oriented evaluation environment SIMPLE, and the way we achieve a problem-oriented and monitor-independent trace decoding and interpretation. The case study in section 4 begins with an overview over the BERKOM B-ISDN project, the environment in which our case study was performed. As a workload we use the remote access to rasterized images via the BERKOM net and show how the communication subsystem is analyzed by monitoring and a functional Petri-net model.

---

1 This research has been done in subproject C1 *(measurement, modeling, and performance evaluation of multiprocessors and computer networks)* which is part of DFG's Sonderforschungsbereich 182 *(multiprocessor- and network-configurations)* at Universität Erlangen-Nürnberg.

2 ZM4 is the German abbreviation for Counting Monitor 4 *("Zählmonitor 4")*.

3 There are many other research projects dealing with monitoring multiprocessors and distributed systems. Some representative European projects are TOPSYS in Munich [Bem88], M[3] in Zürich [BM89], TMP in Kaiserslautern [WH88], and NETMON in Karlsruhe [ZZ88].

2. Event-Driven Monitoring of Distributed Systems

2.1. Monitoring — Fundamentals

Monitoring is either time-driven or event-driven. Time-driven monitoring (sampling) only allows statistical statements about the program behavior. Event-driven monitoring, however, reveals the dynamic flow of program activities represented by events. An **event** can be a particular value on a processor bus which is detected by a hardware monitor or a certain point in a program. Neglecting pure hardware monitoring, the definition of events is always done by inserting instructions just for supporting measurement. These measurement instructions write event tokens to a hardware system interface which is available for a hardware monitor (hybrid monitoring) or into a reserved memory area of the system to be monitored (software monitoring). In our project **hybrid monitoring** is emphasized. The system to be measured is called **object system**. The insertion of measurement instructions is called **instrumentation**[4]. The instrumentation defines which events are recognized by the monitor.

In monitoring each occurring event produces a respective event token and optional parameters. The time recorded together with each event token (**time stamp**) does not reflect a duration, but the acquisition time of the event (the time when the event was monitored). This time stamp is generated by the monitor and assigned to each event as an attribute. Event token, parameters, and time stamp are stored in an **E-record**.

A state limited by two events is called **activity**. Any number of other events can occur between the start-event and the end-event of an activity. An activity's duration, however, is defined as the difference between the time stamps of its end- and start-event.

As the intention of monitoring in our case is to get a view of the functional behavior, reasonable events are entry and exit of functional building blocks and event-driven monitoring is the appropriate technique.

With this method of monitoring the whole flow of the program — abstracted to events — can be recorded and an intelligible problem-oriented reference (e.g. source reference)[5] to the monitored program can be found. Each recorded event token can be clearly assigned to a point in the program. Thus the evaluation can be done on a level familiar to the developer (the level of problem-oriented description of an algorithm). For instance, instrumenting a process-oriented operating system, e.g. UNIX, at locations which indicate entering and leaving of process states [Qui89] completely reveals the dynamic behavior of the processes on the chosen abstraction level. And instrumenting a network protocol reveals what time is spent in the different protocol layers.

The essential questions, however, which occur in event-driven monitoring, are:

- What is the aim of measurement?
- Which events are necessary for describing the functional behavior?
- How should the events be defined, i.e. where should the program be instrumented such that the functional behavior of the program can be reconstructed and the evaluation can solve the given problem?

---

4 This kind of instrumentation is literally a *software instrumentation* in contrast to hardware instrumentation which provides probe interfaces. Software instrumentation is not necessary in sampling and therefore always implies the use of event-driven monitoring.

5 In many cases identifiers in the source code of the object program like procedure names are already intelligible problem-oriented references. Then, "problem-oriented" and "source reference" are synonymous. Sometimes an interesting event has no problem-oriented identifier as a counterpart. Then, it is necessary to give the respective event a problem-oriented name which is not yet defined in the source code of the object.

Answering these questions is the prerequisite for successful event-driven monitoring. First, the aim of measurement determines what to measure. "The most important questions to be answered before attempting to monitor a machine are *what* to measure and *why* the measurement should be taken"[Nut75]. Second, events which indicate begin and end of interesting activities have to be defined and instrumented in such a way that it is possible to reconstruct the **functional behavior of the object program** in the level of abstraction given by the measurement's aim and to easily detect these interesting activities.

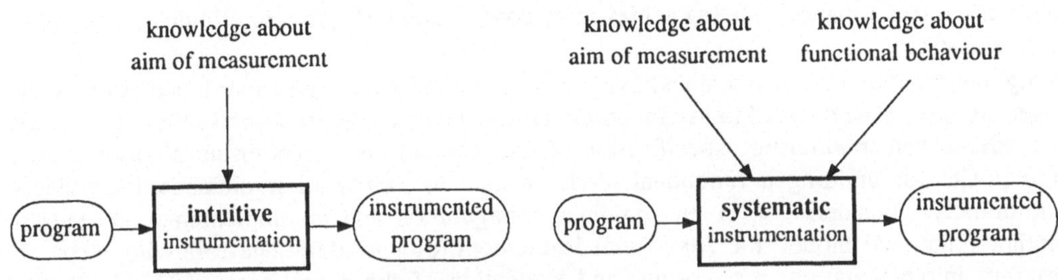

Figure 1: Program instrumentation

Therefore, being able to define events systematically (fig. 1, right) one needs

- knowledge about the aim of measurement and
- precise formal knowledge about the functional behavior of the object program in an adequate level of abstraction.

As in most cases one does not have exact but only incomplete knowledge about the functional behavior, the instrumentation is often done intuitively (fig. 1, left).
In order to not being restricted to only intuitive instrumentation of a program, which cannot be supported automatically by tools, a solution was developed for a systematical instrumentation. It is based on a model of the program to be monitored. This solution is presented in the following section.

2.2. Model-driven Monitoring

In this section, the close connection between monitoring and modeling as well as a technique for systematical instrumentation and model-driven monitoring are described [KQS90].

Let us first consider what kind of model is appropriate here. One distinguishes between two types of performance models, namely resource-oriented models and function-oriented models. The most prominent representatives of the **resource-oriented models** are the queueing network models. Here, a system is modeled as a network of service stations and their waiting queues. Actions in a system appear only abstractly as consumers of service time; services are requested in a deterministic or stochastic sequence. Modeling a system in this way requires a conscious abstraction from all inner and outer functions a system has to fulfill. Obviously, this way of modeling is reasonable whenever this abstraction is reasonable. If e.g. the capacity of a mainframe server is to be planned it makes no sense to reason about functions contained in the application programs to be run on this system, for these functions will often change and are normally not known, and if (as often is the case) balancing system usage is the goal of the analysis, system functions are of minor interest.

Summing up: resource-oriented performance models reflect performance under the aspect of resource shortage, it is abstracted from system functions.

Function-oriented models are first of all workload models. They describe the inner functionality of a workload's programs by a functional program model in terms of sequential and/or concurrent tasks. However, resource characteristics may not be totally omitted in function-oriented models. For performance modeling a given workload's functional program model must be supplemented by frequency and timing of the tasks with respect to the available resources. Summing up: function-oriented performance models help to understand an observed performance as being achieved by cooperating tasks on a multitude of interlinked service stations.

Being interested in the functional and dynamic behavior of parallel and distributed systems and in getting insight we decided to use function-oriented models. Figure 2 shows their application in model-driven monitoring: specification of the problem and selecting an algorithm are a prerequisite for building a functional model which disregards all implementation aspects. Additionally, considering a given computer configuration and an implementation leads to another functional model, the **functional implementation model**. The following steps are program implementation, monitoring, and evaluation of the event traces. The evaluation provides overall results for validation and detailed performance parameters for assigning realistic time attributes to the performance model. The performance model supports validation and may be used for predicting the performance of alternative implementations.

The functional implementation model forms the basis for the implementation of the program and for the **monitoring model**. The monitoring model is a subset of the functional implementation model. It describes the functional dependence of the implemented program on that level of abstraction, on which the program is to be monitored. The chosen level of abstraction is determined by the aim of measurement and the intention of the program analysis. In this model the same problem-oriented identifiers are used as in the program.

As shown in fig. 2 the instrumented program results from the program already implemented and the monitoring model. Running the instrumented program, i.e. execution and measurement, provides an event trace as a result. The evaluation is done off-line after the measurement with the evaluation environment SIMPLE [Moh90] which allows to evaluate the event trace under functional and performance aspects.

2.2.1 Modeling

We consider three kinds of function-oriented models. The functional properties of an algorithm, which determine the functional behavior of a program, can be described by a **functional program model**. Mapping the functional program model onto different system architectures leads to various implementations which can also be modeled (**functional implementation model**). Adding timing to a functional model leads to a **performance model** [Lut89]. Performance models are a prerequisite for predicting the performance of not yet implemented algorithms. These predictions are only accurate if the functional properties of the model and the estimated time parameters are correct. Time parameters, however, are hard to predict or estimate correctly. Therefore we suggest to combine modeling and monitoring in such a way that monitoring determines time parameters for the model. Monitoring can provide realistic time parameters for the modeled activities if the timing of respective activities can be measured in already existing implementations.

The model can be a graph model (data dependence graph, task precedence graph, implementation scheme [Kle82]) in which the program parts correspond to the nodes and their

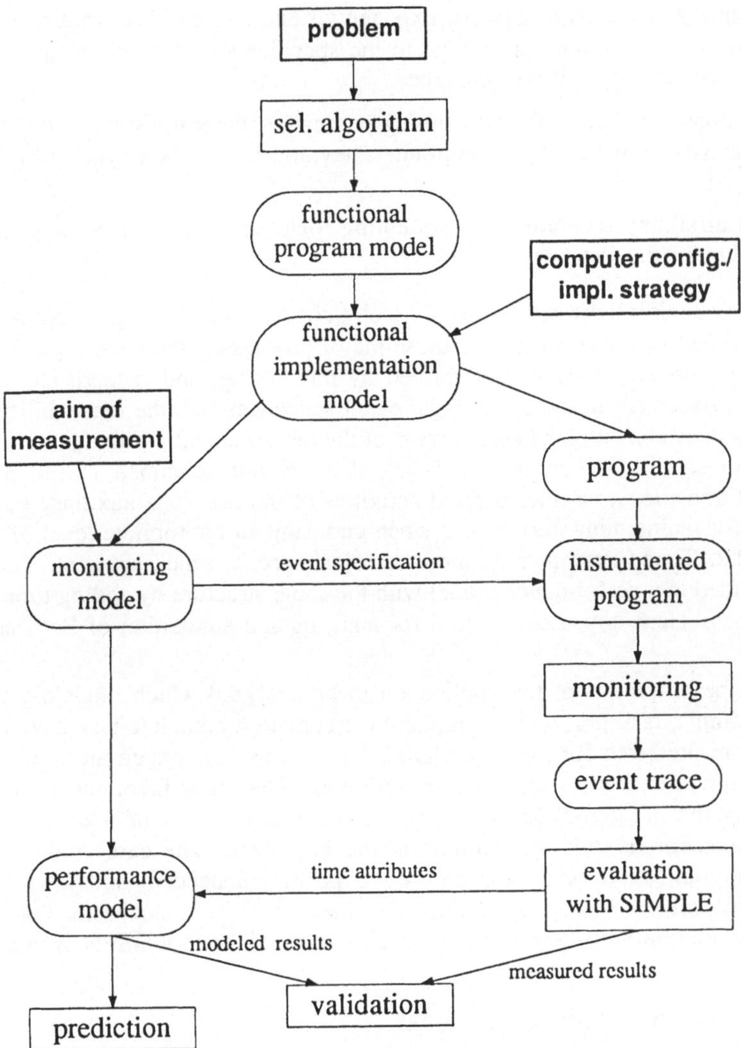

Figure 2: Model-driven monitoring

interdependence to the arcs. In [Sah86] task precedence graphs are used for modeling and evaluating parallel programs. Modeling tools have been developed for evaluating series-parallel program structures (SPASS) [Pin88] with arbitrarily distributed execution time and for evaluating arbitrary program structures based on approximated state space analysis (PEPP) [Sot90]. Other ways of describing concurrency are CCS [Mil80] and CSP [Hoa85]. A timed model for CSP is given in [RR88].

Another approach are models based on Petri-nets. For analyzing the dynamics of a system, Petri-nets in their basic definition are not the appropriate tool. Instead, *timed* Petri-nets are needed. We follow the approach given in [MBC86]. In this approach, every transition of a place/transition net has a timing parameter that gives the time that elapses before an enabled transition actually occurs. In [MBC86] this timing parameter is deterministic (including

constantly 0) or stochastic with negative exponential distribution. We want to modify these definitions to make them more appropriate to the specification of monitoring.
We distinguish between two transition types:

- **timed transitions** with unknown timing parameter (deterministic or stochastic) representing activities of the object program. They appear as a box symbol in the Petri-net graph, and
- **timeless auxiliary transitions**, representing logic conditions. They appear as a thick bar symbol in the Petri-net graph.

Timed Petri-nets having these semantics are well suited for monitoring specification for two reasons: first, timed transitions **identify** those major processing steps (activities) in a system whose timing parameters must be determined by monitoring, and second, ensuring that all measured event traces are in the set of legal event sequences (i.e. the reachability tree of the Petri-net) helps in establishing the **correctness** of the measurement. With auxiliary transitions, additional logic conditions can be expressed, that are not contained in the flow relation between timed transitions, i.e. the selected activities of interest. The auxiliary transitions are a prerequisite for maintaining correctness when choosing an appropriate level of abstraction, see section 2.2.2. Timed Petri-nets do more than just specify a measurement. The functional model is expanded to a performance model with the same structure by adding time parameters to the transitions. Here, too, exists a tool for analysis and simulation of Petri-nets (GSPN) [Chi87].

It depends on the properties of the application to be analyzed which modeling technique is suited. For example, task precedence graphs must contain a complete task execution history and are therefore preferred for modeling parallel programs. In concurrent applications there is no predetermined execution sequence of activities. Here it is favorable to use Petri-nets for representing the program's functional properties and the flow of tokens for describing the dynamic behavior of tasks (transitions in the Petri-net). The case study of this paper analyses a communication system where two a priori independent subsystems cooperate. This concurrent problem has been prepared for monitoring by a stochastic Petri-net model. Performance prediction with Petri-net models by means of the tool GSPN is under work.

2.2.2 Choice of the abstraction level

It is convenient to discuss the idea of different abstraction levels from a monitoring point of view. In most cases only a subset of the functional implementation model will be used for monitoring. Therefore, another model, the **monitoring model**, is derived from the functional implementation model (see fig. 2). This model describes the flow of the program on a level of abstraction[6] desired for measurement and performance evaluation. The level of abstraction described in a monitoring model depends on the intention of the analysis. The monitoring model should be made based on the question "Which conclusions should be drawn from the event traces monitored?" Thereby it is useful to first model and observe the flow on a coarse level, e.g. process level. This is done in order to analyze process concurrency, process interdependence and process interaction and not — as is usually done in profiling — to instrument all procedures at the same time. The event traces from the latter measurements are hardly evaluable; the relation and interdependence between processes can mostly not be

6 The idea of analyzing parallel programs in different levels of abstraction is also called "analysis using multiple views" [LMCF90].

recognized because of the intractable flood of events. Therefore stepwise refinement, usually used in software engineering, should also be applied for monitoring.

Five levels of abstraction are used in [HD89] for analyzing parallelism in sequential programs. Here, these levels are used for analyzing and monitoring parallel programs and communication subsystems:

- independent processes
- functionally dependent parts of a program
- procedures, modules
- loops, iterations
- statements

These five levels of abstraction are a reasonable approach. However, we suggest to use them in a **mixed level mode**. This gives the opportunity of not restricting the analysis to exactly one of these levels, but to analyze the overall program and program phases of special interest in one model (or one measurement) at more than one level of abstraction. For instance, it is often reasonable to embed the detailed measurement (low level of abstraction) of one module's internals into a coarse measurement (high level of abstraction) of the overall program behavior in terms of module activities. With this method a local refinement can be realized and the measurement can be performed very close to the user's intention. This concept of mixed level modeling and monitoring reduces the overhead compared with fully automatic approaches like IPS-2 [MCH$^+$90].

In the IPS-2-system the following levels for program analysis are distinguished: whole program level, machine level, process level, procedure level, and primitive activity level. The IPS-2-system helps to automatically guide the programmer to the location of program bottlenecks. The respective analysis have to be done at one of the levels mentioned. Let it be the procedure level. Then procedure calls are events of interest and the user does not have to specify which events shall be recorded. However, the overhead of monitoring increases — like profiling — with the frequency of procedure calls.

We feel that being forced to specify where to refine due to the knowledge about tasks/activities of interest is more than compensated by the advantage of small overhead and negligible alteration of the object. The latter aspect is essential in parallel systems, where delays by monitoring instructions can modify the dynamic behavior significantly. We support this idea of mixed level analysis by tools for instrumentation and modeling.

2.2.3 Systematic Instrumentation

Instrumenting a program for event-driven monitoring means not only defining events but also defining a **level of abstraction**. The instrumentation and therefore the chosen level of abstraction defines which aspects and details of a program are of interest and shall be observed. Obviously, the instrumentation must be adequate to the aim of measurement and the intention of the performance evaluation. The more measurement instructions are inserted in the program to be monitored, the lower the level of abstraction gets, the more detailed is the monitored event trace, which represents the flow of the program. However, more details and a higher number of events not necessarily support a better understanding. It is a kind of an art to find the appropriate level of abstraction, i.e. to find the (hopefully few) important events out of the flood of possible events.

Here the relationship between monitoring and modeling is obvious: both techniques are based on the same level of abstraction. In the same way as modeling describes the flow by model states and their transitions, monitoring describes program phases by inter-event intervals (i.e. activities) and their transitions by events.

Due to the very close connection between the flow description in modeling and monitoring it is desirable to use the same level of abstraction for the model and for the instrumentation. In order to gain an instrumentation on a defined level of abstraction, the instrumentation should be based on the **functional implementation model**. In most cases only a subset, the monitoring model, will be used for monitoring (defined in section 2.2.2). This simplifies the concept of the instrumentation, as the important phases of the program are regarded as atomic actions and represented by states in the model. In this case the difficult question of how to instrument a program is implicitly already answered by the monitoring model, and it is tempting to derive the instrumentation automatically from the model.

Thus, instrumentation needs no longer be an intuitive action[7], it may be done systematically. A systematic procedure offers two great advantages:

- The instrumentation of a program can be carried out automatically and with the support of tools.
- The necessary input parameters for a performance model, e.g. runtime distributions of program phases or transition probabilities between them, can be derived from a measured event trace.

Modeling is usually done with estimated parameters. If there exists a measured event trace from a typical implementation, the estimated parameters can be substituted by more realistic ones.

The systematic model-driven instrumentation guarantees by construction the same level of abstraction in the monitored event trace as in the model. A bijective function is possible between the model events (transitions of the states of the model) and the measurement events. Therefore, no distinction is made between the **model event** and the **measurement event**.

There are two approaches to preparing systematic instrumentation. One starts from a program graph which specifies the object program's structure, the other starts from an already existing program and uses formally recognizable entities like procedures for establishing a model. Powerful tools are PEPP (*P*erformance *E*valuation of *P*arallel *P*rograms) [Kie90] and AICOS (*A*utomatic *I*nstrumentation of *C* *O*bject *S*oftware) [Ber88], [Mil90].

PEPP supports an interactive construction of a graph model which represents activities and their precedence relations. The graph model is the base for automatic instrumentation of a program. The nodes of the graph are identified with procedures in the program. Node and procedure names need be identical. Then PEPP generates a command file for automatic instrumentation with AICOS. AICOS provides automatic and menu-driven manual instrumentation of programs written in C.

The **automatic instrumentation** mainly relies on the **procedure** as a formally recognizable program element. It is possible to either instrument a procedure itself or a procedure call by start- and end-events. The first approach leads to an event trace containing start- and end-events whenever the procedure is entered or left, the second approach provides an event trace containing only those start- and end-events which belong to the specified call-environment.

---

7 Intuition, however, is still involved since building a model always includes intuitive deliberations.

The **manual instrumentation** relies on instrumenting lines in the C-Code. Therefore, it may be used as an instrumentation technique for all five levels of abstraction described in section 2.2.2, while the automatic instrumentation is restricted up to now to the procedure level.

Another approach is *i*nstrumenting an *o*perating *s*ystem (IOS). This is an approach for analyzing arbitrary programs by monitoring their system activities. These programs need not necessarily be available in source code. The idea is to look at the dynamic execution of a program at the level of independent processes. This method may be applied to any operating system. We have implemented it for a parallelized version of the operating system XELOS [Hof89b] as an operating system option which provides automatic and parallel tracing of processes in a multiprocessor system [Qui89].

2.2.4 Feedback between monitoring and modeling

Another advantage of our method is the direct feedback between the monitoring results and the model. By abstracting the flow of a program to a trace of events, the flow might not only be described incompletely, but even incorrectly. Therefore it is absolutely necessary to validate the model with the help of the monitoring results. Due to the identical level of abstraction in monitoring and modeling some validation is possible, and it can be checked if the functional behavior of the program's model matches with the monitored behavior of the program.

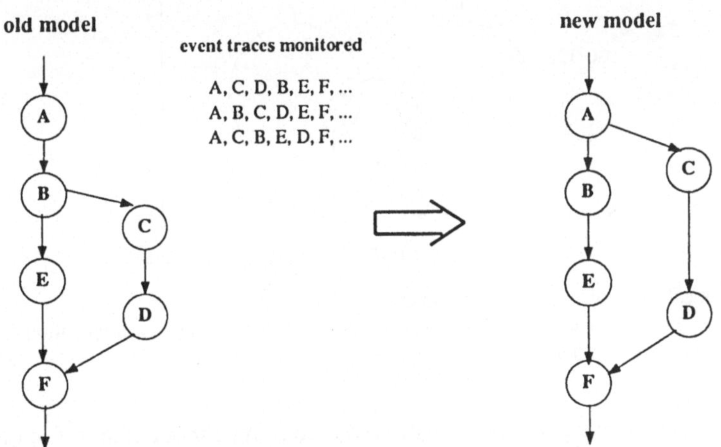

Figure 3: Correcting the model with the help of the measurement results

An example of influencing a model by monitoring is shown in fig. 3. The original instrumentation model in fig. 3 (left) defines the activities A to F as atomic actions and it defines precedence relations between the activities. It assumes that first the activities A and B are executed and then activity E is executed in parallel with the activities C and D. After this activity F is executed.

The measurement of the respective program, in which all entries to program activities are instrumented, leads to a set of traces. These traces show that activity C is sometimes carried out before and sometimes after activity B. The measurement shows that the original implementation model reflects the system behavior incorrectly. The measurement helps to correct the model with regard to the measured traces.

There are two kinds of feedback between monitoring and modeling, i.e. for bringing monitoring into line with modeling and vice versa.

- If it may be assumed that there is a correct implementation which is to be described by a model, then the *original model* has to be adapted to the implementation. (See above in fig. 3)
- If a specification given in a model is correct and should be implemented, then the *implementation* must be changed according to the model.

2.3. Peculiarities of Monitoring Distributed systems

A distributed system is a MIMD-architecture with an arbitrary number of not necessarily identical processing nodes and with interprocessor communication via a network. The nodes are not locally concentrated in one room but distributed over a closer (LAN) or wider (WAN) geographical area. The simplest type of a distributed system (ideal type) consists of two processing nodes which are connected by a network, see fig. 4.

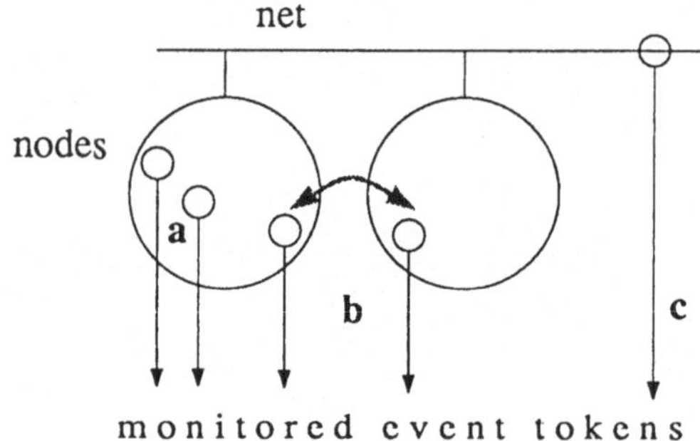

Figure 4: Ideal Type of a Distributed System
a) monitoring internal activities of a node b) monitoring communication activities
c) network monitoring

Monitoring a distributed system may be restricted to looking either at the traffic on the network (network monitoring) or into the processing nodes (node monitoring). Node monitoring means on the one hand monitoring internal activities in **one** node, see fig. 4a. On the other hand one can simultaneously monitor internals of two communicating nodes in order to reveal sequence and timing of the two interacting communication protocols, see fig. 4b. This approach was chosen in the case study of section 4. Since there usually exists a misproportion of the network's and the communication system's performance, and because of the fact that there exist interdependent activities on different nodes, it is often sensible to monitor **network and nodes** at the same time.

The aim is understanding and quantifying the relationship between activities on different nodes and getting a global view of the activities in all nodes of interest. Our approach to solving this distributed system problem is to endow the monitor with a distributed architecture, too. However, a distributed monitor will neither provide a globally valid view nor precise timing unless respective provisions are made (see section 3).

3. The Distributed Hardware and Hybrid Monitor ZM4

Our aim was providing a monitoring method with the following **fundamental (f_i)** and **pragmatic (p_i)** features:

f 1 The correct sequence of monitored events shall be guaranteed not only for object systems with message passing communication (SEND/RECEIVE) but also for objects communicating via shared variables (READ/WRITE).

f 2 The correct sequence of monitored events shall be guaranteed not only for multi-node object systems with but also without a common global clock.

f 3 The monitored events shall be accompanied by high resolution time stamps in order to enable measurements of arbitrary small event distances.

f 4 The evaluation of event traces shall not depend on specific monitoring or recording formats but shall be monitor independent.

f 5 The evaluation of event traces shall not depend on the interesting object system but shall be object independent.

p 1 The evaluation of event traces shall be easily done for a multitude of result representations.

p 2 The result representations shall be intelligible in terms of problem-oriented identifiers.

The monitor system ZM4 and the evaluation system SIMPLE have these features.
ZM4 is a distributed hardware monitor which monitors an arbitrary number of objects at the same time. Combined with the mentioned instrumentation tools it works as a hybrid monitor, too. It records event tokens and optional parameters and assigns globally valid time stamps to them. An event token, parameters, and time stamp form an E-record. The E-records are sequentially stored as event traces.
During the definition of the ZM4 concept we could rely on our experiences made with preceding monitoring projects: the first two monitors ZM1 and ZM2 [Kla71], [KSW75], [Sch78] were directed to monitoring one-processor systems, and their main achievement was the use of automatic comparators for event detection, a technique found today in many logic analyzers and called "transitional recording". The third monitor ZM3 [FHH+83], [Kla81] was used for measurements at locally concentrated multiprocessor systems; it used up to eight independent automatic comparators that fed eight streams of E-records in real time into a hardware FIFO device which merged the local event traces instantaneously into one global trace.

3.1. Hardware Architecture of the ZM4

The ZM4 is a master/slave configuration consisting of one central control and evaluation computer "CEC", a variable number of distributed monitor agents, and a monitor network (fig. 5) [Lut89], [HKL+88]. In this configuration, the master, the monitor network, and the distributed monitor agents can be looked at as a general monitoring infra-structure while the dedicated probe units DPU are specialized devices, developed and built at the university's laboratory [Hof90a].

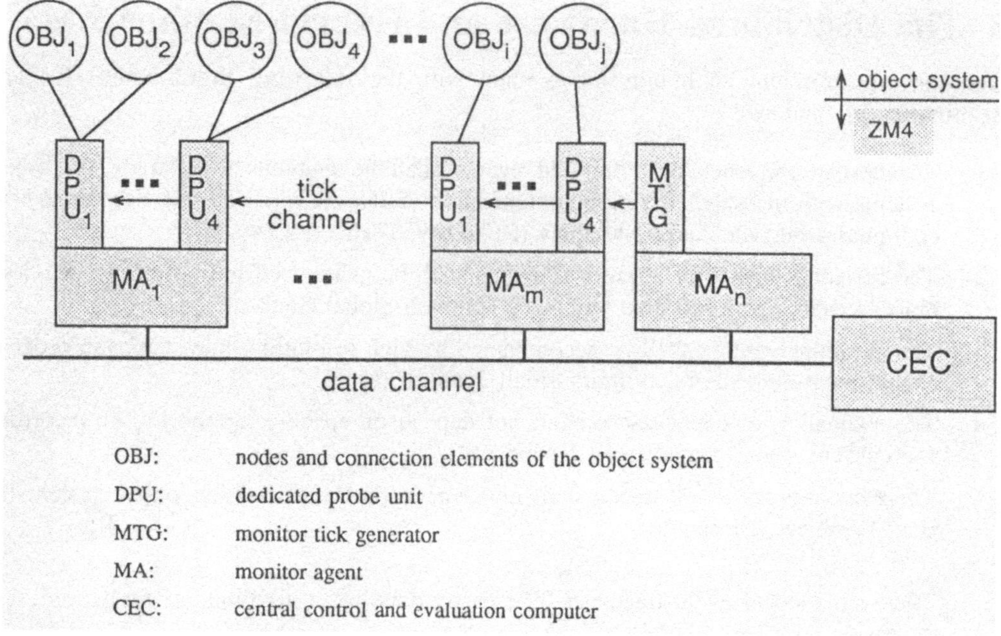

Figure 5: ZM4: hardware architecture

The monitoring infra-structure is built from standard components as far as possible: the CEC may be an arbitrary UNIX computer,[8] and the monitor agents are PCs. The monitor network consists of a data channel and a tick channel: the **data channel** is used for passing commands and parameters from the master to the slaves and for passing data (event traces) from the slaves to the master. Over the **tick channel**, all slave clocks are synchronized by the monitor tick generator MTG. The data channel is also built from standard components (ETHERNET according to IEEE 802.3 with coaxial cable), while the tick channel is our own development [Hof89a], [Hof90b], [Hof90c].

3.2. Software Architecture of ZM4: SIMPLE

The software architecture SIMPLE[9] is determined by the three aims **distributed monitoring, problem-oriented interpretation**, and **monitor independent evaluation.** Distributed monitoring is coped with by a component for merging an arbitrary number of local event traces into one "global trace". Problem-oriented interpretation is supported by a *t*race and event *d*escription *l*anguage TDL. Monitor independent evaluation is possible by combining TDL with a *P*roblem *O*riented *E*vent *T*race interface (POET)

Based on these principles we conceived a modular open-ended environment of software tools for trace administration, interpretation, filtering, clustering, statistical evaluation, flow-oriented evaluation, modeling, and visualization. A subset is already operational, see figures 9, 10, 11. Again, as in the hardware architecture, it was our aim to use as many standard software

8 At the moment we use a 32-bit minicomputer (HP9000/500) and a workstation (SUN-SPARC).

9 The acronym SIMPLE stands for *S*ource related and *I*ntegrated *M*ultiprocessor and -computer evaluation, mode*L*ing, and visualization *E*nvironment.

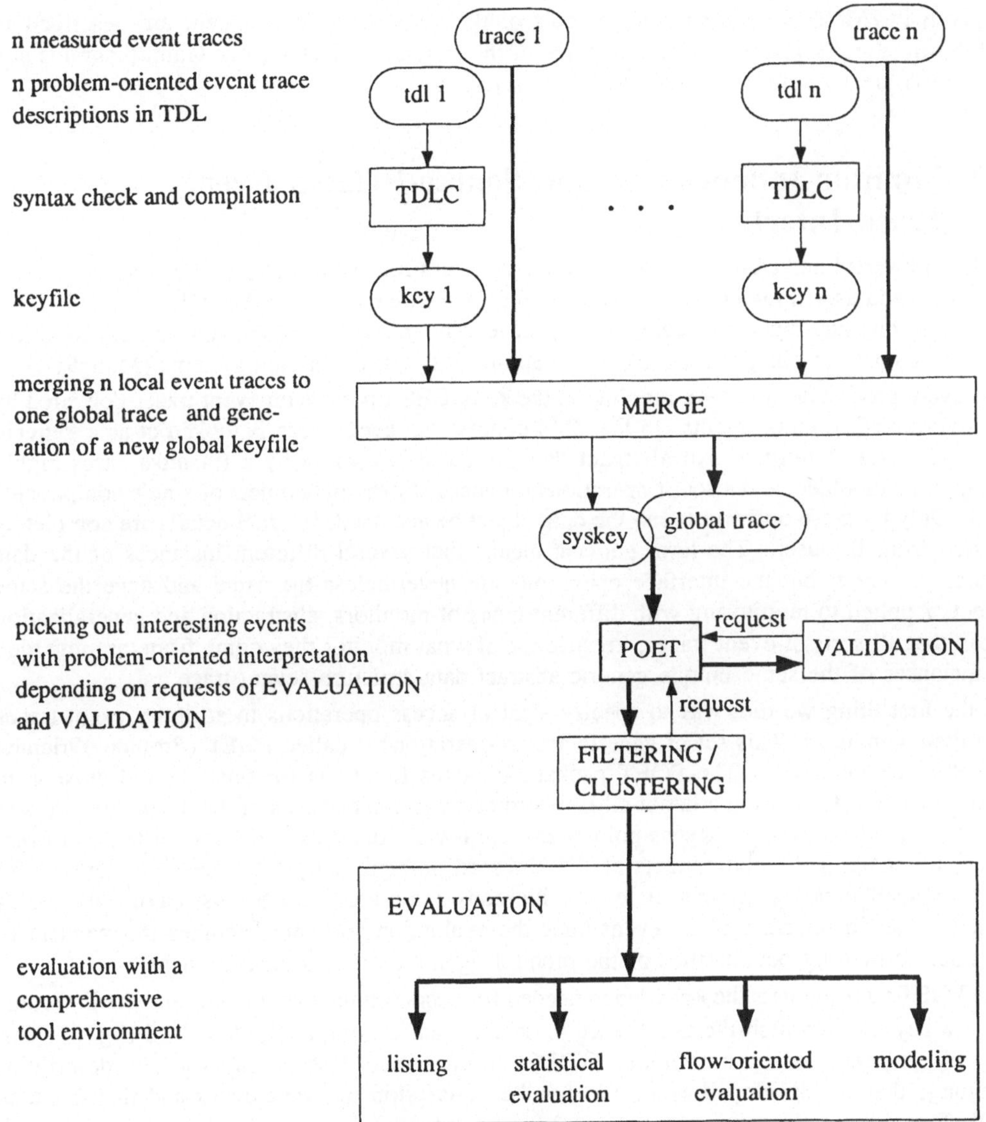

Figure 6: ZM4 software system: SIMPLE

components as possible. Consequently, we incorporated available tools like "S"-package [BC84] or GSPN [Chi87] in our evaluation environment SIMPLE. Our administration system for event traces is built upon the UNIX file system. It provides description files and some file management procedures that allow a database-like access to single information components of the description files.

In order to make the above-mentioned software tools independent of the object system as well as of the actual monitoring configuration, all event traces are accompanied by description information. This enables all software tools to access arbitrary traces with a uniform procedural interface. The according tools TDL and POET are crucial for this concept. Therefore, they are emphasized in section 3.3. A comprehensive description of SIMPLE is given in [Moh90]. Several single tools of the evaluation environment are described in [KQS90], [Pin88], [Lah90]. Some features of the evaluation system, like Gantt diagrams and pie charts are used in the case study of this paper.

3.3. Monitor Independent and Source-Related Event Trace Interface

Only a powerful and easy to handle evaluation system for event traces will encourage system designers and users to widely apply monitoring. Here, we emphasize the tools TDL and POET for integrating heterogeneous event traces, for relating monitored events to user defined object names (a software component), and for adapting different evaluation systems [Moh89].

The event processing software running on the ZM4-CEC operates on event traces delivered by the distributed monitor agents. In the ZM4 concept, an event trace is looked at as a **generic abstract data structure**. An **abstract** data structure is formed by a (in most cases highly complex) data object and a set of operations for accessing the data object or single components of it. Only by these operations can the data object be accessed; internal details are completely hidden from the user. The term **generic** means that several different instances of the data object can exist; but the interface operations are nevertheless the same and have the same effect. Applied to monitoring with different types of monitors, abstraction and generalization mean that all sorts of event traces, irrespective of what monitor they come from, are regarded as instances of the same unique generic abstract data structure "event trace".

So the first thing we did, was to specify a set of access operations to arbitrary event traces and their semantics. This set of generic access operations is called POET (*P*roblem *O*riented *E*vent *T*race interface). The POET package contains functions for opening and closing an event trace file, for getting a list of all E-record components and lists of the meanings of token values, for positioning an access pointer E-record-wise forwards and backwards in an event trace, for reading the components of the E-record pointed at by the access pointer and for some miscellaneous tasks (e.g. time-to-string conversion etc.). So by just having the POET functions as an interface to an event trace the evaluation software becomes independent of all trace formatting peculiarities of the monitor agents used in a measurement.

The POET package gets the knowledge needed for decoding the event traces and the E-records from a key file in which the event trace to be accessed is completely described (fig. 6). This key file is generated by a compiler (TDLC) from a trace description in a data description language that we developed especially for the description of event traces and that is called TDL (event-*T*race *D*escription *L*anguage).[10]

The design of TDL was guided by two goals: first, it should be possible to describe the structure of event traces and of E-records and the representation of its components, and second, it should be possible to pass some source-related information to the evaluation system.

For describing the meaningful components of an E-record, TDL provides the basic data types TOKEN, TIME and DATA. Components of type TOKEN have a fixed range of known values (like enumeration types in programming languages). They are used in TDL to describe coded information like event-type, processor-id etc. The type TIME is used to describe timing information contained in an E-Record; this timing information can be of arbitrary resolution

---

10 The *trace* description language TDL must not be confused with the *event* definition language EDL introduced 1982 by Bates and Wileden [BW82]. The goal of EDL is the definition of "high level" events from combinations of primitive events based on regular expressions, whereas the goal of TDL is the description of structure, representation, and meaning of event traces and records.

and mode (point in time or distance from previous time). Components of type DATA are like variables in programming languages. It is only specified, how their value should be interpreted (as integer, hexadecimal, string etc.). Any of these types can be represented by an arbitrary but fixed number of bytes. Additionally, in each E-record there can be one special DATA component of variable length called RUCKSACK (because it may only appear at the end of an E-record).

A relation of the E-record components to source information is defined in two ways: first, each E-record component is given a symbolic name and second, each TOKEN value has an interpretation giving the value's meaning. When using POET functions, the user accesses E-record components exclusively by their symbolic names and also gets their values in a symbolic form (e.g. the interpretation of the actual token value etc.). In this way TDL/POET support a problem oriented presentation of measurement results. The tool pair TDL/POET was developed with the help of the UNIX facilities lex and yacc and can be used in any UNIX environment. The POET functions are implemented as C functions.

4. Case Study: Monitoring and Modeling of a Communication Subsystem Prototype

As an example of a distributed system we regard two communication subsystems in two computers (nodes) connected by a fiber optic net. We define a **communication subsystem** as being the protocol and interface software in the nodes.

One pillar of high performance communication are fiber-based high-speed networks. These networks have transmission rates starting at 100 Mbit/s and ending in the Gbit/s range. They will provide the technological basis for many new communication services (namely multimedia services) that could not be conceived with conventional transmission systems in mind. In this evolutionary process, optical transmission technology has taken the leading edge. This technological leap is a challenge to research and development, because up to now, the optical transmission line throughput is significantly higher than the throughput that host computer communication subsystems can deliver to applications.

To close this performance gap different non-exclusive approaches have been proposed; among them are:

- Design of protocols that are especially suited for high-speed networks, i.e. protocols that sacrifice some of the abundant transmission bandwidth to ease protocol processing in the communication subsystem (cf. e.g. [Wat89], [SN89]).
- Design of dedicated hardware support for protocol processing, either as specialized VLSI-chips (cf. e.g. [Che89]) or as multiprocessor communication attachments (cf. e.g. [GKW89], [UHD89]).
- Design of more efficient implementations of communication software (cf. e.g. [Svo89], [WM89]).

This case study follows the third strategy. In monitoring the software components of two communication subsystems we can validate the functional program model and find out which of these software components are the essential bottlenecks and should be tuned. It is possible to omit the physical network from monitoring because its performance is well-known. Therefore, we restricted our study to node monitoring, see fig. 4 left.

4.1. Network and Application Environment

The performance analysis to be reported on in this paper was carried out in the framework of the project "BERKOM" ("BERliner KOMmunikationssystem"), a government funded project for the development of B(roadband)-ISDN with 52 cooperating partners from government, PTT, industry, and universities. Prevailing goals of the BERKOM project are the development of a network architecture for B-ISDN and the development of end systems and applications being able to show the potential of B-ISDN. Within the BERKOM project, a fiber-based test network has been installed in West-Berlin comprising approx. 30,000 km of monomode fiber, switches, and gateways to LANs (Token Ring, FDDI, Ethernet). Both STM and ATM[11]switching technologies are applied in the BERKOM network [But89].

The end systems considered in this paper are STM-type nodes connected directly to the network. The STM-network interface SB offers to the end system up to four circuit-switched channels with fixed transmission rates:

$S_B = 2 * B + 1 * H_1 + 1 * H_4$ with B = 64 kbit/s, H_1 = 1920 kbit/s, H_4 = 135 Mbit/s

An additional D-channel (16 kbit/s) is used for outslot-signaling. The same CCITT-defined D-channel protocol as for Narrowband-ISDN is used except for an enhancement that allows separate establishment of high-speed connections (H_1 and H_4).

As a workload we used the remote access to a data base for rasterized images. Node 1 (workstation with a bit-mapped display) communicates over the BERKOM-testnet to node 2 and from here to a mainframe.

The image data base runs on the mainframe. Node 2 has the function of a frontend system (further called "host attachment"). The host attachment is connected to the mainframe via a /370-channel. The user interface system runs on a workstation directly connected to the BERKOM network. To ease the implementation, for both the host attachment and the workstation the same platform was used: an IBM 7552 Industrial Computer with 80286 processor, 16-bit Microchannel, and 3 Mbyte main memory.

Identical communication subsystems run on both the host attachment and the workstation. The protocol stack as implemented by this communication subsystem (and used by the application) is shown in table 1.

Transport	ISO 8073 class 0		
Network	empty		
Data Link	B-channel	H_1-channel	H_4-channel
	CCITT LAP-B	IEEE 802.2	Go-Back-N

Table 1: ENC Transport System Protocol Stack

This communication subsystem is the object of our performance evaluation study. It is called the "ENC transport system" in the remainder of this paper.

11 STM/ATM: Synchronous/Asynchronous Time Multiplex

The goal of the study was to find out how to improve the overall performance by just tuning the ENC transport system without any change in the node's hardware. Here we report on a first step: monitoring the B-channel. Monitoring the high-speed channels H_1 and H_4 and performance prediction by modeling is under work. Anticipating the first results we can state that we found a significant speed-up potential in improvable drivers and reducible data copying. First results for the H_4-channel are given in [vS90]. In the following section, the functions and the internal structure of the ENC transport system will be explained.

4.2. The ENC Transport System

In this section, first the ENC transport system functions and structure will be explained. Second, a functional model showing data and buffer flow during the data transfer phase of one B-channel will be developed.

4.2.1 System Functions and Structure

The ENC transport system has four major functions:

- protocol processing
- channel selection
- network adapter handling
- lower layer network management.

These functions are performed by several processes shown in fig. 7 together with their environment.

Protocol processing is performed partly in software and partly in hardware. All data link protocol processing is performed in hardware, i.e. on the adapter cards. It will not be considered here. The ISO transport protocol functions are executed by the process TLAD for all possible channels.

The application process decides by a channel selection parameter QoS (Qualities-of-Service) which of the three available channels should be used. This parameter is passed unchanged from process TLAD to process NLAD. NLAD evaluates this parameter and selects the appropriate Data Link. DLAD checks if the according connection is established and if not, requests from the S0-adapter physical connection establishment via the D-channel protocol. Data to be sent are passed to the according driver process. During the data transfer phase, NLAD is bypassed to increase performance.

Three driver processes are supplied with the ENC transport system for **network adapter handling.** The S0-driver is responsible for both the D- and B-channels because the interface to these channels is controlled by a common printed circuit board. The H_1- and H_4-drivers control the adapters for the H_1- respectively the H_4-channel.

Depending on whether the ENC transport system in the workstation or in the host attachment is regarded two different application processes "sit" directly on top of the ENC transport system: On the workstation site it is a process called APPL that interfaces to the user. It is in this process's responsibility to request images from the host and to display received images on a VGA screen. On the host attachment site it is a process called PCCA that interfaces between the /370-channel and the ENC transport system.

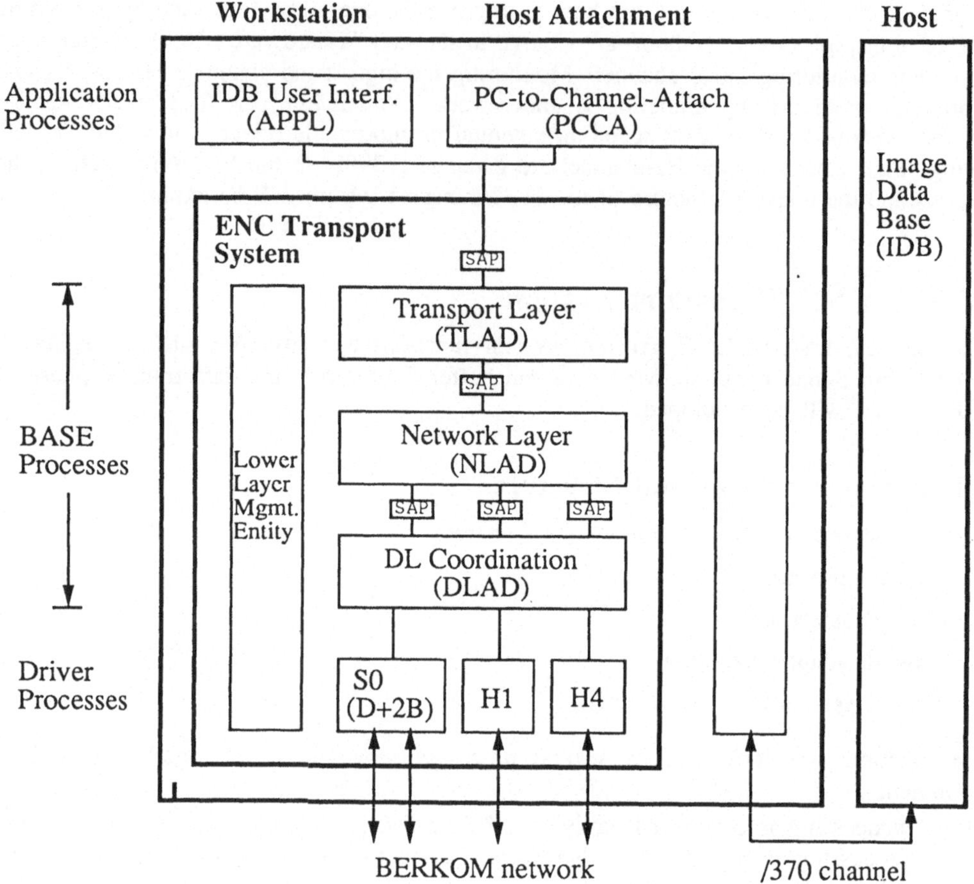

Figure 7: ENC Transport System Structure

Application and driver processes are operating system controlled processes, whereas TLAD, NLAD, and DLAD are "lightweight processes" running under the control of a special shell called BASE. BASE itself is an OS-controlled process. This architecture helps to avoid costly process switches.

4.2.2 Modeling Data and Buffer Flow in the Data Transfer Phase

According to the methodology given in section 2.2 a model which represents the essentials of the ENC transport system needs to be developed as a base for systematic instrumentation. Since the two ENC transport systems on both sites are concurrent applications with no predetermined execution sequence, we decided to use Petri-net models [MBC86]. The processes of fig. 7 are represented by transitions in the model. The dynamic behavior of the ENC Transport System is modeled by the flow of data and buffers. (Buffer flow in this context exactly means: "flow of empty buffers".) The applied workload is the transfer of one image over the B-channel. These assumptions lead to the model shown in fig. 8.

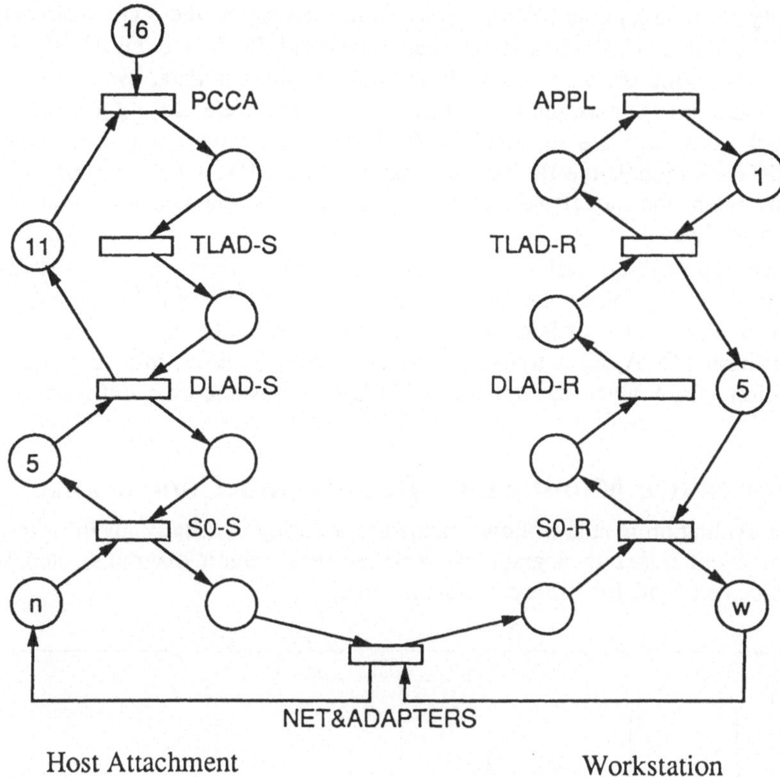

Figure 8: Coarse Data and Buffer Flow Model

The model consists of three parts: the left tower models the sending system's activities, the right tower models the receiving system's activities, and the middle part models the network behavior. In the model, two opposed U-shaped flow paths can be identified: a **data flow** path from top left to top right (represented by the innermost chain of directed arcs) and a **buffer flow** path from top right to top left (represented by the outermost chain of directed arcs).

Transitions within the sending and receiving systems' tower represent the activities of the processes mentioned in the previous section while sending, respectively receiving one or more blocks of data. They carry the according process's name suffixed by an S, respectively an R. **Places** model message queues, and **tokens** model messages stored in these queues. A message in the data flow path informs the message's receiver that a data block is ready to be sent, a message in the buffer flow path informs the message's receiver that an empty buffer is available.

The resolution of the images to be transferred from the host attachment to the workstation is 320 * 200 pixels, a pixel encoded in one byte. Thus, for one image 64,000 byte have to be transferred. This is accomplished by sending 16 data blocks of 4,000 byte (+ control information).

Starting at the transition PCCA, all data blocks are passed along the transitions in the data flow path ending at the transition APPL. On this path, physical data copies are included in the activities DLAD-S (copy from the /370-channel-to-PC adapter to memory), S0-S (copy from memory to the S0-attachment), S0-R (copy from the S0-attachment to memory), TLAD-R (copy memory to memory), and APPL (copy from memory to the VGA-adapter). Between transitions PCCA and TLAD-S and between transitions S0-R and DLAD-R, data are not physically moved along the data flow path, but only pointers to data. Transitions involved in a data copy operation have as additional precondition the availability of a buffer. Therefore, the mentioned transitions are included in the buffer flow path. Notice that the transition NET&ADAPTERS models the B-channel behavior (LAP-B flow control protocol) only very roughly; here again, the model pays its main attention to implementation modeling and not to protocol modeling.

The initial marking of the model shows the availability of buffers when the system is started; the initial marking "w" gives the chosen window size of the window-based flow-control protocol and "n" the number of free buffers. Because of the initial marking of the predecessor place of transition PCCA, all activities in the Petri-net will finish after the 16th occurrence of the transition PCCA when the transition APPL has consumed the last token.

4.3. Performance Monitoring: Results and Conclusions

Performance evaluation results of flow-oriented monitoring is usually given in three different forms: First, event traces in a graphical representation (Gantt diagrams), and second, the relative portions of load for different system functions.

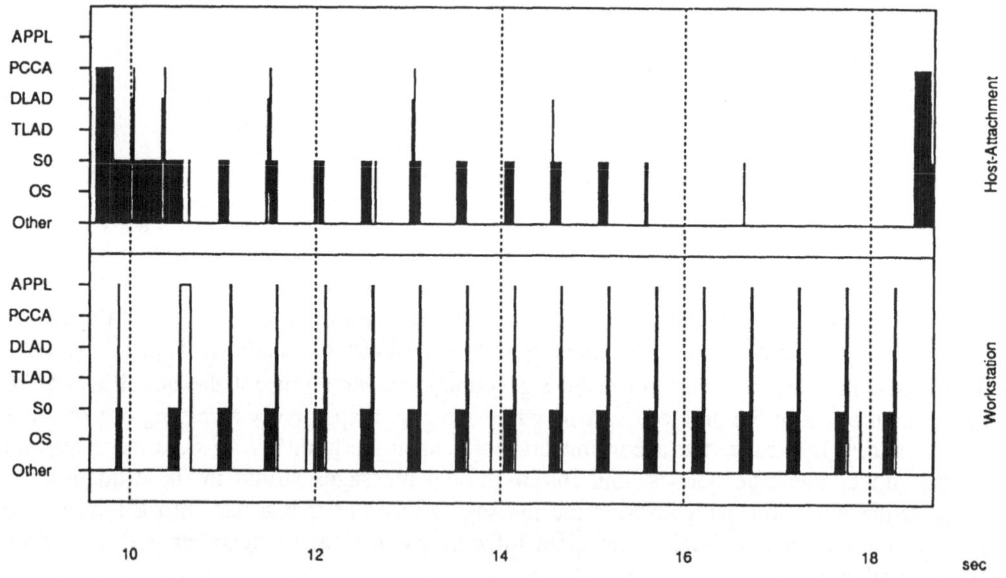

Figure 9: Two Parallel Gantt Diagrams for Transfer of one Image

The two parallel Gantt diagrams of fig. 9 depict the process activities in the sending and receiving systems versus a common time axis (including request and palette transfer). It can be seen that during the first part of the image transfer the host attachment system is heavily busy, while it is idle in the last part (disregarding a singular S0 activity triggered by a timer interrupt). In contrast, the workstation system shows a nearly uniform activity throughout image transfer time. How can this be explained?

Before a 4000 byte block can be sent over the network it must be recombined in adapter local memory (not accessible from the host system) from $16 * 250$ byte fragments that are passed to it through the dual port interface RAM. After recombining a 4000 byte block the adapter puts it on the line but keeps on requesting 250 byte blocks until the buffer space on the adapter is exhausted. After buffer space exhaustion, further data blocks cannot be requested until an acknowledgment is returned from the receiving system.

Initially there are 91 buffers for 250 byte blocks on the adapter. The first busy phase on the host attachment system is due to the adapter requesting 250 byte data blocks until all its buffer space is filled up. It follows a phase of regular activity dictated by the network speed, and finally the host attachment system is idle because the adapter sends away all data blocks left in its buffer space autonomously. The uniform behavior of the workstation system is totally dictated by the network behavior. Mind the gaps between its activities: their lengths is nearly 600 ms: the time for transferring 4000 byte via a line with a speed of 64,000 bit/s.

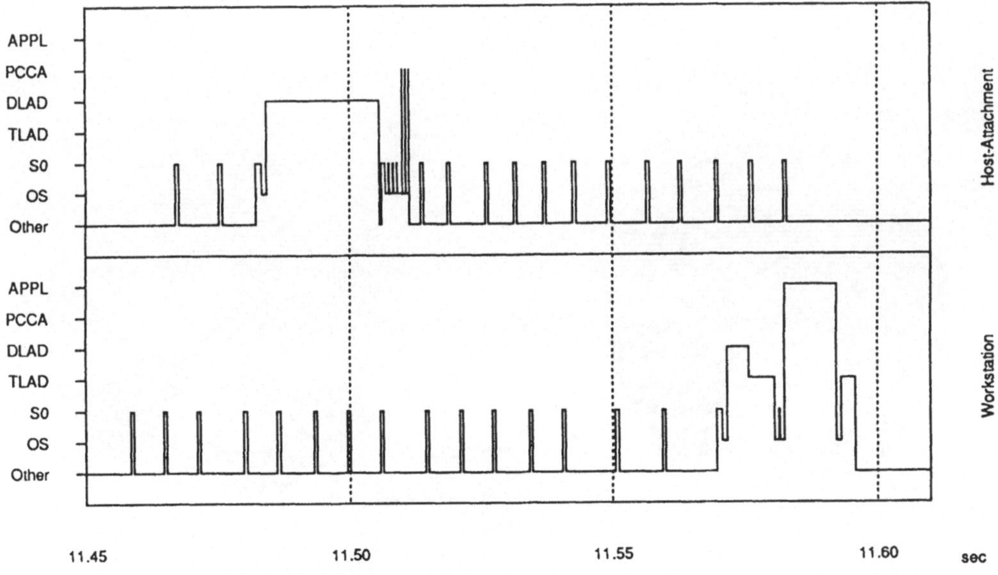

Figure 10: Two Parallel Gantt Diagrams for Transfer of one 4000 byte Block

Figure 10 shows a detail, the ENC transport system activities for loading one 4000 byte block onto the adapter (host attachment), and for reading a previously sent 4000 byte block from the adapter (workstation). The situation shown is the following: at the adapter of the host attachment system, an acknowledgment has just arrived that allows the adapter to discard one internal 4000 byte buffer and to request the following $16 * 250$ byte blocks. After writing the first three minor blocks "through" the adapter interface memory, the S0-driver sends a "wake-up"-message to DLAD to notify to DLAD that three major buffers are free and to request new data. DLAD copies three major data blocks into the buffer space of S0 and returns three buffers to PCCA (see the according PCCA activity "needles"). The S0-driver processes three send requests between DLAD and PCCA activities, and then keeps copying data to the adapter until one 4000 byte block is filled up. In the workstation system, the S0-driver activity is followed by DLAD, TLAD, and APPL activities. The final TLAD activity is triggered by a "buffer-return" message of APPL.

Until now, the ENC transport system has been analyzed from a process-oriented view. In fig. 11 we turn our perspective: now we have a summarizing look at different functions of a communication subsystem, whether these functions are fulfilled within a single process or across process boundaries. We regard the following major functions:

- Adapter interface handling
- Timer handling
- Operating system time (here: BASE and OS process switching)
- Protocol processing (DLAD and TLAD times without copy operations)
- Data movement (here: copy operations in main memory)
- Buffer management

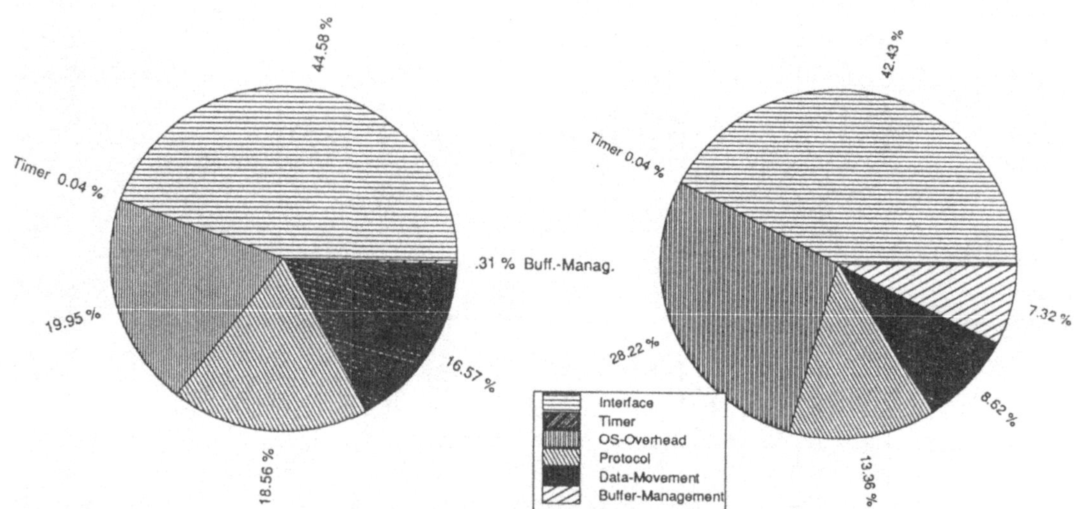

Figure 11: Load from System Functions in the Host Attachment (left) and in the Workstation System (right)

The summarized portions of function activities help the software designer to find out where to tune. Figure 11 shows that in both nodes most time (about 45%) is spent in the adapter interface (Process S_0). It also shows a significant difference between the workstation and the host attachment system. The latter performs nearly no buffering (0.31%) while the workstation's system spends 7.32% of its time for buffering. Since buffering needs many process switches also the OS-overhead is higher in the workstation (28.22%) than in the host attachment (19.95%). Interpreting these results leads to the following conclusions:

1. As could be expected for B-channel communication, communication throughput is not limited by the throughput of the ENC transport system, but by the B-channel's speed. If and how this will change if several B-channel connections are active at the same time, must be found out by further experiments.

2. The memory-to-memory copy operation in the receive path of the ENC transport system should be avoided. (It has been introduced to ease some problems imposed by the memory protection features of the 286 processor.) As can be seen from fig. 11 this function consumes 16.6% resp. 8.6% of the total system processing time.

3. In the ENC transport system, a message-oriented buffer management scheme is used; thus, any time a buffer is returned to a process this process is triggered by the OS to deliver the "buffer-return" message. (Again, this feature has been introduced to ease some problems imposed by the memory protection features of the 286 processor.) The process switches caused by buffer management amount to 14.65% of the total processing time (in fig. 11 (right) contained in the 28.2% OS processing time). To avoid these process switches a procedure-oriented buffer management scheme should be implemented (based on a buffer pool in shared memory).

4. On both the host attachment and the workstation system more than 40% of the total processing time are consumed by network adapter interface handling. This is because of the small dual-port interface RAM between host and adapter. Here, a better interface architecture could improve the ENC transport system behavior to a large degree.

5. Summary and Outlook

In this paper we presented a systematic methodology for event-driven monitoring of distributed systems in a way that leads to qualitative and quantitative results. The distributed hardware and hybrid monitor ZM4 enables monitoring of arbitrary distributed object computers in offering a global tick of its own. Using a source related event description language (TDL), its compiler (TDLC), and the monitor independent event trace interface (POET) it was possible to design a trace evaluation system which is independent of the monitoring technique and of the physical trace formats. We have emphasized the importance of models for specifying instrumentation and for predicting performance.

As a case study we gave an overview over the ENC transport system functions, developed a formal Petri-net model for it, and used it for instrumenting the ENC transport system. The instrumented ENC transport system was hybridly measured with ZM4. Finally we have drawn some conclusions from the presented measurement results.

To predict the performance improvements that can be achieved by the proposed changes a valid performance model must be developed. The Petri-net model developed in section 4.2 can be used as a skeleton; but two further model refinements must be added to this skeleton:

1. The model in its present form allows all processes to be concurrently active, even those processes that run on the same CPU. Thus, a submodel for modeling processor dispatching must be added to both the host attachment system and the workstation system.

2. As most model evaluation packages cannot treat empirical runtime distributions, empirical distributions must be approximated by analytical distributions. As an approximation method, the "phase concept" proposed in [Sch89] lends itself very well to timed Petri-nets with negative exponentially distributed transition delay ("stochastic Petri-nets"). Using this method, each transition with "unknown" (i.e. empirical) runtime distribution is replaced by a stochastic Petri-net submodel that in total has the delay to be approximated.

After these two model transformations, evaluations of different model variants are to be used to guide the process of system tuning. This work is currently being done in a cooperation project of Universität Erlangen-Nürnberg and the ENC.

The ongoing research at Universität Erlangen-Nürnberg is concentrated on models for quantitative and behavioral description of complex computations and on generalizing the evaluation system. Here, the main aspects are intelligent filtering and validation of results. We plan to use expert systems for adequately solving these problems.

Acknowledgments

The authors would like to thank A. Cramer and R. von Stieglitz of the Universität Erlangen-Nürnberg, and L. Mackert, D. Hehmann, B. Köhler, W. Schulz, and H. Stüttgen of the IBM European Networking Center for their contributions to this work.

References

[BC84] R.A. Becker and J.M. Chambers. S, an interactive environment for data analysis and graphics. Balmont, Calif, Wadworth, 1984.

[Bem88] T. Bemmerl. An Integrated and Portable Tool Environment for Parallel Computers. In Proc. 17th Int. Conf. on Parall. Processing, pages 50–53, St. Charles, USA, Aug. 1988. IEEE.

[Ber88] J. Bergmann. Instrumentierung von Kommunikationssoftware. Master's thesis, Universität Erlangen–Nürnberg, 1988.

[BM89] H. Burkhart and R. Millen. Performance Measurement Tools in a Multiprocessor Environment. IEEE Transactions on Computers, 38(5):725–737, May 1989.

[But89] B. Butscher. A Flexible Transport Service in the BERKOM Broadband Environment. In H. Rudin and R. Williamson, editors, IFIP Workshop on Protocols for High-Speed Networks, Zürich, May 9-11 1989. IFIP, North Holland, Amsterdam, New York, Oxford.

[BW82] P. Bates and J.C. Wileden, editors. A Basis for Distributed System Debugging Tools, Hawaii, 1982. Hawaii International Conference on System Sciences 15.

[Che89] G. Chesson. XTP/PE Design Considerations. In H. Rudin and R. Williamson, editors, IFIP Workshop on Protocols for High-Speed Networks, Zürich, May 9-11 1989. IFIP Workshop on Protocols for High-Speed, North Holland, Amsterdam, New York, Oxford.

[Chi87] G. Chiola. GreatSPN Users' Manual, 1987.

[FHH+83] H.J. Fromm, U. Hercksen, U. Herzog, K.-H. John, R. Klar, and W. Kleinöder. Experiences with Performance Measurement and Modelling of a Processor Array. IEEE Transaction on Computers, C-32(1):15–31, January 1983.

[GKW89] D. Giarizzo, M. Kaiserswerth, and T. Wicki. High–Speed Parallel Protocol Implementation. In H. Rudin and R. Williamson, editors, IFIP Workshop on Protocols for High–Speed Networks, Zürich, May 9–11 1989. IFIP, North Holland, Amsterdam, New York, Oxford.

[HD89] Kai Hwang and Doug DeGroot, editors. Parallel Processing for Supercomputers and Artificial Intelligence, chapter 10, "Parallel Programming Environment and Software Support", pages 369–408. McGraw–Hill Publishing Company, New York, 1989.

[HKL+88] R. Hofmann, R. Klar, N. Luttenberger, B. Mohr, and G. Werner. An Approach to Monitoring and Modeling of Multiprocessor and Multicomputer Systems. In T. Hasegawa et al., editors, Int. Seminar on Performance of Distributed and Parallel Systems, pages 91–110, Kyoto, 7–9 Dec. 1988.

[HKLM87] R. Hofmann, R. Klar, N. Luttenberger, and B. Mohr. Zählmonitor 4: Ein Monitorsystem für das Hardware- und Hybridmonitoring von Multiprozessor– und Multicomputer–Systemen. In Messung, Modellierung und Bewertung von Rechensystemen, Berlin, Heidelberg, New York, London, Paris, Tokyo, Hong Kong, September/Oktober 1987. 4. GI/ITG–Fachtagung in Erlangen, Springer.

[Hoa85] C.A. Hoare. Communicating Sequential Processes. Prentice–Hall, Englewood Cliffs, NJ, 1985.

[Hof89a] Richard Hofmann. Uhren in verteilten Systemen. In Workshop "Grundlagen verteilter und paralleler Systeme", pages 69–84. Arbeitsberichte des IMMD, Band 22, Nummer 13, November 1989.

[Hof89b] Wilhelm Hofmann. Erweiterung des UNIX–Betriebsystems für Multiprozessoren. In Erweiterung des UNIX–Betriebssystems für Multiprozessoren – Implementierung, Analyse und Test –, pages 1–61. Arbeitsberichte des IMMD, Band 22, Nummer 5, März 1989.

[Hof90a] Richard Hofmann. Bedienungsanleitung ZM4: Monitoragent und DPUs. Technical Report 5/90, Universität Erlangen–Nürnberg, März 1990.

[Hof90b] Richard Hofmann. Gesicherte Zeitbezüge beim Monitoring von Multiprozessorsystemen. In P. Müller-Stoy, editor, Architektur von Rechensystemen, Tagungsband 11. ITG/GI–Fachtagung München, März, pages 389–401, Berlin und Offenbach, 1990. vde–Verlag.

[Hof90c] Richard Hofmann. Ordering Interdependent Events in Distributed Systems with a Global Clock. Technical Report 7/90, Universität Erlangen–Nürnberg, Juni 1990.

[Kie90] M. Kienow. Portierung und Erweiterung des Graphanalysepakets PEPP. Internal study, Universität Erlangen–Nürnberg, 1990.

[Kla71] Rainer Klar. Messung von Rechneraktivitäten. PhD thesis, Universität Erlangen–Nürnberg, Mai 1971.

[Kla81] Rainer Klar. Hardware Measurements and their Applicaton on Performance Evaluation in a Processor Array. Computing, Suppl.3:65–88, 1981.

[Kle82] W. Kleinöder. Stochastische Bewertung von Aufgabenstrukturen für hierarchische Mehrrechnersysteme. PhD thesis, Universität Erlangen–Nürnberg, 1982.

[KMQ89] R. Klar, B. Mohr, and A. Quick. Multimonitoring of Multiprocessor and Multicomputer Systems. In Proceedings of the Third Internat. Symposium on Multimicroprocessors and Microsystems (MMPS'89), Stralsund/GDR, pages 16–20, 1989.

[KQS90] R. Klar, A. Quick, and F. Sötz. Tools for a Model–driven Instrumentation for Monitoring. Technical Report 9/90, Universität Erlangen–Nürnberg, 1990.

[KSW75] R. Klar, H. Schreiber, and H. C. Widjaja. Messungen mit dem Zählmonitor 2. Arbeitsberichte des Instituts für Mathem. Maschinen und Datenverarbeitung der Universität Erlangen–Nürnberg, 8(9), Dezember 1975.

[Lah90] G. Lahm. Entwurf und Realisierung einer Software-Filter-Komponente für das Auswertesystem des Zählmonitor 4. Internal study, Universität Erlangen–Nürnberg, Erlangen, Februar 1990.

[LMCF90] T.J. LeBlanc, J.M. Mellor-Crummey, and R.J. Fowler. Analyzing Parallel Program Executions Using Multiple Views. Journal of Parallel and Distributed Computing, 9:203–217, June 1990.

[Lut89] N. Luttenberger. Monitoring von Multiprozessor– und Multicomputer–Systemen. PhD thesis, Universität Erlangen–Nürnberg, März 1989.

[MBC86] M. Ajmone Marsan, G. Balbo, and G. Conte. Performance Models of Multiprocessor Systems. MIT Press, 1986.

[MCH+90] B.P. Miller, M. Clark, J. Hollingsworth, S. Kierstead, S.-S. Lim, and T. Torzewski. IPS–2: The Second Generation of a Parallel Program Measurement System. IEEE Transactions on Parallel and Distributed Systems, 1(2):206–217, April 1990.

[Mil80] R. Milner. A Calculus of Communicating Systems, volume 92 of Lecture Notes of Computer Science. Springer Verlag, Berlin, Heidelberg, New York, London, Paris, Tokyo, 1980.

[Mil90] O. Milhim. Automatische Instrumentierung von C–Programmen und Erzeugung der korrespondierenden TDL–Beschreibung. Master's thesis, Universität Erlangen–Nürnberg, Juli 1990.

[Moh89] B. Mohr. TDL / POET — Version 5.1. Technical Report 7/89, Universität Erlangen–Nürnberg, IMMD VII, Juli 1989.

[Moh90] B. Mohr. Performance Evaluation of Parallel Programs in Parallel and Distributed Systems. In Proceedings of the Joint Conference on Vector and Parallel Processing. Springer, Lecture Notes in Computer Science, 1990.

[Nut75] Gary J. Nutt. Tutorial: Computer System Monitors. IEEE Computer, pages 51–61, November 1975.

[Pin88] Heino Pingel. Stochastische Bewertung serien–paralleler Aufgabenstrukturen. Internal study, Universität Erlangen–Nürnberg, 1988.

[Qui89] A. Quick. Synchronisierte Software–Messungen zur Bewertung des dynamischen Verhaltens eines UNIX–Multiprozessor–Betriebssystems. In G. Stiege and J.S. Lie, editors, Messung, Modellierung und Bewertung von Rechensystemen und Netzen, pages 142–159, Berlin, Heidelberg, New York, London, Paris, Tokyo, Hong Kong, September 1989. 5. GI/ITG–Fachtagung, Springer–Verlag.

[RR88] G.M. Reed and A.W. Roscoe. A Timed Model for Communication Sequential Processes. Theoretical Computer Science, 58:249–261, 1988.

[Sah86] R.A. Sahner. A Hybrid, Combinatorial Method of Solving Performance and Reliability Models. PhD thesis, Dep. Comput. Sci., Duke Univ., 1986.

[Sch78] H. Schreiber. Hardware–Messung und Analyse des Ablaufgeschehens in Rechnerkernen. PhD thesis, Universität Erlangen–Nürnberg – Arbeitsberichte des Instituts für Mathemaschine Maschinen und Datenverarbeitung, Erlangen, 1978.

[Sch89] L. Schmickler. Erweiterung des Verfahrens MEDA zur analytischen Beschreibung empirischer Verteilungsfunktionen. In G. Stiege and J.S. Lie, editors, Messung, Modellierung und Bewertung von Rechensystemen und Netzen, pages 175–189, Berlin, Heidelberg, New York, London, Paris, Tokyo, Hong Kong, 26.–28. September 1989. GI/ITG, Springer.

[SN89] K. Sabnani and A. Netravali. A High Speed Transport Protocol for Datagram/Virtual Circuit Networks. SIGCOMM '89 in: Computer Communication Review, 19(4):146–157, September 1989.

[Sot90] F. Sötz. A method for performance prediction of parallel programs. In H. Burkhart, editor, CONPAR 90–VAPP IV, pages 98–107. Springer Lecture Notes in Computer Science, 1990.

[Svo89] L. Svobodova. Measured performance of transport service in LANs. Technical report, IBM RZ 1799, 1989.

[SW90] F. Sötz and G. Werner. Lastmodellierung mit stochastischen Graphen zur Verbesserung paralleler Programme auf Multiprozessoren mit Fallstudie. In ITG/GI–Fachtagung Architektur von Rechensystemen, 1990.

[UHD89] R. Ulrich, R. Hinze, and H. Dietsch. Optimizing Throughput of a Transputer Network for ISO–OSI Architectures by Example of the LLC Sublayer (in German). In Proc. of the 5. GI/ITG–Fachtagung "Messung, Modellierung und Bewertung von Rechensystemen und Netzen", Braunschweig, 1989. Springer IFB 218, Berlin.

[vS90] R. v. Stieglitz. Messung und Bewertung des dynamischen Verhaltens eines Kommunikations–Prototypen für Breitband-ISDN (BERKOM). Master's thesis, Universität Erlangen–Nürnberg, 1990.

[Wat89] R.W. Watson. The Delta–t Transport Protocol: Features and Experience Useful for High Performance Networks. In H. Rudin and R. Williamson, editors, IFIP Workshop on Protocols for High–Speed Networks, Zürich, May 9–11 1989. IFIP, North Holland, Amsterdam, New York, Oxford.

[WH88] D. Wybranietz and D. Haban. Monitoring and performance measuring distributed systems. ACM Performance Evaluation Review, Special Issue: Proceedings of the ACM SIGMETRICS Conference on Measurement and Modeling of Computer Systems, Santa Fe, 16(1):197–206, May 1988.

[WM89] C.M. Woodside and J.R. Montealegre. The Effect of Buffering Strategies on Protocol Execution Performance. IEEE Transactions on Communications, 37(6):545–554, June 1989.

[ZZ88] M. Zieher and M. Zitterbart. NETMON — a distributed Monitoring System. In Proceedings of the EFOC/LAN, pages 452–457. Sixth European Fibre Optic Communications and Local Area Networks Exposition, IGI Europe, June/July 1988.

Grundkonzepte und Realisierungsstrategien des ConTract-Modells *

Helmut Wächter, Andreas Reuter
Universität Stuttgart, Institut für
Parallele und Verteilte Höchstleistungsrechner
Azenbergstr. 12, D–7000 Stuttgart 1

Zusammenfassung:

Nonstandard-Datenbankanwendungen legen neben Fragen nach einer geeigneten Datenmodellierung auch die nach einem angepaßten Verarbeitungsmodell nahe. Das klassische Transaktionskonzept leistet in bestimmten Bereichen einen wichtigen Beitrag zur fehlertoleranten Verarbeitung datenintensiver Anwendungen. Bei langlebigen Aktivitäten in verteilten Systemen und anderen Nonstandard-Anwendungen stößt es jedoch an seine Grenzen, weil es dafür nicht konzipiert wurde.

ConTracts sind ein allgemeineres Kontrollkonstrukt als die klassische ACID-Transaktion, mit dem Anwendungen viel zuverlässiger als mit herkömmlichen Datenbank- und Betriebssystemen abgewickelt werden können.

Der Aufsatz stellt Grundkonzepte des neuen Verarbeitungsmodells vor und geht ausführlich auf die Realisierung der ConTract-Mechanismen ein.

1 Einleitung

Das klassische Konzept der Datenbanktransaktion [6] ist das erste Verarbeitungskonzept, das anwendungsunabhängige Mechanismen zur Strukturierung und Steuerung von DB-Anwendungen bereitstellt. Sein wesentlicher Vorzug besteht darin, daß nicht mehr der Anwendungsprogrammierer, sondern das System selbst die Aufgaben der Ablaufsteuerung im Datenbankbetrieb wahrnimmt.

Während der Programmierer für die Korrektheit der erstellten Transaktionsprogramme verantwortlich ist, garantiert das DBMS, daß die formale Konsistenz des Datenbestandes nicht durch konfliktträchtige Datenzugriffe mehrerer Benutzer verletzt wird und daß auch in möglichen Fehlersituationen (Stromausfall, Systemabsturz, Plattenfehler etc.) die Datenintegrität erhalten bleibt.

Diese Garantie beruht auf den vier charakteristischen Eigenschaften einer Transaktion, die auch als ACID-Prinzip bekannt sind.

Zwar hat sich dieses Verarbeitungsmodell im Bereich der administrativen Datenverarbeitung sehr gut bewährt. Jedoch stößt es z.B. bei der Verarbeitung komplexer CAD-Objekte und in anderen bekannten Nonstandard-Anwendungen an seine Grenzen [7].

---

*Bei diesem Beitrag handelt es sich, mit freundlicher Genehmigung des Springer-Verlages, um einen Nachdruck aus der Zeitschrift *Informatik – Forschung und Entwicklung*, Heft 4, 1990.

In [19] sind einige der dafür verantwortlichen Defizite zusammengestellt und wichtige Anforderungskategorien aufgezeigt, die dann als Leitfaden für die Darstellung und Bewertung verschiedener Erweiterungsvorschläge des klassischen Transaktions-Modells dienen. Der vorliegende Beitrag knüpft an diese Arbeit an, indem er nach dem dort erhobenen „Ist-Zustand" einen umfassenderen Ansatz zur Beseitigung der Probleme bei der Verarbeitung o.g. Anwendungsklassen vorstellt und Voraussetzungen für die Realisierung dieses Ansatzes aufzeigt.

Der Beitrag ist wie folgt gegliedert. Nach einem Überblick über das ConTract-Modell und die Programmiermethodik bei der ConTract-Erstellung (Kapitel 2), stellen wir in Kapitel 3 das Verarbeitungsmodell eines ConTract-Systems vor. Danach werden in Kapitel 4 die Implementierungsaspekte des ConTract-Ansatzes und Voraussetzungen für seine Realisierung ausführlich beschrieben. Kapitel 5 schließt den Beitrag mit einer Zusammenfassung der wichtigsten Erkenntnisse ab.

2 Überblick über das ConTract-Modell

Das ConTract-Modell [18] ist ein transaktionsübergreifender Mechanismus zur kontrollierten und zuverlässigen Ausführung langlebiger Aktivitäten in verteilten Systemen, etwa bei der Verarbeitung komplexer CAD-Objekte. Es erweitert die Kontrollmöglichkeiten klassischer Transaktionen und verbindet sie so mit Betriebssystemdiensten, daß der Anwendungsebene auf hoher Abstraktionsebene eine Programmierumgebung zur Erstellung und fehlertoleranten Ausführung paralleler und verteilter Abläufe zur Verfügung steht. Leitmotiv ist dabei die Idee, lediglich die Struktur des Ablaufes zu beschreiben und sämtliche Kontrollaufgaben bei der Abwicklung der Anwendung in das System zu verlagern. Angestrebt wird eine Schnittstelle, an der ein Programmierer bei der Anwendungsentwicklung von allen Fehlereigenschaften des realen, vernetzten Computersystems abstrahieren kann (Abb. 1). Die Konstrukte an dieser Schnittstelle nennen wir ConTracts.

Ein **ConTract** ist die fehlergeschützte Ausführung einer Folge vordefinierter Verarbeitungschritte gemäß einer vorgegebenen Kontrollflußstruktur, die einen in sich abgeschlossenen Vorgang der Anwendungswelt beschreibt.

Hauptmerkmal des ConTract-Modells ist es, langlebige und verteilte Anwendungen zuverlässiger auszuführen, als dies mit heute verfügbaren DB- und Betriebssystemen möglich ist. Die Zuverlässigkeit der ConTract-Verarbeitung beruht auf folgender, zentraler Konsistenzeigenschaft:

Ein ConTract terminiert unter (System-) Garantie in endlicher Zeit und in einem korrekten Endzustand.

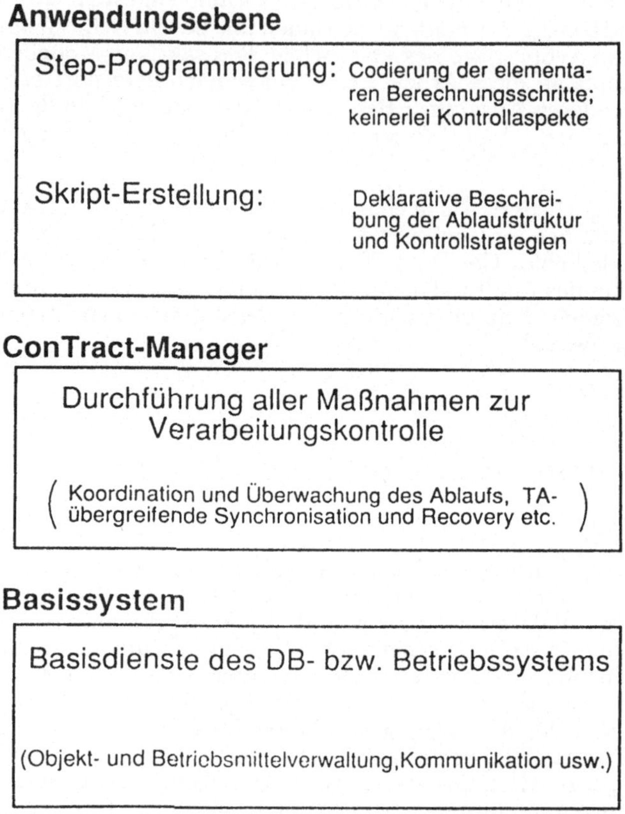

Abbildung 1: Ein ConTract-System aus Benutzersicht

Das heißt zum Beispiel, daß eine ConTract-Ausführung auch im Falle möglicher Systemfehler nicht stoppt, sondern fortgesetzt wird, sofern und sobald es der Systemzustand erlaubt. Damit das ConTract-System die Verarbeitung sozusagen verlustfrei wiederaufnehmen kann, darf der Verarbeitungszustand bei Knotenausfällen, Kommunikationsstörungen und anderen Fehlersituationen nicht verloren gehen. Nur falls eine normale Fortführung aufgrund nicht behebbarer Fehler oder aus anwendungsbedingten Gründen nicht möglich ist, wird ein ConTract in kontrollierter Weise auf seinen Anfangszustand zurückgeführt.

Insbesondere gibt es keinen aktivierten Vorgang, der in einem undefinierten Zustand abbricht oder gar „spurlos“ aus dem (verteilten) System verschwindet. Solange mindestens ein geeigneter Knoten in einer vernetzten Rechnerkonfiguration verfügbar ist, soll die Verarbeitung eines ConTracts weitergehen und der Vorgang (bis auf eine evtl. Verzögerung) nicht grundsätzlich beeinträchtigt werden.

2.1 Programmiermodell

Der Programmierung mit ConTracts liegt das Konzept zugrunde, dem Anwendungsprogrammierer die Aufgaben der Verarbeitungskontrolle (Synchronisation, Recovery etc.) abzunehmen und einem anwendungsneutralen Systemdienst zu übertragen, und zwar in weit stärkerem Maße, als dies in herkömmlichen DBMS [17] bereits üblich ist.

Der zentrale Ansatz dazu ist, bei der ConTract-Modellierung Anwendungs- und Kontrollaspekte zu entkoppeln und getrennt zu beschreiben. Das Programmiermodell ist zweistufig und trennt die Beschreibung der Ablaufstruktur (Skript) von der Programmierung der elementaren Berechnungsschritte (Steps) einer Anwendung. Daher müssen Skripte und Steps nicht zur gleichen Zeit und auch nicht vom selben Programmierer erstellt werden.

2.2 Steps

Die eigentliche Anwendungsprogrammierung beschränkt sich auf die Codierung von Verarbeitungsschritten mit den algorithmischen Teilen eines Problems. Diese Basisaktionen enthalten keine interne Parallelität, sondern bestehen aus rein sequentiellem Code, der in einer beliebigen Programmiersprache formuliert sein kann. Ihre Ausführung wird aus Sicht des Programmierers von einer beliebig ausfallsicheren virtuellen Maschine abgewickelt. Außerdem wird ein Step unabhängig davon programmiert, ob er später als eine ACID-Transaktion, als Teil einer solchen oder überhaupt nicht unter Transaktionskontrolle ausgeführt wird. Diese Entscheidung wird auf Skriptebene von der Ablaufprogrammierung getroffen.[1]

Damit entfällt für den Anwendungsprogrammierer auf dieser Ebene jeglicher Umgang mit Verteilung, Asynchronität, Zugriffskonflikten, Fehlerzuständen etc. Anstatt selbst den komplexen und äußerst fehleranfälligen Code für die Erkennung und Behandlung der vielfältigen Fehler- und Ausnahmesituationen zu schreiben, gibt der Programmierer zu jedem Step eine Gegenaktion an, welche die Effekte dieses Berechnungsschrittes inhaltlich wieder kompensiert. Diese sogenannten Kompensationsaktionen dienen zusammen mit weiteren Mechanismen dazu, einen ConTract in kontrollierter Weise in seinen Anfangszustand zurückzubringen, falls das notwendig sein sollte.

Die Kompensationsaktionen werden wie normale Verarbeitungsschritte behandelt, außer daß bei ihrem Scheitern keine weitere Fehlerbehandlung durchgeführt wird. Das ConTract-System dokumentiert lediglich das Fehlerereignis mit einer Meldung an den Administrator für den betreffenden ConTract. Die auch nach einem Systemfehler noch abfragbare Kontextinformation erleichtert diesem einen gezielten manuellen Eingriff oder ermöglicht einen solchen überhaupt erst. Danach fährt der ConTract-Manager mit der Kompensation des nächsten Steps fort, bis der Anfang des Skriptes erreicht und damit der ConTract verpflichtungsgemäß beendet ist.

---

[1] Transaktionen werden im ConTract-Modell sehr wohl verwendet. Sie sind jedoch kein Konstrukt an der Programmierschnittstelle, sondern dienen dem System zur Implementierung der fehlertoleranten Betriebsumgebung.

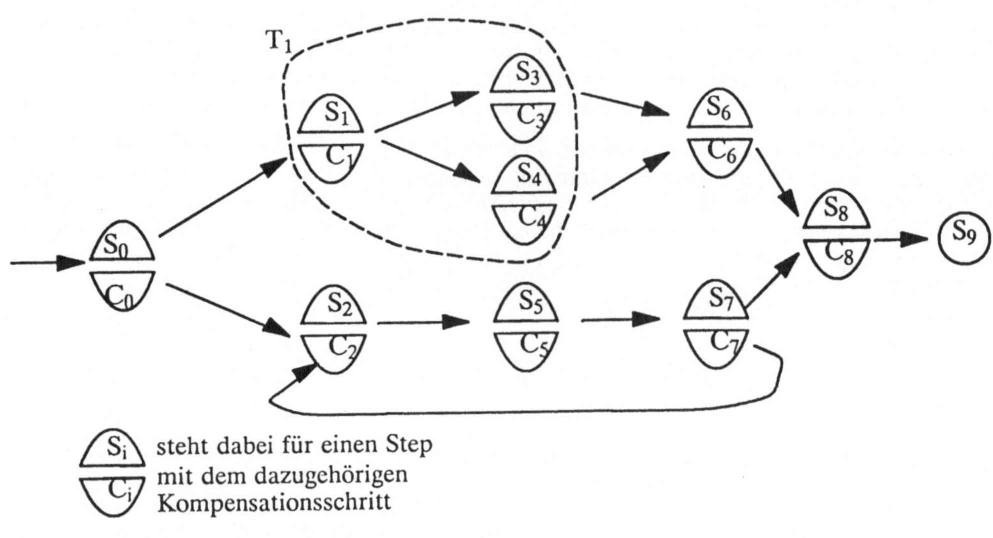

Abbildung 2: Ein einfaches ConTract–Skript. T_1 faßt dabei mehrere Steps zu einer ACID-Transaktion zusammen.

Kompensationsschritte müssen nicht immer zusätzlich erstellt werden, da sie in den meisten Fällen sowieso schon in einer Anwendung enthalten sind: Zu einer Bestellung gibt es beispielsweise eine entsprechende Stornierung, zu einer Gutbuchung die gegenteilig wirkende Abbuchung usw.

2.3 Skripte

Die Kontrollfluß-Beschreibung in einem ConTract-Skript erfolgt mit Hilfe einer geeigneten (aber hier nicht weiter relevanten) Netzwerk-Notation (z.B. Prädikat-Transitionsnetzen). Zur Verknüpfung von Verarbeitungsschritten stehen dabei die üblichen Kontrollkonstrukte (Sequenz, Verzweigung, Schleife) zur Verfügung sowie verschiedene Parallelitätsoperatoren, z.B. eine parallele Form der Schleife für die nebenläufige Verarbeitung einer Tupelmenge (z.B. SQL-Relation). Ein Beispiel-Skript ist in Abbildung 2 dargestellt.

Die Verwendung einer expliziten Kontrollflußbeschreibung bringt nicht nur den Vorteil einer einfacheren Organisation der systeminternen Kontrollaufgaben. Im Skript schlagen sich auch viele dynamischen Integritätsbedingungen nieder (zeitliche Abhängigkeiten, Organisationsvorschriften u.a.), die auf diese Weise nachvollziehbar und bei einer korrekten Abwicklung des Skriptes ohne weitere Überprüfungen automatisch eingehalten werden.

Es kommt uns hier nicht primär auf die Ausdrucksmächtigkeit der Sprachmittel an. Falls es zur Modellierung einer Anwendung erforderlich ist, können auch Rekursion, Schachtelung, generische Aktionen mit Code-Bindung zur Laufzeit oder noch andere Konstrukte realisiert werden. Wichtig ist die Tatsache der expliziten Verwendung der Kontrollfluß-beschreibung zur Ablaufsteuerung durch das ConTract-System.

Auch soll zu der Vielzahl bereits existierender Programmiersprachen für parallele und verteilte Systeme [1] nicht noch eine weitere hinzugefügt werden. Deshalb verwendet das ConTract-System in seiner gegenwärtigen Entwicklungsstufe eine einfach gehaltene Zwischensprache; darauf lassen sich mit geeigneten Übersetzern die gängigsten der in [1] aufgeführten Programmiersprachen abbilden.

Im weiteren konzentrieren wir uns deshalb auf das ConTract-Verarbeitungsmodell und die Voraussetzungen für seine Implementierung.

3 Verarbeitungsmodell

Die in den folgenden Abschnitten vorgestellten Kontrollmechanismen zielen in erster Linie auf eine *transaktionsübergreifende* Verarbeitungskontrolle, welche im wesentlichen die globale Synchronisation, Recovery und Sicherung des Verarbeitungszustandes eines ConTracts umfaßt.

3.1 Synchronisation mit Invarianten

Die einzelnen Steps werden bei ihrer Ausführung von den Objekt-Servern des darunter liegenden Basissystems wie herkömmliche Transaktionen synchronisiert. Weil konventionelle Objekt-Verwalter (DBMS) Sperren bereits am Ende einer Transaktion bzw. Steps freigeben, könnten ohne zusätzliche Maßnahmen inkonsistente, nicht serialisierbare Abläufe entstehen.

Die sogenannten **Invarianten** dienen im ConTract-Modell einerseits dazu, einen hohen Parallelitätsgrad zu ermöglichen und andererseits trotz der frühzeitigen Sperrfreigabe die Gefahr von Konsistenzverletzungen auszuschließen.

Invarianten steuern die Überlappung parallel ablaufender ConTracts bzw. Steps über Prädikate, welche die Synchronisationsanforderungen einer Anwendung explizit formulieren, anstatt implizit die Serialisierbarkeit als Konsistenzkriterium zugrunde zu legen. Dazu charakterisiert der Skript-Programmierer in einer sog. *Ausgangsinvarianten* den am Ende eines Steps hergestellten Zustand der bearbeiteten Objekte, der über diesen Step hinaus für die korrekte Synchronisation von Belang ist. Auf dieses Prädikat kann sich ein anderer Step im weiteren Verlauf der ConTract-Verarbeitung beziehen, indem er mit seiner *Eingangsinvarianten* überprüft, ob die Bedingung für seine korrekte Synchronisation noch erfüllt ist.

Die klassischen ACID-Transaktionen haben (implizit) eine Invarianzbedingung, die gerade ihre Serialisierbarkeit gewährleistet:

Der Wert aller berührten Objekte bleibt bis zum Transaktionsende eingefroren; Änderungen werden von den anderen Transaktionen im System bis zum Commit verborgen gehalten.

Durch diese restriktive Invarianzbedingung wird die Parallelität oft unnötig stark eingeschränkt. Es wurde in der Literatur schon verschiedentlich gezeigt, daß Serialisierbarkeit zwar *hinreichend*, aber keinesfalls *notwendig* für einen korrekten Ablauf ist [11, 22, 19]. Invarianten dagegen bieten die Möglichkeit einer flexiblen, anwendungsbezogenen Synchronisation, bei der die Synchronisationsstrategie nicht starr vom System vorgegeben ist.

Ein einfaches Beispiel aus der industriellen Fertigung soll die Verwendung von Invarianten erläutern:

Angenommmen, innerhalb eines bestimmten Montagevorgangs werden mindestens 100 Schrauben benötigt, und es gibt eine Vorbereitungsaktion für das eventuelle Auffüllen des zugehörigen Schraubenmagazines. Ihre Ausgangsinvariante lautet dann:

„Anzahl der Schrauben im Magazin $\geq$ 100."

Im einfachsten Fall überprüft einer der nachfolgenden Steps diese Bedingung in seiner Eingangsinvarianten, bevor er die eigentliche Montage durchführt und dazu die Schrauben aus dem Magazin entnimmt.

Im Unterschied zur Semantik herkömmlicher Sperren braucht jedoch bei einer Invarianten der Zugrif auf den Schraubenbehälter bis dahin *nicht* blockiert zu bleiben: Wenn nur zu Beginn der Montage die besagten 100 Schrauben im Magazin verfügbar sind, dann können andere Montageaufträge in der u.U. recht langen Zeitspanne dazwischen ungehindert Schrauben entnehmen oder auffüllen. Dahinter steht die Erkenntnis, daß der Wert eines Objektes während einer längeren Aktionsausführung nicht unbedingt eingefroren oder vor anderen Zugriffen verborgen bleiben muß, damit die Synchronisation überlappender Objektzugriffe für eine Anwendung korrete Resultate liefert. Dafür genügt es, wenn bei der Bearbeitung eines Objektes genau die für einen ConTract wesentlichen Eigenschaften (z.B. weil ein Step sie gesehen oder selbst hergestellt hat) invariant geblieben sind.

Abbildung 3 veranschaulicht die Verallgemeinerung von herkömmlichen Sperren über Escrow-Techniken zu Invarianten:

Bei der Verwendung herkömmlicher Sperren (a) wird der Wert eines Attributes a ab dem Zugriffszeitpunkt bis zum Ende der Transaktion konstant gehalten. Während der Wert von a bei Escrow-Sperrprotokollen [16, 9] auf ein sog. Unsicherheitsintervall eingeschränkt bleibt (b), ist er bei der Synchronisation nach dem *check/revalidate*-Prinzip [15] in (c) überhaupt nicht fixiert, sondern darf sich beliebig ändern.

Wird der DB-Zustand, den eine Ausgangsinvariante beschreibt, auf keinerlei Weise geschützt, so ist es natürlich möglich, daß ein Prädikat *p()* bei der Evaluierung der Eingangsinvarianten eines Steps nicht mehr erfüllt ist, weil z.B. ein beteiligtes Objekt in unzulässiger Weise geändert wurde. Um einen solchen inkonsistenten Zustand in der ConTract-Verarbeitung zu vermeiden, gibt es grundsätzlich zwei verschiedene Ansätze, die jeweils einen pessimistischen bzw. optimistischen Ansatz widerspiegeln:

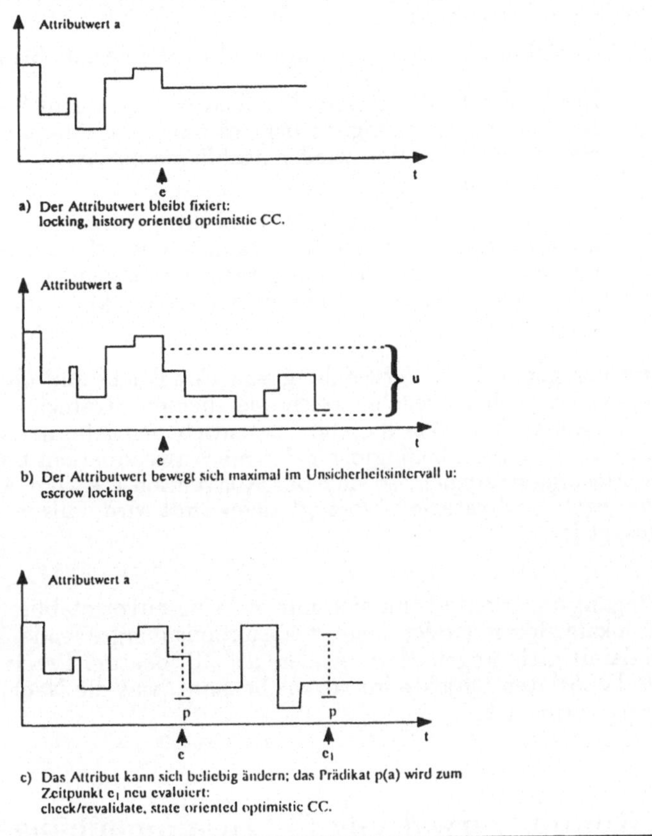

Abbildung 3: Verwaltung von Invarianten auf einem Attribut a

a) Die Verletzung einer Invarianten wird vorsorglich ausgeschlossen durch eine geeignete Synchronisationstechnik, etwa dem Setzen einer Sperre auf die Objekte einer Ausgangsinvarianten.

   Wenn man sich etwa in dem o.g. Beispiel sicher sein will, daß bei der späteren Montage die benötigten Schrauben auch tatsächlich vorhanden sind, lassen sich 100 Stück sozusagen reservieren, indem die Zugriffe auf das Schraubenmagazin so gesteuert werden, daß der Bestand diese Grenze nicht unterschreitet. Der Konflikttest für die Gewährung einer Sperre besteht dann im Überprüfen der Bedingung, ob die Zugriffsoperation weniger als 100 Schrauben im Magazin zurückläßt.

b) Eine andere Möglichkeit besteht darin, die Verletzung von Invarianten in Kauf zu nehmen und für diesen Fall eine Strategie zur Auflösung des Synchronisationskonfliktes ausdrücklich anzugeben. Diese Konfliktbehandlungsstrategie kann entweder an ein Objekt (bzw. an dessen Typ) gebunden sein, oder von der Anwendung vorgangsspezifisch für alle Instanzen (d.h. Aktivierungen) eines ConTract-Skriptes angegeben werden.

Im Beispiel des Montagevorgangs sind etwa folgende Strategien denkbar:

- Ergibt die Prüfung eines Prädikates über einem Schraubenmagazin eine Invariantenverletzung, so liegt es nahe, das Magazin durch eine entsprechende Bestellaktion wieder nachfüllen zu lassen und danach den Ablauf fortzusetzen.
- Handelt es sich jedoch bei dem Montagevorgang um einen Eilauftrag, der nicht verzögert werden darf, dann können die fehlenden Schrauben auch kurzfristig dadurch beschafft werden, daß man sie aus einem anderen Magazin holt oder einer anderen Fertigungsaktion mit niedrigerer Priorität wegnimmt.

Bei der gemischten Verwendung von ConTract- und objektspezifischen Strategien ist noch zu regeln, welche der beiden Strategien in einem Konfliktfall anzuwenden ist. Wie die eben beschriebenen Alternativen zeigen, existieren oft situative Randbedingungen für die Anwendbarkeit objektspezifischer Konfliktlösungsstrategien, so daß per Konvention die vom Ablauf-Programmierer vorgegebene Strategie bevorzugt angewandt wird, falls im Skript nichts anderes gesagt ist.

Eine Eingangsinvariante kann sich nur auf eine zuvor etablierte Ausgangsinvariante beziehen; lokale Sperren oder neue, transaktionsübergreifende Synchronisationsprädikate werden damit nicht angefordert. Anders als z.B. bei sog. Preclaiming-Verfahren [14], sind hier alle benötigten Objekte im voraus bekannt, was die Nachteile einer reinen Vorabreservierung vermeidet.

3.2 Kontextverwaltung für zusammenhängende Steps

Damit sich ein unterbrochener ConTract nach einem Systemausfall aus Sicht einer Anwendung auch tatsächlich verlustfrei fortsetzen läßt, ist es notwendig, daß der zuletzt gültige Verarbeitungszustand vollständig rekonstruiert werden kann. Außer dem Kontrollfluß (Skript) müssen deshalb auch die aus dem Datenfluß entstehenden inhaltlichen Abhängigkeiten zwischen zusammenhängenden Verarbeitungsschritten gegen Systemfehler geschützt werden.

Zu diesem Zweck dient der sogenannte **Kontext**, ein privater und stabiler Kommunikationsbereich für die Teilaktionen eines ConTracts. Jeder Step kann im Kontext alle die Informationen speichern, die den Verarbeitungszustand nach seiner Ausführung charakterisieren (s. Abbildung 4) und auf die ein nachfolgender Step zugreift oder die aus anderen Gründen später im Ablauf noch zur Fortführung des ConTracts gebraucht werden, etwa zur Kompensation.

Das können beispielsweise E/A-Parameter oder globale Programmvariable sein, die nicht in der Datenbank verwaltet werden, weil sie nach einem Programmlauf für keine andere Anwendung mehr relevant sind. Weitere typische Kontextdaten umfassen nicht in der DB

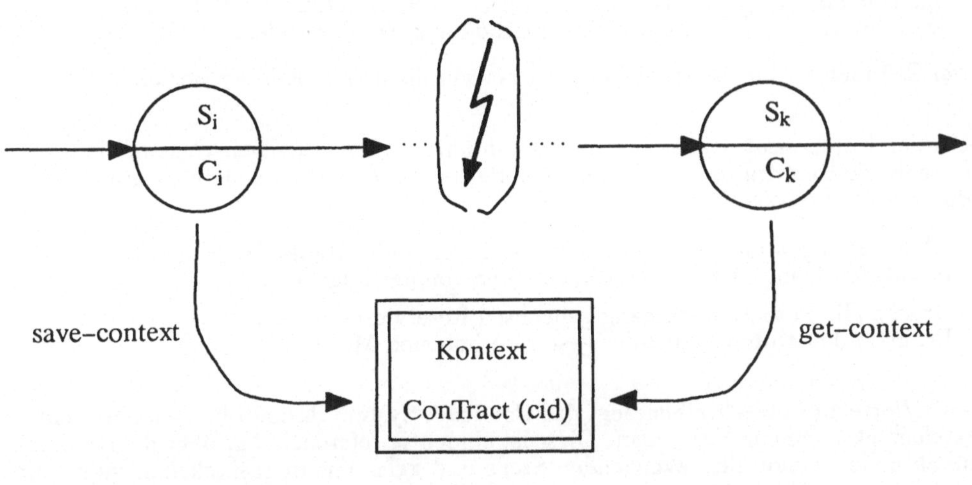

Abbildung 4: Robuste Kontextverwaltung für zusammenhängende Steps

gehaltene Zwischenergebnisse, wie z.B. die Resultate eines interaktiven Simulationsschrittes durch ein CAD-Werkzeug oder ein offener Cursor, der über mehrere Steps hinweg verarbeitet wird.

Daneben gehören auch Daten außerhalb der direkten Zugriffskontrolle einer Anwendung zum Kontext. Unter diese zweite Kategorie fallen unter anderem

- Bildschirminhalte eines Fenstersystems
- Daten, die eine Kommunikationsverbindung etablieren (etwa Socket- oder Port-Nummern, über die Prozesse miteinander kommunizieren), der Zustand des abgewickelten Protokolls usw.
- Session-Daten, beispielsweise geöffnete Dateien und Datenbanken, interaktiv eingestellte Terminalparameter, Dialogzustände etc.

Ein wichtiger Bestandteil des Kontextes ist schließlich der Zustand der ConTract-Verarbeitung selbst, der sich zusammensetzt aus der aktuellen Position im Skript, den gerade aktiven und nicht zuletzt den ausführbereiten, aber noch nicht aktivierten Steps.

3.2.1 Realisierung der Kontextverwaltung

Jeder Step benennt in einem Deklarationsteil, welche Daten er aus dem Kontext entnimmt, seinen sog. *Eingabe-Kontext*, und welche Objekte nach Abschluß des Berechnungsschrittes vom System in den *Ausgabe-Kontext* übernommen werden sollen.

Aus zwei Gründen verbietet sich dabei ein Überschreiben alter Kontextwerte:

1. Bei der Kompensation verlangt die Durchführung der jeweiligen Gegenaktion oftmals die Kenntnis der ursprünglichen Parameterwerte und anderer Kontextdaten eines Steps.

2. In Anwendungen mit langer Ausführungsdauer sind zeitabhängige Zugriffsmuster auf den Kontext zu unterstützen, etwa von der folgenden Art:
   - Drucke alle in diesem Vorgang gebuchten Reservierungen.
   - Ermittle den Durchschnitt der gestern erhobenen Meßwerte.

Statt alte Werte zu überschreiben, legt das ConTract-System deshalb für jedes Ausgabe-Kontextelement eine neue Version an. Diese ist eindeutig referenzierbar über die Nummer und die aktuelle Version des erzeugenden Steps und ggfs. einem zusätzlichen Index zur Unterscheidung paralleler Step-Aktivierungen (z.B. bei einer nebenläufigen Schleife mit dynamischem Parallelitätsgrad).

Mit dieser Versionierung entfällt die Synchronisation schreibender Kontextzugriffe, da ja keinerlei Schreib/Lese-Konflikte auftreten können. Dafür sind jedoch Änderungen relativ zu einem alten Kontextwert aufwendiger, weil diesem Schreiben ein zusätzlicher Lesezugriff auf den Kontext vorausgehen muß.

Außerdem enthält der Kontext stets die vollständige Ausführungshistorie eines Vorgangs. Seine Lebensdauer ist auf eine ConTract-Ausführung beschränkt, deshalb können nur Steps innerhalb desselben ConTracts darauf zugreifen.

4 Implementierungsaspekte des ConTract-Konzeptes

Wie aus der Übersicht in den beiden vorangegangenen Kapiteln deutlich wird, sind ConTracts mehr als eine bloße strukturelle Erweiterung des klassischen Transaktionskonzeptes. Es handelt sich vielmehr um einen Versuch, die teilweise sehr unterschiedlichen Lösungsansätze für Betriebssysteme und Programmierumgebungen in großen verteilten Systemen zu vereinheitlichen und für die Entwicklung komplexer Anwendungen nutzbar zu machen. Diese Vereinheitlichung beruht auf zwei Grundannahmen über die Struktur solcher Systeme, welche die Realisierung des ConTract-Managers und seine Schnittstellen zu anderen Systemkomponenten unmittelbar bestimmen:

- Alle Fehlersituationen in Subsystemen müssen zur Ebene der Anwendungsprogrammierung hin verborgen werden.

  Diese Formulierung mag überzogen erscheinen, da es stets Fehler gibt, die in einem System selbst nicht behandelt werden können. Doch die führen notwendig zum automatischen Abbruch der Anwendung (Kompensation des ConTract), d.h. die Anwendungsprogrammierung ist auch hier nur indirekt betroffen.

- Alle Aspekte der Nebenläufigkeit, Asynchronität, Betriebsmittelzuordnung usw. müssen zur Ebene der Anwendungsprogrammierung hin verborgen werden.

  Dies drückt nichts anderes aus, als die Annahme, daß ein verteiltes System nur dann programmierbar (d.h. beherrschbar) ist, wenn es zum Anwendungsprogrammierer hin exakt wie ein zentralisiertes System aussieht.

Aus diesen Prämissen folgen unmittelbar eine Reihe von Anforderungen an die Basiskomponenten zur Unterstützung von ConTracts; die wichtigsten sind:

a) Für die Programmierung der Steps und der ConTract-Skripte muß eine persistente Programmiersprache [2] realisiert werden. Was im Kontext verwaltet wird, sind u.a. die nicht-flüchtigen Programmvariablen.

b) Um ConTracts unabhängig von Fehlern, Systemausfällen u.ä. am Leben zu erhalten, müssen persistente Prozesse verfügbar sein. Das heißt nicht, daß sämtliche in einem ConTract laufenden Prozesse persistent sein müssen, aber der Grundmechanismus ist unabdingbar (s. 4.3).

c) Da Dienstanforderungen grundsätzlich unabhängig von der momentanen Aufgabenverteilung über die Knoten formuliert werden müssen, wird ein allgemeiner RPC-(remote procedure call)Mechanismus benötigt, der in gleicher Weise für Aufrufe innerhalb eines Knotens wie über Knotengrenzen hinweg benutzt werden kann. Jeder RPC muß transaktionsgeschützt sein [20].

d) Zur Zuordnung von Betriebsmitteln (Prozessen) für die Dienstanforderungen in dem verteilten System muß eine Komponente verfügbar sein, die üblicherweise als TP-Monitor bezeichnet wird. Diese Komponente übernimmt auch Aufgaben der Lastbalancierung, der Zugriffskontrolle usw.

   Diese Komponenten benötigen zu ihrer Realisierung noch elementarere, von denen wir uns hier auf die beiden wichtigsten beschränken werden.

e) Allgemeine geschachtelte Transaktionen mit einem Zweiphasen-Commit-Protokoll, das wesentlich flexibler ist als die heute in verteilten Datenbanksystemen verwendeten. So muß es etwa möglich sein, aus dem Zustand 'prepared' wieder in den Zustand 'active' überzugehen, und die Frage, welcher Prozeß als Commit-Koordinator fungiert, muß bis zum Zeitpunkt des Eintritts in die Protokoll-Abwicklung aufschiebbar sein [8].

f) Es wird ein globaler, verteilter Log benötigt, in den alle Resource-Manager, die transaktionsgeschützte Objekte implementieren, schreiben und der auch vom ConTract-Manager benutzt wird. Die Realisierung verteilter, stabiler Vorgänge mit flexibler Synchronisierung ist auf einen solchen globalen Log angewiesen (s. 4.6).

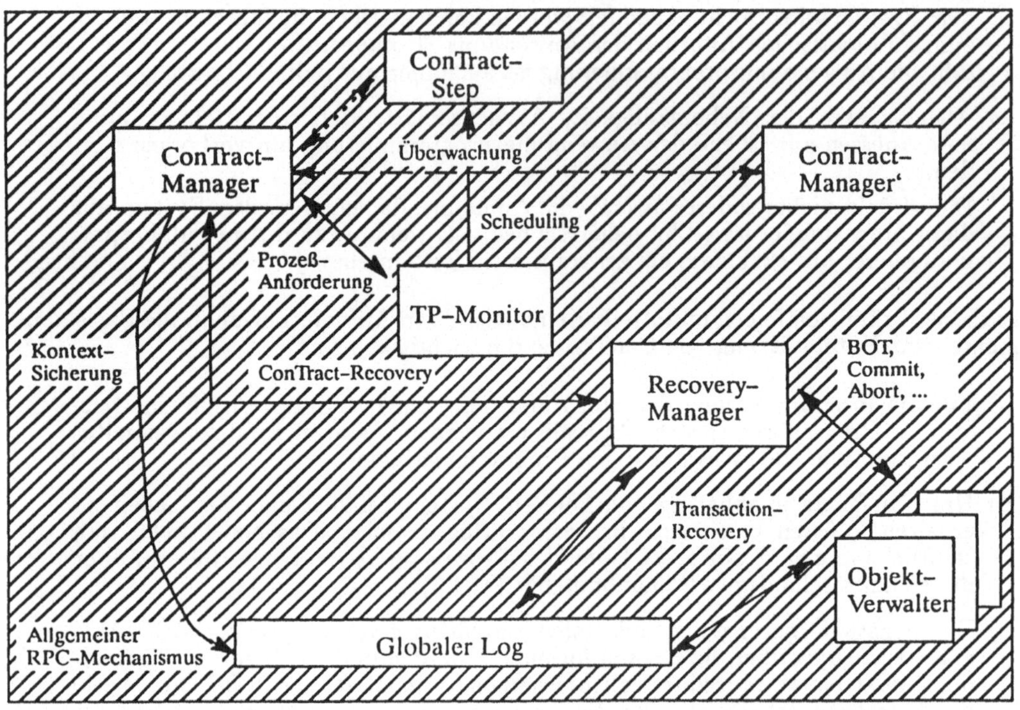

Abbildung 5: Die Komponenten der Realisierung eines ConTract-Systems

Damit ergibt sich die in Abb. 5 dargestellte Grobstruktur. Man beachte, daß der ConTract-Manager im wesentlichen die im Katalog definierten Vorgangstypen (ConTracts) abwickelt und bei allen Zustandsübergängen wie etwa der Aktivierung eines Step, aber auch im Falle der Recovery, als Koordinator der übrigen Komponenten fungiert. Der RPC-Mechanismus ist in Abb. 5 nicht explizit dargestellt; er ist eine Art „Äther“, der die übrigen Komponenten umgibt und die Kommunikation zwischen ihnen ermöglicht.

Im folgenden werden die Implementierungsprobleme jeder einzelnen Komponente kurz vorgestellt; auf die Schnittstellen zwischen ihnen näher einzugehen, ist hier nicht der Platz.

4.1 Adressierung von Steps und Objektverwaltern

Bei der Definition von ConTracts wurde unterschieden zwischen Steps als den von der Anwendung bereitgestellten Teilschritten und anderen Objektverwaltern wie z.B. SQL-Datenbanken, X-Windows-Server u.ä., die allgemein benötigte Dienstleistungen erbringen. Aus der Sicht des Basissystems sind aber beides Adressaten von Nachrichten, wobei es zunächst keine Rolle spielt, daß jeder Objekttyp unterschiedliche Protokolle zu bedienen in der Lage ist.

In der Anwendung werden die Dienste mit anwendungsweit eindeutigen logischen Namen bezeichnet; deren Struktur und Vergabemethode ist vollkommen Sache der Anwendung und braucht hier nicht betrachtet zu werden. Wichtig ist die Abbildungskette

logischer Anwendungsname —> [(Knotenname, log. lokaler Name), . . .]

logischer lokaler Name —> [Prozeßname, . . .]

Beachte, daß auf den rechten Seiten jeweils Adreß-Listen stehen, da ein Dienst auf mehreren Knoten verfügbar sein kann, und in einem Knoten können mehrere Prozesse denselben Code ausführen. Die erste Abbildung erfordert daher (abgesehen von der Namensbindung) eine globale Lastbalancierung; die zweite eine lokale Lastbalancierung, die vom jeweiligen TP-Monitor zu leisten ist.

Für die Namensbindung selbst kommen verschiedene Mechanismen in Betracht. Am einfachsten sind wohl die in SNA verwendeten Abbildungstabellen [LU6.2]; mehr Flexibilität und damit mehr Möglichkeiten zur dynamischen Umkonfiguration bieten die *name services* in DECNet[3]. Im Hinblick auf die Modellierung lang dauernder verteilter Aktivitäten ist es wichtig, weder Knotennamen noch die logischen lokalen Namen von Objektverwaltern sich jemals wiederholen zu lassen. Andernfalls müßte bei Einstellung eines Dienstes ein globaler Broadcast (transaktionsgeschützt) erfolgen, der die Ungültigkeit des Namens mitteilt. Das ist zwar prinzipiell möglich, aber bei sehr großen Systemen teuer und langwierig.

4.2 Betriebsüberwachung und Aktivierung

Zur Gewährleistung persistenter Abläufe muß sichergestellt werden, daß die jeweils aktiven Steps eines ConTract nicht

- beendet werden, ohne daß die dadurch ausgelösten Ereignisse (zur Aktivierung der Nachfolge-Steps) sicher und wiederherstellbar registriert werden;
- ausfallen, ohne daß ihre Recovery veranlaßt bzw. der Neustart auf einem Alternativknoten vorgenommen wird.

Hierzu muß eine Art stabiler Prozesse realisiert werden, was jedoch nicht unbedingt eine Lösung im Sinne der Schattenprozesse von Guardian [21] erfordert. Sofern derartige Mechanismen vom Betriebssystem angeboten werden, können sie natürlich eingesetzt werden,

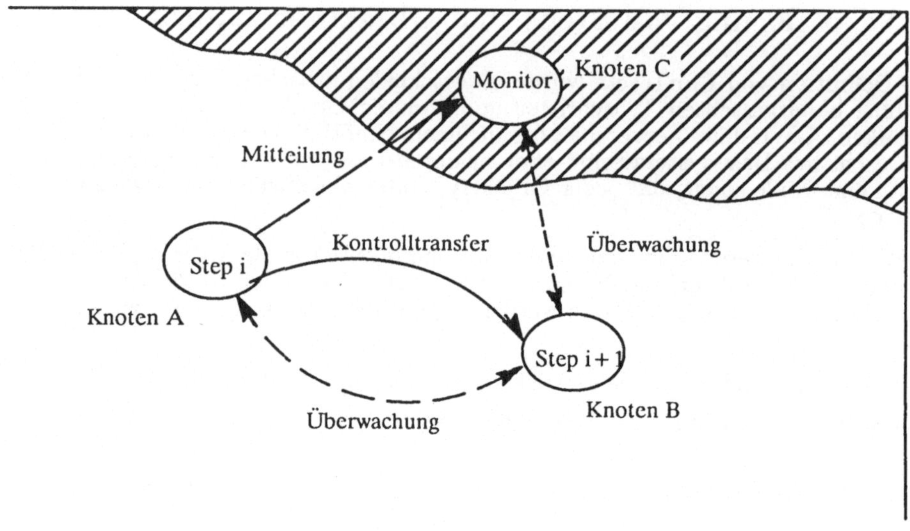

Abbildung 6: Überwachung stabiler Abläufe

aber für die Sicherung des Betriebes in allgemeinen verteilten Systemen reichen einfachere Überwachungsprotokolle. Das Prinzip der Betriebsüberwachung ist in Abb. 6 dargestellt. Es sind dabei drei Fälle zu unterscheiden:

a) Knoten A und B sind (unzuverlässige) Workstations. Dann muß (wie in Abb. 6 gezeigt) eine benachbarte zuverlässige Workstation (Knoten C) mit der Überwachung des weiteren Verlaufs des ConTract beauftragt werden. Sollte Knoten B ausfallen, wird der ConTract-Manager auf Knoten C in Abhängigkeit von der Wahrscheinlichkeit eines baldigen Wiederanlaufes einen anderen Knoten mit der Ausführung von Step *i+1* beauftragen. Demgemäß kann Knoten B nicht autonom Recovery durchführen, da er dann u.U. schon die Zuständigkeit für Step *i+1* verloren hat. Man beachte, daß die Kontrollübertragung von Knoten A nach B mit der Einbindung von C als eigenständige (geschachtelte) Transaktion ablaufen muß.

b) Knoten A ist ein zuverlässiger Knoten. Dann braucht kein zusätzlicher Monitor beteiligt zu werden, da A diese Funktion übernehmen kann. Ein Knoten gilt als „zuverlässig“ dann, wenn er nur im Rahmen einer definierten Prozedur endgültig aus dem Netz entfernt wird. Diese Prozedur stellt u.a. sicher, daß alle dort evtl. noch allokierten Überwachungsfunktionen auf andere Knoten übertragen werden.

c) Knoten B ist ein zuverlässiger Knoten. Dann erübrigt sich die Überwachung u.U. völlig, da angenommen werden kann, daß der Knoten nach einem Fehler zu selbständiger Recovery fähig ist und damit ein ConTract-Step nicht verloren gehen kann. Ein Knoten kann stets dadurch zuverlässig gemacht werden (transparent für die ConTract-Ebene), daß er über ein *disaster recovery protocol* mit einem backup-Knoten verbunden ist [5].

Diese Fallunterscheidung demonstriert anschaulich, daß zur Abwicklung des ConTract-Protokolles detaillierte Informationen über die Topologie des Netzes und die Eigenschaften der Knoten verfügbar sein müssen - Informationen, die von Schichten-Kommunikationsprotokollen gern verborgen werden.

4.3 Allgemeine RPC-Mechanismen

Die verallgemeinerten RPC-Mechanismen zur Implementierung von ConTracts sollten - idealerweise - folgende Forderungen erfüllen:

- Sie sollten eine einheitliche Adressierung von Objekt-Verwaltern über logische Namen ermöglichen, unabhängig davon, ob diese Objekt-Verwalter im selben Adreßraum angesiedelt sind wie der Aufrufende, oder in einem anderen Adreßraum desselben Rechners, oder in einem anderen Knoten.
- Sie sollten verbindungsorientierte, transaktionsgeschützte Aufrufe am Objektverwalter unterstützen. Da wir hier stets von Transaktionen als Mittel zur Implementierung von Konstrukten mit forward-Recovery reden, müssen derartige Transaktionen auch persistente savepoints enthalten - anders sind langlebige Transaktionen nicht vernünftig zu realisieren.

Mit anderen Worten, der Mechanismus muß sich auf einem Knoten, der ein 'shared memory' Multi-Prozessor sein kann, etwa so verhalten wie das sub-system interface in MVS; im verteilten Fall muß er die Funktionalität etwa von LU6.2 haben [5]. Zusätzlich müssen die den RPC tragenden sessions (oder conversations o.ä.) durch Transaktionen mit savepoints gesichert sein, so daß nach einem Fehlerausfall die beteiligten Prozesse auf den Stand des letzten erfolgreichen savepoint gebracht werden können - inklusive des Zustands der RPC-Verbindung.

Die Realisierung dieser Forderung hat zahlreiche, z.T. recht komplizierte Konsequenzen, die wir hier nicht weiterverfolgen können.

4.4 Implementierung des Invariantenmechanismus

Die Realisierung der transaktionsübergreifenden Synchronisation mit Invarianten nach dem check/revalidate-Prinzip benötigt erstens ein Prädikatenkalkül zur Formulierung und Auswertung von Invarianten und zweitens geeignete Synchronisationsverfahren und Strategien zur Verwaltung der gesetzten Invarianten.

Im Kontext von DB-Anwendungen bietet es sich an, Invarianten über SQL-Prädikate zu implementieren und zu ihrer Auswertung das DBMS heranzuziehen.

Bedingung für eine korrekte Arbeitsweise des check/revalidate-Verfahrens ist die ununterbrochene Existenz aller Objekte (Relationen oder Tupel) einer Ausgangsinvarianten. Sonst kann es nämlich passieren, daß eine Relation R (bzw. ein Tupel t) nach dem Etablieren einer Ausgangsinvarianten $p(R)$ (bzw. $p(t)$) gelöscht und unter demselben Namen, aber mit völlig anderer Bedeutung, neu erzeugt wird. Damit wäre das Resultat einer Invariantenauswertung jedoch ungültig. Dieses Problem resultiert offensichtlich aus der fehlenden Objektidentität in DBMS.

Eine naheliegende Lösung besteht in der Erweiterung vorhandener Sperrverfahren um einen zusätzlichen Sperrmodus, der die Existenz eines Objektes sichert, indem er alle Operationen bis auf das Löschen des Objektes erlaubt.

Im Zusammenhang mit den Anforderungen aus der transaktionsübergreifenden Synchronisation deckt dieser Ansatz prinzipielle Einschränkungen heutiger Sperrkonzepte auf, die im ConTract-Modell erweitert werden müssen:

Beispielsweise kann bei einer Suspendierung des Ablaufs ohne eine aktive Transaktion keine Sperre gehalten und damit kein Zugriffsschutz realisiert werden. Zum zweiten ist es nicht möglich, eine erworbene Sperre an eine andere Transaktion weiterzugeben. Und drittens gehen beim Abbruch einer Transaktion alle gehaltenen Sperren unwiederbringlich verloren.

Zur Realisierung der ConTract-Synchronisationsmechanismen sind deshalb konventionelle Sperrkonzepte dahingehend zu erweitern, daß Sperren nicht mehr an die Existenz einer aktiven Transaktion bzw. eines Steps gekoppelt sind, sondern sich mit einem Vorgang (ConTract) und den darin bearbeiteten Objekten assoziieren lassen.

Als Folge dieser Erweiterung müssen auch die herkömmlichen Zugriffsverfahren eines DBMS angepaßt werden. Da solche Mechanismen noch in keinem verfügbaren DBMS vorhanden sind, müssen stabile Lese- bzw. Existenzsperren in einer Prototypversion des ConTract-Systems über den Umweg einer trickreichen Verwendung verteilter Lesesperren simuliert werden, auf die wir hier jedoch nicht weiter eingehen wollen.

4.5 Verteilte Commit-Abwicklung

Eine elementare Aufgabe des ConTract-Managers beteht darin, alle Aktivitäten bei der ConTract- bzw. Step-Abwicklung zu koordinieren. Dazu muß die effiziente und fehlertolerante Abwicklung verteilter, nichtblockierender Zwei- bzw. Dreiphasen-Commit-Protokolle als Basisdienst im ConTract-System verfügbar sein.

Die Koordination beliebiger Komponenten setzt voraus, daß alle diese Komponenten ihre interne Verarbeitungsweise transaktionsorientiert strukturieren, um die entsprechenden Protokollaufrufe

Prepare, Abort bzw. Commit

auf den von ihnen verwalteten Objekten realisieren zu können.

Für ein als Objekt-Verwalter angeschlossenes DBMS bedeutet das beispielsweise eine Öffnung seines Commit-Protokolls, so daß die Koordinatorfunktion auf den ConTract-Manager übertragbar ist. Das erfordert eine DBMS-Schnittstellenerweiterung um eine *prepare-to-commit*-Funktion. Zudem ist auch die Recovery-Schnittstelle so anzupassen, daß die Commit- bzw. Abort-Entscheidung vom ConTract-Manager getroffen werden kann und die Reaktivierung und Weiterbenutzung einer Teilaktion möglich ist, die bereits im Zustand *prepared* war.

Da die Fehlertoleranz der Commit-Koordination einen kritischen Faktor für die Zuverlässigkeit eines Vorgangs darstellt, sollte das 2PC selbst als ausfallsicherer und unverwundbarer Sub-ConTract ablaufen. Dazu bietet es sich zum einen an, die Durchführung eines Commit-Vorgangs an einen besonders ausfallsicheren Knoten zu delegieren und nicht auf einem wenig zuverlässigen Rechner abzuwickeln, auch wenn die zu koordinierende Aktivität dort ihren Ausgangspunkt hat. Bei migrierenden Abläufen ist es offensichtlich zweckmäßig, die Auswahl des Commit-Koordinators erst unmittelbar vor Beginn der Protokollabwicklung zu treffen.

Zum anderen empfiehlt sich eine Gliederung der Commit-Verarbeitung in atomare Schritte und die Sicherung des Protokollzustandes im Kontext (z.B. verschickte Prepare-Aufforderungen, bereits erhaltene bzw. noch ausstehende Antworten beteiligter Komponenten). Dieses Vorgehen ermöglicht es einem anderen ConTract-Manager, bei einem Knotenausfall auch die Koordinatorfunktion von dem ausgefallenen System ohne Verlust des Protokollzustandes zu übernehmen.

4.6 Protokollierung in einem ConTract-System

Nach einem Systemausfall muß der ConTract-Manager in der Lage sein, seinen eigenen Zustand sowie den Ausführungszustand aller bearbeiteten ConTracts zu rekonstruieren. Dazu gehören beispielsweise folgende Informationen:

- auf diesem Knoten aktive ConTracts und ihre Betriebsmittel
- durchzuführende Überwachungs- und Vertretungsaufgaben
- Protokollzustand der Kommunikation mit anderen ConTract-Managern.

Der Ausführungszustand einzelner ConTracts ist u.a. charakterisiert durch deren

- besuchte Knoten
- Verarbeitungsposition im Skript, d.h. ausführbare, aktivierte und terminierte Steps
- erworbene Existenzsperren etc.

Die Realisierung eines ConTract-Systems stellt an die Verwaltung der Protokolldaten höchste Zuverlässigkeitsansprüche. Diese ergeben sich aus der Forderung, daß die beschriebene Forward-Recovery oder eine eventuelle Kompensation auch in dem Fall möglich sein muß, daß ein an der ConTract-Ausführung beteiligter Knoten (und damit dessen lokale Protokolldaten) für immer aus dem verteilten System verschwindet.

Aus diesem Grund ist die Protokollverwaltung so zu organisieren, daß der Verlust von Log-Information mit hinreichender Sicherheit ausgeschlossen ist. Dazu lassen sich Verfahren heranziehen wie z.B.

- Duplizierung des Logs auf gespiegelten Platten
- Verwendung von RAID-Speichereinheiten
- Verteilung der Protokolldaten
- Replizierte Archivierung komprimierter Log-Dateien.

Die Forderung nach jederzeitiger Verfügbarkeit verlangt, bei der Migration eines ConTracts die bis dahin angefallenen Protokolldaten mit auf den anderen Knoten zu verlagern oder zumindest einen Verweis im Kontext mitzuführen, wo die frühere Ausführungshistorie zu finden ist.

Zur Erleichterung der Konsistenzsicherung empfiehlt es sich, offene Transaktionen vor der Migration zu beenden, um nicht Log-Sätze für dieselbe Transaktion auf mehreren Rechnern verwalten zu müssen.

Würde jede Komponente des ConTract-Systems, insbesondere jeder Objekt-Verwalter, seinen eigenen Log führen, wäre auch bei rein lokalen Aktivitäten ein 2PC zur sicheren Synchronisation der Komponenten zwingend notwendig. Neben reinen Effizienzüberlegungen spricht auch ein einfacheres Recovery-Protokoll für die Verwendung eines globalen Logs, den alle Komponenten für die Aufzeichnung ihrer Aktivitäten bei der ConTract-Abwicklung benutzen. Bei einem standardisierten Format der Log-Einträge ist es zwar prinzipiell möglich, daß jede Komponente selbständig die Recovery für die von ihr verwalten Objekte durchführt. Weil sie dazu jedoch die Protokolleinträge des ConTract-Managers mit den transaktionsübergreifenden ConTract-Zustandsinformationen interpretieren muß, ist aus Komplexitätsgründen ein globaler Recovery-Manager vorzuziehen, der anhand der Log-Daten den Wiederanlauf der Komponenten koordiniert.

5 Zusammenfassung und Ausblick

Das letzte Kapitel zeigte deutlich, welche zentrale Rolle das Transaktionkonzept bei der Implementierung des ConTract-Modells einnimmt. Die grundlegende Bedeutung der Transaktion als Basiskonstrukt für zuverlässige und fehlertolerante Abläufe liegt neben der Strukturierung in ununterbrechbare Verarbeitungseinheiten vor allem in den anwendungsunabhängigen Mechanismen zur Synchronisation und Recovery bzw. in den dazu eingesetzten Realisierungstechniken, wie dem *Write-Ahead-Log*-Prinzip oder dem Zweiphasen-Commit-Protokoll.

Diese Kontrollmechanismen sind für alle Arten von Anwendungen mit hohen Zuverlässigkeitsanforderungen von Interesse. Sie sollten deshalb nicht nur den DB-Anwendungen vorbehalten sein, sondern als anwendungsunabhängiger Systemdienst allen Anwendungen zur Verfügung stehen. Dieser Beitrag versuchte, konkrete Schritte in diese Richtung aufzuzeigen und das Konstrukt der Transaktion zu einem universellen Kontrollmechanismus für verteilte OBS-Anwendungen zu verallgemeinern.

Zur Ausgestaltung des ConTract-Modells trugen vor allem zwei Erkenntnisse wesentlich mit bei:

1. Dem klassischen Transaktionsparadigma liegt die Auffassung einer Transaktion als einer *abstrakten* und vor allem *kurzen* Verarbeitungseinheit zugrunde, die außerhalb des DBMS überhaupt nicht in Erscheinung tritt, weil sie ja als atomarer Zustandsübergang implementiert ist. Aus Sicht des Systems stehen verschiedene Transaktionen ausschließlich in konkurrierender Beziehung, weshalb ihre Zugriffe auf die Datenbasis gemäß dem Serialisierbarkeitskriterium gegeneinander synchronisiert werden. Kooperation und Kommunikation können nur über die eine globale Variable „Datenbank" erfolgen, weil das DBMS lediglich die sichere Verwaltung dieses gemeinsamen Verarbeitungszustandes garantiert.

   Diese Grundannahmen sind jedoch bei der Abwicklung langlebiger und verteilter Aktivitäten nicht mehr gültig.

2. Für die (zumindest teilweise) unabhängigen Aspekte der Ablaufkontrolle

   Strukturierung, Synchronisation, Recovery und *Konfliktbehandlung*

   hält das klassische Transaktionskonzept nur ein einziges syntaktisches Konstrukt bereit - nämlich die Transaktionsklammer *BOT ... EOT*.

   ConTracts dagegen erlauben es, diese Aspekte getrennt und explizit zu beschreiben und damit allgemeinere und flexiblere Kontrollstrategien zu realisieren.

Obwohl sich die Realisierung des ConTract-Modells auf existierende Basissysteme abstützen kann (z.B. herkömmliche DBMS als Objekt-Server zur Step-Ausführung), sind die Schnittstellen konventioneller DB- und Betriebssysteme an einigen Stellen in der gezeigten Weise (Kapitel 4) zu erweitern, um die ConTract-Abwicklung wirkungsvoll zu unterstützen. Für Prototypentwicklungen bedeutet das Fehlen wesentlicher Basisdienste die Notwendigkeit, die erforderliche Funktionalität über trickreiche Umwege zu simulieren. Da das kein befriedigender Zustand ist, wird versucht, in Kooperationen mit Hard- und Software-Herstellern auf die Entwicklung entsprechend erweiterter Basissysteme hinzuwirken.

Eine Implementierungsstudie und erste Experimente mit einem im Bau befindlichen Prototypen zeigten die prinzipielle Realisierbarkeit der vorgestellten ConTract-Eigenschaften. Dieser Prototyp wird z.Zt. in seiner Funktionalität erweitert und soll in einer verteilten, heterogenen Umgebung (Tandem, Sun, DEC, IBM) einsatzfähig sein.

Aus zukünftigen Anwendungen des ConTract-Prototypsystems in dieser verteilten Umgebung erhoffen wir uns Aufschlüsse zur Evaluierung und Weiterentwicklung der Konzepte, insbesondere auch zu der Frage nach einem geeigneten Programmiermodell für parallele und verteilte Anwendungen.

Literatur

[1] Bal, H.E., Steiner, J.G., Tanenbaum, A.S.: *Programming Languges for Distributed Systems.* ACM Comput. Surveys, Vol. 21, No.3, (1989)

[2] Carey, M.J., De Witt, D.J., Frank, D., Graefe, G., Muralikrishna, M., Richardson, J.E.,Shekita, E.J.: *The Architecture of the EXODUS Extensible DBMS.* Proc. Int. Workshop on Object-Oriented Database Systems, Pacific Grove 1986

[3] Comer, D.E., Peterson, L.L.: *Understanding naming in distributed systems.* Distributed Computing, Berlin, Heidelberg, New York: Springer 1989

[4] Dayal, U., Hsu, M., Ladin, R.: *Organizing Long-Running Activities with Triggers and Transactions.* ACM SIGMOD 1990

[5] Garcia-Molina, H., Polyzois, C.A., Hagmann, R.: *Two Epoch Algorithms For Disaster Recovery.* Princeton University, Department of Computer Science

[6] Gray, J.: *Notes on Database Operating Systems.* Lecture Notes in Computer Science, Vol. 60, New York: Springer 1978

[7] Gray, J.: *The Transaction Concept: Virtues and Limitations.* Proc. VLDB, Cannes, Sept. 1981

[8] Proc. 3rd Int. Workshop on High Performance Transaction Systems, Asilomar 1989

[9] ONeil, P.: *The Escrow Transaction Method.* ACM Trans. Database Syst., Vol. 11, No. 4, pp. 405-430 (1986)

[10] Klein, J., Reuter, A.: *Migrating Transactions.* Proc. Workshop on the Future Trends of Distributed Computing Systems, Hong Kong, IEEE, Sept. 1988

[11] Korth, H.F., Speegle, G.D.: *Formal Model of Correctness Without Serializability.* Proc. ACM SIGMOD 1988

[12] Kotz, A.: *Triggermechanismen zur Wahrung der Konsistenz von Entwurfsdaten in Datenbanksystemen.* Universität Karlsruhe, Fak. f. Informatik, Diss. 1988

[13] Format and Protocol Reference Manual: Architecture Logic For LU Type 6.2 IBM Dez. 1985

[14] Peinl, P.: *Synchronisation in zentralisierten Datenbanksystemen.* Universität Kaiserslautern Fachbereich Informatik, Diss. 1986

[15] Peinl, P., Reuter, A., Summer, H.: *High Contention in a Stock Trading Database - A Case Study.* Proc. ACM SIGMOD 1988

[16] Reuter, A.: *Concurrency on High-Traffic Data Elements.* Proc. PODS 1982

[17] Reuter, A.: *Maßnahmen zur Wahrung von Sicherheits- und Integritätsbedingungen.* in: Lockemann, P.C., Schmidt, J.W. (Hersg.): Datenbankhandbuch, Berlin, Heidelberg, New York: Springer 1987

[18] Reuter, A.: *Managing Distributed Applications with ConTracts.* Proc. Workshop on High Transaction Systems, Asilomar, Sept. 1989

[19] Reuter, A., Wächter, H.: *Neue Transaktionskonzepte.* Universität Stuttgart, Technischer Bericht, 1990; zur Veröffentlichung vorgesehen

[20] Spector, A.Z., Eppinger, J.L., Daniels, D.S., Draves, R., Bloch, J.J., Duchamp, D., Pausch, R.F., Thompson, D.: *High Performance Distributed Transaction Processing in a General Purpose Computing Environment.* Proc. 2nd Int. Workshop on High Performance Transaction Systems Asilomar Sept. 1987

[21] System Description Manual, Tandem Computers Inc., Cupertino, CA, 1985

[22] Weihl, W.E.: *Commutativity-Based Concurrency Control for Abstract Data Types.* IEEE Trans. Comp., Vol. 37, No. 12 (1988)

[23] Walter. B.: *A Robust and Efficient Protocol for Checking the Availability of Remote Sites.* Comp. Networks No. 6, pp. 173-188 (1982)

FORMAL DESCRIPTION, TIME AND PERFORMANCE ANALYSIS A FRAMEWORK

Ulrich Herzog
Institute for Mathematical Machines and Data Processing
Friedrich-Alexander-University Erlangen-Nuernberg
Martensstr. 3
D–8520 Erlangen

Abstract

Designing distributed systems we need both functional specification and performance evaluation techniques. Usually both aspects are separated from each other, however, there is a clear trend observable: Specification techniques are being extended by time attributes, performance evaluation techniques have to be enhanced in order to capture functional dependencies. This paper reviews activities in both directions, defines important modeling features and rates the rich literature accordingly. Process algebras are emphasized because of their constructive properties. Based on these approaches we make a proposal for the integrated formal specification, time representation and performance analysis.

1. Introduction

Performance evaluation means to describe, to analyze and to optimize the dynamic, time dependent behavior of systems. Therefore we have to investigate the flow of data and control information within and between the system components, we have to analyze their efficiency and we want to detect and/or eliminate bottlenecks within the hardware/software structure of a system. Performance evaluation has a long tradition. Fundamental results came out of teletraffic theory, operations research and more, recently, of computer science.

In the classical modeling technique one usually assumes concurrent processes to be independent of each other; on the other side it is also standard to assume that processes, being dependent on each other, take a sequential turn.

Designing distributed systems, either loosely or tightly coupled, we try to take advantage of the parallelisms inherent in many application and system processes. Then, however, difficult coordination problems arise and have to be considered in modeling.

This paper summarizes at first the classical and advanced modeling techniques, discusses their advantages and disadvantages and aims at a list of desired modeling features. We then go through the rich literature and evaluate candidate techniques. Process algebras are a young but interesting class of formal specification techniques promising for the structured and correct design of complex systems. We therefore focus on efforts known from literature to combine algebraic specification techniques and temporal behavior. Finally we present a framework for the integrated description of functional and temporal properties as well as for performance evaluation. Our main focus is to make progress in the performance evaluation of complex systems. Concluding remarks show that our approach is promising, however, many theoretical and practical problems remain and are our challenge in the future.

2. Evolution of Performance Models

□ Stochastic Modeling

The dynamic, time dependent behavior of distributed systems is determined

- by the transport of data and control information between the components of the system
- by the processing of this information within the system components,
- and by the blocking and waiting of processes at different occasions and at different locations.

The temporal sequence of such transport, waiting and processing phases is at least partially deterministic, although the relations might be very complex. From the point of view of a single component, however, this sequence of actions often seems to be random, many dependencies are hidden for the local observer. Then, stochastic modeling techniques are very advantageous.

□ Features of influence

The dynamic behavior of a system is influenced by many parameters which may be classified in two groups:

a. Characteristics of the service demands (''load parameters'')

   - arrival process, describing the timely sequence of arriving service requirements
   - service process, describing the duration of processing or transportation times for the individual demands
   - additional characteristics, e.g. priority, storage requirements, order of subtasks, etc.

b. Characteristics of the servicing system (''machine parameters'')

   - system components: hardware- and software features of the individual components do influence processing and transportation times
   - system structure, describing the location of components as well as the topology of the connecting network between them
   - service strategies, i.e. the order in which demands are processed or transferred.

Depending on the purpose of our performance investigations, all these characteristics have to be captured more or less precisely by our modeling technique.

□ Classical and advanced modeling techniques

Developing performance models in the classical way one usually assumes that

- requests competing at the same time for resource access are independent of each other, and
- requests being dependent take a sequential turn rather than overlap.

All load and system features are grasped in an informal pictorial representation, a unique (queueing) system model; only a few parameters may be varied, cf. fig. 1. The advantages of this approach are that it is standard, many theoretical results are available as well as table works and program packages. The main disadvantage, however, are the high modeling costs: for each combination of load, machine configuration and load distribution the corresponding overall model has to be developed from scratch; and there is not much automatic support possible.

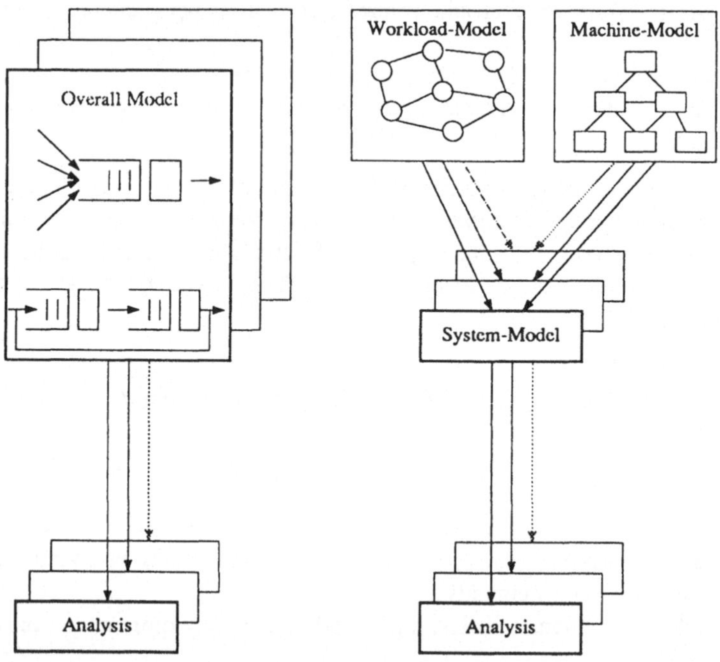

Figure 1: Comparison between the Classical Modeling Technique (left) and the Three-Step-Methodology (right)

This modeling technique was reasonable and successful in the past. It was mainly applied to investigate hardware configurations and operating strategies for computer systems and networks.

Totally different, however, is the situation when we investigate distributed systems: Application and system programs are decomposed into well defined cooperating subtasks, i.e.

- there are strict dependencies between subtasks,
- subtasks may be processed sequentially or simultaneously, and
- subtasks may compete at the same time for the same resources.

There is a great variety of strategies to distribute code and data segments to processors and memories, to schedule tasks and subtasks, etc. . Obviously the classical technique is no longer reasonable because for each mapping we need to develop a completely new model.

The expenditure of modeling may be reduced significantly if we use a three step methodology instead [WH80], [Fro82], [Kle82], [Kle83], [Bei85], [Her86], [TKCA86], cf. also fig. 1:

1. Develop the workload model independent of the implementation constraints and separately develop the machine model
2. Deduce the system model by mapping the workload model into the machine model. Therefore, the system model describes the real dynamic behavior and shows how service requirements are influenced by the concrete implementation.
3. Analyze the system model by means of simulation and/or analytic methods in order to predict characteristic performance values.

A first systematic step in this direction was done by synchronizing queuing models [HHK79], [HH79], [Her80], [HT83]:

- the workload was described by a stochastic graph and mapped into a specific machine model;
- the dynamic behavior of the overall system was described symbolically by a so-called synchronizing queueing system.

For performance analysts, again, the main advantage of this approach was its relative familiarity. However, the method is unsuitable for automatic mapping; and there are only informal possibilities for the structured representation of both complex applications and configurations.

A logical consequence out of these problems were unified graph models [Fro82], [Kle82]: we formally describe the load by a stochastic task-graph, as before. And we use the same technique for the machine model. All components and communication channels are described by a (directed or undirected) graph. Communication overhead, buffer memories, etc. may be included. Mapping the application graph into the machine model we can also include scheduling. Therefore, the resulting system graph represents formally all important features of the real implementation.

To summarize, graph models represent a unified formal description and therefore support the (automatic or semiautomatic) mapping process. Many theoretical results, evaluation techniques as well as tools are available and successfully applied for the performance prediction of parallel systems [Mar65], [Pin88], [SW90], [Gen89], [ST87], [FW89], [Fle90]. However, graph models still grow rapidly in size and do not allow the systematic structuring of the design process.

□ Desired modeling features

Bearing in mind the evolution of performance models, their pros and cons, their merits and shortcomings, we may summarize our ideas of a "perfect" specification and evaluation technique as follows (table 1):

Therefore, we search next for candidates which promise to approach our goal.

◇	Unified formal system description and analysis with respect to — functionality — structure — timing, and possibly — other predicates
◇	Conflictfree representation of all system aspects — supplementary and compatible description and evalutation techniques expressing functionality, structural and temporal aspects
◇	Analysis and synthesis of complex systems — constructs supporting structured design — efficient algorithms and tools

Table 1: Desideratum

3. Candidates for advanced modeling

3.1. Survey

All prominent formal description techniques are valued roughly but characteristically in table 2. More details may be found in the original publications or in a recent survey [Liu89]. Table 2 shows us the most important criteria with respect to our goal:

- Expressiveness
  i.e. the ability to describe the functioning, structures and time slopes in adequate detail.
- Mathematical tractability
  i.e. the ease to investigate, evaluate and predicate the functional behavior (deadlock, livelock, etc.), the temporal behavior (throughput, waiting times, etc.) as well as the behavioural equivalence of different solutions (verification).
- Compatibility
  i.e. the various behavioural aspects of a system have to be described and analyzed in such a way that they supplement each other rather than conflict. Particularly we have to consider that predicates about the functional behavior may depend on temporal attributes.
- Constructivity [Mil86], [Lar90]:
  i.e. there is a design methodology which systematically allows to build complex systems from smaller ones. This means that there are operators supporting the following subtasks:
  - ☐ Composition: Synthesis by sequential and parallel putting together of system elements and small systems.
  - ☐ Abstraction in the sense of transparency, i.e. hiding of internal details.
  - ☐ Transformation: simple but powerful calculus to allow transformations of a description which preserve the meaning.

	Expressiveness			Mathematical tractabilty			Compa-tibility	Construct-tivity	Tool Support
	funct.	struct.	tempor.	funct.	tempor.	equiv.			
Queuing - Models	-	o	+	-	+	-	-	-	+
Graph - Models	o	+	+	⊕	+	-	+	-	+
(Graph) - Grammars	+	o	+	⊕	-	-	+	-	-
FSM/EFSM									
◇ Timed States	+	o	⊕	+	o	-	+	-	o
◇ Timed Transitions	+	o	⊕	+	o	-	+	-	o
Petri-Nets									
◇ TPN	+	⊕	⊕	⊕	o	-	⊕	-	o
◇ SPN	+	⊕	⊕	+	+	-	+	-	+
◇ GSPN	+	⊕	+	o	⊕	-	-	-	+
Process Algebras	+	⊕	o	+	-	+	+	+	-

Table 2: The most prominent formal description techniques in literature (FSM: Finite State Machine, EFSM: Extended FSM, PN: Petri-Net, TPN: Timed Petri-Net, SPN: Stochastic Petri-Net, GSPN: Genaralized SPN; Rating: "-" poor or not existing, "o" given to a certain extent, "+" well suited, "⊕" between "o" and "+"; Detailed comments see chapter 3)

- Tool support
  i.e. user friendly and efficient preparation of algorithms for performance analysis and design.

Conclusions: Reviewing the work on formal techniques which explicitly include time, most activities have been reported on Graph-Models, Finite-State-Machines (FSM) and Petri-Nets. Performance evaluation is a central aspect of Graph-Models and Petri-Nets, relatively less work has been done for FSM-based models [Liu89] [Rud85b]. There are also some efforts to combine different types of models, e.g. queuing and Petri-net models [BB89]. Most striking is, however, that performance analysis is for the algebraic approach almost no objective, while all other criteria are fairly attractive; the latter is true especially for constructivity, a fundamental condition for the systematic design and evaluation of complex systems. We therefore investigate the related publications with more detail, cf. table 3. And we shall see in chapter 4 a proposal for the integration of this approach with performance evaluation.

3.2. Process Algebras and Time

Two of the abstract program models that have been receiving considerable attention in the literature are Hoare's Communicating Sequential Processes (CSP) [Hoa78] and Milner's Calculus of Communicating Systems (CCS) [Mil80]: A system description consists of a number of processes, and communication activities between processes are accomplished by synchronous message passing. Introducing some simply stated constructs (e.g. sequential and parallel composition, nondeterministic choice, concealment and recursion) it is possible to elegantly express the functional behavior of distributed systems. Moreover, there is a simple but powerful repertoire of equational laws to allow transformations which preserve meaning. All constructs are based on a sophisticated algebraic theory. Both concepts, CSP and CCS, have been used as a basis for programming languages (OCCAM, LOTOS). OCCAM became interesting because of the transputers, LOTOS has been accepted as specification language of the International Standard Organization (ISO).

In both original concepts, only the relative ordering of events is given, and time cannot be represented in absolute terms. Therefore, several extensions have been proposed, cf. table 3. Rather than going into the details of these suggestions, we lay emphasis on a few important points:

- From our point of view local time is mandatory for an efficient constructive technique. Local time means a timing description individually for each process. Building composed processes from smaller ones, global values may be obtained readily. Quemada and Fernandez [QF87] do show an interesting solution.
- Functional analysis has to take into consideration each possible sequence of events ("traces") for each process; relative frequencies of different traces do not matter. Performance prediction, however, is only possible if we weight the different outcomes. Therefore, a probabilistic choice concept [NY85],[Zic89], [Lar90] is the second vital feature.
- There must be a possibility to express that a process is willing to wait until the environment is ready to synchronize or to communicate. Moller and Tofts [MT89] show a delay constructs which can be modified appropriately.
- Equivalence relations for timed specifications are possible and of great importance. Ideas based on bisimulation can be found in [QF87] and [MT89].

	Syntax (based on)	Time	Representation of Function and Time	Time Scale	Probab. Choice	Performance Analysis	Remarks
Reed, Roscoe (1986/1988)	CSP	Global	(t,e), α	$[0,\infty]$	-	-	t point of time, e event, α timed stability value, Delay system constant δ, WAIT-process (delay)
Zic (1988)	CSP	Global	(t,e) α	$[0,\infty]$	P[Π]Q	-	Theory according to Read/ Roscoe Probability to select Q is Π.
Race, Dew (1988)	CSP	Global	Event execution for an open interval (t_1,t_2)	$[0,\infty]$	-	Simulation in future	No theoretical basis up to now Process Status Graph PSG (t)
Nounou, Yemini (1984)	CCS	Global	$< t_i, M_i >$	$[0,\infty]$	P_c(A.B)	Exponential	The probabiliy attribute P_c(A.B) allows to express prob. choice
Quamada, Fernandez, (1987)	LOTOS	Local	a$< t_1,t_2 >$ at	N_0	-	-	action a between t_1 and t_2 Execution of a at time t relative to the instant where the preceeding action has finished (interarrival time), Make Older-process (delay), Timed weak bisimulation
T'Hooft (1989)	LOTOS	Local	$< t_0,t_1,t_2,t_3 >$	N	-	-	May start between t_0 and t_3 May last min t_1 and max t_2
Moller, Tofts (1989)	CCS	Local	a.P, δ.P, (t).P	N	-	-	Actions instantaneous Delay prefix δ.P (wait) Time prefix (t).P (delay)

Table 3: Process Algebras and Time

4. Process Algebras, Time and Performance Analysis. A Framework

4.1. General remarks

Summarizing ideas from literature and our own research on formal description techniques, performance evaluation, numerical methods and tool support, we present a framework for the integrated functional and temporal investigation of distributed systems. Our main focus is to make progress in the performance evaluation of complex systems. The examples presented are very elementary; this is because of didactic reasons and many exciting subproblems not yet solved.

The reader is expected to be familiar with both basic concepts and standard notation of process algebras and performance evaluation methods, as well. Excellent introductions may be found e.g. in [Hoa85], [Mil89], [Old86] and [Kle75], [Kle76].

We first define the syntax of our specification language explicitly including time and probabilistic choice. Then, we outline an operational semantics. We finally conclude with the basic idea for performance analysis and some simple examples.

4.2. Syntax

The syntax of our extended language EXL is similar to CCS or CSP. However, we do include a temporal specification by random variables and we introduce an operator for probabilistic choice.

□ Basic notations

We start from a set Λ of atomic actions not containing the internal action τ. Then, the set Act of all actions is defined by

$$Act = \Lambda \cup \{\tau\}$$

We then introduce a time scale (which might be continuous or discrete) and define a set of random (time duration) variables, denoted by $Rtime$. The functional and temporal behavior of a process is then described by timed events, the set of which is

$$E = Act \times Rtime$$

□ Local time and timed events

We introduce local time individually for each process; as mentioned before, this is vital if we want to construct larger process systems from smaller ones. Therefore timed events are described as ordered pairs of an action and a time duration. This time duration describes the time interval between the occurrence of the concerned event and its immediate predecessor event or the starting point (time zero) of the process. For an illustration cf. fig. 2. We distinguish two types of timed events:

- Active timed event $e = (a, T_a) \in E$ with

$a \in Act$: atomic action (synchronous or asynchronous type)

$T_a \in Rtime$: event interarrival time with an arbitrarily prescribed distribution function $F_a(t) = P(T_a \le t)$. The moments of the random variable are denoted in the usual way, e.g.$E[T_a], VAR[T_a], ...$
Note that synchronous actions execute only if the environment is ready to evolve concurrently.

- Passive timed event $\omega e = (a, T_{\omega_a}) \in E$, waiting any amount of time T_{ω_a} to synchronize with an active event (a,T_a). The corresponding d.f. is at first unknown.

$$F_{\omega a}(t) = P(T_{\omega a} \leq t)$$

its value depends on the environment.

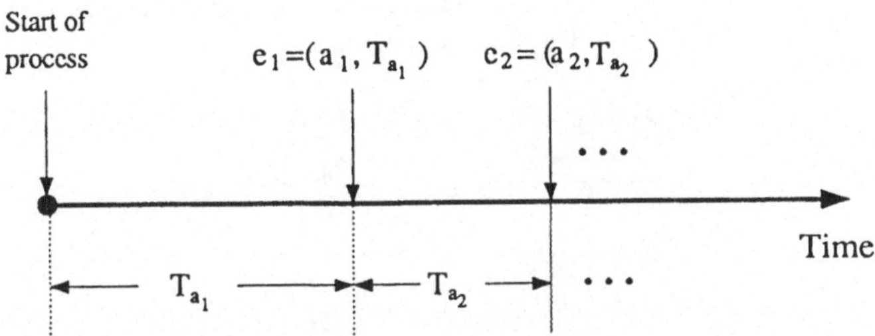

Figure 2: Illustration of the Event Interarrival Time

- Example
The parallel composition of two processes P and Q is similar to CCS (actions $a, \bar{a}$) however synchronizing events remain visible to the environment, cf. fig. 3.

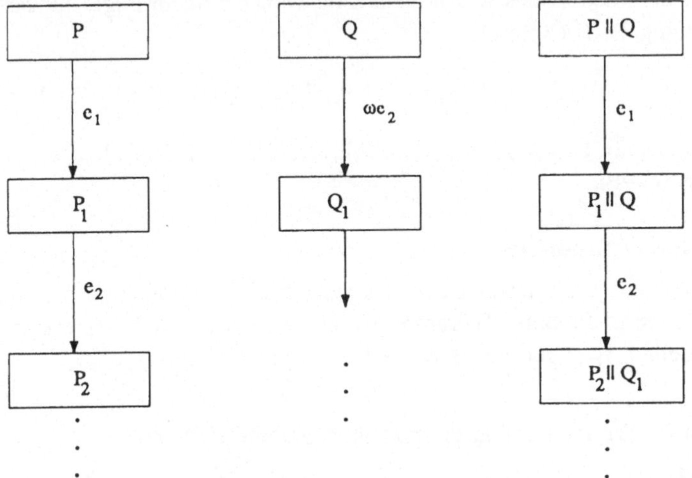

Figure 3: Parallel composition

☐ Probabilistic choice
In order to allow performance prediction a probabilistic choice operator $[\pi]$ is introduced:

$$P = P_1[\pi_1]P_2$$

denotes a process P which behaves like P_1 with probability π_1 or like P_2 with probability π_2=1−π_1.

The definition of the probabilistic choice can readily be extended to more than two alternatives, e.g. $= P_1[\pi_1]P_2[\pi_2]P_3[\pi_3]$ ... with $\sum \pi_i = 1$. Note that the probability valuesπ_i may be given or directly dependent on P_1, P_2, ... and are therefore computable. Fig. 4 shows a simple example.

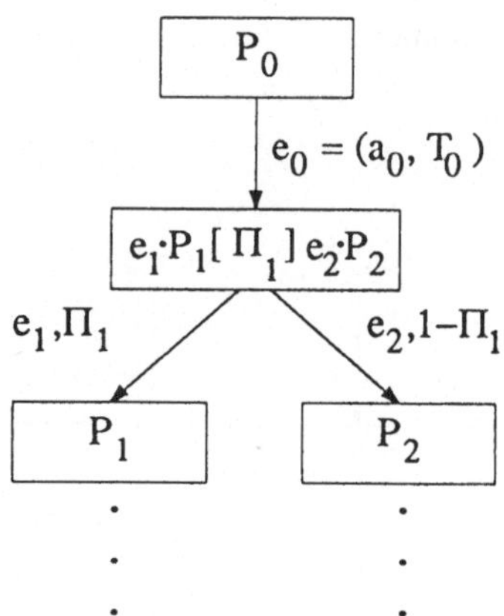

Figure 4: Illustration of probabilistic choice

- ☐ Summary

  We shall use in our language EXL essentially the same abstract syntax as CSP or CCS with the inclusion of timed events and probabilistic choice. Accordingly processes are defined by the following BNF expressions

$$P ::= 0|e.P|\omega e.P|P_1; P_2|P_1||P_2|P_1[\pi_1]P_2|P\backslash e|P[S]||\mu X : F(X)$$

More operators may be added, cf. [Hoa85],[Mil89]. And instead of e.P we may use the CSP-notation (e→P).

4.3. Operational Semantics

The semantics, i.e. the exact meaning of our language EXL is transition based and structurally presented in the style of Plotkin. Therefore, we associate with each expression P_0 a transition system $A(P_0)$ labelled by event names and selection probabilities [Gol90]:

- Definition:

  Be $P_0 \in EXL$. We then define the transition system of P_0 as

$$A(P_0) = (EXL, \rightarrow, P_0)$$

where EXL is the set of possible states, $\rightarrow \subset EXL \times E\pi \times EXL$ is the set of transition relations, $E\pi = Act \times Rtime \times \pi$ is the labelling set, and P_0 the initial state.
We shall omit explicit mention of the probability attributes π, where this is obvious from the content or context of the process.

- Operational Rules for EXL (examples)

  Prefixing

$$\frac{}{e.P \xrightarrow{e} P}$$

Probab. Choice

$$\frac{P_1 \stackrel{e_1\pi_1}{\rightarrow} P_1'}{P_1[\pi_1]P_2 \stackrel{e_1\pi_1}{\rightarrow} P_1'}$$

Parallel Comp.

$$\frac{P_1 \stackrel{e}{\rightarrow} P_1'}{P_1||P_2 \stackrel{e}{\rightarrow} P_1'||P_2} \qquad \frac{P_2 \stackrel{e}{\rightarrow} P_2'}{P_1||P_2 \stackrel{e}{\rightarrow} P_1||P_2'}$$

$$\frac{P_1 \stackrel{e}{\rightarrow} P_1', P_2 \stackrel{we}{\rightarrow} P_2'}{P_1||P_2 \stackrel{e}{\rightarrow} P_1'||P_2'}$$

Applying the operational rules it is possible to construct the possible sequences of timed events step by step.

- Remarks
  - □ Many properties of the different operators may be derived readily, others need quite some care.
  - □ Arbitrary expressions of EXL and their behavior can be simulated for a discrete time scale by TCCS, a temporal calculus of communicating systems [MT89] whose theoretical foundation has been analyzed very carefully. The only condition is that there are nonzero probability values.
  - □ There are various possibilities to define functional and temporal equivalences with respect to mean values, higher moments or distribution functions. They are, however, not yet elaborated.
  - □ More details and examples may be found in our forthcoming internal report on EXL.

4.4. Performance Evaluation

4.4.1 Stochastic trace analysis

The basic idea for performance analysis is well known from the investigation of stochastic graph models [TB86] [ST87] [Söt90] and timed FSM-models [Rud85b] [Rud85a] [LL88]:

- firstly we construct a stochastic timed trace model which may be obtained readily by our operational rules (section 4.2),
- secondly we determine all performance measures of interest such as total execution time, state probabilities, etc.

We explain the technique by two examples, one for process systems with finite behavior, another for infinite behavior.

4.4.2 Finite behavior

Be given a program-graph W as shown in fig. 5. Assume that the subtasks S_1 and S_2 are allocated to processor M_A and subtasks S_3 and S_4 to processor M_B.

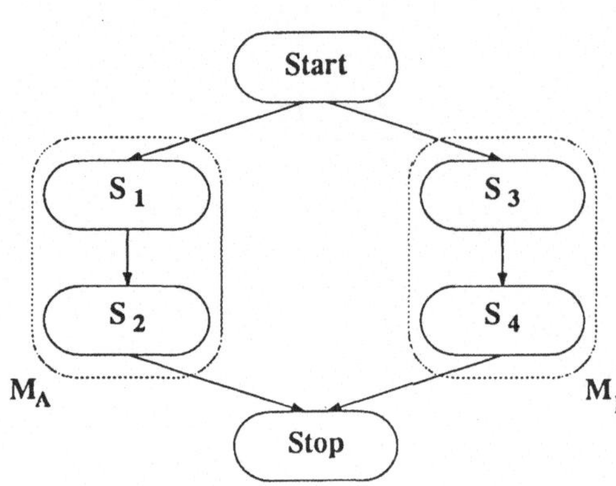

Figure 5: Program graph and processor allocation

Using the standard notation, the workload W may be described by

$W = W_1 || W_2$ where

$W_1 = (S_1;S_2;Stop)$

$=(e_{S1} \rightarrow e_{S2} \rightarrow Stop)$

$W_2 = S_3;S_4;Stop)$

$=(e_{S3} \rightarrow e_{S4} \rightarrow Stop)$

where the timed events e_{Si} denote the end of subtask S_i.

Accordingly, the machine model is given by two independent processors

$M_A = \omega e_{si} \rightarrow M_A$

$M_B = \omega e_{sj} \rightarrow M_B$

Mapping the workload onto the machines we obtain the corresponding system model SM representing the dynamic behavior of our implementation, in our example

$SM = (W_1 || M_A) \ || \ (W_2 || M_B)$

$= (e_{S1} \rightarrow e_{S2} \rightarrow Stop) \ || \ (e_{S3} \rightarrow e_{S4} \rightarrow Stop)$

The stochastic trace model represents all possible sequences of timed events (and related states) as well as the corresponding selection probabilities; it is sketched in fig. 6.

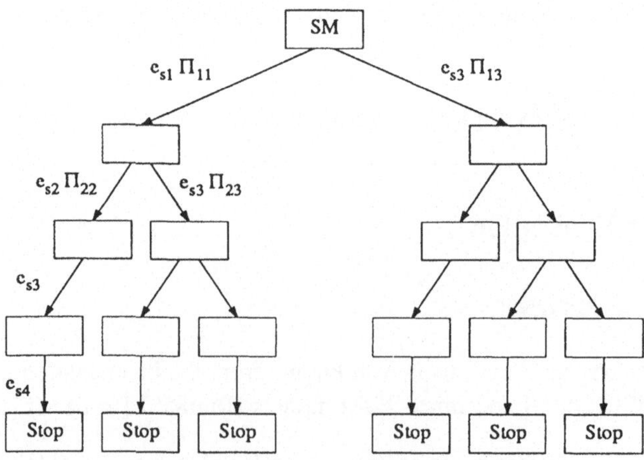

Figure 6: Stochastic Trace Model

Next we determine the average execution time of our program on the two processors; it is determined by the weighted sum over all timed traces.

$$E[T_{exec}] = \sum_{i \in traces} E[T_{tracei}] \times \Pi_{tracei}$$

Sötz [Sot90] shows how to efficiently evaluate this expression by a recursive procedure. He obtains exact results when all event interarrival times are exponentially distributed or constant. And he obtains extremely close approximations for generally distributed event interarrival times between these two extremes (variance coefficient $0 < c < 1$).

- Remarks:
  - ☐ Our example is extremely simple, Sötz shows that his performance evaluation technique works also for larger systems, cf. fig. 7.

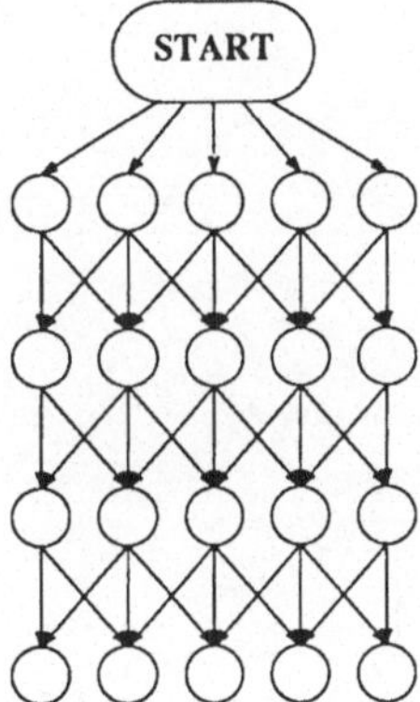

Example	Exact/ Simulation	DE– Approximation
E_1 (0.2)	40.80	40.80
E_5 (1)	29.26 0.39	29.24
E_{10} (2)	26.67 ± 0.51	26.47

Figure 7: Execution of a parallel program. ($E_k(\lambda)$ denotes the Erlang-k-distribution with rate λ for each subtask)

  - ☐ If our task-graph were of non-seriesparallel type (as in fig. 7) the evaluation could be done accordingly. However, it is convenient to introduce communication subprocesses and additional wait-states.
  - ☐ We do not underestimate the complexity of our evaluation technique; we are fully aware of the problems related to the state-space-explosion. The DE-approximation [Sot90] shows one direction, other numeric techniques seem interesting. And we do expect considerable progress using the hiding operator.
  - ☐ Our next step is to include our performance analysis technique into the Concurrency-Workbench [CPS88]. Then, a first step towards integrated investigation of the functional and temporal behavior will be done.

4.4.3 Infinite behavior

Consider the most simple loss system, a M|M|1–0. Interarrival times are exponentially distributed with rate λ; they can be described by the workload model (we denote the timed events $e_{arrival}$ for brevity by "in"):

W = in→ W

The server accepts the incoming demands when free, processing times are also exponentially distributed with rate μ (event out). If the server is occupied, arriving demands are rejected:

$$M_0 = \omega in \rightarrow M_1$$
$$M_1 = (\omega in \rightarrow M_1)[\Pi_1](out \rightarrow M_0)$$

where $\Pi_1 = \frac{\lambda}{\lambda+\mu}$ is the corresponding probability value.

Obviously the system model is given by parallel composition

S=W||M_0,

the corresponding timed trace model is shown in fig. 8.

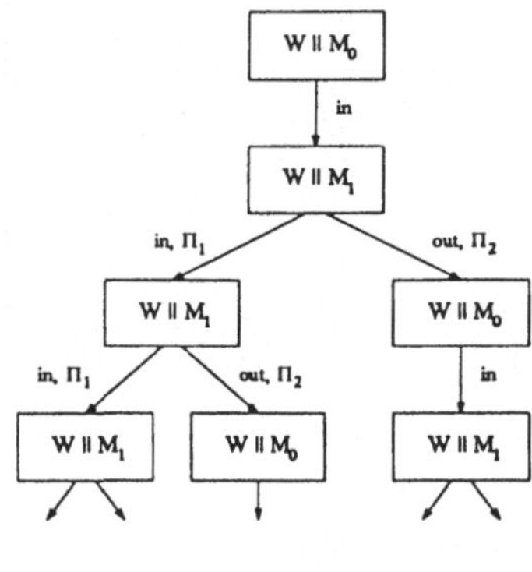

Figure 8: Timed trace model for the M|M|1–0

The expected duration of the two different states $(W\|M_j, j = 0, 1)$ is under Markovian assumptions

$$E[T_{W\|M0}] = \frac{1}{\lambda}$$

$$E[T_{W\|M1}] = \frac{1}{\lambda+\mu}$$

Note that the second equation is true independent of the next event (in or out). Only the selection probabilities are different! Therefore we obtain for the corresponding state-probabilities

$$P(W\|M_0) = \lim_{i\to\infty} \frac{\sum_i E[T_{W\|M_0}] \times \prod_{i,stateW\|M_0}}{\sum_i \sum_{j=0,1} E[T_{W\|M_j}] \times \prod_{i,stateW\|M_j}}$$

$$P(W\|M_1) = 1 - P(W\|M_0)$$

where $\Pi_{i,stateW\|Mj}$ is the probability to reach state $W\|M_j$ for the i-th time.

- Remarks
  - ☐ Fortunately, the state-probabilities converge in our example very rapidly to the limiting values
  - ☐ The same observation is true for all system models considered with a more complex structure, although we do not have a formal proof up to now [Fle90].
  - ☐ Our next step is to include this evaluation technique for infinite behavior also into the Concurrency-Workbench [CPS88]. Advanced numerical techniques –e.g. [KM80] [Zub90]– or the use of symbol manipulation tools [MIF90] may support our intention efficiently.

5. Summary and outlook

Designing distributed systems we need both functional specification and performance evaluation techniques. Reviewing the corresponding literature we observed that both move towards each other. The critical rating lead to the proposed framework which promises a unified technique for both functional and temporal specification and design.
The combination of process algebra and performance analysis assures constructivity. This means a systematic technique for the structured design of complex systems.
Again, many theoretical and practical problems are not yet solved. And there are tremendous efforts necessary to overcome the computational problems. However, we do hope that our proposal stimulates research activities in all related areas, formal description techniques, performance evaluation, numerical methods and tool support.

Acknowledgments

It took a long time to settle the thoughts summarized in the above report. Many people from different research areas contributed directly or indirectly. I tried to appreciate their important share by appropriate references.
With pleasure I would like to acknowledge many stimulating and educating discussions as well as critical remarks on the manuscript by many colleagues, especially N. Götz, Dr. Stroup and Dr. Dulz. I also owe thanks to several people at my chair, mainly Mrs. Weikert, for preparing the manuscript.
Finally, and most of all, I would like to thank Sibylle, my wife, for her continuous support, patience and encouragement.

References

[BB89] F. Bause and H. Beilner. Eine Modellwelt zur Integration von Warteschlangen- und Petri-Netz Modellen. In G. Stiege and J.S. Lie, editors, Proc. 5. GI/ITG-Fachtagung

Messung, Modellierung und Bewertung von Rechensystemen und Netzen, pages 190–204. Springer Verlag, Informatik Fachbericht 218, 1989.

[Bei85] H. Beilner. Messung, Modellierung und Bewertung von Rechensystemen. Tutorium, 1985.

[CPS88] R. Cleaveland, J. Parrow, and B. Steffen. The Concurrency Workbench: Operating Instructions. Technical report, Univ. of Edinburgh, Computer Science Department, 1988.

[DC87] A. Duda and T. Czachorski. Performance Evaluation of Fork and Join Synchronization Primitives. Acta Informatica, 24:525–553, 1987.

[Fle90] W. Fleischmann. Leistungsbewertung paralleler Programme für MIMD-Architekturen: Modellierung und mathematische Analyse . PhD thesis, Universität Erlangen–Nürnberg, 1990.

[Fro82] H.J. Fromm. Multiprozessor-Rechenanlagen: Programmstrukturen, Maschinenstrukturen und Zuordnungsprobleme. PhD thesis, Universität Erlangen–Nürnberg, 1982.

[FW89] G. Fleischmann and G. Werner. Beschreibung paralleler Softwarestrukturen durch stochastische Graphen und ihre Bewertung mit Hilfe von Markovketten. Technical report, Universität Erlangen–Nürnberg, IMMD IV, 1989.

[Gen89] M. Gente. GIGANT: Ein System zur semisymbolischen Analyse von serienparallelen Aufgabenstrukturen. Internal study, Universität Erlangen–Nürnberg, April 1989.

[Gol90] U. Goltz. Semantik paralleler Programme. lecture, summer 1990.

[Her80] U. Herzog. Performance Characteristics for Hierarchically Organized Multiprozessor Systems with Generally Distributed Processing Times. AEÜ, 34, 1980.

[Her86] U. Herzog. Flexibel Networks of Tightly and Loosely Coupled Processors. In Proc. Int. Seminar on Teletraffic Analysis and Computer Performance Evaluation, pages 439–446. North-Holland, 1986.

[HH79] U. Herzog and W. Hofmann. Synchronization Problems in Hierarchically Organized Multiprozessor Computer Systems. In M. Arato, A. Butrimenko, and E. Gelenbe, editors, Performance of Computer Systems – Proceedings of the , 4th International Symposium on Modelling and Performance Evaluation of Computer Systems, Vienna, Austria, Februar, 6–8 1979.

[HHK79] U. Herzog, W. Hofmann, and W. Kleinöder, editors. Performance Modeling and Evaluation for Hierarchically Organized Multiprocessor Computer Systems, Bellaire/USA, August 21–24 1979. Int. Conf. on Parallel Processing.

[Hoa78] C.A.R. Hoare. Communicating Sequential Processes. CACM, 21(8):666–677, August 1978.

[Hoa85] C.A. Hoare. Communicating Sequential Processes. Prentice–Hall, Englewood Cliffs, NJ, 1985.

[HT83] P. Heidelberger and K.S. Trivedi. Analytic Queuing Models for Programs with Internal Concurrency. IEEE Transactions on Computers, C-32:73 – 82, Januar 1983.

[Kle75] L. Kleinrock. Queueing Systems, volume 1: Theorie. John Wiley & Sons, 1975.

[Kle76] L. Kleinrock. Queueing Systems, volume 2: Applications. John Wiley & Sons, 1976.

[Kle82] W. Kleinöder. Stochastische Bewertung von Aufgabenstrukturen für hierarchische Mehrrechnersysteme. PhD thesis, Universität Erlangen–Nürnberg, 1982.

[Kle83] W. Kleinöder. Evaluation of Task Structures for a Hierarchical Multiprocessor. In Proc. Int. Conference on Modeling Techniques and Tools for Performance Evaluation. North-Holland, 1983.

[KM80] P.J.B. King and I. Mitrani. Numerical Methods for Infinite Markov Processes. In Proc. Performance 80, ACM Sigmatrics, pages 277–282, 1980.

[Lar90] K.G. Larsen. Ideal Specification Formalism = Expressivity + Compositionality + Decideability + Testibility + ... In Lectures in Computer Science, pages 33–56. CONCUR 90, Springer, 1990. No. 458.

[Liu89] M.T. Liu. Protocol Engineering. Advances in Computers, 29:79–195, 1989.

[LL88] F.J. Lin and M.T. Liu. An Integrated Approach to Protocol Verification and Performance Analysis of Communication Protocols. In Proc. Int. Workshop on Protocol Specification, Testing and Verification, VIII, pages 125–139. IFIP, North Holland, 1988.

[Mar65] J.J. Martin. Distribution of the Time through a Directed, Acyclic Network. Operations Research, 13(1):46–66, 1965.

[MIF90] F. Marinuzzi, G. Iazeolla, and S. Fillippone. A Symbolic Technique for the Performance Analysis of Concurrent Systems. Technical report, Ricerche Di Informatica il Universita' degli Studi di Roma, May 1990.

[Mil80] R. Milner. A Calculus of Communicating Systems, volume 92 of Lecture Notes of Computer Science. Springer Verlag, Berlin, Heidelberg, New York, London, Paris, Tokyo, 1980.

[Mil86] R. Milner. Process Constructors and Interpretations, pages 507–514. Elsevier Science Publishers, North-Holland, 1986.

[Mil89] R. Milner. A Calculus of Communicating Systems. Prentice Hall, London, 1989.

[MT89] F. Moller and C. Tofts. A Temporal Calculus of Communicating Systems. Lcfs report series, Department of Computer Science, Univ. of Edinburgh, December 1989.

[NT85] R. Nelson and A. Tantawi. Approximate Analysis of Fork/Join Synchronaization in Parallel Queues. IBM Research Report, RC 1148, 1985.

[NTT87] R. Nelson, D. Townsley, and A. Tantawi. Performance Analysis of Parallel Processing Systems. In Proc. ACM Sigmetrics Conference, pages 93–94, 1987.

[NY85] N. Nounou and Y. Yemini. Algebraic specification-based performance analysis of communication protocols. In Proc. Int. Workshop on Protocol Specification, Testing and Verification, 4th, pages 541–560, 1985.

[Old86] E.R. Olderog. Semantics of Cuncurrent Processes: The Search for Structure and Abstraction Part 1, Re. EATCS Bulletin, Februar 1986.

[Pin88] Heino Pingel. Stochastische Bewertung serien–paralleler Aufgabenstrukturen. Internal study, Universität Erlangen–Nürnberg, 1988.

[QF87] J. Quemada and A. Fernandez. Introduction of Quantitative Relative Time into LOTOS. In West Rudin, editor, Proc. Int. Workshop on Protocol Specification, Testing and Verification, VII, pages 105–121, North Holland, 1987. Elsevier Science Publishers.

[RD88] J.H. Race and P.M. Dew. An Introduction to the Time-Related Theory of Interacting Sequential Processes. In Jesshope and Reinartz, editors, Proc. CONPAR 88, pages 290–298. CONPAR, Cambridge University Press, 1988.

[RR86] G.M. Reed and A.W. Roscoe. A timed model for communicating sequential processes. In Proc. Int. Colloquium on Automata, Languages and Programming, 13th, pages 314–321, 1986.

[Rud85a] H. Rudin. An Improved Algorithm for Estimating Protocol Performance. In Yemini, Strom, and Yemini, editors, Proc. Int. Workshop on Protocol Specification, Testing and Verification IV, pages 515–525, North Holland, 1985. IFIP 1985, Elsevier Science Publishers.

[Rud85b] H. Rudin. Time in Formal Protocol Specification. In Proc. Kommunikation in Verteilten Systemen, Informatik Fachberichte No. 95, pages 575–587. Springer Verlag, 1985.

[Sot90] F. Sötz. A method for performance prediction of parallel programs. In H. Burkhart, editor, CONPAR 90–VAPP IV, pages 98–107. Springer Lecture Notes in Computer Science, 1990.

[ST87] R. Sahner and K. Trivedi. Performance Analysis and Reliability Analysis Using Directed Acyclic Graphs. IEEE Transactions on Software Engineering, SE-13(10), October 1987.

[SW90] F. Sötz and G. Werner. Lastmodellierung mit stochastischen Graphen zur Verbesserung paralleler Programme auf Multiprozessoren mit Fallstudie. In ITG/GI–Fachtagung Architektur von Rechensystemen, 1990.

[TB86] Alexander Thomasian and Paul F. Bay. Analytic Queueing Network Models for Parallel Processing of Task Systems. IEEE Transactions On Computers, C-35(12):1045–1054, December 1986.

[THo89] G. T'Hooft. Four Operators to Express Time Constraints in a Process Algebra. In Kuhn, editor, Proc. Kommunikation in verteilten Systemen, pages 174–188. Springer, 1989.

[TKCA86] S. Tripathi, S. Kaisler, S. Chandran, and A. Agrawala, editors. Report on the Workshop on Disign and Performance Issues in Parallel Architectures. Inst. for Advanced Computer Studies, University of Maryland, College Park, 1986.

[WH80] L. Woo and U. Herzog. Design and Performance Analysis for Mulit-Microprocessor Communication Controller Models. Unpublished Memo, Yorktown Heights, October 1980.

[Zic89] J.J. Zic. Extensions to Communicating Sequential Processes to Allow Protocol Performance Specifications. In Proc. ACM Sigmetrics, pages 217–227, 1989.

[Zub90] W.M. Zuberek. PNPM'89. In The Third International Workshop on Petri-Nets and Performance Models, Conference Report, pages 67–73. North Holland, 1990.

Interkonnektionsarchitektur für Multicomputer

H.Scheidig, R.Spurk

Sonderforschungsbereich 124, Teilprojekt D3

Universität des Saarlandes

D6600 Saarbrücken

Zusammenfassung

Distributed-Memory MIMD-Parallelarchitekturen, wie etwa der iPCS/2 Hypercube von Intel, realisieren die Kommunikation zwischen ihren Knoten über (Message-Passing) Interkonnektionsnetzwerke. Zur Nachrichtenübertragung werden *Cut-Through* basierte Methoden eingesetzt. Das im folgenden beschriebene Cut-Through Routingverfahren beschränkt sich nicht darauf, Applikationen einen pseudovollständigen Graphen zur Verfügung zu stellen, sondern ermöglicht die Konstruktion von *logischen Netzen.* Diese abstrahieren vollständig von der physikalischen Topologie. *Logische Busse* erweisen sich als wichtige Hilfsmittel zur Koordination verteilter Aktivitäten in logischen Netzen. Darüberhinaus stellt das vorgestellte Cut-Through Routingverfahren eine End-zu-End Unterstützung bereit, die die knotenlokalen Latenzzeiten wesentlich reduziert. Damit gelingt es, die erzielte hohe Kommunikationsleistung direkt an die Anwendung weiterzugeben.

1 Cut-Through basiertes Routing für Message-Passing Interkonnektionsnetzwerke

Distributed-Memory MIMD-Parallelarchitekturen, deren Knoten durch ein Punkt-zu-Punkt Netz verbunden sind (Multicomputer), realisieren Interknotenkommunikation, indem sie Nachrichten über ein (Message-Passing) Interkonnektionsnetz austauschen. Infolge physikalischer Beschränkungen und aus Kostengründen kann die physikalische Interkonnektionstopologie nicht die Struktur vollständiger Graphen annehmen. Die Übermittlung von Nachrichten an nicht unmittelbar benachbarte Knoten muß daher Zwischenknoten miteinbeziehen. Wird keine spezielle Hardwareunterstützung bereitgestellt, dann folgt hieraus: Die Latenzzeiten von Nachrichten sind hoch und den Zwischenknoten werden Prozessor/Speicherzyklen entzogen. Der Cosmic Cube [14] sei als Beispiel für ein, nach diesem Schema arbeitendes Multicomputersystem genannt; Netze, die aus Transputern der Fa. Inmos aufgebaut sind, gehören ebenfalls zu dieser Klasse.

Cut-Through Routing propagiert eine Nachricht im "Pipelining-Modus" über einen n-Bit breiten Pfad (n=1, 2, 4, 8), der von einem Quellknoten zu einem Zielknoten führt. Die folgenden Aspekte sind dabei von besonderer Wichtigkeit:

a. Die effiziente Handhabung von *Kollisionen,* die auftreten, wenn zwei gleichzeitig in einem Knoten eintreffende Botschaften diesen über denselben Ausgangspfad verlassen wollen.

b. Die Reduktion der Latenzzeiten für den Nachrichtentransfer innerhalb des Netzwerks so weit, daß Applikationen pseudovollständige Interkonnektionsstrukturen durch (nahezu) einheitliche Übertragungszeiten angeboten werden können.

c. Die Reduktion der Softwarelatenzzeiten auf einem Knoten durch End-zu-End Hardware-Unterstützung.

d. Die Skalierbarkeit der eingesetzten Techniken, um ihre Anwendung auch für Systeme mit großer Knotenanzahl sicherzustellen.

2 Cut-Through basierte Routingverfahren

Der folgende Abschnitt faßt bekannte Cut-Through basierte Routingverfahren zusammen.

2.1 Virtual Cut-Through

Virtual Cut-Through wurde von Kleinrock [11] als theoretisches Modell eingeführt. Konflikte werden aufgelöst durch die Herausnahme von kollidierenden Paketen aus dem Netzwerk und Zwischenspeicherung. Treten Konflikte häufig auf, dann nimmt ein derartiges Netzwerk die Charakteristik eines Store-and-Forward Paketvermittlungsnetzes an.

2.2 Die Worm Hole Methode

Konflikte werden aufgelöst durch Anhalten des Pipeliningprozesses einer am Konflikt beteiligten Nachricht; die Nachricht verbleibt jedoch im Netz. Der TORUS-Routing Chip[1] als erste VLSI-Implementierung dieser Technik bietet Deadlock-freies Routing für Pakete in k-nären n-Würfeln (Torus-Netzen).

Der Direct-Connect (DCM)-Modul [2], hergestellt von Intel, wird in den neuesten Versionen ihrer Hypercuberechnern eingesetzt. DCM schaltet zunächst ein Pfad von der Quelle zum Ziel, über den anschließend die eigentliche Botschaft gesendet wird. Flußkontrolle erfolgt auf der Betriebssystemebene.

2.3 Die Methode "Dynamische Leitungsvermittlung mit Emulation eines gemeinsamen Speicherinterfaces" (DCS/CMI)

Wir nehmen an, daß ein Knoten eines Multicomputers aus zwei Komponenten besteht:

- die **Exekutionseinheit EU** leistet einen Beitrag zur Durchführung einer verteilten Applikation, und
- die **Kommunikationseinheit CU** versetzt ihre zugehörige Exekutionseinheit in die Lage, mit anderen Knoten zu kommunizieren.

Wir bezeichnen einen derartigen Knoten als **Berechnungsknoten** (**Computational Node**, kurz: **Cnode**).

Die Methode DCS/CMI wurde in [8, 9] ausführlich beschrieben. Sie besteht aus den folgenden Anteilen.

a. Knotenlokales Switchingverfahren

Die ersten Bits eines Botschaftsheaders stellen einen "Drehspiegel" SW (siehe Fig 3) so ein, daß der Rest der einlaufenden Botschaft (ohne Inspektion der folgenden Bits) in die richtige Richtung "reflektiert" wird.

Konflikte werden *aufgelöst*, indem der Sender mittels eines Hardwaresignals (Breaksignals) über einen Konflikt informiert wird. Der Sender kann nach einem Randomzeitintervall die abgebrochene Übertragung wiederholen.

Die Konfliktwahrscheinlichkeit wird *reduziert*, indem jeder Link der physikalischen Topologie durch eine "ausreichende" Anzahl von physikalischen Verbindungen implementiert wird. Als physikalische Topologie wurde **Binary Digit Exchange** (**2WADE**) [3, 4] gewählt; als Routingmethode kommt insbesondere Randomrouting infrage. Zur Bestimmung der ausreichenden Kanalanzahl wurde ein analytisches Modell entwickelt [7].

b. Globale Message-Forwarding Methode ("Dynamische Leitungsvermittlung")

Veranlaßt "on the fly" den Aufbau eines Pfads, der von der Quelle S über Zwischenknoten C_1, C_2, ..., C_n zum Ziel T führt. Jeder der Knoten arbeitet wie in a. beschrieben.

c. Emulation eines **gemeinsamen Speicherinterfaces** (**CMI**)

Die Vorstellung eines Speicherinterfaces zwischen zwei kommunizierenden Knoten S und T wird durch zwei physikalische Kanäle realisiert:

- ein **Vorwärtskanal** transferiert die Botschaft M von S nach T;
- ein **Rückwärtskanal** transferiert **Zustandsinformationen** in der Gegenrichtung.

Die Zustandsinformationen bestehen aus:

- einem **Breaksignal**, wenn die Konstruktion des CMI nicht möglich ist (weil z.B. in einem C_i ein Konflikt auftritt), oder
- **Konsistenzinformationen**, die durch Vergleich von **Access-Mode-Patterns** (**AMPs**) mit **Access-Right-Patterns** (**ARPs**) entstehen. ARP spezifiziert durch M in T angeforderte Betriebsmittel, während AMP in T verfügbare Betriebsmittel angibt. DCS/CMI führt auf diese Weise Flußkontrolle durch und überprüft Zugangsberechtigungen. Darüberhinaus können weitere Informationen über den Verarbeitungszustand von T an S zurückgeführt werden.

Die wesentlichen Eigenschaften von DCS/CMI seien wie folgt zusammengefaßt:

- Der Drehspiegel SW kann als VLSI-Chip realisiert werden [5].
- Die hohe Leistung der DCS/CMI-Methode macht "Message Locality"-Überlegungen überflüssig.
- Die Anwendung von Randomrouting ist möglich und gewährleistet eine gleichmäßige Verteilung der Verkehrslast auf dem Netz.
- Die Verfügbarkeit des CMI eliminiert die Notwendigkeit zum Einsatz approximativer Protokollschritte zur Realisierung von REQUEST-RESPONSE Schematas. DCS/CMI ersetzt somit komplexe Softwareprotokolle durch Hardwareprotokolle mit integrierter Flußkontrolle und elementarer Protection. Diese Eigenschaften machen DCS/CMI besonders geeignet zur Konstruktion logischer Netze.
- Der Drehspiegel SW bietet nicht nur Unicast, sondern auch "harten" (topologiebezogenen) Multicast.

2.3.1 Realisierung der Methode DCS/CMI

Zur Realisierung der Methode DCS/CMI benötigen wir zwei Hardwarebausteine

- den Baustein SW [5, 9] und
- einen Baustein **MTE** (**Message Transmission Engine**), der vor allem die Speicherverwaltung übernimmt und damit die technische Basis für Flußkontrolle legt.

Die Aufgaben der MTE lassen sich wie folgt zusammenfassen:

- MTE akzeptiert Botschaften vom Netz (SW) bzw. setzt Botschaften ans Netz ab.
- In Abhängigkeit vom Header einer Botschaft wird diejenige Komponente (EU, SW) selektiert, die für die Weiterverarbeitung einer einlaufenden Botschaft verantwortlich ist. M wird an diese weitergereicht.
- MTE verwaltet den Message-Pufferspeicher MBM. MTE legt Botschaftsqueues (Input- und Output-Queues) an und stellt Botschaften ein, die nicht sofort verarbeitet werden können. MTE bietet damit der EU ein Message-Queue Interface an.
- MTE sorgt für korrekten Datenfluß zwischen synchronen und asynchronen Kanälen.
- MTE wickelt das End-zu-End Protokoll der Methode DCS/CMI ab, d.h. wiederholt im Falle eines Breaks die Botschaft (nach Ablauf einer zufälligen Wartezeit).

Der T7110-Chip [13] von AT&T kann als prinzipielles Vorbild für MTE dienen; er führt entsprechende Tätigkeiten für HDLC als Kommunikationsmethode durch.

Die Architektur eines Cnode läßt sich durch das folgende Blockdiagramm beschreiben.

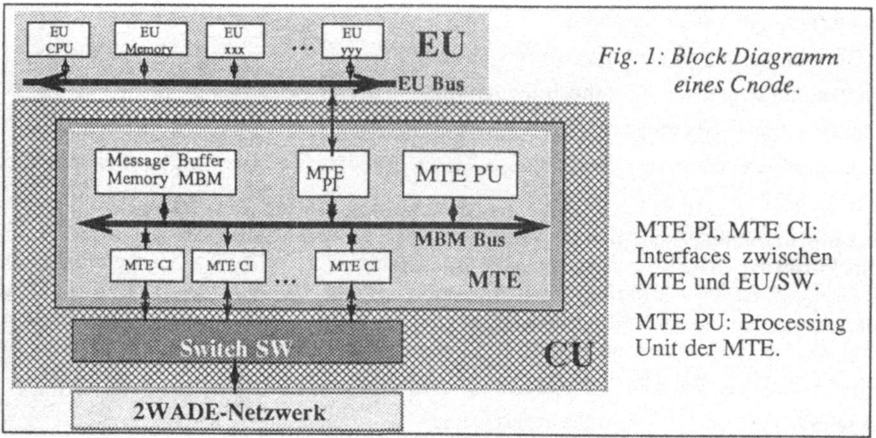

Fig. 1: Block Diagramm eines Cnode.

MTE PI, MTE CI: Interfaces zwischen MTE und EU/SW.

MTE PU: Processing Unit der MTE.

Die Wichtigkeit der Komponente MTE bzw. der End-zu-End-Unterstützung durch die Methode DCS/CMI wird durch die Überlegungen des folgenden Abschnitts dokumentiert.

2.4 Leistungsdaten

Für den Hypercube als kommerziell vertriebenen Multicomputer sind folgende Leistungsdaten bekannt:

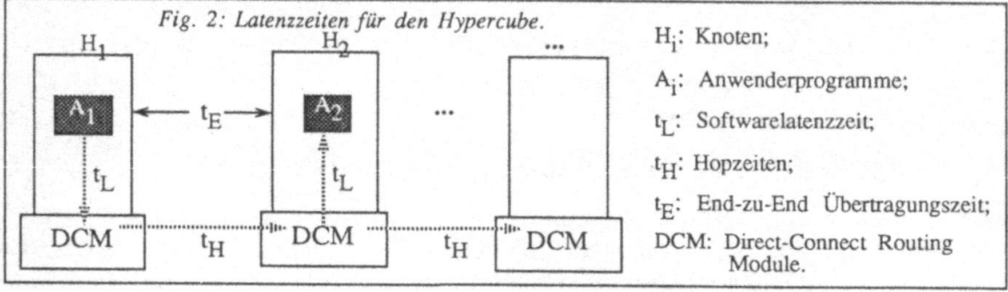

Fig. 2: Latenzzeiten für den Hypercube.

Seien H_1 und H_2 zwei unmittelbar benachbarte Knoten, dann ergibt sich die End-zu-End Übertragungszeit t_E einer "Nullbotschaft" (d.h. einer nur aus dem Header bestehenden Botschaft) M zu: $300\ \mu s \leq t_E \leq 400\ \mu s$. Im praktischen Einsatz liegt t_E im Durchschnitt bei 1 ms. Sind Quell- und Zielknoten nicht unmittelbar benachbart, dann vergrößert sich t_E um $t_H = 10 - 30\ \mu s$ (je nach Botschaftslänge) pro Hop. Hieraus ergibt sich eine knotenlokale Softwarelatenzzeit von: $t_L \geq 150\ \mu s$. Dies erstaunt nicht, wenn man überlegt, daß hier Tätigkeiten wie sie oben für die MTE skizziert wurden, durch Software auszuführen sind.

Für einen Berechnungsknoten Cnode ergeben sich demgegenüber folgende Werte:

a. Leistungsdaten des SW-Chips

- Kapazität: SW bietet typischerweise 32 4-Bit/8-Bit breite Kanäle. Durch Kaskadierung bzw. Ausrüstung einer EU mit mehreren CUs (unter jeweiliger Duplizierung der Interkonnektionsstruktur) kann eine große Kanalanzahl erreicht werden. Man beachte dabei, daß sich für 2WADE automatisch ein Layout erzeugen läßt.
- Transferrate: Ein Kanal kann typischerweise mit 10 Mbit/s gefahren werden; höhere Raten (20 MBit/s) sind prinzipiell möglich. Damit ergibt sich die aggregierte Datenrate eines SW mit 32 4-Bit breiten Kanälen zu 1.28 Gbit/s.

- Latenzzeit im Netzwerk: Diese ist gegeben durch die Verbindungsaufbauzeit von typischerweise 100 - 200 ns (für 20/10 Mbit/s-Kanäle). Betrachten wir ein 2WADE- Netzwerk der Dimension 10 (10.240 Knoten), dann ergibt sich eine maximale Latenzzeit von 4µs, d.h. 4µs später, nachdem der Header einer Botschaft einen Knoten verläßt beginnen die Daten beim Ziel einzulaufen.

b. Leistungsdaten der MTE: Die Latenzzeit zum Durchlauf der MTE kann mit $2 \leq t_{MTL} \leq 5$ µs abgeschätzt werden.

Damit ergibt sich t_E als $t_E = 2\, t_{MTE} + k\, t_H$ mit Hopzeiten $100 \leq t_H \leq 200$ ns für Knoten, die k Hops auseinander liegen.

Man beachte, daß der Wert t_{MTE} geschätzt ist. Man beachte weiter, daß sich t_E erhöhen wird, wenn Applikationsprogramme A_i mehr Unterstützung verlangen, als das elementare MTE-Interface bietet. Insgesamt sehen wir aber, daß die End-zu-End Unterstützung durch Hardware wesentlich zur Effizienzsteigerung der Nachrichtenübertragung in Interkonnektionsnetzwerken beiträgt.

Damit können wir zusammenfassen:

1. Kommunikation erweist sich — auch für Systeme mit großer Knotenanzahl — nicht als Engpaß.
2. Die Methode DCS/CMI erscheint geeignet, auch feingranulierte, verteilte Anwendungen zu unterstützen. Anders ausgedrückt: Nehmen wir an, daß Verarbeitungsleistung und Kommunikationsleistung eines Multicomputers ausgewogen sein sollen, dann bleibt einer Exekutionseinheit etwa 5 - 10 µs Zeit zur Erbringung von Verarbeitungsleistung. Diese Zeitspanne wird sich durch gezielte Optimierung in Hinblick auf feinkörnige Verarbeitungsparadigmen weiter reduzieren lassen.

3 Logische Netze

Wir erweitern nun die Methode DCS/CMI zu DS/DCS/CMI durch Anwendung des folgenden zweistufigen Cut-Through Routingschemas:

1. Routing auf logischer Ebene Λ

Die Übermittlung von Botschaften M = (DS | DATA) geschieht über **logische Pfade** p. Logische Pfade werden definiert durch **Pfadspezifikationen** DS, die aus Folgen von **DS-Pattern** $dp_1\, dp_2 \ldots dp_{n-1}$ bestehen.

Sei nun p ein Pfad $S = C_1 \to C_2 \to \ldots \to C_n = T$ (siehe Fig. 3). Jedes dp_i leistet einen Beitrag zur Konstruktion von p, indem es die Ausführung einer **lokalen Entscheidung** LD(dp_i, DT) veranlaßt. Eine lokale Entscheidung LD, ausgeführt auf Knoten C_i, i=1, ..., n-1, vergleicht dp_i mit der Sequenz DT = (dt_1, dt_2, ..., dt_r, default) von **DS-Templates**, die auf C_i definiert sind. LD liefert als Ergebnis die zu dem gefundenen DS-Template dt_j gehörige Netzwerkadresse $daddr_j$. Diese spezifiziert einen physikalischen Verbindungsweg (Ψ-Verbindung) von C_i zum Nachfolger C_{i+1} innerhalb des Pfads p. Das Default-Template garantiert, daß in jedem Fall ein Match zwischen dp_i und DT erzielt wird. Ein Maskenfeld [mf_j] erlaubt die Selektion eines spezifischen dt_j aus einer Klasse von Templates (vgl. Abschnitt 4).

Nach Beendigung der lokalen Entscheidung LD werden folgende Aktionen ausgeführt: Das führende, durch LD "konsumierte" DS-Pattern dp_i wird aus DS entfernt, und M wird an den Knoten C_{i+1} weitergeschickt.

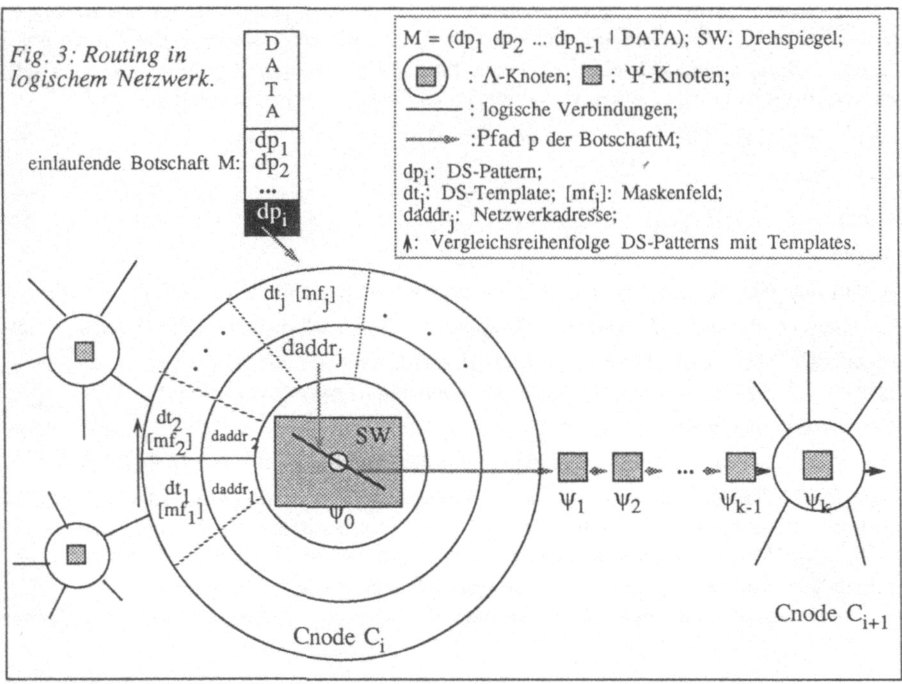

Fig. 3: Routing in logischem Netzwerk.

2. Routing auf physikalischer Ebene Ψ (= 2WADE)

Die Netzwerkadresse geht als Argument in einen DCS/CMI-Routingschritt ein: Dieser veranlaßt die Konstruktion einer Ψ-Verbindung von C_i zum Zielknoten C_{i+1}. Der Ablauf erfolgt, wie in Abschnitt 2.3 dargestellt: es wird schrittweise ein CMI von C_i nach C_{i+1} konstruiert bzw. ein bereits existierendes CMI (für i>1) erweitert.

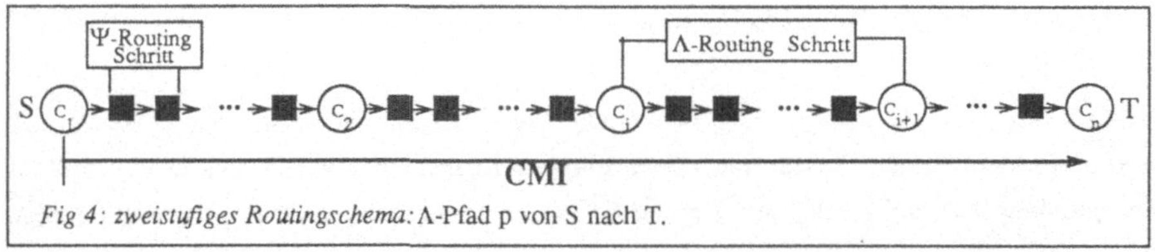

Fig 4: zweistufiges Routingschema: Λ-Pfad p von S nach T.

Beispiel: Die folgende Fig 5 zeigt einen binären "DS-Tree" T. Die logische Verknüpfungsstruktur, die von der Applikation definiert und "gesehen" wird ist ein verteilter, binärer Baum T. Ein Pfad p führt von der Wurzel T0 durch die Elemente T00 und T000 nach T0000. Das **DS-Area DA** eines Cnodes enthält **DS-Einträge DE**, wobei jeder Eintrag eine logische Verbindung dieses Knotens definiert.

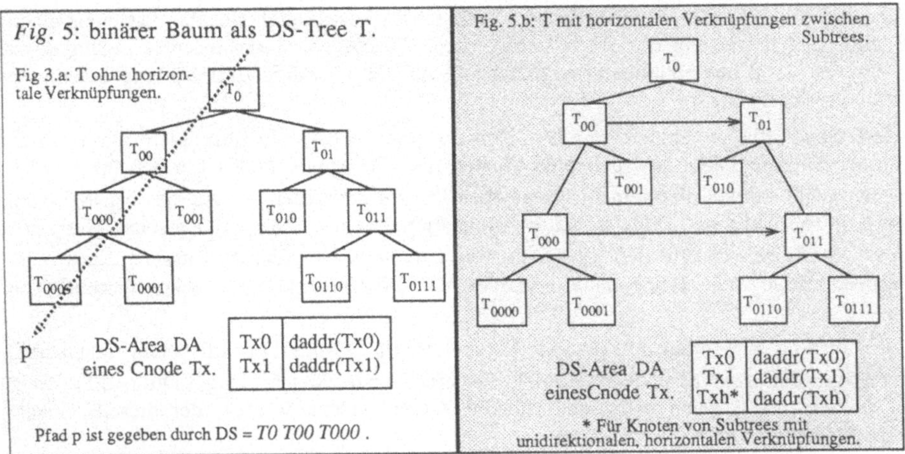

Fig. 5: binärer Baum als DS-Tree T.

Fig. 5.b: T mit horizontalen Verknüpfungen zwischen Subtrees.

3.1 Entscheidungsfunktionen und Entscheidungskommandos

Das Routing auf der Λ-Ebene wurde etwas vereinfacht dargestellt. Zu ergänzen sind die im folgenden beschriebenen Entscheidungsfunktionen und Entscheidungskommandos.

a. Ein DS-Eingang DE = (dt, df, daddr), definiert auf Cnode C, spezifiziert eine Λ-Verbindung innerhalb Pfad p. DE kann den Aufruf einer DS-Funktion df enthalten. Dieser Aufruf wird jedesmal durchgeführt, wenn eine Botschaft auf Pfad p den Knoten C passiert. Wir unterscheiden die folgenden DS-Funktionen:

- **insert**(dp): fügt dp als neues, führendes DS-Pattern ein.
- **remove**(): entfernt das führende DS-Pattern.

} Rekonfigurations-operationen

- **break**: generiert ein Breaksignal und informiert damit den Quellknoten, daß die Konstruktion des DS-Pfads nicht möglich ist (z.B. weil der Knoten C augenblicklich inoperabel ist).
- **terminate**: terminiert unbedingt eine Botschaft ohne Generierung eines Breaksignals; die Botschaft wird der C.EU zur weiteren Verarbeitung zugestellt.
- **listen**(on/off): ändert den "listening-Modus" eines Cnode (bezüglich p); falls dieser Modus = “listening on” ist, dann wird jede p passierende Botschaft kopiert und der EU zugestellt

b. DS-Kommandos sind für die folgenden Überlegungen nicht von Bedeutung. Wir beschränken uns deshalb auf die folgenden Bemerkungen:

- DS-Kommandos sind Bestandteile der DS-Patterns.
- DS-Kommandos erlauben die Umstellung des Listening-Modus und die Inkrementierung/Dekrementierung von **Message Countern**. Die letztgenannte Operation versetzt Applikationen in die Lage, elementare, Hop-gesteuerte Terminierungsbedingungen zu formulieren.

Für Einzelheiten siehe [12, 15].

Die Folge der lokalen Entscheidungen, die zu tätigen sind, um einen DS-Pfad p aufzubauen, bezeichnen wir als **verteilte Entscheidung**. Die Bezeichnung betont, daß eine verteilte Entscheidung zwar das Konstruktionsprinzip für p global festlegt, daß aber die beteiligten Knoten gewisse Freiheiten zur Umsetzung dieser Konstruktionsvorschrift besitzen. Beispielsweise können lokale Umwege um defekte Knoten herum veranlaßt werden, ohne daß dies aus Sicht einer Applikation zu einer Änderung von DS führt.

Wir können folgende Eigenschaften von DS zusammenfassen:

- Eine Botschaft M, die einen DS-Pfad von S nach T durchläuft, baut ein CMI zwischen diesen

Knoten auf, indem das von S ausgehende CMI schrittweise durch lokale Entscheidungen verlängert wird. Die Festlegung des Pfads von S nach T kann von verschiedenen Bedingungen abhängen, die von S, T und möglicherweise anderen, an der verteilten Entscheidung beteiligten Knoten gefällt werden können.

- DS spezifiziert einen Pfad in einem logischen Netz in einer vollständig abstrakten Weise durch Templates bzw. Patterns. Diese sind beliebige Muster, die von Applikationen frei gewählt werden können. In der Regel werden diese einem generischen Prinzip gehorchen — wie dies bei logischen Bussen der Fall ist (siehe 4). Eine verteilte Applikation "sieht" somit ein logisches Netz, bestehend aus DS-Pfaden, anstatt der physikalischen Topologie Ψ. Diese Tatsache kann ausgenutzt werden, um logische Netze unter Invarianz von Pfadspezifikationen rekonfigurierbar zu machen.
- Der durch Auswertung einer Pfadspezifikation DS gewonnene DS-Pfad ist vollständig unabhängig von der unterliegenden Topologie. Jeder Knoten, der eine lokale Entscheidung LD(dp, DT), dp $\in$ DS, ausführt, kann durch einen beliebigen anderen Knoten ersetzt werden, der dieselbe lokale Entscheidung durchführen kann.
- Ein **logisches Netzwerk** ist ein Graph, dessen Elemente Berechnungsknoten und dessen Kanten DS-Pfade sind.

3.2 Hardwareaufbau eines Knotens für logische Netze

Lokale Entscheidungen werden durch Hardware ausgeführt. Hierzu wird die Knotenarchitektur von Fig.1 um eine zusätzliche Komponente, den DS-Processor DP, erweitert. Das Diagramm von Fig. 6 skizziert den resultierenden Knotenaufbau. Der DS-Prozessor führt lokale Entscheidungen durch. Er benutzt Assoziativspeicher DA zur Verwaltung der DS-Einträge; DA besitzt kleinen Umfang ($\leq$ 32), um die Kosten gering zu halten. Durch Anwendung von Maskierungen (d.h. Übergang zu Klassen von Patterns) wird sich der tatsächliche Umfang des DA wesentlich vergrößern lassen. Für Einzelheiten siehe [10].

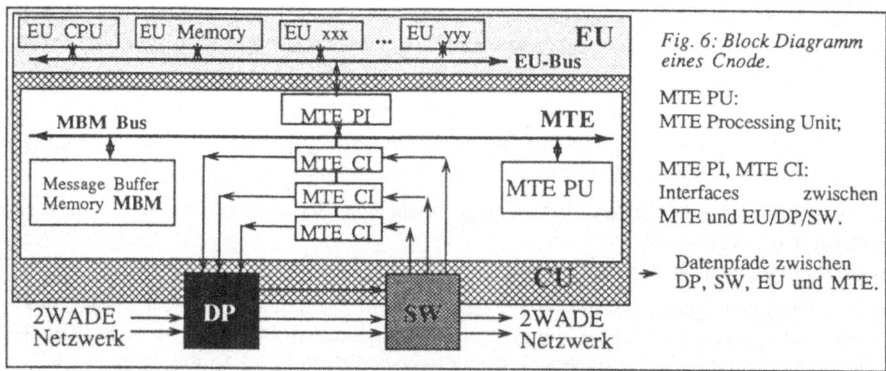

Fig. 6: Block Diagramm eines Cnode.

MTE PU: MTE Processing Unit;

MTE PI, MTE CI: Interfaces zwischen MTE und EU/DP/SW.

→ Datenpfade zwischen DP, SW, EU und MTE.

3.3 DS-Leistungsdaten

Ein DS-Pfad der Länge r (r lokale Entscheidungen) wird im allgemeinen Elemente Z = $\{C_1, C_2, ..., C_n\}$ verbinden, die auf der physikalischen Topologie Ψ beliebig plaziert sein können. Mit anderen Worten: die Entfernung zwischen C_i und C_{i+1} wird k_i Hops betragen, wobei k_i von der Plazierung der Z-Elemente auf Ψ und der Routingstrategie der Methode DCS/CMI abhängt. Wenn wir annehmen, daß eine intelligente Plazierungsstrategie die logische Struktur Λ in optimaler Weise auf Ψ abbildet und dabei k_i = 1 erreicht, dann ist der durch verteilte Entscheidungen eingeführte Overhead sehr gering. Eine lokale Entscheidung wird eine Zeit t_D benötigen, die typischerweise zwischen 0.5 und 1 µs liegt. Dies bedeutet, daß ein Pfad p in folgendem Sinne skalierbar ist: Wenn p durch Hinzufügen eines zusätzlichen Elements erweitert wird, erhöht sich die Zeit, die eine Botschaft zum Durchlauf von p benötigt, um $t_D + t_H$ (t_H = Hopzeit, siehe 2.4).

Die eingesetzte Plazierungsstrategie sollte die Aufgabe der Konfiguration (d.h. der Abbildung $\Lambda \rightarrow \Psi$) separieren von dem Arbeiten mit logischen Netzen. Dabei sollte die erstgenannte Aufgabe Spezialisten übertragen bzw. durch entsprechende Tools unterstützt werden.

Es können mehrere Optimierungen vorgesehen werden. Beispielsweise ist es unnötig, ein CMI für kurze Botschaften den gesamten DS-Pfad überdecken zu lassen, wenn — wie im Fall von logischen Bussen — End-zu-End Protokolle die notwendige Sicherheit gewähren.

4 Logische Busse

Ein logischer Bus ist ein DS-Pfad mit folgenden Eigenschaften:

1. Ein bestimmtes DS-Pattern β definiert den Bus B auf allen Knoten, die B aufspannen. Eine Botschaft, die den Bus passiert, trägt im wesentlichen eine aus β bestehende Pfadspezifikation DS im Header. β wird auf allen Knoten durch einen Aufruf von **insert**(#) reproduziert (# bezeichnet das aktuelle DS-Pattern).
2. Die an den Bus angeschlossenen Knoten befinden sich normalerweise (solange ein Busprotokoll dies nicht ausdrücklich anders bestimmt) im Modus "listen".
3. B kann dynamisch kreiert werden. Hierzu ist lediglich ein Eintrag für β in den aufspannenden Knoten erforderlich.
4. Der Pfad B ist ein zyklischer Pfad.
5. Um die Last auf B zu beschränken, legen wir fest, daß jede Botschaft M, die B passiert, höchstens einen Zyklus durchläuft. Falls M nicht in einem früheren Knoten bereits "konsumiert" wird, dann wird spätestens der Sender C_{source} beim Wiedereinlaufen M vom Bus entfernen.

Fig. 7 beschreibt das Organisationsschema eines logischen Busses.

Das DS-Pattern "start" beginnt die Zirkulation der Botschaft M auf B. Das auf "start" folgende Pattern β_id entsteht durch Konkatenation von β mit einem, von jedem Knoten individuall gewählten Anteil id. Der DS-Eingang DE = (β[ID], **insert**(#), daddr(C_{i+1})) in C_i produziert durch Maskierung des Anteils [ID], der gerade das individuelle Pattern id enthält, ein Match mit DS = β. Nach einem vollen Rundlauf um B wird dann in C_{source} ein Match mit dem vollen Pattern β_id erzielt. Damit terminiert M beim Wiedereinlaufen in C_{source} (man beachte dabei die Vergleichsreihenfolge des führenden DS-Patterns mit den DS-Templates).

Fig. 7: Schema eines "nicht-blockierenden" Logischen Busses.

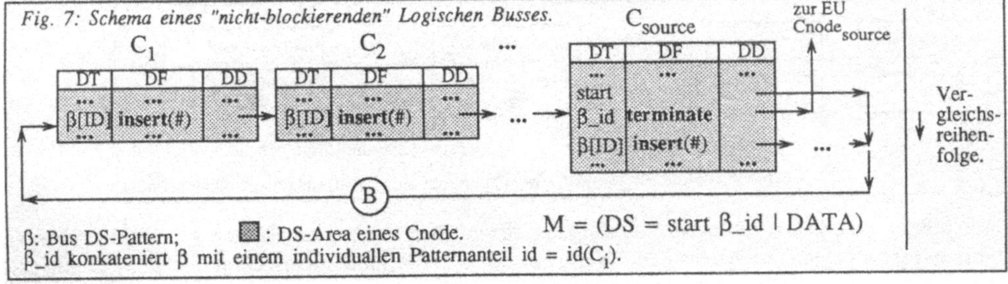

Dieses Schema ist "nichtblockierend" in folgendem Sinn: Die Terminierung einer bestimmten

Botschaft M in C_{source} berührt (d.h. blockiert) andere Botschaften nicht.

4.1 Logischer Multicast

Logische Busse bieten eine bequeme Möglichkeit zur Realisierung von logischem Multicast. Als **logischen Multicast** bezeichnen wir einen Multicast, der nicht Ψ-topologiebezogen arbeitet (wie dies der "harte" Multicast der Kommunikationsmethode DCS/CMI tut), sondern beliebige Bereiche eines logischen Netzes Λ überdeckt. Hierzu "fädeln" wir alle Elemente $Z = \{C_1, C_2, ..., C_n\}$ des Zielbereichs auf Bus B (in beliebiger Reihenfolge) auf. Sei nun $C^* \in Z$ das Quellelement, das allen anderen Elementen aus $Z \notin C^*$ eine Botschaft M zusenden will. C* legt Botschaft M auf den Bus B und entfernt M nach einem Rundlauf. Die Reaktion der Elemente aus Z auf das Eintreffen der Botschaft M kann in unterschiedlicher Weise durch Busprotokolle festgelegt werden (siehe unten).

Die Multicastmechanismen der Ebene Ψ und Λ lassen sich kombinieren. So kann z.B. ein logischer Bus mehrere reguläre Bereiche B_i verknüpfen, die jeweils durch "harte" Multicasts überstrichen werden. Die Regularität eines Ψ-Multicast folgt aus der Reproduktion der Adresselemente bei der Kopie einer Botschaft.

4.2 Busprotokolle

Die Bezeichnung "Busprotokoll" faßt die Regeln zusammen, die von den Knoten eines Busses zu beachten sind. Im folgenden skizzieren wir einige Busprotokolle, die wohlbekannte Hardwareprotokolle modellieren. $Z = \{C_1, C_2, ..., C_n\}$ sei die Menge der Knoten, die Bus B verbindet.

a. Einfaches ACK-Protokoll

- $C^* \in Z$ legt eine Aktivierungsbotschaft M_a auf Bus B. M_a initiiert eine bestimmte Aktivität auf allen Knoten $C_i \in Z$, $C_i \neq C^*$ (≡ Multicast von M_a auf Z).
- Jeder Cnode C_i schickt nach Beendigung seiner Aktivität eine Kontrollbotschaft M_c mit einem ACK an C*. Die Ankunft des letzten M_c signalisiert C* die Terminierung der gesamten Aktivität.

b. Daisy Chaining

- Eine Aktivität wird gestartet wie in a. beschrieben.
- C* bestimmt den Zustand der Gesamtaktivität durch eine Kontrollbotschaft M_c in folgender Weise: Jeder Knoten, der seine Aktivität noch nicht beendet hat, nimmt M_c vom Bus. Nach Beendigung seiner Aktivität legt er M_c wiederum auf den Bus. Dieser Prozeß wird solange wiederholt, bis M_c wieder in C* eintrifft.

Fig.8: Daisy chaining Schema.

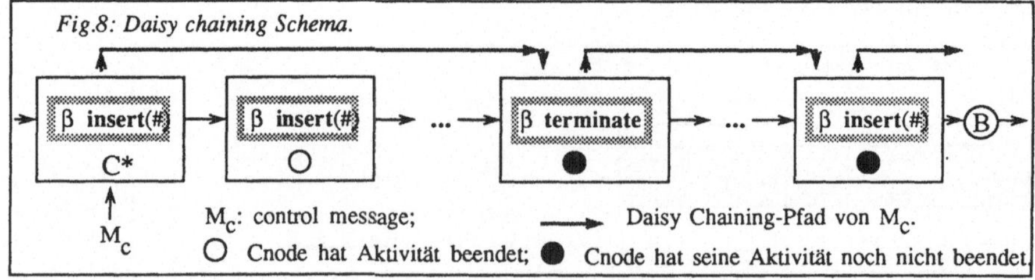

Dieser Modus erlaubt die einfache Koordination der auf den beteiligten Knoten zu erbringenden Verarbeitungsvorgänge und reduziert den Overhead auf C*. C* muß nicht damit rechnen, durch asynchron eintreffende ACK-Botschaften unterbrochen zu werden.

c. Tokenschema

B kann die Funktionsweise eines Tokenrings modellieren. Eine Tokenbotschaft MT wird auf den Bus gelegt und erlaubt dem nächsten Cnode C auf B, der das Token in Besitz nehmen will, den exklusiven Zugang zu B. Nachdem C seine Aktivität beendet hat, gibt C das Token zurück, indem er MT auf den Bus legt. Unter vernünftigen Annahmen über die Länge der von den beteiligten Knoten beanspruchten Aktivitätsphasen, können kritische Situationen (Verklemmung, Aushungern) ausgeschlossen werden. Es ist prinzipiell möglich, defekte Knoten, d.h. solche, deren DCS/CMI-Anteil funktioniert, aber deren EU inoperabel ist, zu entdecken und zu umgehen. Dies gelingt ohne eine zentrale Monitorinstanz, wenn wir B als Pfad mit multiplen Links auslegen.

d. Kaskadierte Busse

Wir bilden Gruppen (Subgruppen, Subsubgruppen , ...) G_i von Elementen und verbinden diese durch Busse (Subbusse, Subsubbusse, ...), wobei Subbusse Abzweigungen des Hauptbusses B darstellen.

Im folgenden Beispiel (Fig. 9) verbinden kaskadierte Busse *Services* service_T_1, service_T_2, ..., service_T_n vom "Typ" T_i (z.B. $T_i \in$ {file, printer, directory, ...}), wobei jeder Service aus einer Gruppe von (gleichberechtigten) *Servern* server_$T_{i,1}$, server_$T_{i,2}$, ... besteht. Eine Botschaft mit DS = "start service_T_i server_$T_{i,j}$" wird den Server $T_{i,j}$ erreichen.

Dieses Beispiel zeigt, daß sich Standardaufgaben eines verteilten Betriebssystems mit Hilfe von logischen Bussen in eleganter und effizienter Weise erledigen lassen.

Für Einzelheiten siehe [12, 15].

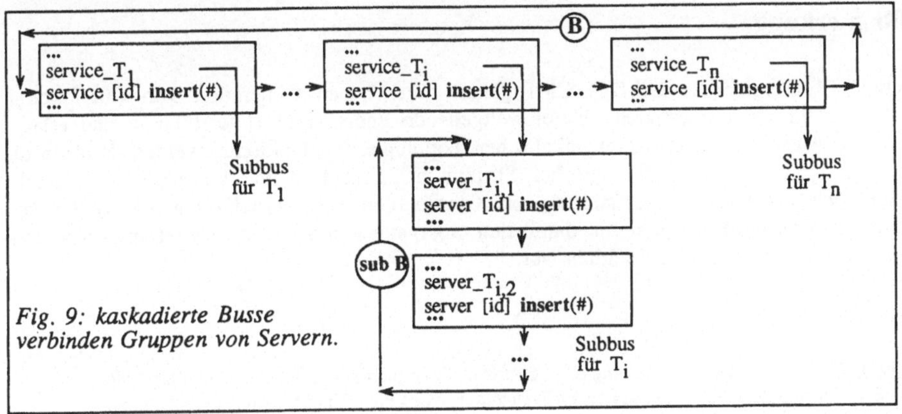

Fig. 9: kaskadierte Busse verbinden Gruppen von Servern.

4.3 Beispiel

Betrachten wir den DS-Tree von Figur 5. Nehmen wir an, daß jeder Cnode von T einen lokalen Wertebereich D von Objekten o verwaltet. Die Schnittstelle, die ein Cnode be-reitstellt bestehe aus folgenden Funktionen:

- search(x): bestimmt, ob $x \in D$, und
- execute(x): initiiert eine, von x abhängige Aktivität auf dem Cnode, der x verwaltet.

Damit können wir die folgenden T-Operation definieren:

- Ein Blatt T* von T generiert einen logischen Bus B, der alle bzw. einige Elemente Z von T verknüpft.
- T* initiiert eine parallele Suche nach einem Objekt o durch Aktivierung von search(o) auf allen

Cnodes von Z.

- T* legt eine Kontrollbotschaft M_c auf B und bestimmt damit, ob und ggf. wie viele Knoten x enthalten. Die Anzahl der gefundenen Elemente mit dieser Eigenschaft wird durch einen Message Counter an T* abgeliefert.
- In Abhängigkeit von gewissen Bedingungen — z.B. von der Eindeutigkeit des Knotens mit der betreffenden Eigenschaft — wird der Aufruf von execute(x) veranlaßt.

Man beachte, daß ein Bus B für T sich ggf. auf eine Mehrfachverknüpfung (siehe Fig. 5b) der T-Elemente abstützen kann, wenn man den Umweg logischer Pfade über die Wurzel von T vermeiden will. Die Verbindungen (DS-Pfade) logischer Netze besitzen somit eine gewisse Ähnlichkeit mit Zeigern in zusammengesetzten Datenstrukturen. Man beachte weiter, daß statt des einzigen Busses deren mehrere (ggf. kaskadierte) eingesetzt werden können.

Diese Vorgehensweise beschreibt den prinzipiellen Schritt von einem logischen Netz-werk "DS-Tree" zu einer verteilten Treemaschine, die parallel auf dem globalen Domain D operiert.

5 Existierende Prototypen

Es existiert eine experimentelle Version eines Multicomputers, der nach der beschriebenen Methode DS/DCS/CMI arbeitet [9]. Sie besteht aus 24 + 8 (= 2WADE 3 + 2WADE 2) Knoten. In diesem System ist jedoch lediglich der Baustein SW durch Hardware rea-lisiert, während die Komponenten MTE und DP durch Softwaremodule simuliert werden. Eine Simulation von Berechnungsknoten auf einem Hostcomputer [6] erlaubt die transparente Erweiterung der Knoten dieses Systems. Die augenblickliche Realisierung des "Drehspiegels" SW bietet 8 bitserielle Kanäle [5].

6 Schlußbemerkung

Der beschriebene Routingmodule DS/DCS/CMI gehört einer neuen Generation von Cut-Through Routingmodulen an. Er ist sehr effizient, bietet weitgehende End-zu-End Unterstützung und erlaubt Applikationen eine Abstraktion von der physikalischen Topologie. Applikationen werden damit in die Lage versetzt, in Termen dedizierter logischer Strukturen zu denken und zu arbeiten. Logische Busse erweisen sich als wichtige Hilfsmittel zur Koordination von asynchronen Aktivitäten mit einem Minimum an Overhead. Sie bereiten damit den Übergang von verteilten Strukturen zu verteilten, parallel operierenden abstrakten Maschinen vor.

7 References

[1] Dally, W. J., Seitz, C. L.: *The Torus Routing Chip*; Distributed Computing, Vol. 1, Springer-Verlag 1986.

[2] Nugent, S.F.: *The iPSC/2 Direct-Communication Technology*, ACM Proc. Third Hypercube Conf., 1988.

[3] Upfal, E.: *Efficient Schemes for Parallel Communication*, JACM, 31(3), 1984.

[4] Raabe, U., Lobjinski, M., Horn, M.: *Verbindungsstrukturen für Multiprozessoren*; Informatik Spektrum, Band 11, Heft 4, August 1988.

[5] Schneider, M. F.: *Entwicklung eines intelligenten Vermittlungsbausteins für 2WADE-Kommunikation in Polyknoten-Systemen*; Fachbereich Informatik der Universität des Saarlandes, Diplomarbeit, 1989.

[6] Gerlach et. al.: *The Distributed System POOL*; In "Experiences with Distributed Systems"; Ed. by Nehmer, J., LNC 309, Springer-Verlag 1987.

[7] Malowaniec, K. T.: *Das dynamische Leitungsvermittlungsnetz für verteilte Systeme*; Fachbereich Informatik der Universität des Saarlandes, Dissertation, April 1990.

[8] Malowaniec, K. T., Spurk, R.: *Das verteilte "Polyknoten"-System POOL*; Proc. of the ITG/NTG-Conference on "Kommunikation in verteilten Systemen", Stuttgart, Feb. 1989, IFB 205, Springer Verlag 1989.

[9] Malowaniec, K. T., Scheidig, H., Schneider, M. F., Spurk, R.: *Efficient Communication in Polynode Systems*; Proc. of the 1st European Workshop on Hypercube and Distributed Computers, 4–6 October 1989, North Holland.

[10] Schneider, M. F.: *A Hardware Concept for High Efficiency Communication in Multicomputer Systems*; in Vorbereitung.

[11] Kermani, P., Kleinrock, L.: *Virtual Cut-Through: A New Computer Communication Switching Technique*; Computer Networks, 1979.

[12] Scheidig, H.,Schneider, M. F., Spurk, R.: Hardwareunterstützte logische Busse in Interkonnektionsnetzwerken; vorgeschlagen für die GI/NTG-Konferenz "Communication in Distributed Systems", Feb. 1991, Mannheim.

[13] AT&T: *T7110 SPYDER-S User Manual*; AT&T 1987.

[14] Seitz, C. L.: *The Cosmic Cube*; CACM, 15(1), 1985.

[15] Scheidig, H., Schneider, M.F., Spurk, R.: *An Efficient Organization for Large, Network-Based Multicomputer Systems*; To appear in: Proc. of the 5th Jerusalem Conf. on Information Technology, Oct. 22 - 25, 1990.

[15] Scheidig, H., Schneider, M.F., Spurk, R.: *Logical Interconnection Networks for Message Passing Multicomputers*; Proc. of the 5th Int. Symposium on Computer and Information Sci., 30. 10. - 2. 11. 1990, Cappadocia, Türkei.

Realisierungskonzepte für die parallele Bearbeitung von Anfragen auf komplexen Objekten

Harald Schöning

Sonderforschungsbereich 124, Teilprojekt D2
Universität Kaiserslautern
Postfach 3049
6750 Kaiserslautern

Überblick

Datenbanksysteme für Nicht-Standard-Anwendungsbereiche müssen besonderen Anforderungscharakteristika gerecht werden: Es ist nicht mit einer extrem hohen Anzahl paralleler Transaktionen zu rechnen, aber die auftretenden Anfragen sind sehr komplex und müssen möglichst schnell beantwortet werden. Dies soll durch Ausnutzung von Parallelität unterstützt werden. Anhand von vier verschiedenen Arten von Parallelität bei der Bearbeitung einer Anfrage wird ein Verarbeitungsmodell diskutiert, das bei geringem Zusatzaufwand eine hohe Parallelität verspricht. Das hier vorgestellte Remote-Cooperation-System unterstützt dieses Verarbeitungsmodell und erlaubt zudem die Kopplung heterogener Architekturen und Betriebssysteme. Es handelt sich dabei um ein von Rechnerarchitekturen und Betriebssystemen unabhängiges System, das es ermöglicht, ein Datenbanksystem über mehrere heterogene Rechner zu verteilen, ohne daß die Programme des Datenbanksystems Kenntnis über die zugrundeliegende Architektur haben müssen um miteinander zu kommunizieren. Dadurch wird das Datenbanksystem portabel, und es ist möglich, die Zuordnung von Datenbanksystemkomponenten zu Prozessoren flexibel zu gestalten, auch wenn die Prozessoren nicht homogen sind. Die Implementierung dieses Remote-Cooperation-System sollte natürlich unterstützende Betriebssystemkonzepte möglichst umfassend ausnutzen

1. Einleitung

Datenbanksysteme haben sich zur Unterstützung konventioneller Anwendungen (wie Bankwesen, Lohnbuchhaltung etc.) als geeignete Werkzeuge erwiesen, die eine effiziente Bearbeitung der anfallenden Aufgaben ermöglichen. Für die sogenannten Nicht-Standard-Anwendungsbereiche, wie z.B. CAD oder VLSI-Design, weisen die herkömmlichen Datenbanksysteme eine Reihe von Mängeln auf, die durch die andersartige Verarbeitungscharakteristik dieser Bereiche aufgedeckt werden. Typischerweise werden hier komplexe Objekte verarbeitet, die mit den "klassischen" Datenmodellen nur schwer modellierbar sind. Eine allgemein akzeptierte Architektur für die Verarbeitung in Nicht-Standard-Bereichen ist das Workstation-Server-Modell. Das Anwendungsprogramm (z.B. ein CAD-System) läuft auf einer Workstation mit graphikfähigem Terminal und kommuniziert mit dem Datenbanksystem, das auf einem sogenannten Server arbeitet und von vielen verschiedenen Anwendungen genutzt wird, über "Checkout"- und "Checkin"-Aufrufe. Zu Beginn der Verarbeitung, die im allgemeinen "lange" (Stunden, Tage) dauert, werden Daten aus der Datenbank extrahiert ("Checkout"). Dies wird ggf. im Laufe der Bearbeitung wiederholt. Am Ende der Verarbeitung werden gegebenenfalls neue (veränderte) Daten wieder in die Datenbank eingebracht ("Checkin"). Jeder dieser im Vergleich zu konventionellen Anwendungen relativ seltenen Checkout- bzw. Checkin-Aufrufe dient der Übertragung großer und komplex strukturierter Datenmengen. Während der Bearbeitung eines solchen Aufrufes wartet der Benutzer des Anwendungsprogramm am Bildschirm. Daher ist es unabdingbar, die entsprechenden Antwortzeiten so kurz wie möglich zu halten: Antwortzeiten, die deutlich länger als wenige Sekunden sind, verhindern die Akzeptanz des Systems. Andererseits lassen sowohl die Komplexität der Checkout- und Checkin-Operationen als auch die Größe der Datenmengen einen hohen Bearbeitungsaufwand erwarten. Neben dem Einsatz eines geeigneten Datenmodells und den bekannten Techniken zur Anfrageoptimierung kann eine Parallelisierung der Auftragsbearbeitung zur Reduzierung der Antwortzeit beitragen [HHMM87].

Ein Checkin- oder Checkout-Auftrag besteht im allgemeinen aus einer oder mehreren Operationen des Datenmodells [LP83, HHMM87, Re88]. Um in jedem Fall eine Parallelverarbeitung zu erreichen, muß also die Verarbeitung innerhalb einer Datenmodelloperation parallelisiert werden. Natürlich ist es dazu notwendig, daß die zugrundeliegende Hardware-Architektur des Servers Parallelität ermöglicht. Dies kann auf verschiedene Arten geschehen:

- Herkömmliche Rechner haben oft einen eigenen Ein-/Ausgabeprozessor. Während eines Sekundärspeicherzugriffs kann also eine andere Aufgabe bearbeitet werden. Der Parallelitätsgrad ist hier jedoch gering.
- Ein Netz aus eigenständigen Rechnern (ein lose gekoppeltes System) ermöglicht prinzipiell einen Parallelitätsgrad, der nur durch die Zahl der verfügbaren Rechner begrenzt ist. Diese Architektur wird jedoch problematisch, wenn ein umfangreicher Datenaustausch zwischen den Rechnern stattfindet, da Kommunikation über ein externes Nachrichtenmedium (z.B. LAN) zeitaufwendig ist.
- Ein Rechner mit mehreren Prozessoren, die auf einen gemeinsamen Hauptspeicher zugreifen (eng gekoppeltes System) vermeidet die Kommunikationsproblematik, ist dafür aber im Wachstum (in der Zahl der Prozessoren) beschränkt [HSS89].

In diesem Beitrag werden wir uns nicht auf einen dieser drei Typen festlegen, sondern versuchen, Parallelisierungskonzepte auszuarbeiten, die für alle drei skizzierten Architekturen gleichermaßen anwendbar sind (Kapitel 3). Wir gehen allerdings davon aus, daß wir es nicht mit Spezialprozessoren zu tun haben. Ziel unserer Untersuchungen ist es, ein parallel arbeitendes Datenbanksystem zu erhalten, dessen Komponenten - ohne jegliche Änderung in ihrer Programmierung - auf Rechnern unterschiedlicher Hardware und unter unterschiedlichen Betriebssystemen ablaufen können. Voraussetzung für eine solche transparente Kooperation zwischen Datenbanksystem-Komponenten ist eine betriebssystemunabhängige Kommunikationskomponente (deren Implementierung natürlich nicht unabhängig von unterliegender Hardware und unterliegendem Betriebssystem sein kann). Zur Illustration dieser Ansätze verwenden wir das Nicht-Standard-Datenbanksystem PRIMA mit seinem Molekül-Atom-Datenmodell, das in Kapitel 2 kurz vorgestellt wird. Kapitel 4 präsentiert dann ein Verarbeitungsmodell, in dem diese Ansätze verwirklicht werden können. Kapitel 5 enthält eine kurze Beschreibung des Remote-Cooperation-Systems, das zum einen dieses Verarbeitungsmodell unterstützt, zum anderen aber auch die unterliegende Serverarchitektur weitgehend verbirgt, und so eine einfache Portierung zwischen den oben genannten Architekturtypen und deren gemischte Verwendung erlaubt. In Kapitel 6 wird gezeigt, wie man durch Anwendung dieses Systems aufwendige Prozeßwechsel vermeiden kann. Kapitel 7 faßt die vorgestellten Aspekte kurz zusammen.

2. Kurze Beschreibung von PRIMA

Zur Verdeutlichung der nachfolgenden Diskussion verschiedener Parallelisierungsansätze werden wir deren Anwendung auf das Datensystem des Nicht-Standard-Datenbanksystems PRIMA erläutern. PRIMA wurde als Datenbankkernsystem [HR85, Pa87] entworfen. Neben einem anwendungsunabhängigen Datenbanksystemkern, der ein allgemeines Datenmodell unterstützt und auf dem Server abläuft, gehören also noch anwendungsspezifische Modellabbildungsschichten zum Datenbanksystem, die auf Workstations eine der jeweiligen Anwendung angepaßte Schnittstelle zum Datenbanksystem bereitstellen. Im folgenden betrachten wir nur den Kern, da er diejenige Komponente ist, die Datenmodelloperationen ausführt. Der PRIMA-Kern implementiert das Molekül-Atom-Datenmodell (MAD-Modell), das als Erweiterung des Relationenmodells im Hinblick auf Komplexobjektverarbeitung angesehen werden kann [Mi88]. Bevor wir die Architektur von PRIMA skizzieren, müssen wir zur Untersuchung der Parallelisierungsmöglichkeiten innerhalb einer Operation des MAD-Modells zunächst einige seiner Grundzüge darstellen.

Das MAD-Modell erlaubt die dynamische Definition von komplexen Objekten (*Molekülen*) aus Grundbausteinen (*Atomen*). Wie ein Tupel im Relationenmodell besteht ein Atom aus Attributen verschiedener Datentypen und gehört zu genau einem Atomtyp. Jedes Atom besitzt einen systemvergebenen Primärschlüssel (Surrogat). Zwischen Atomtypen können ungerichtete Beziehungen definiert werden (die sogenannten Linktypen), die somit ein Atomtypnetzwerk aufbauen. Entsprechend dieser Linktypdefinition können Atome der betreffenden Typen untereinander durch bidirektionale, ungerichtete Links miteinander verbunden sein und so ein Atomnetzwerk bilden.

Ein Linktyp wird durch ein Paar von Attributen des speziellen Typs REFERENCE implementiert, eines in jedem der beteiligten Atomtypen. REFERENCE-Attribute enthalten als Wert eine Liste von Surrogaten des entsprechenden anderen Atomtyps. Ein Link zwischen den Atomen a und b wird also dadurch implementiert, daß der Wert eines REFERENCE-Attributes von a das Surrogat von b enthält, und der Wert des entsprechenden REFERENCE-Attributes von b das Surrogat von a enthält. Mit dem Zugriff auf das REFERENCE-Attribut eines Atomes sind deshalb alle Surrogate der Atome verfügbar, die über den betreffenden Linktyp erreicht werden können. Diese Eigenschaft, durch geeignete Operationen unterstützt, läßt sich effektiv dazu ausnutzen, alle Links eines Atomes parallel zu verfolgen.

Jede MAD-Operation bildet aus dem Atomnetzwerk dynamisch Moleküle (komplexe Objekte) eines bestimmten Typs (Molekültyps). Die Struktur dieses Molekültyps wird durch einen gerichteten Ausschnitt des Atomtypnetzwerks (die *Molekülstruktur*) beschrieben, der einen einzigen Startpunkt (den Wurzelatomtyp) hat. Die Moleküle zu dieser Molekülstruktur werden dadurch bestimmt, daß im Atomnetzwerk ausgehend von den Atomen des Wurzelatomtyps alle Atome in ein Molekül aufgenommen werden, die durch Verfolgen der in der Molekülstruktur enthaltenen, gerichteten Linktypen erreichbar sind. Jedes Atom des Wurzelatomtyps (Wurzelatom) bildet also die Wurzel eines Moleküls des spezifizierten Molekültyps. Diese Molekülmenge kann durch zusätzliche Bedingungen eingeschränkt werden.

Üblicherweise werden die komplexen Objekte, mit denen die Anwendung arbeitet, in MAD als Moleküle modelliert, also kann z.B. in einer CAD-Umgebung ein Werkstück einem Molekül entsprechen. Typischerweise setzt sich ein solches Komplexobjekt aus sehr vielen (z.B. 1000) Elementarobjekten zusammen, die als Atome modelliert werden. Daher hat ein typisches Molekül zwar nur eine überschaubare Tiefe (in den meisten Anwendungen < 10), aber eine große Breite. Die in den folgenden Beispielen gezeigten Moleküle sind daher Vereinfachungen, was die Tiefe, und besonders was die Breite angeht. Bild 2.1a zeigt als Beispiel ein Atomnetzwerk (Attribute sind nicht dargestellt), das die Begrenzungsdarstellung zweier sich berührender Rechtecke repräsentiert. Bild 2.1b zeigt drei verschiedene Molekülmengen, die aus diesem Atomnetzwerk durch verschiedene Molekülstrukturen gebildet werden.

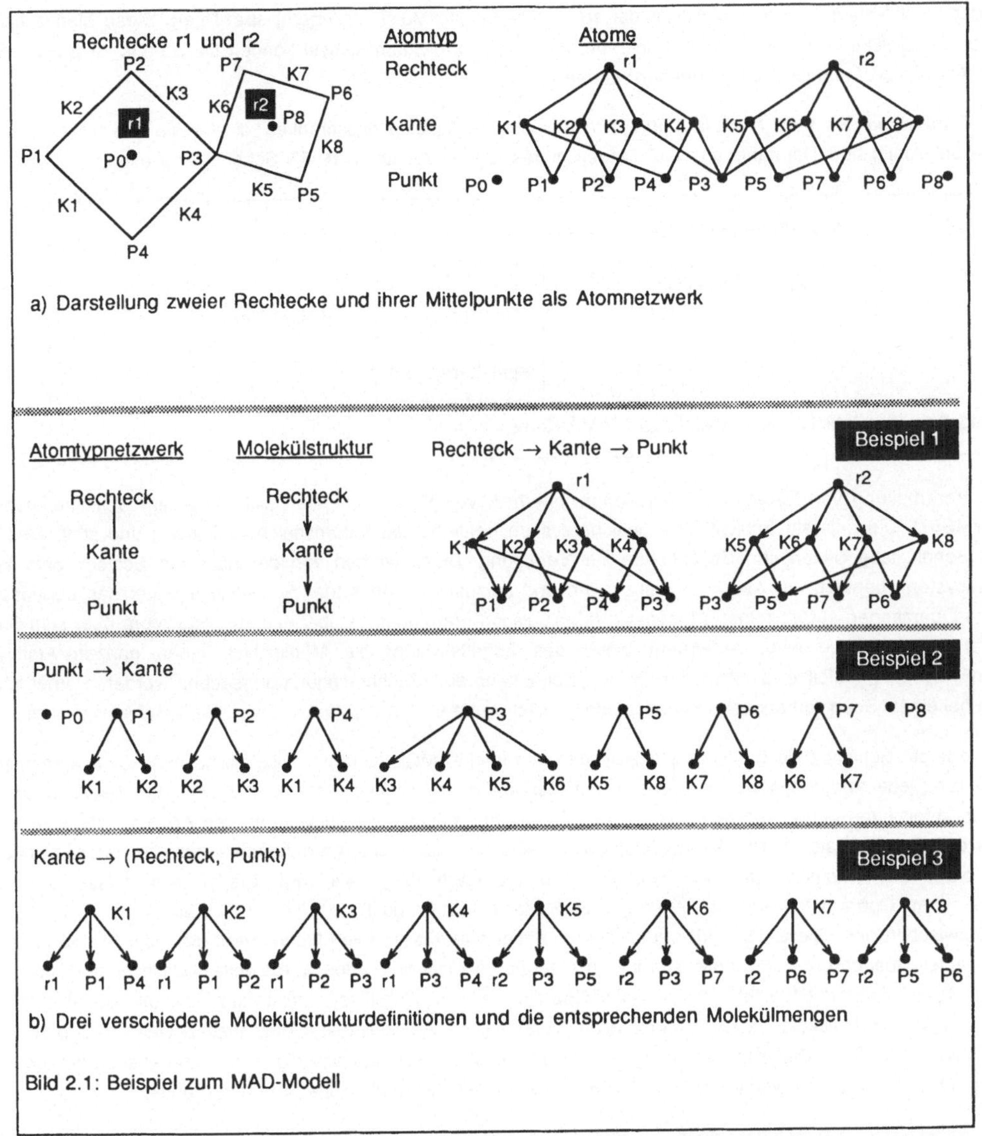

a) Darstellung zweier Rechtecke und ihrer Mittelpunkte als Atomnetzwerk

b) Drei verschiedene Molekülstrukturdefinitionen und die entsprechenden Molekülmengen

Bild 2.1: Beispiel zum MAD-Modell

Aus Bild 2.1b wird deutlich, wie dynamisch die Definition von Molekülstrukturen im MAD-Modell ist. A priori ist keine Richtung der Betrachtung vorgegeben. Neben streng hierarchischen Strukturen lassen sich auch netzwerkartige und rekursive definieren, auf die hier jedoch nicht weiter eingegangen werden soll. Die Molekülstrukturdefinitionen bilden die Grundlage der MAD-Operationen. Auf den so spezifizierten Molekülmengen können weitergehende Operationen wie Projektion, Aggregation, oder kartesisches Produkt durchgeführt werden. Zur Beschreibung der Molekülverarbeitung dient die Anfragesprache MQL, die an SQL angelehnt wurde. Datenmanipulationsanweisungen in MQL haben folgenden Aufbau:

{ **SELECT / INSERT / DELETE / UPDATE** } Projektionsklausel
FROM Moleküldefinition
WHERE Selektionsklausel

In der FROM-Klausel wird die Struktur der zu verarbeitenden Molekülmenge(n) spezifiziert. Diese Menge kann durch die Selektionsklausel eingeschränkt werden. In der Projektionsklausel können die daraus zu projizierenden Atome und Attributwerte beschrieben werden.

Die Darstellung des MAD-Modells mußte sich hier auf die Aspekte beschränken, die für die nachfolgende Diskussion wichtig sind. Der näher am MAD-Modell interessierte Leser sei auf [Mi88, Schö89] verwiesen.

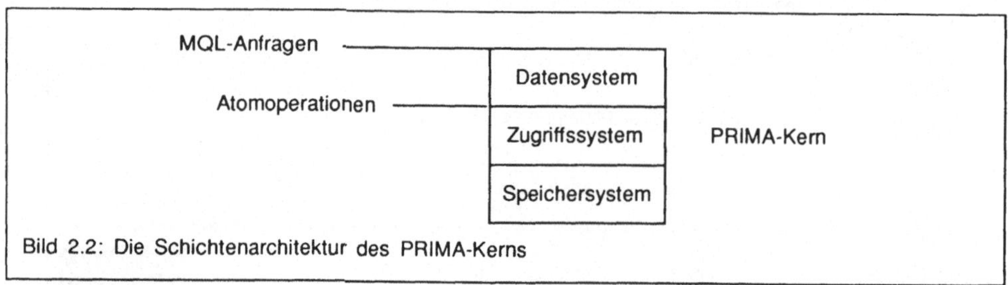

Bild 2.2: Die Schichtenarchitektur des PRIMA-Kerns

Die Verarbeitung von Datenmodelloperationen innerhalb von PRIMA orientiert sich an einem Schichtenmodell [HMMS87]. Die unterste Schicht, das Speichersystem, realisiert die Externspeicherabbildung und stellt an seiner Schnittstelle Seiten und Seitenfolgen zur Verfügung. Diese werden von der nächsten Schicht, dem Zugriffssystem, benutzt, um Atome abzuspeichern und aufzufinden. An seiner Schnittstelle bietet das Zugriffssystem Operationen auf einzelnen Atomen an (Manipulation und Zugriff), wobei das jeweilige Atom über sein Surrogat angesprochen wird. Außerdem bietet das Zugriffssystem die Möglichkeit, einen ganzen Atomtyp atomweise sequentiell zu durchsuchen (Scan). Dabei kann eine Suchbedingung angegeben werden. Ferner können bei einem Scan vorhandenen Zugriffspfade genutzt werden.

Die oberste Schicht (Bild 2.2), das Datensystem, verarbeitet MQL-Anfragen. Diese sind molekülmengen-orientiert, d.h., jede Änderungsoperation arbeitet auf Mengen von Molekülen (desselben Typs) und jede Zugriffsoperation liefert eine Menge von Molekülen. Das Datensystem benutzt zur Auswertung von Anfragen die Operationen des Zugriffssystems. Bei Anfrageübersetzung wird aus der Anfrage ein Abarbeitungsplan (query evaluation plan, QEP) erzeugt, der als gerichteter Operatorgraph dargestellt wird. Die Knoten dieses Graphen bezeichnen Operatoren (wie z.B. Aggregation, Kartesisches Produkt), die Kanten repräsentieren den Datenfluß zwischen den Operatoren. Wir unterscheiden dabei zwei Klassen von Operatoren: die erste Klasse arbeitet auf Molekülmengen, die von untergeordneten Operatoren erzeugt wurden. Die zweite Klasse besteht nur aus dem CSM-Operator* [HSS88], dem einzigen Operator, der das Zugriffssystem aufruft. Er baut aus Atomen eine Menge von Molekülen auf, die durch eine hierarchische Molekülstruktur beschrieben werden (sogenannte "einfache Moleküle"). Diese Molekülmenge kann durch eine Selektionsbedingung eingeschränkt sein, die auf einzelnen Molekülen entscheidbar sein muß **. Bild 2.3 zeigt einen exemplarischen Operatorgraphen.

Zur Entwicklung von Anforderungen an eine Verarbeitungsumgebung und zur Diskussion entsprechender Lösungsmöglichkeiten genügt die Untersuchung von Parallelisierungsmöglichkeiten innerhalb des Datensystems, also bei der Abbildung von MQL-Anfragen auf Atomoperationen des Zugriffssystems.

---

* construction of simple molecules

** Komplexere Bedingungen werden durch andere Operatoren ausgewertet.

Beispielanfrage:

Finde alle Rechtecke, bei denen eine Kante länger ist als alle Kanten größerer Rechtecke.

```
SELECT  R.Name
FROM    R (Rechteck) - K (Kante)               (*Umbenennung für späteren Gebrauch*)
WHERE   EXISTS K: K.Länge > MAX (VALUE (  SELECT  Kante.Länge
                                          FROM    Kante - Rechteck
  (* VALUE dient der Typkonvertierung [Schö89] *)  WHERE   EXISTS Rechteck.Fläche>R.Fläche))
```

Zugehöriger Operatorgraph:

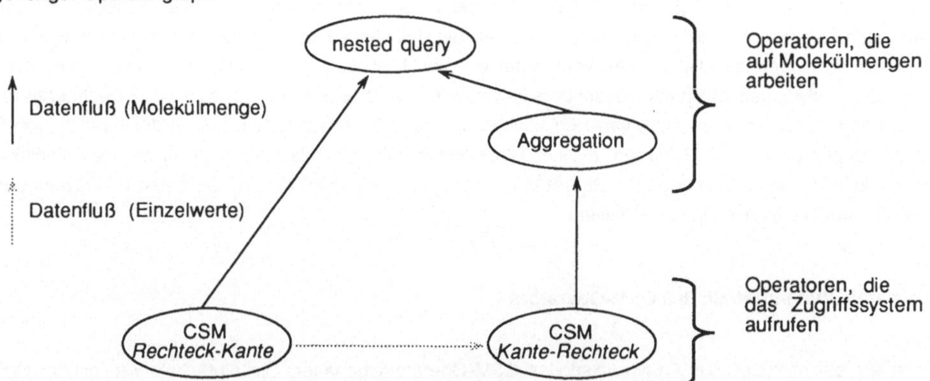

Der linke *CSM*-Knoten beschreibt den Zugriff auf alle Moleküle vom Typ Rechteck→Kante. Der zweite *CSM*-Operator erhält den Wert von R.Fläche als Eingabe und berechnet dann alle entsprechenden Kantenlängen, deren Maximum der *Aggregations*-Operator an den *nested-query*-Operator weitergibt.

Bild 2.3: Beispiel für einen Operatorgraphen

3. Parallelisierung einer MQL-Anfrage

In diesem Kapitel sollen verschiedene Möglichkeiten der Parallelisierung bei der Abarbeitung einer MQL-Anfrage, d.h. bei der Auswertung eines Operatorgraphen aufgezeigt werden. Dabei wird jeweils auch über den erwarteten Parallelitätsgrad gesprochen, also über die Anzahl von parallelen Aktivitäten, die durch den jeweiligen Ansatz entstehen können.

Horizontale Parallelität im Operatorgraphen

Zwei Knoten im Operatorgraphen sind voneinander unabhängig, wenn die Ausgabe keines der beiden Operatoren direkt oder indirekt zur Eingabe des anderen beiträgt. Man kann die Knoten eines Operatorgraphen in Klassen von paarweise unabhängigen Operatoren einteilen. Alle Operatoren einer Klasse können dann parallel ausgewertet werden. In Bild 2.3 gibt es keine solchen Knoten. Gäbe es dort mehrere voneinander unabhängige Unteranfragen, so könnten diese parallel zueinander berechnet werden. Die Art der Operatoren in den MAD-Operatorgraphen läßt nicht erwarten, daß auf diese Weise eine erhebliche Parallelität entsteht. Das liegt daran, daß unabhängige Operatoren nur dann im Operatorgraphen auftreten können, wenn mehrere CSM-Operatoren im Operatorgraphen enthalten sind, die voneinander unabhängig sind, da alle anderen Operatoren eine Molekülmenge als Eingabe benötigen, und nur *eine* Molekülmenge als Ausgabe produzieren. Mehrere voneinander unabhängige CSM-Operatoren sind nur dann im Operatorgraphen enthalten, wenn dieser sehr komplexe Operationen enthält, wie z.B. ein kartesisches Produkt über Molekülen, was eine selten verwendete Operation ist. Die Parallelisierungsmöglichkeiten wären größer, wenn statt CSM weniger mächtige Basisoperatoren verwendet würden. Aspekte der Optimierung lassen die Wahl von CSM jedoch geeignet erscheinen.

Vertikale Parallelität im Operatorgraphen

Eine weitere Parallelisierungsmöglickeit ergibt sich aus der Mengenorientierung von MAD: Da jedes Anfrageergebnis aus einer Menge von Molekülen besteht, können die einzelnen Elemente der Menge verzahnt, d.h. mittels "pipelining" zwischen den Operatoren verarbeitet werden. Hier ist ein Parallelitätsgrad erreichbar, der der Höhe des Operatorgraphen entspricht. Besonders erwähnenswert ist die Tatsache, daß die Berechnungszeiten in den einzelnen Operatorknoten stark variieren können und daß die Anzahl der Daten in der Pipeline von Stufe zu Stufe abnehmen kann (z.B., wenn in einer Stufe festgestellt wird, daß ein Molekül die Selektionsbedingung nicht erfüllt). Es handelt sich also nicht um eine "klassische" Pipeline, bei der die Daten alle Stufen durchlaufen und in jeder Stufe gleich lange verweilen.

Vertikale Parallelität innerhalb des CSM-Operators

Betrachten wir als nächstes die Arbeitsweise des CSM-Operators genauer. Die einfachste Art, diesen Operator zu realisieren ist, mit einem Scan atomweise alle Wurzelatome zu durchlaufen, für jedes von ihnen die zugehörigen Nachfolger per Direktzugriff zu lesen, dann deren Nachfolger usw. Wenn ein Atom gelesen wurde, sind damit schon alle Surrogate der direkten Nachfolger bekannt, denn sie sind im Wert der entsprechenden REFERENCE-Attribute enthalten. Somit kann der Zugriff auf diese Nachfolgermenge über die zugehörige Surrogatmenge parallel erfolgen, natürlich auch dann, wenn die Atome zu verschiedenen Atomtypen gehören (s. Beispiel 3 aus Bild 2.1b). Der auf diese Weise erzielbare Parallelitätsgrad hängt von der Anzahl der Atome auf jeder Ebene des Moleküls ab. Für Beispiel 2 aus Bild 2.1b ist er 2, für Beispiel 3 ist er 3 und für das erste Beispiel 4. Neben dieser starken Datenabhängigkeit hat diese Methode noch weitere Nachteile:

- Beispiel 1 aus Bild 2.1b zeigt, daß zu demselben Atom (z.B. P1) mehrere Wege führen können. Dieser Umstand muß berücksichtigt werden, um Mehrfachzugriffe auf ein Atom zu vermeiden. Es ist also eine Duplikateliminierung innerhalb der Surrogatmenge erforderlich, bevor sie zum Zugriff verwendet werden kann.

- Wenn Atome nur zur Auswertung der WHERE-Klausel benötigt werden (wie K in Bild 2.3), ist es oft nicht erforderlich, alle diese Atome zu lesen. Wenn bei der Auswertung der Anfrage aus Bild 2.3 eine Kante gefunden wurde, die die Bedingung erfüllt, müssen die anderen Kanten des Rechtecks nicht mehr betrachtet werden. Wenn jedoch alle Kanten parallel betrachtet werden, entfällt diese Möglichkeit, Atomzugriffe einzusparen, denn wenn festgestellt wird, daß keine weiteren Atome mehr benötigt werden, ist der Zugriff auf diese bereits initiiert.

Horizontale Parallelität innerhalb des CSM-Operators

Auch innerhalb des CSM-Operators ist horizontale Parallelität möglich. Während bei der vertikalen Parallelität der Aufbau eines einzigen Moleküls betrachtet wurde, entsteht hier Parallelität zwischen den Molekülen einer Ergebnismenge. Der Zugriff auf die Wurzelatome muß zwar sequentiell erfolgen, da er ein Durchlaufen des gesamten Atomtyps mittels eines Scan bedeutet*. Der Rest jedes Moleküls kann jedoch jeweils eigenständig aufgebaut werden, parallel für jedes Molekül. Eine gewisse Abstimmung beim Aufbau mehrerer Moleküle ist zur Vermeidung von Mehrfachzugriffen dann erforderlich, wenn ein Atom zu mehreren Molekülen gehören kann (z.B. K_2 in Beispiel 2 aus Bild 2.1b). Der erreichbare Parallelitätsgrad entspricht der Zahl der Ankeratome, die vom Zugriffssystem geliefert werden**.

Bewertung der Parallelisierungsmöglichkeiten

Eine Betrachtung der vier diskutierten Parallelitätsarten zeigt, daß diese voneinander unabhängig eingesetzt werden können. Obwohl die größte Parallelität von der Ausnutzung der horizontalen Parallelität im CSM-Operator zu erwarten ist, können die anderen Verfahren zusätzlich angewandt werden. Die vertikale Parallelität innerhalb des CSM-Operators sollte zur Vermeidung unnötiger Atomzugriffe nur dann eingesetzt werden, wenn sicher ist, daß das betreffende Molekül nicht aus der Ergebnismenge ausgeschlossen werden kann, ohne daß alle Ergebnisse der parallel durchgeführten Zugriffe bekannt sind. Hierzu kann man als Heuristik den Molekülaufbau in zwei Phasen einteilen. In der ersten Phase wird der Teil des Moleküls aufgebaut, aus dem die Selektionsbedingung entschieden werden kann. In einer zweiten Phase wird das Restmolekül aufgebaut. Nur in der zweiten Phase wird dann die vertikale Parallelität eingesetzt. Für Duplikateliminierung bei vertikaler Parallelität und Auflösung gemeinsamer Benutzung bei horizontaler Parallelität innerhalb des CSM-Operators benötigt man eine Abstimmung zwischen den parallel ablaufenden Aktivitäten. Dieser Aspekt wird in Kapitel 4 nochmals aufgegriffen. Die Parallelisierungsstrategien für den CSM-Operator sind offensichtlich datenabhängig. Auch die horizontale Parallelität im Operatorgraphen ist wegen der unregelmäßigen Pipeline-Struktur schlecht vorplanbar. Daher benötigen wir für die Durchführung der Parallelisierung eine Ablaufumgebung, die die flexible Erzeugung und Behandlung paralleler Abarbeitungsfolgen zur Laufzeit unterstützt.

Verwandte Arbeiten

Eine Klassifikation von Parallelität in relationalen Datenbanksystemen gibt Chang in [Ch76]. Die dort aufgeführte Anwendung verschiedener Operationen auf verschiedene Daten entspricht der horizontalen Parallelität im Operatorgraphen, die Pipeline-Anwendung eines Operators auf einen Datenstrom entspricht der vertikalen Parallelität im Operatorgraphen. Die von Chang weiterhin angeführte parallele Ausführung einer Operation auf allen Daten findet sich im Datensystem nicht. Sie ist in PRIMA im Zugriffssystem angesiedelt. Andererseits hat die Parallelität innerhalb des CSM-Operators keine Entsprechung in relationalen System, da sie erst durch die Einführung von Komplexobjekten möglich ist.

Kim [Ki90] untersucht Parallelisierungsmöglichkeiten bei der Verarbeitung objektorientierter Anfragen. Dabei werden sogenannte "Pfade" betrachtet, über die ausgehend von bestimmten Objekten (Klassen, Instanzen) andere damit assoziierte Objekte erreicht werden können. Eine Anfrage wird durch Verfolgen einer Menge von Pfaden ausgewertet. Somit besteht eine Ähnlichkeit zum Linkkonzept in MAD. Mehrere Parallelisierungsmöglichkeiten werden in [Ki90] betrachtet; zunächst die Parallelität zwischen unabhängigen Pfaden. Diese entspricht einem Teilaspekt der vertikalen Parallelität im CSM-Operator, nämlich dem parallelen Zugriff auf Atome verschiedener Atomtypen. Dagegen wird ein paralleler Zugriff auf alle Instanzen derselben Klasse (was in MAD Atomen desselben Atomtyps entspricht) in [Ki90] nicht untersucht. Unter der Bezeichnung "Klassen-Hierarchie-Parallelität" diskutiert Kim allerdings den parallelen Zugriff auf Instanzen von verschiedenen Subklassen einer Klasse. Da MAD keine Klassenhierarchie unterstützt, läßt sich hierzu kein direktes Äquivalent in der Verarbeitung von MQL-Anfragen finden. Kim setzt die Parallelität zwischen Pfaden unabhängig von den zu den ent-

* Dies gilt nur, wenn die oben skizzierte Vorgehensweise zur Auswertung von CSM-Operationen Anwendung findet. In Spezialfällen sind jedoch andere Algorithmen vorzuziehen, die dann nach einer Vorberechnungsphase einen parallelen Zugriff auch auf die Ankeratome erlaubt [HSS88, SS89]. Die folgenden Überlegungen gelten jedoch auch für diesen Fall.

** Diese ist im allgemeinen größer als die Zahl der Ergebnismoleküle, da Bedingungen der WHERE-Klausel, die sich nicht ausschließlich auf das Ankeratom beziehen, zu diesem Zeitpunkt noch nicht ausgewertet werden können.

sprechenden Instanzen spezifizierten Prädikaten ein, so daß bei seinem Ansatz unnötige Zugriffe entstehen (vgl. Diskussion "Vertikale Parallelität im CSM-Operator"). Ferner betrachtet Kim die sogenannte "Knoten-Parallelität". Diese entspricht in MAD einem Molekülaufbau durch CSM, der parallel bei verschiedenen Atomen startet, an die jeweils ein Prädikat gebunden ist. Diese Strategie ist in MAD prinzipiell auch möglich und würde nach unserer Aufzählung unter "vertikale Parallelität im CSM-Operator" fallen. Sie ist jedoch nur in Spezialfällen, in denen die entsprechenden Bedingungen sehr selektiv sind, sinnvoll und wird daher im folgenden nicht gesondert diskutiert. Als "pipelining" skizziert Kim schließlich eine Strategie, die unserer "horizontalen Parallelität im CSM-Operator" entspricht. Eine Entsprechung zu den Parallelisierungen im Operatorgraphen gibt es in [Ki90] nicht. Wie wir plädiert auch Kim für den gleichzeitigen Einsatz aller aufgezeigten Strategien. Kim sieht allerdings einen hohen seriellen Anteil in seinem Verarbeitungsmodell, der durch die sequentielle Abarbeitung von Knoten innerhalb eines Pfades entsteht. Dieser ist für MAD sicherlich geringer, da im allgemeinen die Breite eines Molekülgraphen deutlich größer ist als seine Höhe.

Nachdem wir nun einige Möglichkeiten der Parallelisierung aufgezeigt haben, stellt sich die Frage, wie man die verschiedenen Arten der Parallelität realisieren kann. Wir werden im nächsten Kapitel zunächst ein Verarbeitungsmodell entwickeln, zu dem wir dann (in Kapitel 5) eine geeignete Realisierung vorstellen.

4. Ein Verarbeitungsmodell für die Verarbeitung von MQL-Anweisungen

Wir modellieren die Verarbeitung von Anfragen im Datensystem mit einem Auftraggeber-Auftragnehmer (Client-Server)-Modell: Das Datensystem ist ein Service, der die Funktion "Ausführen von MQL-Anweisungen" anbietet. Dazu benutzt er andere Services. So gibt es zum Beispiel einen Service für jeden Operatortyp. Gegenüber diesen Services tritt das Datensystem als Client auf. Konkret bedeutet das für das Beispiel aus Bild 2.3, daß der Datensystem-Service den Service für die Verarbeitung von "nested query" aufruft, dieser wieder die Services "CSM" und "Aggregation" usw. Das Zugriffssystem bildet ebenfalls einen solchen Service, der vom Service "CSM" aufgerufen wird. Ein Aufruf an einen Service (Auftrag) erfolgt asynchron, d.h., er besteht aus der Auftragserteilung und der davon getrennten Resultatsentgegennahme. Dies ermöglicht die Erteilung paralleler Aufträge. Ein Resultat kann dabei entweder als Ganzes oder in Form von Teilergebnissen (in PRIMA im allgemeinen in Form von einzelnen Molekülen) übergeben werden. Zwischen den Interaktionen mit dem Service (Auftragserteilung, Annahme eines Teilresultats, Annahme eines Resultats) kann der Auftraggeber beliebige Berechnungen durchführen, insbesondere also weitere Aufträge an denselben oder andere Auftragnehmer erteilen. Dieses Verarbeitungsmodell erlaubt die Unterstützung aller vier diskutierten Parallelisierungsmöglichkeiten:

Die horizontale Parallelität im Operatorgraphen kann dadurch erreicht werden, daß ein Operator-Service parallel Aufträge an alle Services absetzt, von deren Ergebnissen seine eigene Berechnung abhängt. Dies ist durch die Asynchronität der Auftragserteilung leicht möglich. Die vertikale Parallelität im Operatorgraphen könnte man dadurch erreichen, daß jeder Auftrag nur ein einzelnes Ergebnis (ein Molekül aus der Ergebnismenge) liefert. Bei Erhalt des Ergebnisses kann der Auftraggeber dann gleich das nächste Molekül anfordern. In Übereinstimmung mit Graefe [Gr90] haben wir uns jedoch für eine "eager evaluation" entschieden, bei der ein Auftrag, der einmal abgesetzt wurde, solange Teilresultate (einzelne Moleküle) versendet, bis er sein komplettes Resultat berechnet hat. Jedes einzelne Molekül kann so in Pipeline-Art von Operator zu Operator weitergegeben werden. Diese Vorgehensweise erspart den Zusatzaufwand, der mit einer erneuten Auftragsvergabe verbunden ist, und läßt eine bessere Überlappung der Berechnungen zu. Vertikale Parallelität innerhalb des CSM-Operators wird durch mehrfachen parallelen Aufruf des Zugriffssystem-Service erzeugt, horizontale Parallelität innerhalb des CSM-Operators kann z.B. durch Auftragserteilung dieses Operators an sich selbst (zur Erzeugung eines Moleküls zu einem gegebenen Wurzelatom) erreicht werden.

Wie kann nun dieses Verarbeitungsmodell realisiert werden? Wir gehen zunächst einmal davon aus, daß es für jeden Service mindestens eine eigene Verarbeitungseinheit gibt, die diesen realisiert. Diese Annahme hilft uns in der folgenden Diskussion, stellt aber noch keine Aussage über die tatsächliche Abbildung von Services auf (Betriebssystem-) Prozesse dar. Dieser Aspekt wird erst in Kapitel 6 behandelt. Offensichtlich kann es beliebig viele Aufträge an einen Service gleichzeitig geben. Da Selbstaufrufe möglich sind, ist es nicht möglich, nur eine Verarbeitungseinheit pro Service zu haben (**Single-Process**), die immer einen Auftrag vollständig bearbeitet (**Single-Tasking**), also auch auf Ergebnisse aufgerufener Services wartet, bevor sie den nächsten Auftrag bearbeitet. Es gibt folgende prinzipielle Möglichkeiten, die Beschränkungen eines solchen **Single-Process / Single-Tasking*** Konzepts zu umgehen:

- Für jeden Auftrag wird ein eigener Prozeß kreiert, der nur diesen Auftrag bearbeitet (**Multi-Process / Single-Tasking**). Der Prozeß wartet synchron, bis alle zur Weiterarbeit benötigten Ergebnisse vorliegen. Das Betriebssystem sorgt für die Aktivierung des nächsten rechenbereiten Prozesses. Wenn allerdings ein "statisches" Multi-Process-Konzept verwendet wird, bei dem die Anzahl der gleichartigen Prozesse beschränkt (und vorausbestimmt) ist, kann der Fall des beliebig tief rekursiven Selbstaufrufes nicht behandelt werden. Multi-Process ist also nur in einer "dynamischen" Variante akzeptabel, die die jeweils benötigte Anzahl gleichartiger Prozesse erzeugt. Gegebenenfalls entsteht ein Lastbalancierungsproblem dadurch, daß man einen Prozessor auswählen muß, auf dem der Prozeß gestartet werden soll.

- Ein einziger Prozeß nimmt alle Aufträge entgegen (**Single-Process / Multi-Tasking**). Wenn er einen Auftrag nicht weiter bearbeiten kann, weil ihm dazu noch Ergebnisse von Unteraufträgen fehlen, stellt er die Bearbeitung eines Auftrages zurück. Er bearbeitet dann ggf. vorhandene andere (bearbeitbare) Aufträge. Treffen Ergebnisse eines Auftrags ein, so wird der entsprechende Auftrag (Task) wieder in die Menge der bearbeitbaren Aufträge eingereiht. Nur wenn kein bearbeitbarer Auftrag vorliegt, wartet der Prozeß synchron.

- Die Kombination beider Konzepte ist möglich (**Multi-Process / Multi-Tasking**). In diesem Falle muß jedoch entschieden werden können, welchem (ggf. neu zu erzeugenden) Prozeß ein konkreter Auftrag als (weiterer) Task zugeordnet werden soll. Es muß also eine Lastverteilung durchgeführt werden.

Ein Vergleich der Realisierungen mittels Multi-Process und Multi-Tasking führt zu folgenden Ergebnissen:

- Die bei Multi-Process notwendige Prozeßerzeugung ist relativ "teuer", wie auch in [Gr90] festgestellt wird. Diese Kosten können bei der in PRIMA vorkommenden Häufigkeit der Auftragserteilung nicht vernachlässigt werden. Die Erzeugung eines neuen Task dagegen ist wesentlich weniger aufwendig, da es sich um eine sehr spezielle Operation (im allgemeinen Anlegen einer Datenstruktur zur Repräsentation des Task) handelt, bei der typische Aktionen der Prozeßerzeugung wie Laden des Programmcodes in den Hauptspeicher, Accounting usw. entfallen.

- Weiterhin verursacht die oben skizzierte Verarbeitungscharakteristik wegen des häufigen Wartens auf Ergebnisse anderer Services eine große Anzahl von Wechseln zwischen den verarbeiteten Aufträgen. Diese resultieren bei Multi-Process in Prozeßwechseln und sind hier wiederum teurer als die entsprechenden Taskwechsel bei Multi-Tasking.

- Die große Anzahl von Prozessen, die bei Verwendung von Multi-Process entstehen können, bereitet manchem älteren Betriebssystem ggf. Schwierigkeiten.

* Die Verwendung der Begriffe "Task", "Single-/Multi-Process" und "Single-/Multi-Tasking" ist an [Me88] angeglichen.

- Bei der horizontalen Parallelisierung des CSM-Operators wurde erwähnt, daß es möglich sein muß festzustellen, ob ein bestimmtes Atom schon beim Aufbau eines anderen Moleküls verwendet wurde. Da hier jedem Molekül ein eigener Auftrag entspricht, ist die Abstimmung zwischen verschiedenen Aufträgen nötig. Bei Single-Process / Multi-Tasking ist dies durch den gemeinsamen Adreßraum, in dem alle Aufträge verarbeitet werden, problemlos möglich. Bei Multi-Process ist zu dieser Abstimmung eine Interprozeß-Kommunikation nötig, die ohne gemeinsamen Speicher zeitaufwendig sein kann.

- Bei Single-Process / Multi-Tasking ist offensichtlich keine "echte" Parallelität zwischen den einzelnen Tasks möglich, da immer nur ein Task gleichzeitig verarbeitet werden kann. Dagegen sorgt das unterliegende Betriebssystem bei Vorhandensein mehrerer Prozessoren für eine echt parallele Auftragsbearbeitung, falls eine Multi-Process-Lösung gewählt wird.

- Bei Multi-Process kann die Programmierung der Verarbeitung eines Auftrages sequentiell und weitgehend ohne Berücksichtigung des Multi-Process-Konzepts geschehen, da Dienste wie Scheduling vom Betriebssystem übernommen werden. Bei Multi-Tasking hingegen muß ein prozeßinterner Mechanismus zum Task-Scheduling benutzt werden. Im allgemeinen wird man das zwar durch Hinzunahme einer für den DB-Kern-Programmierer* weitgehend unsichtbaren Task-Verwaltungskomponente realisieren; der Programmierer muß jedoch immer noch darauf achten, daß der Programmcode zumindest seriell wiederverwendbar ist [Me88].

Eine Bewertung der Unterschiede zwischen der Multi-Tasking- und der Multi-Process-Realisierung zeigt in der betrachteten Umgebung deutlich die Vorteile des Multi-Tasking-Ansatzes. Ein Nachteil von Single-Process / Multi-Tasking ist, daß keine echte Parallelität zwischen den Aufträgen an einen Service erzielt werden kann. Die Vielzahl vorhandener Services und die oft im Vergleich zur Wartezeit auf Ergebnisse relativ kurze Berechnungszeit heben jedoch im allgemeinen diesen Nachteil durch Parallelität zwischen den Service-Prozessen auf. Bei geeigneter Realisierung des Task-Scheduling bleibt auch der Aufwand für den Programmierer von Multi-Tasking-Prozessen in vertretbarem Rahmen. Wir haben uns daher entschieden, für PRIMA jeden Service des Datensystems mit dem Multi-Tasking-Ansatz zu realisieren. Im allgemeinen wird dies mit Single-Process einhergehen, da zusätzliches Multi-Process eine Lastverteilungskomponente bedingt. Diese Option bleibt jedoch erhalten.

Da ein Taskwechsel immer im Zusammenhang mit einem Kommunikationsvorgang steht (Deaktivierung eines Task nach Absetzen von Unteraufträgen, Aktivierung bei Erhalt von Antworten oder Aufträgen), bot es sich an, Task-Scheduling und Kommunikation in PRIMA in einem gemeinsamen Basisdienst zu integrieren, den wir Remote Cooperation System (RC-System) nennen. Er soll im folgenden Kapitel näher beschrieben werden.

5. Das RC-System

Entwurfsziel des RC-Systems [HKS90] war die Realisierung eines Basisdienstes für Kommunikation und Task-Verwaltung, der von Betriebssystem und Architekturtyp (herkömmlicher Rechner, lose oder enge gekoppeltes System, s. Kapitel 1) möglichst gut abstrahiert, um die Portabilität unseres Datenbanksystems zu gewährleisten. Um zu analysieren, welche Operationen unser RC-System für einen Service anbieten sollte, präsentieren wir zunächst einen Zustandsgraphen für einen Task (Bild 5.1). Ausgehend von diesem Zustandsgraphen kann man die folgenden Operationen ableiten, die das RC-System anbieten muß.

* Wir verwenden diesen Begriff für einen Programmierer, der Dienste des RC-Systems nutzt, ohne dessen Realisierung zu kennen.

Grundlegende Operationen des RC-Systems

Der Service-Prozeß muß einen bereiten Task aktivieren können, wenn gerade kein Task aktiv ist. Dazu gibt es die Operation **Accept_Task**, die Zustandsinformation und Parameter eines Task an den Service-Prozeß übergibt. Die Versendung von Antworten kann ein Task mittels **Reply_Part_Of_Task** vornehmen, wenn er ein Teilergebnis verschicken möchte, oder mit **Reply_Task**, was dann zu einer Beendigung der Task führt. Hat ein Task Aufträge abgesetzt, deren Ergebnis abgewartet werden muß, so kann er bei der Blockierung der Task mittels **Break_Task** eine Liste dieser Aufträge angeben. Trifft zu einem dieser Aufträge eine Antwort ein, geht der Task in den Zustand "bereit" über. Es ist auch möglich, diesen Übergang bis zum Eintreffen aller Antworten der spezifizierten Aufträge zu verzögern (**Break_Task_Until_All_Terminated**). Zur Erteilung von Aufträgen dient **Remote_Service_Initiation**; Ergebnisse können mittels **Get_Service_Result** abgeholt werden. Neben diesen Grundfunktionen gibt es noch Funktionen zum Abbruch bereits erteilter Aufträge, zur Prioritätsvergabe etc. Auf diese soll hier aber nicht weiter eingegangen werden.

Anhand dieser kurzen Beschreibung sollte deutlich werden, daß das RC-System eine geeignete Basis darstellt, um die beschriebene Multi-Tasking-Verarbeitung durchzuführen. Das RC-System unterstützt das Konzept "Multi-Process" nur eingeschränkt: Es können über das RC-System keine neuen Prozesse zur Bearbeitung von Aufträgen erzeugt werden; es ist aber möglich, gezielt die Ausprägung eines Service-Prozesses auf einem bestimmten Prozessor anzusprechen*. Ferner ist es möglich, einen Service mehreren Prozessoren zuzuordnen, die über gemeinsamen Speicher verfügen. In diesem Fall wird nur eine Auftragswarteschlange (im gemeinsamen Speicher) verwaltet, auf die alle Prozessoren zugreifen. Kommunizieren mehrere Aufträge über eine gemeinsame Datenstruktur miteinander, so muß der Zugriff darauf synchronisiert werden. Eine Unterstützung dieser Synchronisation durch das RC-System ist nicht vorgesehen, so daß in diesem Fall der DB-Kern-Programmierer die Bearbeitung durch mehrere Prozessoren vorsehen muß.

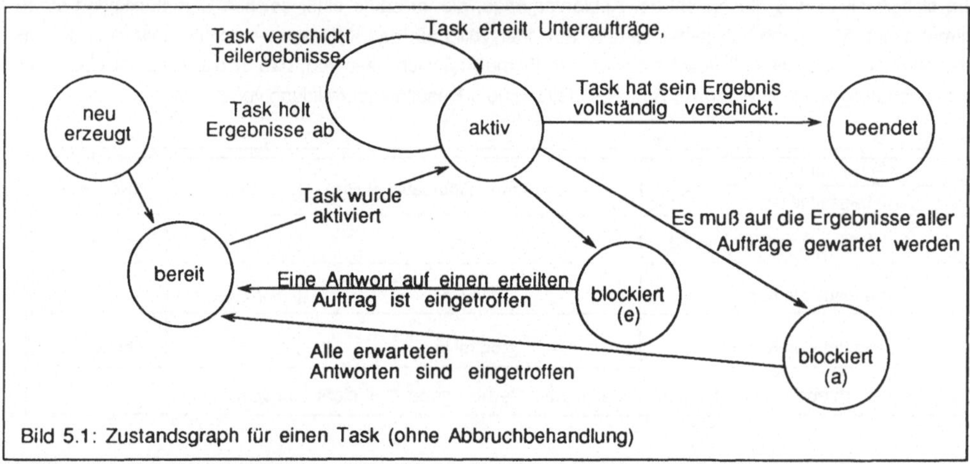

Bild 5.1: Zustandsgraph für einen Task (ohne Abbruchbehandlung)

Kommunikationsmechanismen

Ein Verarbeitungsmodell, das auf einer Vielzahl von (Service-) Prozessen beruht, zwischen denen Nachrichten ausgetauscht werden, ist natürlich nur dann vertretbar, wenn der Nachrichtenaustausch effizient realisiert werden kann. Zum Nachrichtenaustausch soll also ein möglichst schnelles Medium verwendet werden, außerdem soll der Zusatzaufwand möglichst gering sein. Wir betrachten zwei Medien des Nachrichtenaustausches, näm-

* Im allgemeinen ist es nicht sinnvoll, mehrere Multi-Tasking-Prozesse für denselben Service auf einem Prozessor ablaufen zu lassen, da hierbei keine Parallelität erzeugt werden kann. Eventuelle Gewinne durch Überbrückung von Page-Fault-Zeiten oder ähnlichem lassen wir hier zunächst außer acht.

lich gemeinsamen Speicher, der einen sehr schnellen Nachrichtenaustausch ermöglicht, aber nicht unbedingt immer zur Verfügung steht, und einen Nachrichtenversandmechanismus, der immer zur Verfügung steht, aber nicht so schnell ist. Prinzipiell gibt es drei Szenarien für die Auftragserteilung an einen Service (Bild 5.2): Bei Selbstaufruf eines Services (und nur einem Service-Prozeß) liegt immer gemeinsamer Speicher vor, da sich alle Aktionen des Service in demselben Adreßraum abspielen. Hier entstehen auch keine Prozeßwechsel durch Auftragserteilung, Blockierung des Task zum Warten auf Ergebnisse oder Bearbeitung des Unterauftrags. Dies wird jedoch normalerweise der Fall sein, wenn ein Service einen anderen Service (und damit einen anderen Prozeß) beauftragt, der auf demselben Prozessor abläuft. Abhängig vom Betriebssystem (z.B. bei UNIX System V) kann auch in diesem Fall gemeinsamer Speicher benutzt werden. Anderenfalls ist ein Nachrichtenaustausch vorzunehmen. Liegen die Prozesse von Auftraggeber und Auftragnehmer auf verschiedenen Prozessoren, so kann abhängig von der Hardware-Architektur (s. Kapitel 1) ebenfalls über Nachrichten oder gemeinsamen Speicher kommuniziert werden. Im letzteren Fall muß kein Prozeßwechsel erfolgen.

Prozeß des auftragnehmenden Service	in demselben Prozeß	auf demselben Rechner	auf einem anderen Rechner
Kommunikation über gemeinsamen Speicher	immer möglich	möglich je nach Betriebssystem	möglich je nach Hardware-Architektur
Kommunikation über Nachrichtenaustauch	nicht sinnvoll	immer möglich	immer möglich

Bild 5.2: Drei Szenarien für Auftragserteilung

Um zu erreichen, daß der Zusatzaufwand der Auftragserteilung und Ergebnisübermittlung möglichst gering ist, muß man sicherstellen, daß die Anzahl der Kopiervorgänge, die im Laufe einer solchen Kommunikation auftreten, minimal bleibt. Man kann bei gemeinsamem Speicher völlig auf das Kopieren verzichten, falls sich der DB-Kern-Programmierer über diese Tatsache bewußt ist. Er muß nämlich beachten, daß er die Kontrolle über einen Speicherbereich aufgibt, wenn er ihn zur Auftragserteilung oder Resultatsübermittlung verwendet.

Ergebnisübergabe / Auftragserteilung	nicht für Ergebnisübergabe genutzt	Kopie	Kontrolle
nicht für Auftragserteilung benutzt	——	copy-out	control-out
Übergabe als Kopie	copy-in	copy-in-out	*
Überlassen der Kontrolle	control-in	*	exclusive

Bild 5.3: Die verschiedenen Möglichkeiten der Parameterübergabe (* = nicht sinnvoll)

Da es durchaus denkbar ist, daß Auftragserteilung und Resultatsübermittlung sich auf denselben Speicherbereich beziehen, lassen sich verschiedene Optionen der Parameterübergabe unterscheiden (Bild 5.3) je nachdem, ob ein Speicherbereich beiderseits (zur Auftragserteilung und Resultatsübermittlung) oder nur einseitig benutzt wird. Bei "Kontrolle" gibt der jeweilige Prozeß die Kontrolle über den Speicherbereich vollständig an seinen Partner ab. Bei der Nutzungsart "exclusive" arbeiten Auftraggeber und Auftragnehmer auf demselben Speicherbereich, ohne daß dieser kopiert wird. Das bedeutet, daß der Auftraggeber solange nicht auf den Bereich zugreifen darf, wie der Auftrag noch nicht vollständig bearbeitet ist. Bei gemeinsamen Speicher wird bei den Varianten "control-in", "control-out" und "exclusive" nicht kopiert, bei "copy-in" und "copy-out" jeweils einmal, und bei "copy-in-out" zweimal. Liegt kein gemeinsamer Speicher vor, so muß bedingt durch die Übertragung per Netzwerk mindestens ein weiterer Kopiervorgang vorgenommen werden. Diesen Kopiervorgang maskiert das RC-System jedoch für die "Kontrolle"-Varianten [HKS90].

Um eine Portabilität des Gesamtsystems auf beliebige Hardware-Architekturen zu unterstützen, muß für die Services verborgen bleiben, um welche Art der Kommunikation es sich handelt. Das RC-System muß also die jeweils effizienteste Art der Kommunikation wählen können.

Verwandte Arbeiten

Während wir die Entscheidungsfindung über den Kommunikationsmechanismus dem RC-System überlassen, wird die entsprechende Information in Volcano [Gr90] fest in den Operatorbaum der jeweiligen Anfrage integriert. Dort wird ein bestimmter Operator eingesetzt, wenn eine Kommunikation über Prozeß- (Prozessor-) Grenzen hinweg erfolgen soll.

In KARDAMOM [Bü89] gibt es eine ähnliche Komponente wie unser RC-System, die sogenannte "mengenorientierte Speicherverwaltung", die ebenfalls die Art des Datentransfers (gemeinsamer Speicher oder Nachrichtenaustausch) verbirgt. Diese Komponente ist aber eine reine Datentransfereinheit, bietet also keine Taskverwaltung an. Im Gegensatz zum RC-System leitet sie Ergebnisse nicht von sich aus weiter, sondern nur auf Anforderung, so daß die Daten auch erst zum Anforderungszeitpunkt transferiert werden können.

Ein Vorteil des Verbergens der Kommunikationsart im RC-System ist es, daß man dynamisch die Zuordnung von Services zu Prozessen und von Prozessen zu Prozessoren ändern kann. Im folgenden Kapitel wird untersucht, wie eine solche Zuordnung vorteilhaft realisiert werden kann.

6. Prozeß-Prozessor-Zuordnung

Offensichtlich beeinflußt die Verteilung von Service-Prozessen auf Prozessoren die Leistungsfähigkeit des Gesamtsystems erheblich. So sollten zum Beispiel häufig benutzte, rechenzeitintensive Services nicht auf demselben Prozessor angesiedelt sein. Es lassen sich mehrere Heuristiken zur Zuteilung von Prozessen zu Prozessoren aufstellen:

- Services, die große Datenvolumina austauschen, sollten dazu gemeinsamen Speicher nutzen können. Je nach Hardware-Architektur kann das bedeuteten, daß sie auf demselben Prozessor ablaufen müssen.
- Die Services sollten so über die vorhandenen Prozessoren verteilt sein, daß diese gleichmäßig belastet sind.
- Datenbanksystemfremde Prozesse sollten nicht einem Prozessor zugeordnet werden können, auf dem "kritische" Service-Prozesse ablaufen. Es sollte also zumindest einige "reine" Datenbanksystem-Prozessoren in einem System geben.
- Ein Service sollte nur dann durch mehrere Prozesse realisiert werden, wenn eine Lastverteilung "einfach" realisierbar ist (z.B. nach Auftraggebern getrennt).
- Ein Service, der einen Engpaß darstellt, sollte auf mehrere Prozessoren verteilt werden (im gemeinsamen Speicher zwischen diesen wird die Auftragswarteschlange des Service verwaltet).

Natürlich sind diese Heuristiken gegenseitig widersprüchlich - um eine gute Konfiguration zu finden, wird man also ein Mittelmaß suchen müssen. Analysewerkzeuge [HKS90] für diesen Zweck werden bereitgestellt. Selbst wenn man aber nach den oben angeführten Heuristiken vorgeht, kann es dazu kommen, daß mehrere Datenbankprozesse um einen einzigen Prozessor konkurrieren. Das bedeutet, daß es zwischen diesen häufig zu Prozeßwechseln kommt. Die Eigenständigkeit der Services als Prozesse bringt jedoch keinen Vorteil, da auf einem einzigen Prozessor ohnehin keine echte Parallelität möglich ist (von E/A-Aktivitäten abgesehen). Daher würde hier ein Taskwechsel-Mechanismus vollends genügen. Um dieses zu ermöglichen, bietet das RC-System eine bisher noch nicht erwähnte Option an: es kann mehrere Services in einem Prozeß verwalten. Sorgt man dafür, daß dieser Prozeß der einzige auf dem jeweiligen Prozessor ist, so vermeidet man Prozeßwechsel völlig. Es kommt also eine weitere Heuristik hinzu:

- Alle Services, die auf einem Prozessor ablaufen, sollen zu einem Prozeß zusammengefaßt werden.

Auf diese Weise wird die Gesamtanzahl der Service-Prozesse der Anzahl der zur Verfügung stehenden Prozessoren entsprechen, wie dies auch [Gr90] vorschlägt. Es muß allerdings erwähnt werden, daß diese Zusammenfassung mehrerer Services zu einem Prozeß für den DB-Kern-Programmierer noch nicht völlig verborgen bleibt. Eine geringfügige Anpassung des Programmcodes ist hierzu erforderlich. Die Zusammenfassung von Services ist eine Optimierungsmaßnahmen, die nur vorgenommen werden sollte, wenn die korrekte Funktion der Services gewährleistet ist. Dann entstehen auch keine Probleme durch die Überlagerung der Adreßräume.

7. Zusammenfassung und Ausblick

Zur Unterstützung von Nicht-Standard-Anwendungen müssen Datenbanksysteme eine möglichst geringe Antwortzeit bei der Bearbeitung einer Datenmodelloperation aufweisen. Dazu stellt die Ausnutzung von Parallelität innerhalb der Bearbeitung einer solchen Operation einen vielversprechenden Ansatz dar. Am Beispiel des Nicht-Standard-Datenbankkernsystems PRIMA wurden vier prinzipielle Arten der Parallelisierung aufgezeigt: vertikale und horizontale Parallelität im Operatorgraphen und die durch Verarbeitung von Komplexobjekten mögliche vertikale und horizontale Parallelität innerhalb eines Operators. Als geeignetes Verarbeitungsmodell wurde ein Multi-Tasking-Ansatz herausgestellt. Das RC-System ist speziell auf die effiziente Unterstützung einer solchen Verarbeitung zugeschnitten. Es verbirgt dabei Verteilung von Prozessen und Eigenschaften der Hardware-Architektur wie das Vorhandensein mehrerer Prozessoren oder gemeinsamen Speichers. Anhand einiger Heuristiken kann eine "gute" Verteilung der Prozesse auf die zur Verfügung stehenden Prozessoren gefunden werden. Meß- und Analysewerkzeuge [HKS90] ermöglichen es, die Eignung einer Verteilung zu untersuchen.

In Zukunft werden wir untersuchen, wie gut sich die Heuristiken, die in Kapitel 6 angeführt wurden, in der Praxis wirklich bewähren. Insbesondere muß sich zeigen, ob das RC-System effizient genug arbeitet, wenn ein Prozeß sich selbst einen Auftrag erteilt. Es bleibt ferner zu untersuchen, ob alle der angeführten Parallelitätsarten bei allen Arten der Prozessorzuordnung sinnvoll sind oder zumindest nicht zu Leistungseinbußen führen.

Ein großer Vorteil des RC-Systems liegt darin, daß man heterogene Hardware-Architekturen über das RC-System koppeln kann, ohne daß dies Einfluß auf die Programmierung der Services hat. Insbesondere lassen sich kombinieren:

- Homogene Rechner, z.B. ein Netz von SUN-3 Workstations.

- Rechner mit unterschiedlicher Hardware-Plattform, aber gleichem Betriebssystem (z.B. Workstations vom Typ SUN-3 und SUN-4). Hier ist die Kopplung völlig unproblematisch.

- Rechner mit unterschiedlichen Hardware-Architekturen und unterschiedlichem Betriebssystem. Hier ist eine Unterstützung eines gemeinsamen Austauschprotokolls nötig. Es lassen sich aber durchaus so unterschiedliche Rechner wie Siemens 7.540 mit BS2000 und SUN-3/80 unter SunOS 4.0 erfolgreich miteinander koppeln. Insbesondere ist natürlich auch die Kopplung von Mehrprozessormaschinen wie SEQUENT Symmetry und SUN-Workstations mit dem RC-System durchführbar. Daher ist das RC-System auch für die Realisierung der Kommunikation zwischen Modellabbildung und Datenbanksystemkern (s. Kapitel 2) geeignet.

Wir haben eine erste Implementierung des RC-System durchgeführt [HKS90], die die Brauchbarkeit der Konzepte gezeigt hat. Insbesondere ist diese Implementierung weitgehend betriebssystemunabhängig. So mußte für die Portierung von UNIX nach BS2000 nur die Interrupt-Behandlung angepaßt werden. Das RC_System wurde nicht als eigenständige Systemkomponente (z.B. Dämon) realisiert, sondern als Bibliothek von Prozeduren, die zu den beteiligten Prozessen dazugebunden werden. Die auf diese Weise realisierte Dezentralisierung erhöht die Fehlertoleranz (RC-System ist kein "single point of failure") und läßt eine hohe Dynamik bei der Zugehörigkeit einzelner Rechner zum Gesamtsystem zu. Eine effiziente Implementierung des RC-Systems wird natürlich soviel wie möglich auf Konzepte zurückgreifen, die vom unterliegenden Betriebssystem angeboten werden (z.B. "lightweight processes"). Wichtig ist jedoch, daß auf allen Plattformen den Anwendern des RC-Systems eine einheitliche Sicht angeboten wird.

Referenzen

Bü89 von Bültzingsloewen, G., et al.: Design and Implementation of KARDAMOM - A Set-Oriented Data Flow Database Machine, in: Proc. 6th Int. Workshop on Database Machines, IWDM '89, Deauville, Frankreich, 1989, pp. 18-33.

Ch76 Chang, P.Y.: Parallel Processing and Data Driven Implementation of a Relational Database System, ACM SIGMOD Int. Conf on Management of Data, Houston, Texas, 1976, pp. 314-318.

Gr90 Graefe, G.: Encapsulation of Parallelism in the Volcano Query Processing System, in: Proc. ACM SIGMOD Int. Conf. on Management of Data, 1990, pp. 102-111.

HHMM87 Härder, T., Hübel, C., Meyer-Wegener, K., Mitschang, B.: Coupling Engineering Workstations to a Database Server, in: Proc. Conf. on Data and Knowledge Systems for Engineering and Manufacturing, Hartford, Connecticut, 1987, pp. 30-39.

HKS90 Hübel, C., Käfer, W., Sutter, B.: Ein Client/Server-System als Basiskomponente für ein kooperierendes Datenbanksystem, Sonderforschungsbereich 124, Universität Kaiserslautern, SFB-Bericht 26/90, Mai 1990.

HMMS87 Härder, T., Meyer-Wegener, K., Mitschang, B., Sikeler, A.: PRIMA - A DBMS Prototype Supporting Engineering Applications, in: Proc. 13th VLDB, 1987, pp. 433-442.

HR85 Härder, T., Reuter, A.: Architektur von Datenbanksystemen für Non-Standard-Anwendungen, in: Proc. Datenbank-Systeme für Büro, Technik und Wissenschaft, Karlsruhe, 1985, Springer-Verlag IFB 94, pp. 253-286.

HSS88 Härder, T., Schöning, H., Sikeler, A.: Parallelism in Processing Queries on Complex Objects, in: Proc. Int. Symposium on Databases in Parallel and Distributed Systems, Austin, 1988, pp. 131-143.

HSS89 Härder, T., Schöning, H., Sikeler, A.: Evaluation of Hardware Architectures for Parallel Execution of Complex Database Operations, in: Proc. 3rd Annual Parallel Processing Symposium Vol. 2, Fullerton, Ca, 1989, pp. 564-578.

Ki90 Kim, K.-C.: Parallelism in Object-Oriented Query Processing, in: Proc. 6th Int. Conf. on Data Engineering, 1990, pp. 209-217.

LP83 Lorie, R.A., Plouffe, W.: Complex Objects and Their Use in Design Transactions, in: Proc. Annual Meeting Database Week: Engineering Design Applications, 1983, pp. 115-121.

Me88 Meyer-Wegener, K.: Transaktionssysteme, Leitfäden der angewandten Informatik, B.G. Teubner, Stuttgart, 1988.

Mi88 Mitschang, B.: Ein Molekül-Atom-Datenmodell für Non-Standard-Anwendungen - Anwendungsanalyse, Datenmodellentwurf und Implementierungskonzepte, Springer-Verlag IFB 185, 1988.

Pa87 Paul, H.-B., et al.: Architecture and Implementation of the Darmstadt Database Kernel System, in: Proc. ACM SIGMOD Int. Conf. on Management of Data, San Francisco, 1987, pp. 196-207.

Re88 Rehm, S., et al.: Support for Design Processes in a Structurally Object-Oriented Database System, in: Dittrich, K. (ed): Advances in Object-Oriented Systems, Springer-Verlag LNCS 334, 1988, pp. 80-97.

Schö89 Schöning, H.: Rekursion im MAD-Modell: Rekursivmoleküle als Objekte des Datenmodells, in: Proc. Datenbanksysteme für Büro, Technik und Wissenschaft, Zürich, 1989, IFB 204, pp. 389-407.

SS89 Schöning, H., Sikeler, A.: Cluster Mechanisms Supporting the Dynamic Construction of Complex Objects, in: Proc. 3rd Int. Conf. on Data Organization and Algorithms, Paris, 1989, Springer-Verlag, LNCS 367, pp. 31-46.

Von Transaktionen zu Problemlösungszyklen: Erweiterte Verarbeitungsmodelle für Non-Standard-Datenbanksysteme

S. Jablonski, B. Reinwald, T. Ruf, H. Wedekind

Sonderforschungsbereich 182, Teilprojekt B4
Universität Erlangen-Nürnberg
IMMD 6, Martensstraße 3
8520 Erlangen

Überblick

Datenbanktransaktionen, die nach dem ACID-Prinzip arbeiten, sind ein sehr wirksames Konstrukt zur fehlertoleranten Betriebsmittelverwaltung. Ein Blick auf mögliche neue Datenbankanwendungen im Dienstleistungs- und Ingenieurbereich macht deutlich, daß hier über die Betriebsmittelverwaltung hinaus der Problemlösungsprozeß zu unterstützen ist, um die Benutzerproduktivität zu erhöhen. Von klassischen Transaktionen ausgehend wird in diesem Aufsatz über die Beschreibung und Analyse von Transaktionserweiterungen (geschachtelte Transaktionen, Mehrebenen-Transaktionen, Sagas) zur Strukturierung von modallogisch begründeten Problemlösungszyklen übergegangen, um durch diese Erweiterung Betriebsmittelverwaltung und Anwendungsunterstützung zu vereinigen.

Abstract

Database transactions following the ACID-principle are an effective means for a fault-tolerant data resource management. Looking upon potential new database applications in service and engineering industries reveals a need for supporting the problem solving process beyond the conventional resource administration, in order to enhance user's productivity. Starting from the conventional approach extensions of transactions (e.g. nested transactions, multi-level transactions, sagas) are analyzed as an intermediate stage to problem solving cycles. They are based on modal logic and rest upon classical transaction management.

1 Einführung

Im Bereich der Datenbankforschung haben durch das Vordringen und Etablieren von Rechnern in neuen und erweiterten Anwendungsbereichen wie z.B. CIM (Computer Integrated Manufacturing) die Bemühungen um sog. Non-Standard-Datenbanksysteme ([HäRe 85]) in den vergangenen Jahren breite Beachtung gefunden. Die Anstrengungen konzentrieren sich zum einen auf den Bereich der Datenmodellierung und zum anderen auf die Untersuchung neuer Verarbeitungsmechanismen. Unter Stichworten wie 'komplexe Objekte' und 'nichtnormalisierte Relationen' sind in jüngerer Zeit neue Datenmodelle definiert und teilweise auch schon in zumindest prototypische Systeme umgesetzt worden (siehe z.B. DASDBS [ScWe 87]). Die mit der Bereitstellung neuer Datenmodelle einhergehenden neuartigen Zugriffsmechanismen wurden zumeist im Zuge der Festlegung des Datenmodells spezifiziert und stellen in den Realisierungsansätzen erweiterte Zugriffsmechanismen innerhalb des klassischen Transaktionsparadigmas dar.

Im Bereich der Verarbeitungsmechanismen sind für Datenbanksysteme in letzter Zeit eine Reihe neuartiger Transaktionskonzepte wie z.B. geschachtelte und Mehrschicht-Transaktionen, Sagas und Entwurfstransaktionen (Check-In/Check-Out-Mechanismen) vorgeschlagen worden. Sie wenden sich alle dem Problem sog. langer und komplexer Transaktionen zu, wie sie insbesondere in verteilten, kooperativen Anwendungsumgebungen, etwa der rechnergestützten Konstruktion, anzutreffen sind. Ausgangspunkt der Überlegungen ist, daß das klassische Transaktionsparadigma mit seinem ACID-Prinzip, das vornehmlich auf den konfliktfreien und sicheren Mehrbenutzerbetrieb einer Datenbank im Sinne eines Ressourcenverwaltungssystems abzielt, das kooperative, problemorientierte Arbeiten auf Benutzerebene nur unzureichend unterstützt.

Die im Zuge der Entwicklung von Non-Standard-Datenbanksystemen vorgeschlagenen erweiterten Verarbeitungsmechanismen stellen alle mehr oder minder starke Erweiterungen des klassischen Transaktionskonzepts unter verschiedenen Aspekten dar. Der vorliegende Aufsatz wendet sich der Frage zu, inwieweit durch diese Mechanismen die neuen Anforderungen in verteilten, kooperativen Anwendungsumgebungen auf Benutzerebene, d.h. auf Ebene des Transaktionsprogrammierers, reflektiert und unterstützt werden. Somit werden statt Aspekten der Datenmodellierung und des Zugriffs auf erweiterte Datenmodelle im folgenden Fragen der Transaktionsmodellierung auf Benutzerebene und ihrer Auswirkungen auf die bereitzustellenden Verarbeitungsmechanismen auf Systemebene betrachtet.

Im nächsten Kapitel werden verschiedene erweiterte Verarbeitungsmodelle für (Non-Standard-)Datenbanksysteme dargestellt. Insbesondere wird untersucht, welche Modellierungsinstrumente auf Benutzerebene bereitgestellt werden und welche Maßnahmen zu treffen sind, um einen fehlerfreien und korrekten Transaktionsbetrieb zu gewährleisten. Im dritten Kapitel werden anhand mehrerer Anwendungsbeispiele Anforderungen an Systeme der Non-Standard-Transaktionsverarbeitung vorgestellt. Daran schließt sich eine Diskussion an, wie die im zweiten Kapitel vorgestellten Verarbeitungsmechanismen diese Anforderungen erfüllen können. Für die Kernbereiche der Transaktionsverarbeitung – Kompensation, Freigabe und Sperren – werden deren bestehende Defizite herausgearbeitet. Im vierten Kapitel werden Sprachmittel zur logischen Modellierung eines neuen Verarbeitungsmechanismus vorgestellt, der die Freigabe von Datenobjekten in transaktionellen Abläufen mit verschiedenen Modalitäten gestattet. Für Verarbeitungsmodelle dieser Art, die problemorientiert sind und mit der klassischen Transaktion zur Betriebsmittelverwaltung kaum noch etwas gemeinsam haben, wird der Ausdruck 'Problemlösungszyklus' eingeführt. Nach allgemeingültigen Aussagen zur Modellierung der Datenbeziehungen zwischen Transaktionen mit diesen neuen Mitteln erfolgt dann eine Angabe der für einen korrekten Betrieb einzuhaltenden Reihenfolgebeziehungen und Freigabeverträglichkeiten. Diese Beschreibung bildet die Grundlage für die Implementierung eines neuen Transaktionsverwaltungssystems für verteilte, kooperative Anwendungsumgebungen. Kapitel 5 gibt einen Ausblick auf die weiteren durchzuführenden Arbeiten.

2 Diskussion von Verarbeitungsmodellen

Die folgende Analyse von Datenbank-Verarbeitungsmodellen zeigt zum einen, welche Modellierungsmöglichkeiten ein Verarbeitungsmechanismus einem Anwendungsprogrammierer zur Verfügung stellt. Zum anderen werden die konstitutiven Eigenschaften eines Mechanismus beschrieben, welche seine Performance und Parallelisierungsmöglichkeiten entscheidend beeinflussen.

2.1 Flache Transaktionen

Unter einer flachen Transaktion versteht man die durch die ACID-Eigenschaft ([Gray 81]) charakterisierte Ausprägung der Standardverarbeitungseinheit eines relationalen Datenbanksystems. Ein Programmierer verwendet das Konstrukt 'BOT', um den Start einer Transaktion zu definieren. Zum normalen Beenden einer Transaktion benutzt er die 'commit'-Anweisung; falls die Transaktion vom Programmierer abgebrochen werden soll, wird die 'abort'-Anweisung abgesetzt.

Eine interne Strukturierung einer Transaktion ist nicht möglich. Zwischen konkurrierenden Transaktionen - das sind Transaktionen, die auf gleiche Daten zugreifen - können keine Verbindungen aufgebaut werden. Die Koordination bzw. Synchronisation solcher Transaktionen geschieht allein über die von den Verarbeitungseinheiten benutzten Objekte, d.h. beispielsweise über die darauf abgesetzten Sperren, und wird vom Datenverwaltungssystem vorgenommen.

Im Ablauf einer Transaktion lassen sich verschiedene logische Zustände unterscheiden, welche unter anderem geprägt werden durch die von einer Transaktion benutzten Daten. Vor der Ausführung einer Transaktion gilt der Zustand b; nach ihrem korrektem Ende gilt der Zustand c. Falls eine Transaktion abgebrochen wird, wird der Zustand a eingenommen. Er unterscheidet sich von b dadurch, daß die Transaktion bereits abgearbeitet worden ist. Mit f bezeichnet man das Ende einer Transaktion, also entweder den Zustand c oder a. Die sichtbaren Transaktions-Zustände a, b und c sind konsistent, d.h. sie erfüllen alle definierten Konsistenzbedingungen.

Eine Transaktion ist unter anderem gekennzeichnet durch Atomarität, d.h. sie läuft entweder vollständig ab (c), oder alle ihre Effekte werden eliminiert (a). Die Zustände a und c sind logisch durch das exklusive Oder ($\vee_{ex}$) verknüpft:

$$a \vee_{ex} c = (a \vee c) \wedge \neg(a \wedge c) = (\neg a \wedge c) \vee (a \wedge \neg c)$$

Die (Meta-)Aussage

$$(\neg a \wedge c) \vee (a \wedge \neg c) \in \text{wahr}$$

wird das 'tertium-non-datur' (Satz vom ausgeschlossenen Dritten) für Transaktionen genannt, woraus das 'tertium-non-datur' der klassischen Logik, nämlich

$$(c \vee \neg c) \in \text{wahr} \quad \wedge \quad (a \vee \neg a) \in \text{wahr}$$

trivialerweise folgt.

Außerdem gilt als Synchronisationskriterium die Serialisierung zwischen konkurrierenden Transaktionen. Falls die commit-Zeitpunkte der Transaktionen T_i und T_j mit t_i und t_j bezeichnet werden, zeigt sich diese Bedingung in der folgenden Aussage (mit '<' als dem Relationszeichen für die zeitliche Reihenfolge):

$$(t_i < t_j) \vee_{ex} (t_j < t_i)$$

Eine Transaktion wird neben der Beschreibung der verlaufsorientierten Eigenschaften auch durch ihre Effekte auf Datenobjekte charakterisiert. Gemäß [ChRa 90] sind dabei drei Objektmengen von Interesse: mit 'view set' bezeichnet man die Menge der Daten, welche prinzipiell von einer Transaktion benutzt werden können. Die von einer Transaktion verwendeten Daten werden aus dem 'view set' in die Menge 'access set' transferiert. Von Interesse ist nun, wie eine Transaktion nach ihrem Ende die von ihr benutzten Daten wieder anderen Transaktionen anbietet. Dazu wird die Menge 'delegation set' verwendet.

Bezeichnet DB alle in einer Datenbank gehaltenen Daten, so berechnet sich der 'view set' einer flachen Transaktion durch

view set := DB.

Weiterhin gilt für eine flache Transaktion:

delegation set := access set.

Letztere Aussage besagt, daß alle von einer flachen Transaktion benutzten Daten nach deren Abschluß wieder an die Datenbank zurückgegeben werden.

Der Parallelisierungsgrad von konkurrierenden Transaktionen wird allein durch die Verwendung gemeinsamer Datenobjekte gesteuert. Parallelarbeit wird üblicherweise durch die (Nicht-)Verträglichkeit von Sperren der entsprechenden Transaktionen auf den im Konfliktbereich stehenden Datenobjekten ermöglicht.

2.2 Geschachtelte Transaktionen

Im folgenden wird das Modell einer geschachtelten Transaktion verwendet, wie es in [Moss 85] beschrieben wird. Eine geschachtelte Transaktion besteht aus einer sogenannten Top-Level-Transaktion, welche die ACID-Eigenschaften einer flachen Transaktion aufweist. Zur Programmierung einer Top-Level-Transaktion dienen die Konstrukte 'BOT', 'commit' und 'abort'.

Im Gegensatz zu einer flachen Transaktion weisen geschachtelte Transaktionen eine interne Struktur auf. Die Top-Level-Transaktion kann beliebige Sub-Transaktionen definieren; diese Fähigkeit wird auch Sub-Transaktionen zugesprochen. Somit können hierarchisch geschachtelte Transaktionsbäume aufgebaut werden. Zur Definition einer Sub-Transaktion steht das Konstrukt 'SUB-BOT' zur Verfügung. 'sub-commit' bzw. 'sub-abort' beenden eine untergeordnete Transaktion. Beim Übergang von einer Transaktion zu ihren Sub-Transaktionen verbleiben wir auf derselben logischen Stufe (Schicht) wie beim Übergang vom Ganzen zu seinen Teilen. Das ist der Hauptunterschied zu den im folgenden Abschnitt zu behandelnden Mehrschicht-Transaktionen. Hier liegt beim Übergang von einer Transaktion zu einer Sub-Transaktion ein Konkretionsvorgang und in umgekehrter Richtung ein Abstraktionsvorgang vor, wobei zwei unterschiedliche logische Stufen (Schichten) angesprochen werden.

Zwischen geschachtelten Transaktionen können keine Beziehungen aufgebaut werden. Es handelt sich bei geschachtelten Transaktionen also ausschließlich um eine interne Strukturierungsmöglichkeit, die einer außenstehenden Transaktion nicht sichtbar ist.

Für eine Top-Level-Transaktion gilt die Serialisierbarkeits-Eigenschaft einer flachen Transaktion. Das Verhältnis zwischen einer Vater- und einer Sohn-Transaktion (T_v bzw. T_s) kann folgendermaßen beschrieben werden:

$$f_s < f_v$$

Diese Eigenschaft wird im allgemeinen als 'commit dependency' bezeichnet: Eine übergeordnete Transaktion kann erst dann abgeschlossen werden, wenn alle untergeordneten Transaktionen beendet sind. Der Ausgang einer Sub-Transaktion ist darüber hinaus vollständig abhängig von ihrer übergeordneten Transaktion. Letztere kann eine bereits korrekt beendete Sub-Transaktion zum Zurücksetzen auffordern. Insbesondere ist diese Abhängigkeit gegeben, falls die Vater-Transaktion abbricht ('abort dependency'; '$\rightarrow$' stellt das logische Implikationszeichen dar):

$$a_v \rightarrow a_s$$

Schließlich kann der 'view set' einer beliebigen Transaktion T der Schachtelungshierarchie definiert werden als

$$\text{view set}_T := \{ \text{access set}_A \mid A \text{ ist Vorgänger von } T \} \cup \text{DB} .$$

Der Operator $\cup$ ist dabei folgendermaßen zu interpretieren: Eine Transaktion darf neben den noch frei zugänglichen Daten der Datenbank auf alle Daten zugreifen, welche eine

Vorgänger-Transaktion bereits benutzt hat. Falls ein Datum von einer Vorgänger-Transaktion modifiziert worden ist, wird sie den aktuelleren Wert des Datums verwenden. Es gilt darüber hinaus, daß eine Transaktion T alle von ihr benutzten Datenwerte und Objektsperren an die übergeordnete Transaktion vererbt:

$$\text{delegation set}_T := \text{access set}_T$$

Letztere Aussage setzt voraus, daß eine Vater-Transaktion an eine Sohn-Transaktion Sperren auf Datenobjekte weitergibt.

Das Konzept der geschachtelten Transaktionen zielt darauf ab, Sub-Transaktionen gleicher Hierarchiestufe, welche vom Anwender explizit definiert werden müssen, parallel auszuführen. Dies setzt voraus, daß Sub-Transaktionen asynchron von der Vater-Transaktion aufgerufen werden dürfen. Insgesamt verspricht die Ausführung einer geschachtelten Transaktion auf parallelen Prozessoren einen Performancegewinn, da die Ausführungsdauer der Gesamt-Transaktion verkürzt wird.

2.3 Mehrschicht-Transaktionen

Mehrschicht-Transaktionen sind ein wichtiger Fall der Bildung von Untertransaktionen ([Weik 87]). Auch hier wird eine interne Strukturierung einer Top-Level-Transaktion vorgenommen. Dies wird aber nicht vom Datenbank-Benutzer, sondern vom System durchgeführt. Der Programmierer benutzt wie bei flachen Transaktionen nur die Konstrukte 'BOT' und 'EOT'. Bei Mehrschicht-Transaktionen liegen als Schichten Abstraktionsschichten vor. In der Informatik spricht man beim Übergang von einer abstrakten zu einer konkreten Schicht (Konkretion) von Implementierung. Beispielsweise werden auf einer obersten Ebene Anwendungs-Transaktionen koordiniert, während auf der darunterliegenden Ebene die entsprechenden Datenbank-Operationen (insert, delete, update, select) und darunter die dazugehörigen Operationen auf Datenbank-Seiten zu synchronisieren sind. Jede Operation einer unteren Schicht stellt eine Sub-Transaktion dar, welche alle benutzten Objekte unmittelbar nach ihrer Beendigung an den Datenpool der betreffenden Schicht zurückgibt.

Der Benutzer einer Mehrschicht-Transaktion hat keine Möglichkeit eine solche Transaktion explizit zu strukturieren. Auch kann er nicht das Verhältnis zwischen verschiedenen Mehrschicht-Transaktionen spezifizieren.

Die Koordination der Transaktionen auf den verschiedenen Systemebenen erfolgt nach den üblichen Prinzipien von ACID-Transaktionen. Es wird demnach das Prinzip der Atomarität aufrechterhalten und außerdem Serialisierbarkeit unterstützt.

Für die Relation zwischen einer Vater- und einer Sohn-Transaktion T_v bzw. T_s gilt folgendes:

$$f_s < f_v$$

Jede Sohn-Transaktion muß abgeschlossen sein, bevor die Vater-Transaktion beendet werden kann. Außerdem gilt, daß der Abbruch einer Vater-Transaktion den Abbruch der Sohn-Transaktion nach sich zieht:

$$a_v \rightarrow a_s$$

Da nach Definition die von einer Sohn-Transaktion benutzten Daten schon frühzeitig vor Ende der Vater-Transaktion freigegeben werden können, verlangt obige Bedingung, daß zum Eliminieren der Effekte einer derartigen Sohn-Transaktion eine spezielle Kompensations-Transaktion abgearbeitet werden muß. Diese muß berücksichtigen, daß die Effekte konkurrierender Transaktionen durch ihre Abarbeitung nicht vernichtet werden. Beispielsweise darf eine Kompensations-Transaktion auf der Ebene von Datenbankseiten nicht ein sogenanntes 'before image' der Seite einbringen, um zum Beispiel einen Index-Eintrag zu löschen. Dies eliminiert nämlich ebenfalls die Effekte konkurrierender Transaktionen. Eine geeignete Kompensations-Transaktion würde explizit den inkorrekten Index-Eintrag löschen.

Der 'view set' einer Transaktion ist jeweils auf eine Schachtelungsebene beschränkt. Es existiert demnach pro Ebene eine Datenbank DB_i, auf welche die Transaktionen der Ebene zugreifen können. Am Ende einer Transaktion werden alle Objekte des 'access set' an die Datenbank zurückgegeben.

Ein erhöhter Parallelisierungsgrad von Mehrschicht-Transaktionen gegenüber flachen Transaktionen ergibt sich beispielsweise dadurch, daß Transaktionen, die lediglich durch den gemeinsamen Zugriff auf gleiche Datenbankseiten konfligieren, durch die frühzeitige Freigabe dieser Seiten schneller abgearbeitet werden können. Man muß nicht warten, bis die Transaktionen auf höchster Ebene beendet sind.

2.4 Sagas

Eine Saga besteht aus einer Sequenz von ACID-Transaktionen ([GaSa 87]). Für jede Transaktion T_i einer Saga wird eine sogenannte Kompensationstransaktion C_i definiert, welche die direkten Effekte der Transaktion aufhebt. Es gilt, daß entweder alle Transaktionen einer Saga ausgeführt werden, oder daß bei einem Transaktionsfehler die abgebrochene Transaktion zurückgesetzt und die Effekte der bisher abgeschlossenen eliminiert werden. Dies geschieht, indem die Kompensations-Transaktionen der bisher abgearbeiteten Transaktionen in umgekehrter Reihenfolge aufgerufen werden. Dies wird notwendig, da am Ende jeder Teiltransaktion eine globale Freigabe der Datenobjekte erfolgt und somit die Daten auch für Teiltransaktionen anderer Sagas sichtbar werden.

Dem Verwender einer Saga stehen neben den Konstrukten für das Starten und Beenden einer Transaktion zusätzlich die Anweisungen für das Öffnen und Schließen einer Saga zur Verfügung. Die Koordination zwischen konkurrierenden Sagas kann nicht definiert werden. Sie wird geregelt durch die Synchronisation von zu unterschiedlichen Sagas gehörigen Transaktionen.

Für die eine Saga ausmachenden Transaktionen gilt die Atomaritäts-Eigenschaft. Ebenfalls findet die Serialisierung konkurrierender Transaktionen nach den von flachen Transaktionen bekannten Strategien statt, wobei die abgewandelte Atomaritäts-Eigenschaft

$$(a_s \vee c) \wedge \neg (a_s \wedge c)$$

gilt. Der Zustand a_S wird dabei folgendermaßen ermittelt (angenommen wird ein Fehler bei der Ausführung einer Transaktion T_i):

$$a_S := \text{exec} \; (C_{i-1}, C_{i-2}, \ldots, C_1; \; s)$$

Der Zustand a_S ergibt sich also aus der sequentiellen Ausführung der Kompensations-Transaktionen C_{i-1}, C_{i-2}, ..., C_1 auf den im Fehlerfall erkannten Zustand s. Der Zustand a_S muß also nicht gleich dem vor Ausführung der Saga geltenden Zustand b sein.

Das Verhältnis zwischen einer Saga S und den dazugehörigen Transaktionen T_i läßt sich folgendermaßen beschreiben:

$$f_{T_i} < f_S$$

sowie

$$a_{T_i} \rightarrow a_S$$

Eine Saga kann erst beendet werden, wenn alle ihre Transaktionen abgeschlossen sind. Außerdem verlangt der Abbruch einer beliebigen Transaktion einer Saga den Abbruch der gesamten Saga.

Der 'view set' einer Saga bzw. der sie konstituierenden Transaktionen ist immer die gesamte Datenbank. Auch wird am Ende einer Transaktion der gesamte benutzte Datenbestand an die Datenbank zurückgegeben. Es findet also zwischen den Transaktionen einer Saga keine Übergabe von Datenwerten oder -zugriffsrechten (Sperren) statt. Die einzelnen Transaktionen sind völlig unabhängig voneinander.

Erhöhte Parallelität ergibt sich beim Saga-Konzept durch die mögliche ineinandergeschachtelte Ausführung von Sagas. Datenobjekte werden von einer Saga nur jeweils kurz während der Ausführung einer Transaktion gesperrt. Ansonsten stehen sie konkurrierenden Sagas bzw. Transaktionen zur Verfügung. Erkauft werden muß diese erhöhte Parallelität durch die Bereitstellung der kontextunabhängig zu definierenden Kompensations-Transaktionen C_i und einer Unsicherheit bzgl. der Werte einer Datenbank. Dies wird dadurch bedingt, daß die Kompensation eines Wertes durch Rücksetzen einer laufenden Saga ständig möglich ist.

3 Erweiterungsvorschläge

Das vorangegangene Kapitel enthält eine formale Beschreibung des klassischen Transaktionskonzepts und bekannter Erweiterungen. Die dabei angewandte logische Beschreibung der Transaktionsmechanismen ermöglicht eine Vergleichbarkeit der verschiedenen Mechanismen. In diesem Kapitel sollen einige der angesprochenen Eigenschaften der Transaktionskonzepte, insbesondere deren Abhängigkeitsstrukturen, problematisiert werden.

3.1 Beziehungsformen zwischen Verarbeitungseinheiten

Um eine komplexe Anwendung durch geeignete Verarbeitungsmechanismen modellieren zu können, die u.a. Parallelisierungsmöglichkeiten aufzeigen, ist es notwendig, mögliche Beziehungen zwischen Verarbeitungseinheiten herauszuarbeiten. Bei der Definition derartiger Beziehungen ist die Ebene der Verarbeitungsmechanismen (Transaktionen) von der Datenebene zu trennen.

Die Beziehung zwischen Verarbeitungseinheiten kann auf zwei unterschiedliche Arten definiert werden. Zunächst ist die direkte Spezifikation einer Beziehung zwischen Verarbeitungseinheiten möglich. Diese kann einen zeitlichen Bezug aufweisen (Abb. 1: Ausführungsreihenfolge). Beispielsweise muß eine Transaktion T_1 vor einer Transaktion T_2 ausgeführt werden. Andererseits kann das Verhältnis zwischen Transaktionen Bezug nehmen zu deren Verarbeitungszustand (Abb. 1: Abhängigkeit der Transaktionsverarbeitung). So erfordert zum Beispiel der Abbruch der Transaktion T_1 den Abbruch einer abhängigen Transaktion T_2. Verschiedene Möglichkeiten der Definition von Beziehungen zwischen Verarbeitungseinheiten finden sich in Kapitel 3.1.1.

Verarbeitungseinheiten kooperieren auch über die Benutzung gleicher Daten, womit der zweite Bereich der Definition von Abhängigkeiten zwischen Transaktionen beschrieben wird (Abb. 1: Datenzugriff). Ein Beispiel dafür bildet der gegenseitige Ausschluß beim Zugriff konkurrierender Transaktionen auf ein Datum, der durch Schreib-/Lesesperren realisiert wird. Er erzwingt die serielle Verarbeitung dieser Transaktionen und verbietet jegliche Parallelarbeit. Kapitel 3.1.2 zeigt Möglichkeiten der Definition von Beziehungen zwischen konkurrierenden Verarbeitungseinheiten auf Datenebene auf.

3.1.1 Beziehungen auf Transaktions-Ebene

Die in der Literatur diskutierten Transaktionserweiterungen, welche die Definition von Beziehungen zwischen einzelnen Verarbeitungseinheiten im Sinn haben, untergliedern sich in Verfahren, die eine Erweiterung durch eine explizite Beschreibung der Binnenstruktur einer Transaktion vornehmen (Intra-Transaktionserweiterung) und in Verfahren, welche die Definition einer transaktionsübergreifenden Kontrollstruktur erlauben (Inter-Transaktionserweiterung). Die wichtigsten Vertreter der Intra-Transaktionserweiterungen sind die geschachtelten und die Mehrschicht-Transaktionen, einen Vertreter der Inter-Transaktionserweiterungen stellt insbesondere das Saga-Konzept dar.

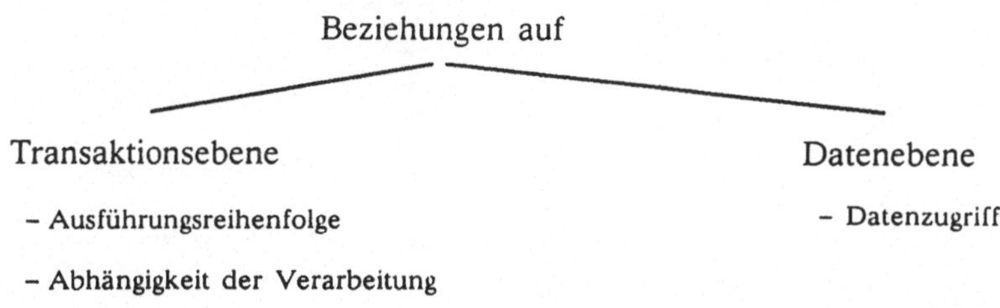

Abb. 1: Beziehungen zwischen Verarbeitungseinheiten

Eine Einordnung des Saga-Konzepts in die am Anfang von Kapitel 3.1 vorgeschlagene Unterteilung zeigt, daß eine sequentielle Ausführungsreihenfolge der Transaktionen T_i definiert ist. Außerdem erfordert das Abbrechen einer Transaktion T_i das Kompensieren der schon durchgeführten Transaktionen T_j, $0 < j < i$ (Abhängigkeit der Verarbeitung), d.h., das Abbrechen einer Teiltransaktion führt zum Abbruch der gesamten Saga.

Im folgenden werden für die beiden Bereiche, welche Beziehungen zwischen Verarbeitungseinheiten beschreiben, Realisierungsvarianten vorgestellt. Durch das Auswählen verschiedener Konzepte aus den gezeigten Lösungsräumen kann die Definition neuer Verarbeitungseinheiten erfolgen.

a) Ausführungsreihenfolgen

Bei der Modellierung von Ausführungsreihenfolgen zwischen (Sub-)Transaktionen beschränken sich die bisherigen Erweiterungsvorschläge auf hierarchische (geschachtelte Transaktionen; Abb. 2a) bzw. lineare Beziehungen (Saga; Abb. 2b). Erst im ConTract-Konzept wird die Definition beliebiger Ausführungsreihenfolgen zwischen Transaktionen ermöglicht ([ReWä 90]). Neben der Sequentialisierung und der hierarchischen Strukturierung sind weitere Beziehungsformen vorstellbar (Abb. 2c). Alternative Transaktionspfade zeigen Ausführungsreihenfolgen an, bei welchen Transaktionen in Abhängigkeit von bestimmten Ausführungsbedingungen abgearbeitet werden. Eine Parallel-Verzweigung deutet auf die nebenläufige Verarbeitungsweise von Transaktionen hin. Eine Zusammenführung von Transaktionen ist notwendig, falls die Ausführung einer Transaktion die Beendigung mehrerer Vorgängertransaktionen erfordert.

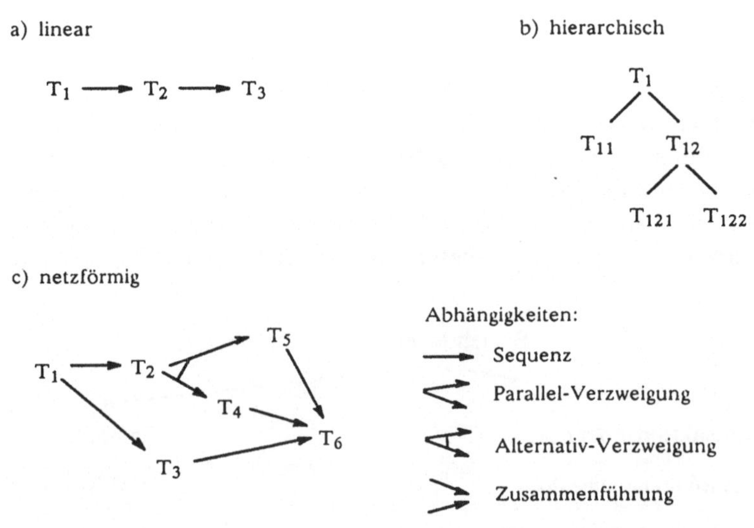

Abb. 2: Ausführungsreihenfolgen von Transaktionen

Zusammenfassend kann festgestellt werden, daß die obigen Ausführungsformen für Verarbeitungseinheiten sich bisher nur an den Zuständen BOT und EOT orientieren. Die Berücksichtigung weiterer Zustände wird in Abschnitt c) angeregt.

b) Abhängigkeiten der Transaktions-Verarbeitung

Bei der Definition der Abhängigkeiten der Transaktionsverarbeitung können ebenfalls verschiedene Erweiterungen unterschieden werden. Die in Kapitel 2 besprochenen Formen sind insgesamt von der Alles-oder-nichts-Mentalität des klassischen Transaktionsparadigmas geprägt: Das Abbrechen der Top-level-Transaktion einer geschachtelten Transaktion bewirkt das Zurücksetzen aller Sub-Transaktionen, bzw. fordert der Abbruch einer Teiltransaktion den Abbruch der gesamten Saga. Diese bekannten Abhängigkeiten der Transaktions-Verarbeitung orientieren sich nur am Zustand EOT (commit bzw. abort). Sie lassen sich durch die im ACTA-Ansatz ([ChRa 90]) definierten Begriffe 'commit-dependency' und 'abort-dependency' zusammenfassen.

Abhängigkeiten der Transaktions-Verarbeitung müssen durch weitere ergänzt werden, wie beispielsweise bei der Definition von Ersatztransaktionen ([Joha 90]) unternommen worden ist. Hier fordert der Abbruch einer Transaktion T_1, daß eine sogenannte Ersatztransaktion T_2 ausgeführt und zu einem korrekten Ende gebracht werden muß. Dies entspricht der 'alternative-dependency' in [RELL 90].

c) Neue Transaktionszustände zur Abhängigkeitsmodellierung

Weitere Modellierungsmöglichkeiten für Ausführungsreihenfolgen bzw. Abhängigkeiten der Transaktions-Verarbeitung ergeben sich, wenn man zusätzlich zu den Transaktionszuständen BOT und EOT weitere Zustände für einen Anwendungsprogrammierer sichtbar macht. Dabei kann man zwischen

- systemdefinierten und
- anwendungsdefinierten Zuständen

unterscheiden.

Ein systemorientierter Zustand wäre beispielsweise das Ende der ersten Phase des Zwei-Phasen-Freigabeprotokolls bei der EOT-Behandlung einer Transaktion. Bei diesem Zustand ist die Wiederholbarkeit und die Korrektheit der Transaktion bereits sichergestellt.

Anwendungsdefinierte Zustände werden vom Anwender innerhalb einer Transaktion gesetzt. Natürlich müssen bezüglich dieser Zustände vom Datenverwaltungssystem gewisse Verpflichtungen übernommen werden, die definitionsabhängig sind. Ein bekanntes Beispiel für einen anwendungsdefinierten Zustand ist der programmierte Sicherungspunkt (checkpoint), wie er unter anderem in INGRES angeboten wird ([RTI 89]).

Die neuen Zustände können mit in die Definition der Abhängigkeitsstrukturen von Transaktionen einbezogen werden. Vorteile dieser neuen, insbesondere anwendungsdefinierten Zustände entstehen durch erhöhte Parallelität im Transaktionsablauf: bei Erreichen eines bestimmten Zustands im Ablauf einer Transaktion kann eine nachfolgende Transaktion gestartet werden, ohne das EOT der ersten Transaktion abzuwarten.

Auf Probleme, die sich durch den konkurrierenden Zugriff auf Daten und somit noch nicht freigegebenen Daten ergeben, wird im nachfolgenden Abschnitt eingegangen. Außerdem wird am Ende ein Anwendungsbeispiel gegeben, das neben den Datenabhängigkeiten auch die Transaktionsabhängigkeiten aufzeigt.

3.1.2 Zusicherungen an Daten

Während im vorangegangenen Abschnitt von einer expliziten Modellierung von Abhängigkeiten auf Transaktionsebene ausgegangen wurde, besteht zusätzlich die Möglichkeit, Abhängigkeiten durch den konkurrierenden Zugriff auf gemeinsame Daten zu modellieren:

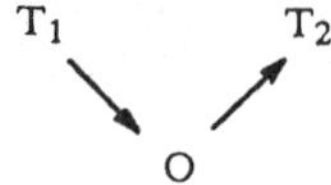

Im obigen Beispiel bearbeitet eine Transaktion T_1 ein Objekt O und setzt beispielsweise eine exklusive Zugriffssperre. Die Transaktion T_2 kann somit nicht auf das Objekt zugreifen und wechselt in einen Wartezustand über. Handelt es sich bei T_1 um eine lang andauernde Transaktion, so ist T_2 blockiert, obwohl eventuell die Modifikationen von T_1 am Objekt O schon abgeschlossen sind. T_1 kann aber noch nicht schließen (commit), da noch weitere Modifikationen an anderen Objekten durchgeführt werden müssen.

Die Ursache für obiges Dilemma liegt darin, daß im klassischen Transaktionskonzept im Rahmen der EOT-Behandlung vom Datenbanksystem garantiert wird, daß

- eine Transaktion entsprechend dem ACID-Prinzip abgelaufen ist (commit) und
- die Datenfreigabe bzw. das Sichtbarmachen der Änderungen durch Aufheben von Sperren erfolgt (release).

Durch ein 'commit' übernimmt das Datenbanksystem die Verpflichtung, daß die Transaktion als Verarbeitungsprogramm korrekt abgelaufen ist, durch ein 'release', daß die Daten konsistent abgespeichert und dauerhaft gesichert sind. Würde im obigen Szenario die Transakion T_2 vor dem EOT der Transaktion T_1 das Objekt O verwenden, so könnte das Datenbanksystem nicht die genannten Verpflichtungen übernehmen. Indem beispielsweise alle Konsistenzbedingungen überprüft werden, könnte zu einem vorgezogenen Freigabezeitpunkt von T_1 zwar (momentane) Datenkonsistenz zu Objekt O, nicht aber Dauerhaftigkeit gewährleistet werden. Durch eine entsprechende Gestaltung der Anwendungsprogramme wäre eine eventuelle Abschwächung der 'Systemverpflichtung' vertretbar. Dies führt zur Einführung sogenannter Freigabestufen, wobei je Stufe eine gewisse Verpflichtung vom System übernommen wird: bei der üblichen Datenfreigabe im Rahmen der EOT-Behandlung wird eine größtmögliche Systemgarantie bzgl. der Datenqualität übernommen, während bei einer vorzeitigen Freigabe das Datenbanksystem nur eine eingeschränkte oder sogar keinerlei Verantwortung übernimmt.

Erste Ansätze für das Einführen und Sichtbarmachen von Verpflichtungen, die ein Datenbanksystem bezüglich Daten eingeht, sind in [Paus 88] zu finden. In dieser Arbeit wird versucht, externe Operationen, insbesondere Benutzer-Interaktionen an einem Bildschirm, in das Transaktionskonzept einzubeziehen. Unter dem Begriff 'tentative output' werden die Daten zusammengefaßt, die innerhalb einer Transaktion bearbeitet und am Bildschirm ausgegeben werden. Daten, die noch nicht freigegeben sind, sind grau angezeigt, beim normalen Beenden einer Transaktion werden die freigegebenen Daten schwarz dargestellt, beim Abbrechen einer Transaktion werden die nicht gültigen Daten durchgestrichen ([Paus 88, S. 22 ff.]). Die verschiedenen Formen der Datendarstellung am Bildschirm können als das Sichtbarmachen von Freigabestufen interpretiert werden. Bei einer grauen Darstellung übernimmt das Datenbanksystem keinerlei Verpflichtung für die Daten, während bei einer schwarzen Darstellung Verpflichtung vom Datenbanksystem entsprechend den ACID-Eigenschaften eingegangen wird.

Zusätzlich zur Definition unterschiedlicher Freigabestufen kann differenziert werden, für welche Personen die Daten freigegeben werden sollen. Während in [Paus 88] lediglich für den direkten Benutzer am Terminal die Daten sichtbar werden, können die Daten in den jeweiligen Freigabestufen anderen Transaktionen sichtbar gemacht werden. Dies ist mit dem Delegieren von Daten ([ChRa 90]), wie dies bereits in Kapitel 2.1 erwähnt wurde, vergleichbar. Dieses Delegieren darf jedoch nicht als das Übertragen der Verantwortung für ein Datum mißverstanden werden, sondern soll lediglich heißen, daß eine andere Transaktion ein delegiertes Datum mit einer gewissen Freigabestufe (Systemverpflichtung) verwenden kann.

Die geschilderte Problematik soll anhand eines Anwendungsszenarios aus dem Bereich der Flugbuchung verdeutlicht werden. Innerhalb einer Transaktion möchte der Kunde Meier einen Flug buchen, einen Leihwagen mieten und ein Hotelzimmer belegen. Ebenso möchte der Kunde Müller unabhängig vom Kunden Meier an einem anderen Schalter ebenfalls einen Flug mit der gleichen Maschinen buchen (Abb. 3).

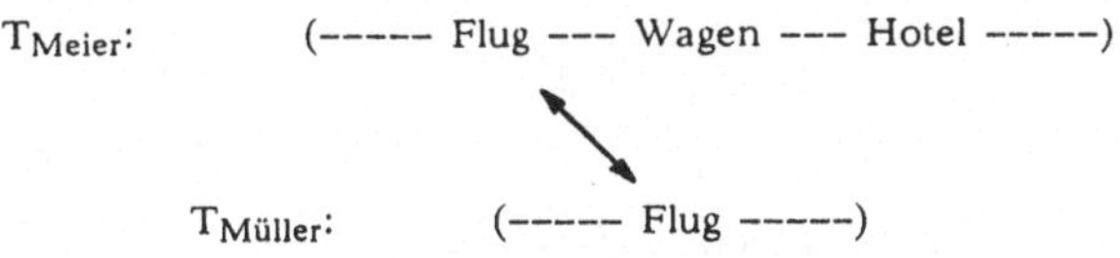

Abb. 3: Anwendungsbeispiel Reisebüro

In der Transaktion T_{Meier} wird eine Anfrage gestellt, ob ein Platz frei ist. Der Kunde ist sich dabei wohl bewußt, daß diese Anfrage keine Reservierung bedeutet und ein anderer Kunde den aktuell verfügbaren Platz besetzen kann. Mit dieser Anfrage wird lediglich gekennzeichnet, daß sich der Kunde Meier für diesen Platz 'interessiert' (sprachliche Ausdrucksmöglichkeiten für diese Zustände werden in Kapitel 4 vorgestellt). Dieser Zustand mit der Freigabestufe 'interessiert' soll auch für die Transaktion $T_{Müller}$ sichtbar sein. Kann sich der Kunde Müller sofort für den Flug entscheiden, bucht er für sich den Platz sicher. Will der Kunde Meier, nachdem er sich über Wagen und Hotel informiert hat, den Platz belegen, so muß er abgewiesen werden. Diese Maßnahme ist jedoch gerechtfertigt.

3.2 Kompensation

Die Kompensation ist in der Klassifikation der Sicherungs- und Recovery-Verfahren eine anwendungsorientierte Maßnahme, die beim Auftreten eines inhaltlichen Fehlers zu ergreifen ist ([Reut 81]). Die Auswirkungen eines Fehlers dürfen dabei die Grenzen des Datenbanksystems noch nicht verlassen haben. Darin liegt die Abgrenzung zur sogenannten Broadcasting-Operation. Nach korrektem Ablauf einer Transaktion wird ein inhaltlicher Fehler festgestellt. Beim Broadcasting-Verfahren hat der neue Zustand der Datenbank bereits Einfluß auf andere Abläufe außerhalb des Systems gehabt. Am bekanntesten sind die Rückrufaktionen der Automobilhersteller: über verschiedene Medien werden die Kunden aufgefordert, Automobile mit einem gewissen Auslieferungsdatum in die Werkstatt zurückzubringen. Auf die Broadcasting-Operation soll hier jedoch nicht weiter eingegangen werden.

In diesem Abschnitt werden verschiedene Szenarien des Lebenszyklus zweier Transaktionen vorgestellt, anhand derer eine Einordnung und Abgrenzung der Kompensation erfolgen soll. In den Szenarien werden solche 'Fehlerfälle' betrachtet, bei denen aus Anwendungssicht 'falsche' Operationen durchgeführt worden sind. Jedoch sind dadurch bestehende Konsistenzbedingungen nicht verletzt worden. Es werden Transaktions-, System- und Mediafehler ausgeschlossen, da sie von den bekannten Recovery-Verfahren (Backward-Recovery) abgedeckt werden.

In Abbildung 4 ist der chronologische Ablauf zweier Transaktionen T_1 und T_2 beschrieben. In T_1 soll eine Modifikation von Objekt O_3 stattfinden, die zwar korrekt abläuft und nicht mit definierten Konsistenzbedingungen konfligiert, jedoch nicht der Intention der Anwendung entspricht. Je nachdem, wann dieser "Fehlerfall" bemerkt wird, sind verschiedene Konsequenzen zu beachten.

```
     BOT1                      EOT1          BOT2              EOT2
T1: (----O1---O2---O3----O4----)        T2: (----O3---O5----)
                   |
      fälschliche Modifikation von Objekt O3

Oi : Modifikation von Objekt Oi
```

Abb. 4: Transaktionsablauf

Zur Beschreibung der möglichen Abläufe der zu schildernden Szenarien soll die Kontrollsphären-Theorie von Davies ([Davi 78]) herangezogen werden. Kontrollsphären sind hierarchisch geschachtelte Bereiche, die jeweils eine gleiche Sicht eines Anwendungssystems besitzen. Bei Eintritt in einen Kontrollbereich wird der aktuelle Informationszustand eines Bereichs protokolliert.

Um alle möglichen Fälle beschreiben zu können, soll im folgenden eine Transaktion selbst wieder einen Kontrollbereich darstellen (Abb.5). Die in Abbildung 5 gezeigten

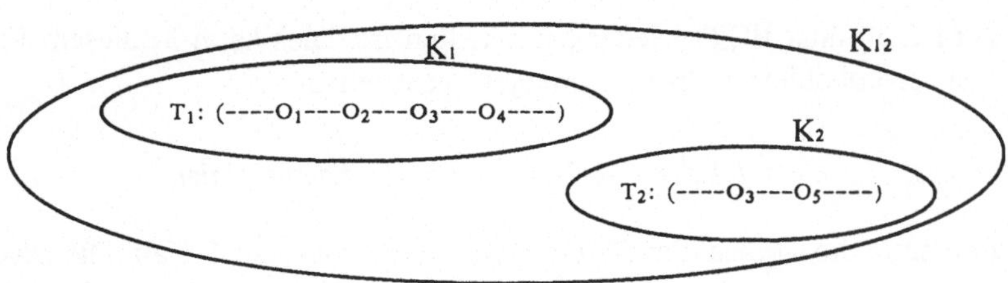

Abb. 5: Kontrollbereiche

Transaktionen T_1 und T_2 gehören darüber hinaus verschiedenen übergeordneten Kontrollbereichen (K_1 und K_2) an, welche zur Realisierung einer Gesamtaufgabe kooperieren müssen. Deshalb sind beide eingebettet in einen Kontrollbereich K_{12}. In den Abbildungen 6 bis 9 sind die verschiedenen Fälle des Rücksetzens der Transaktionen T_1 und T_2 in Abhängigkeit von dem Zeitpunkt angegeben, zu dem die fälschliche Modifikation von Objekt O_3 bemerkt wird (⚡). Zu jedem der inneren Kontrollbereiche K_1 und K_2 mit den entsprechenden Transaktionen T_1 und T_2 sind die Kontrollbereiche C_1 und C_2 angegeben, die die zugehörigen Kompensationstransaktionen T_1' und T_2' umfassen.

Fall (1): Zurücksetzen vor EOT (Rollback)

Vor Abschluß der Transaktion wird auf irgendeine Art und Weise bemerkt, daß O_3 fälschlicherweise modifiziert wurde, so daß ein Zurücksetzen der Transaktion T_1 durchgeführt wird (Rollback). Da der Fehler innerhalb der Kontrollsphäre der Transaktion T_1 bemerkt worden ist und keine Effekte der Transaktion außerhalb dieser Kontrollsphäre sichtbar sind, kann er durch das Rücksetzen auf den Anfangszustand der Kontrollsphäre bereinigt werden (Abb. 6). Für das Datenbanksystem bedeutet dies, daß der Zustand der

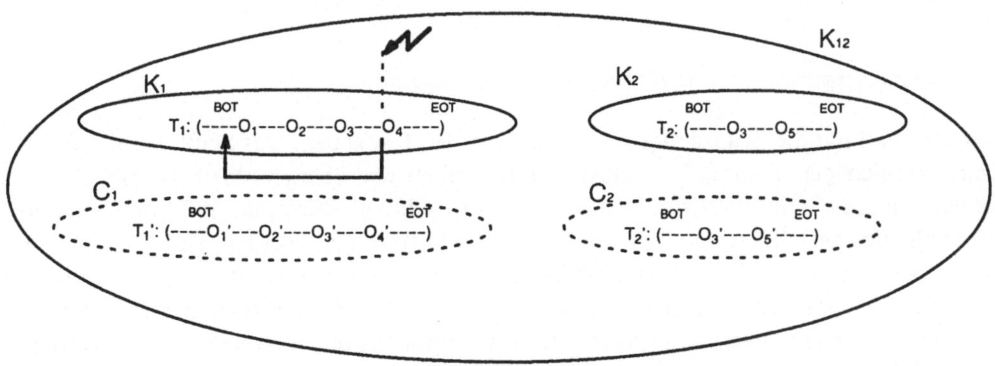

Abb. 6: Zurücksetzen vor EOT (Rollback)

Datenbank zum Zeitpunkt BOT_1 wieder herzustellen ist. Dies kann in diesem Fall durch das Laden der protokollierten 'before images' geschehen.

Fall (2): Zurücksetzen nach lokalem EOT (extensionale Kompensation)

Im zweiten Fall setzt die Transaktion T_1 ein sogenanntes lokales EOT ab. Die Datenfreigabe bezieht sich aber nur auf den Kontrollbereich K_1. Dieses Vorgehen ist ähnlich der Verarbeitungsweise einer geschachtelten Transaktion. Eine Sub-Transaktion gibt die von ihr gehaltenen Daten und Datensperren nur an die ihr übergeordnete Transaktion weiter.

Die Transaktion T_2 kann noch nicht auf Objekt O_3 zugreifen. Wird in der übergeordneten Kontrollsphäre ein Fehler festgestellt, so kann die Transaktion zurückgesetzt werden, indem die Anfangszustände bei Eintritt in die untergeordnete Kontrollsphäre geladen werden (Abb. 7). Da die Sperren noch nicht global freigegeben wurden, reicht auch hier wie im Fall (1) das Laden der protokollierten before images aus.

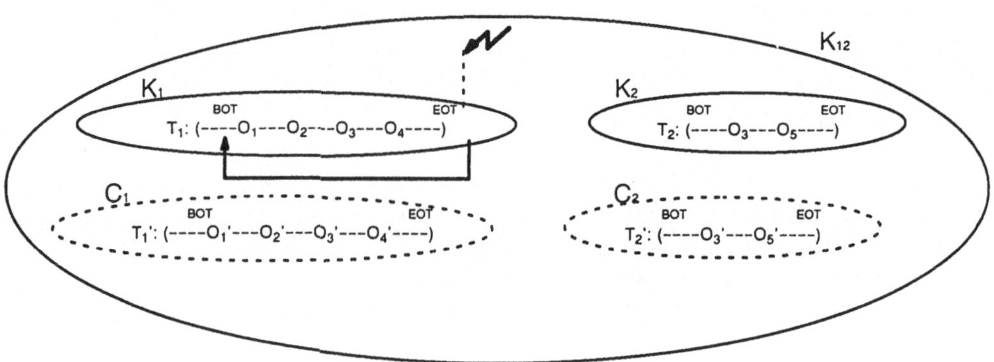

Abb. 7: Zurücksetzen nach lokalem EOT (extensionale Kompensation)

Fall (3): Zurücksetzen nach EOT (intensionale Kompensation)

In diesem Fall hat die Transaktion T_1 ein globales EOT gegeben. Das heißt, nicht nur der Kontrollbereich der Transaktion selbst, sondern auch der übergeordnete Bereich K_1 ist beendet worden. Somit wird für T_2 das Objekt O_3 sichtbar. Wird nun in T_2 der 'inhaltliche' Fehler festgestellt, so muß T_2 wie T_1 in Fall (1) behandelt werden. Für T_2 wird eine Undo-Operation ausgeführt. Zusätzlich ist aber für T_1 die Invers- oder Kompensations-Transaktion T_1' im Kontrollbereich C_1 zu aktivieren (Abb. 8). Ein typisches Beispiel für das Ausführen einer Invers-Transaktion ist das Stornieren der fälschlichen Überweisung eines Geldbetrages auf ein Bankkonto. Die Invers-Transaktion ist wie eine gewöhnliche Transaktion auszuführen, sie bewirkt das inhaltliche Rückgängigmachen einer vorher durchgeführten Transaktion.

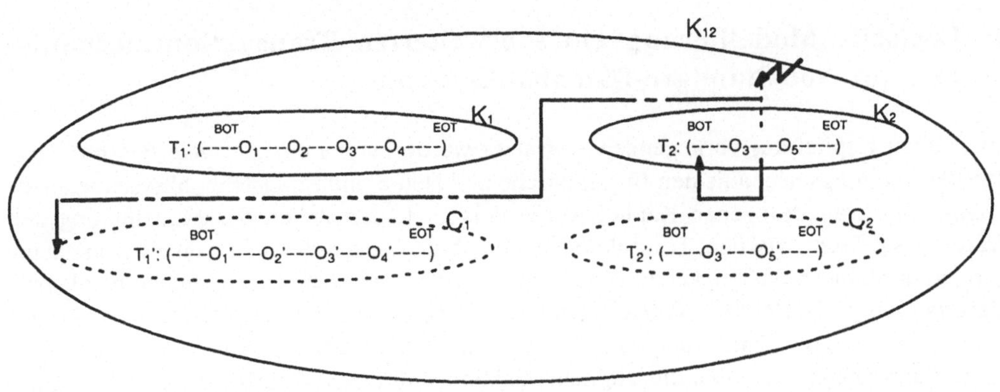

Abb. 8: Zurücksetzen nach EOT (intensionale Kompensation)

Fall (4): Zurücksetzen nach EOT und Objektverwendung (Kaskadenartige, intensionale Kompensation)

Ist T_2 bereits abgeschlossen und sind die Änderungen sichtbar gemacht, so reicht es nicht aus, nur T_1 durch das Ausführen einer Inverstransaktion zu kompensieren, da die Ergebnisse bereits in T_2 eingearbeitet wurden. Wurde in T_2 das fälschlich überwiesene Geld bereits wieder ausgegeben, so muß auch dieser Vorgang kompensiert werden. Auf diese Art und Weise kann ein kaskadenartiges Zurücksetzen von Transaktionen entstehen. In der Kontrollsphärentheorie zeigt sich dieser Fall, wenn Daten eines Kontrollbereichs bereits an andere Kontrollbereiche weitergegeben worden sind (Abb. 9).

Ein Szenario wie das in Abb. 9 gezeigte ergibt sich, falls im Beispiel aus Fall (3) der Kontoinhaber von der Bank über die Storno-Buchung benachrichtigt wird. Er muß versuchen, das eventuell bereits ausgegebene Geld wieder zu beschaffen.

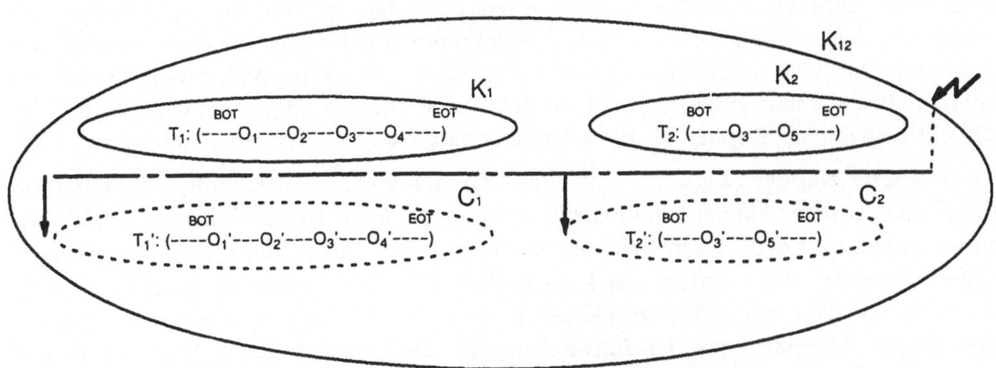

Abb. 9: Zurücksetzen nach EOT und Objektverwendung
(Kaskadenartige, intensionale Kompensation)

4 Logische Modellierung eines erweiterten Transaktionsmechanismus für Non-Standard-Datenbanksysteme

Im zweiten Kapitel des vorliegenden Aufsatzes wurde bereits eine formale Beschreibung der Verarbeitungsmechanismen für klassische und Non-Standard-Datenbanksysteme angegeben. Im vorangegangenen Kapitel wurde dargelegt, daß neben der Modellierung der Präferenzstruktur zwischen Transaktionen und ihrer logischen Abhängigkeiten auch im Bereich der Objektabhängigkeiten das Zusammenspiel zwischen Transaktionen neu konzipiert werden muß. Zentrale Punkte waren die Aufgabe des tertium-non-datur der klassischen Logik und die Einführung von Objektfreigaben in unterschiedlichen Freigabestufen. Somit kann neben einer Erweiterung der Funktionalität eines Verarbeitungsmechanismus auch eine Effizienzsteigerung der Verarbeitung erreicht werden.

Um einen Transaktionsmechanismus, der auf die obenerwähnten Vorgaben basiert, formal beschreiben zu können, reichen die Sprachmittel der klassischen Logik nicht aus. Nachfolgend wird in aller gebotenen Kürze eine Einführung in die Grundbegriffe der konstruktiven Logik und Modallogik gegeben, um damit dann erweiterte Mittel der Spezifikation von Objektabhängigkeiten für Non-Standard-Datenbanksysteme darstellen zu können. Auf Ansätze für erweiterte Möglichkeiten der Spezifikation von Transaktionszusammenhängen wurde im dritten Kapitel bereits verwiesen, weshalb sie hier nicht nochmals vorgestellt und diskutiert werden sollen.

4.1 Konstruktive Logik und Modallogik

Die klassische Logik 1. Ordnung basiert auf dem Prinzip, daß zu jedem Zeitpunkt (auch wenn diese Logik selbst zeitfrei ist) alle Aussagen wahrheitsdefinit, das heißt entweder 'wahr' oder 'falsch' im Sinne eines tertium-non-datur, sind. Der holländische Logiker Brouwer schuf - in moderner Formulierung - im Jahre 1907 einen Paradigmawechsel, als er erkannte, daß für alle materialen, also nicht bloß formalen Aussagen die Behauptung, entweder A oder ¬A seien streng-wahr, nichts als ein Dogma ist, wenn man es allgemeingültig sieht, dem das Prädikat 'onbetrouwbaarheid' (sprich 'vertrauensunwürdig') zukommt. Brouwers Erkenntnis war, daß das tertium-non-datur eben nicht allgemeingültig ist, sondern spezielle modelltheoretische Voraussetzungen haben muß, was in der Datenbanklehre bisher mehr unbewußt als bewußt aufgenommen wurde, wenn die Abkehr vom ACID-Prinzip (siehe Kapitel 2) für Nicht-Standard-Datenbanksysteme gefordert wird.

Der erweiterte Teil der Logik, der ohne das tertium-non-datur auskommt, wird seit 1907 in psychologistischer Manier intuitionistische Logik genannt. Heute spricht man nüchtern von konstruktiver Logik. Nach Brouwer haben zu dieser Logik, die nicht als eine neue, sondern als eine umfassendere Logik anzusehen ist, insbesondere Gentzen mit seinem Sequenzkalkül, Heyting und Beth aus der holländischen Schule nach Brouwer, und vor allen Dingen Lorenzen mit der Entwicklung der Dialogischen Logik beigetragen. Die Situation im Fach Datenbanksysteme scheint nun so zu sein, daß sich die Geschichte der Logik zu wiederholen beginnt. Mit einem enormen technischen Aufwand gelang es zunächst, für ein Datenbanksystem als Betriebsmittel-Verwaltungssystem mit Hilfe des Transaktionskonzeptes dem tertium-non-datur der klassischen Logik Geltung zu verschaffen. Nun erkennt man die 'onbetrouwbaarheid' dieses Prinzips, wenn man das Betriebsmittelverwalten verläßt, um sich insbesondere im ingenieurwisssenschaftlichen Bereich dem Problemlösen zuzuwenden. Denn, daß es neben dem 'Wahr' (sic) und 'Falsch' (non) auch ein 'Noch-nicht-entschieden' (non liquet) gibt, ist jedem bekannt, der Probleme zu lösen hat, und das nicht erst seit der Rechtssprechung im alten Rom. Selbst Mathematiker, die im allgemeinen auf dem tertium-non-datur beharren, müssen das 'Noch-nicht-entschieden' anerkennen, wenn ihnen z.B. die Fermatsche Vermutung (gibt es 4 natürliche Zahlen a, b, c und n > 2, für die $a^n + b^n = c^n$ gilt?) vorgelegt wird.

Die klassische wie auch die konstruktive Logik sind extensional, d.h. ein Teilausdruck kann in einer Aussage durch einen anderen, beliebigen Teilausdruck ersetzt werden, falls beide den gleichen Wahrheitswert haben. Aus dieser Extensionalität folgt in Datenbanksystemen das Serialisierungsprinzip. Wahre, d.h. gültige Transaktionen können, wenn sie konfliktfrei sind, beliebig gegeneinander ersetzt werden. Liegt ein Konflikt zwischen zwei Transaktionen T_1 und T_2 bzgl. der Betriebsmittelnutzung vor, so muß über eine Reihenfolge T_1 vor T_2 bzw. T_2 vor T_1 entschieden werden. Die Reihenfolge ist dann auch bei noch folgenden Konflikten zwischen den beiden Transaktionen in Zukunft beizubehalten, um ein eindeutiges Vorher bzw. Nachher zu gewährleisten.

An der Gültigkeit des Extensionalprinzips für klassische Transaktionen tut die Forderung nach einem nichtzyklischen Serialisierungsgraph (Halbordnung) keinen Abbruch. Wenn man die Zeit, insbesondere auch die zukünftige Zeit, nicht nur mittels Ordnungsrelationen zwischen Ereignissen trivial beschreiben will, sondern wenn auch nuancierte, intensionale Aussagen über die Zukunft verlangt werden, so kommt man um das Reden in Modalitäten (notwendig, möglich, geboten, erlaubt, erreichbar, etc.) nicht herum. 'Wie kann man denn verteidigen, daß etwas zu einem beliebigen zukünftigen Zeitpunkt sein wird? Niemand kann so lange warten. Die Modalitäten sind vielmehr gerade umgekehrt deshalb sinnvoll, weil wir nicht wissen, was sein wird. Wir wissen nur gelegentlich, ob Zukünftiges möglich oder unmöglich ist - und, falls es möglich ist, ist es uns manchmal sogar erreichbar' ([Lore 87, S. 107]).

Im Falle von naturwissenschaftlichen Verlaufsgesetzen (z.B. die Fallgesetze) wird in der ontischen Modallogik die Notwendigkeit (Δ), daß ein Sachverhalt - dargestellt durch die Aussage A - zum Zeitpunkt t eintreffen wird (A_t), mit dem Gesetzeswissen G und dem Wissen um die (Labor-)Situation S rekonstruiert. G und S werden als Menge von wahren Sätzen zum Wissen W zusammengefaßt. A_t ist dann notwendig (erwartungsgeboten), wenn es aus W impliziert werden kann ([Lore 87, S. 111]):

$$\Delta_W A_t \Leftrightarrow W \prec A_t$$

'$\prec$' stellt als Implikationszeichen eine zweistellige Relation dar. Liegen wie im Falle der deontischen Modallogik menschengemachte Vorschriften, Normen oder Imperative vor, und ist es geboten, handelnd den Sachverhalt A_t herbeizuführen, so schreibt man analog

$$\Delta_W! A_t \Leftrightarrow W \prec A_t$$

Dual hierzu wird die Möglichkeit (Erwartungserlaubtsein), daß A_t stattfinden wird, durch

$$\nabla_W A_t \Leftrightarrow \neg \Delta_W \neg A_t$$

definiert. Entsprechendes gilt für das deontische Erlaubtsein:

$$\nabla_W! \, A_t \Leftrightarrow \neg \, \Delta_W! \, \neg \, A_t$$

Diesen vier theoretischen Modalitäten, mit Δ bzw. Δ! als Basismodalitäten, können durch praktische Modalitäten ergänzt werden. Als praktische Basismodalität schlägt Lorenzen ([Lore 79]) die Erreichbarkeit vor. '$\mathrm{Err}_W \, A_t$' ist die Behauptung, der Sachverhalt A_t könne mit W erreicht werden. Definitorisch wird dann die Unvermeidbarkeit durch

$$\mathrm{Unverm}_W \, A_t \Leftrightarrow \neg \, \mathrm{Err}_W \, \neg \, A_t$$

eingeführt. Bedeutungsvoll im Rahmen der praktischen Modalitäten sind noch die folgenden Definitionen:

$$\mathrm{Verm}_W \, A_t \Leftrightarrow \mathrm{Err}_W \, \neg \, A_t$$

$$\mathrm{Unerr}_W \, A_t \Leftrightarrow \neg \, \mathrm{Err}_W \, A_t$$

Als Konjunktion von 'erreichbar' und 'vermeidbar' kommt noch die Verfügbarkeit hinzu:

$$\mathrm{Verf}_W \, A_t \Leftrightarrow \mathrm{Err}_W \, A_t \wedge \mathrm{Verm}_W \, A_t,$$

die sich mit obiger Definition der Vermeidbarkeit auch als

$$\mathrm{Verf}_W \, A_t \Leftrightarrow \mathrm{Err}_W \, A_t \wedge \mathrm{Err}_W \, \neg \, A_t$$

schreiben läßt. Anschaulich gesprochen bedeutet dies, daß der gesamte 'Verfügbarkeitsraum' von A_t aufspannbar und grundsätzlich entscheidbar ist, was sicherlich mehr heißt als die bloße Feststellung der Erreichbarkeit von A_t, denn hier ist die Notwendigkeit von A_t noch explizit ausgeschlossen. Zieht man nämlich in Betracht, daß allein schon kraft sprachlicher Normierung und ohne zusätzliches Wissen W die folgenden modallogischen Implikationen:

$$\Delta \, A_t \prec \mathrm{Err} \, A_t \prec \nabla \, A_t$$

bzw.

$$\Delta! \, A_t \prec \mathrm{Err} \, A_t \prec \nabla \, A_t$$

gelten, so könnte im Falle einer konstatierten Erreichbarkeit von A_t tatsächlich bereits die Notwendigkeit von A_t bestehen, was im Falle der Verfügbarkeitsbehauptung noch konkret ausgeschlossen ist.

Durch Substitution (¬ A statt A) und durch die Schlußregel der Kontraposition entsteht die Figur des Modalgefälles (Abb. 10). Die Figur kann – ebenfalls durch Substitution und Kontraposition – um die Negativa 'Unerreichbar' als praktische Modalität und 'verboten', 'unmöglich' bzw. 'nicht notwendig' und 'nicht geboten' als theoretische Modalitäten erweitert werden. Nicht unbedeutend ist auch die nicht aufgeführte Modalität 'kontingent' (zufällig) als Konjunktion von 'möglich' und nicht 'notwendig', um Fehlerquellen und Unsicherheiten anzuzeigen.

Aus modallogischer Sicht ist Problemlösen ein Operieren mit Aussagen in diesem Modalgefälle, wobei Forderungen wie 'notwendig' und 'geboten' am schwierigsten und 'erlaubt' bzw. 'möglich' am leichtesten zu erfüllen sind. Im folgenden Abschnitt werden die in Kapitel 3 informell vorgestellten Erweiterungsvorschläge für Verarbeitungseinheiten mit dem hier eingeführten Sprachgerüst näher charakterisiert.

4.2 Modellierung der Datenbeziehungen in Transaktionssystemen

Ein Problemlösezyklus in einer verteilten, kooperativen Anwendungssituation ist im Sinne der Modallogik dadurch gekennzeichnet, daß schrittweise von den 'leichten' Modalitäten (möglich, erlaubt) zu den 'schwierigen' Modalitäten (notwendig, geboten) übergegangen wird, wobei der Grad der systemseitigen Verpflichtung natürlich ebenfalls stark zunimmt. Sichert eine Transaktion nur die Möglichkeit eines bestimmten Sachverhalts zu, so ist dies weniger bindend als die Aussage, ein Sachverhalt sei geboten. Das Beispiel eines Flugbuchungssystems verdeutlicht dies: wird vom Buchungssystem nur die Möglichkeit einer Buchung vorgesehen, so entspricht dies lebensweltlich einer Reservierung, deren Nichteinhalten durch das System wesentlich schwächere Konsequenzen nach sich zieht als die Absage eines fest gebuchten Flugs.

Ein typischer Problemlösungszyklus P wird in Abbildung 11 dargestellt. Der Zyklus beginnt zum Zeitpunkt a und endet evtl. zum Zeitpunkt z mit der geforderten Aussage A_z. Zu Beginn sollte aufgrund des Wissens W_a der zukünftige Sachverhalt A_z zumindest als verfügbar angesehen werden, falls die Bedingung C erfüllt wird. A_z als bloße Möglichkeit in der Zukunft anzusehen (also $\nabla_W A_z$), erscheint hier zu wenig zu sein. Zum Zeitpunkt i kommt ein Ereignis h_i hinzu, wodurch die Problemlage sich verschärft. Das 'Auf' und 'Ab' der Problemsituationen ist typisch für Problemlösungszyklen und grenzt sich deutlich

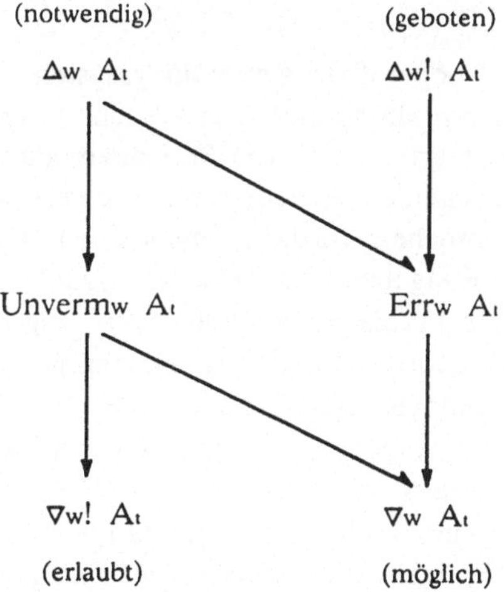

Abb. 10: Modalgefälle (Implikationshalbordnung)

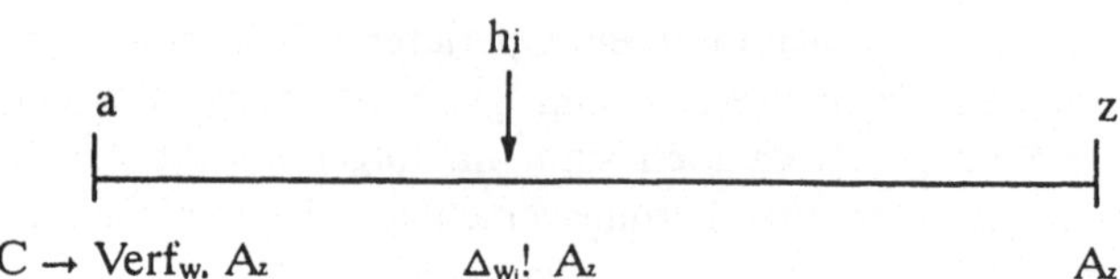

Abb. 11: Problemlösezyklus aus Sicht der Modallogik

von 'monotonen' Transaktionsabläufen ab. Der neue Sachverhalt h_i führt dazu, daß A_z jetzt als geboten angenommen werden muß. Die Aussage h_i, die dem Wissen W_a zugeschlagen wird, also $W_i \Leftrightarrow W_a \wedge h_i$, bewirkt, daß in der Anfangsverfügbarkeit, $Verf_{W_a} A_z$, das Konjunktionsglied $Err_{W_a} \neg A_z$ verschwindet. Damit ist A_z unter allen Umständen zu erreichen; die Möglichkeit des Nichterreichens von A_z muß systemseitig ausgeschlossen werden. Das bedeutet aber, daß zum Zeitpunkt i auch Forward-Recovery-Maßnahmen (Reparaturmaßnahmen) bereitzustellen sind, die im Falle eines Versagens greifen müssen. Das bereits verwendete Beispiel der Flugbuchung verdeutlicht diese Situation: bei einer Reservierungsanfrage für einen Flug wird zunächst nur die Verfügbarkeit eines Sitzplatzes geprüft, ohne ihn bereits fest zu buchen; dies schließt - laut Definition - neben der Erreichbarkeit auch die Nichterreichbarkeit für einen späteren festen Buchungswunsch mit ein. Der Kunde weiß durch die Verfügbarkeitsaussage aber immerhin, daß zu dem von ihm gewünschten Zeitpunkt ein Flug angeboten wird und grundsätzlich noch die Möglichkeit einer Buchung besteht. Entschließt er sich zum Zeitpunkt i zur festen Buchung und wird diese vom Buchungssystem bestätigt (h_i), so muß dafür Sorge getragen werden, daß der gebuchte Platz nicht anderweitig vergeben wird. Sollte dies (wie leider heutzutage viel zu häufig) dennoch geschehen, so ist als Kompensationsmaßnahme beispielsweise das Ausweichen auf eine andere Airline oder gar die Leistung einer Entschädigungszahlung vorgesehen, was aber nicht allein systemseitig, sondern nur durch explizite Spezifikation einer solchen Forward-Recovery- oder Kompensations-Maßnahme gewährleistet werden kann.

Zur Programmierung verteilter, kooperativer Anwendungssysteme, bei denen der Grad an Parallelarbeit deutlich über das von klassischen Transaktionssystemen bereitgestellte Maß hinausgehen muß, ist die Verfügbarmachung von Freigabemodalitäten für Datenbankobjekte auf Benutzerebene von entscheidender Bedeutung. Die verschiedenen Freigabestufen - wie sie in Kapitel 3.1.2 angesprochen wurden - entsprechen modallogischen Aussagen. Um ein ungeordnetes Chaos an Freigaben verschiedener 'Qualitäten' für gleiche Datenobjekte zu verhindern, müssen die Freigabemodalitäten vom zugrundeliegenden Transaktionsverwaltungssystem in einen geordneten Zusammenhang gestellt werden. Hierzu sind die möglichen Reihenfolgebeziehungen der Zusicherungen bei einer Freigabe und ihre wechselseitigen Kompatibilitäten anzugeben, wie man es in klassischen Transaktionssystemen für die Sperrverwaltung bereits seit langem kennt. Die in Abbildung 10 gezeigte 'Implikationshalbordnung' stellt eine direkt umsetzbare Grundlage für einen Transaktionsmechanismus mit erweiterten Freigabemöglichkeiten auf Datenobjektebene dar. Im folgenden Abschnitt werden einige Aspekte der Ordnung und Verträglichkeit von bedingten Freigaben sowie die damit verbundenen Möglichkeiten der Parallelitätssteigerung auf Transaktionsebene diskutiert.

4.3 Umsetzung von Datenfreigabemodalitäten in ein Transaktionssystem

Mit den in diesem Kapitel eingeführten Modalitäten der Datenfreigabe in Transaktionen eröffnen sich dem Transaktionsprogrammierer neue Möglichkeiten der Spezifikation des Zusammenspiels von Transaktionen. Um weiterhin einen korrekten Transaktionsbetrieb zu gewährleisten, sind im wesentlichen zwei Aspekte zu berücksichtigen:

- Ordnung und
- Verträglichkeit

der Freigabemodalitäten. Zur Ordnung der Modalitäten wurden bereits im ersten Abschnitt dieses Kapitel die modallogischen Implikationen

$$\Delta_w A_t \prec \mathrm{Err}_w A_t \prec \nabla_w A_t \text{ bzw. } \Delta_{w!} A_t \prec \mathrm{Err}_w A_t \prec \nabla_w A_t$$

angeführt, die einen direkten Hinweis auf die möglichen Reihefolgebeziehungen geben. Mit der Feststellung, daß in Problemlösezyklen grundsätzlich von den 'leichten' (möglich, erlaubt) zu den 'schwierigen' Modalitäten (notwendig, geboten) übergegangen wird, ist klar, daß im Falle einer bereits gegebenen 'schwierigen' Verpflichtung leichtere Grade nicht mehr zulässig sind. Dies würde nämlich bedeuten, daß für einen bereits fest gebuchten Sitzplatz eine spätere Reservierungsanfrage noch positiv beantwortet wird, was in klarem Widerspruch zur bei der Buchung eingegangenen Verpflichtung steht. Als Ordnungskriterium ist von einem Transaktionssystem somit zu berücksichtigen, daß nur ein Eingehen stärkerer Verpflichtungen systemseitig akzeptiert werden darf, falls dies nicht konkurrierenden Anforderungen widerspricht.

Mit der Modalitätenordnung ist zwar das prinzipielle Vorgehen der Freigabe- bzw. Verpflichtungsreihenfolgen für ein Datum festgelegt, für einen korrekten Transaktionsbetrieb ist darüber hinaus aber auch noch die Verträglichkeit der verschiedenen Freigabemodalitäten zu beachten. Beispielsweise ist sicherzustellen, daß bei einer im Zuge einer Flugbuchung bereits eingegangenen Verpflichtung der Bereitstellung eines bestimmten Sitzplatzes alle Reservierungsanfragen für denselben Platz abgewiesen werden.

Die Verträglichkeiten der Freigabemodalitäten sind in Tabelle 1 angegeben. Die Tabelle beschreibt, ob bei gegebener Festlegung einer Modalität eines Datums (vertikale Achse) eine neue Anforderung desselben oder eines anderen Problemlösungszyklus (horizontale Achse) entsprochen werden kann (+) oder abgelehnt werden muß (–). Sinnlose Kombinationen, die gegen die Regeln des Modells verstoßen, werden mit (±) gekennzeichnet.

a) Entsprechung einer Anforderung (+)

Als Beispiel wählen wir den Fall, daß ein Problemlösungszyklus einen Zustand als möglich erachtet und an ihn oder durch einen anderen Problemlösungszyklus die Forderung erhoben wird, den herzustellenden Zustand als geboten anzusehen. Wenn Recovery-Mechanismen bereitgestellt werden können, die diese wesentlich höhere Verpflichtung rechtfertigen, dann kann der Anforderung entsprochen werden (+). Sollte ein anderer Problemlösungszyklus die Anforderung stellen, so übernimmt dieser dann den weiteren Ablauf mit allen Verpflichtungen.

b) Ablehnen einer Anforderung (–)

Der umgekehrte Fall, daß ein Zustand bereits als geboten deklariert wurde und ein Rückgang zum bloßen 'möglich' gewünscht wird, führt zur Ablehnung (–). Sollte ein 'Herabsinken' im Modalgefälle dennoch unumgänglich sein, so liegt ein Entwurfsfehler vor. Ein Neuentwurf des Problemlösungszyklus ist erforderlich.

c) Sinnlose Kombinationen (±)

Es macht keinen Sinn, auf der gleichen modallogischen Stufe, die ontischen und deontischen Modalitäten 'notwendig' und 'geboten' sowie 'möglich' und 'erlaubt' zu kombinieren, da durch Ontik und Deontik disjunkte Lebensumstände angesprochen werden. Wer danach fragt, ob das Parken im Wald erlaubt sei, steht vor einem ganz anderen Problem als derjenige, der nach der Möglichkeit des Parkens im Wald fragt.

Anfrage / Belegung	möglich	erlaubt	erreichbar	unverm.	notwendig	geboten
möglich	+	±	+	+	+	+
erlaubt	±	+	+	+	+	+
erreichbar	–	±	+	±	+	+
unvermeidb.	–	–	±	+	+	±
notwendig	–	–	–	–	–	±
geboten	–	–	–	±	±	–

Tabelle 1: Verträglichkeit der Freigabemodalitäten

Die Tabelle 1 ist ein Gerüst für eine Kompatibilitätsmatrix der Freigabemodalitäten. Sie wurde aus dem Modalgefälle in Abbildung 10 gewonnen. Das Modalgefälle als Implikationshalbordnung und die Verträglichkeit der Freigabemodalitäten ist analog zu der Halbordnung der Sperren und der Verträglichkeit der Sperren in relationalen Datenbanksystemen zu sehen. Bei der Übertragung der Modalitäten in ein Datenbanksystem ist die Bedeutung der einzelnen Zustände der Tabelle 1 zu definieren, insbesondere auf ihre Anforderungen in Hinblick auf Sperrverwaltung, Protokollierung und Recovery.

Durch die Definition von Freigabemodalitäten kann die Kooperation zwischen Verarbeitungseinheiten problemspezifischer festgelegt werden (siehe auch Kapitel 3.1.2). Bei konventionellen Systemen ist diese Zusammenarbeit, welche durch den Zugriff auf gleiche Daten gesteuert wird, nur geregelt durch Setzen von Lese- oder Schreibsperren auf benutzte Datenobjekte. Die Möglichkeiten der Parallelisierung von konkurrierenden Arbeiten ist demnach sehr eingeschränkt. Bei der Vergabe von Modalitäten, die den Datenqualitäten aus Kapitel 3.1.2 entsprechen, kann die Nebenläufigkeit erweitert werden, was durch die obige Tabelle bestätigt wird. Das Attributieren eines Datums mit einem Sperrmodus wird hierbei ersetzt durch die Vergabe von Freigabemodalitäten.

5 Schlußbemerkung und Ausblick

Ziel des vorliegenden Aufsatzes war es, die Möglichkeiten und Grenzen des Einsatzes bekannter Transaktionskonzepte in sog. Non-Standard-Anwendungsgebieten zu untersuchen und dabei noch mangelnde Bereiche aufzuzeigen, um Vorschläge für einen erweiterten Transaktionsmechanismus geben zu können. Hierzu wurden zunächst das klassische Transaktionskonzept und seine Erweiterungen zur Steigerung der Intra- und Inter-Transaktionsparallelität vorgestellt und in ihren wesentlichen Merkmalen logisch rekonstruiert. Eine grundlegende Analyse der Abhängigkeitsbeziehungen zwischen Transaktionen, aufgegliedert in Transaktions- und Datenebene, schloß sich im dritten Kapitel an. Es wurde festgestellt, daß insbesondere auf der Ebene der Datenbeziehungen bisher kaum Ansätze zur Parallelitätssteigerung zu erkennen sind. Deshalb wurde im vierten Kapitel eine Verfeinerung der Datenobjekt-Freigabemodalitäten auf Basis der konstruktiven Logik und der Modallogik vorgestellt, die es einem Transaktionsprogrammierer erlaubt, ohne Kenntnis der anderen Transaktionen im System eine gegenüber klassischen Ansätzen wesentlich gesteigerte parallele Ausführung zu erlauben. In der Terminologie der Non–Standard–Datenbänkler werden hierdurch lange Transaktionen in eine Reihe kürzerer mit begrenzter Verpflichtung aufgebrochen.

Im Zuge des vorliegenden Aufsatzes wurden auf Basis der konstruktiven Logik und der Modallogik erweiterte Spezifikationsmöglichkeiten für Abhängigkeitsbeziehungen zwischen den Datenobjekten eines Transaktionssystems vorgestellt. Auch mit dieser Erweiterung lassen sich aber nicht alle der im dritten Kapitel angesprochenen Defizite herkömmlicher Transaktionssysteme beheben. So ist in verteilten, kooperativen Anwendungssystemen beispielsweise nicht nur die Modalität der Verfügbarmachung eines Datenobjekts von Belang ('Datenqualität'); vielmehr müssen auch Abhängigkeitsbeziehungen auf der Ebene ganzer Transaktionen, wie z.B. die schon mehrfach angesprochene objektunabhängige Reihenfolge von Transaktionen, spezifizierbar sein. Es steht also nicht die indirekte Transaktionssynchronisation über Objektzugriffe, sondern das direkt vom Transaktionsprogrammierer unter Anwendungsbezug vorgegebene Zusammenspiel von Transaktionen zur Debatte. Neuere Ansätze hierzu ([ChRa 90], [ReWä 89]) weisen in eine vielversprechende Richtung.

Eine wesentliche Aufgabe eines Transaktionssystems für verteilte, kooperative Anwendungssituationen ist die Gewährleistung der Einhaltung von Freigabeabhängigkeiten in der vorgestellten Art. Darüber hinaus eröffnet sich die Möglichkeit, die Bezugnahme auf 'schwach freigegebene' Datenobjekte durch andere Transaktionen im Transaktionssystem zu protokollieren, um bei späterem Rücksetzen solcher Daten eine systemunterstützte, anwendungsbezogene Forward-Recovery durchführen zu können. Hierunter ist beispielsweise das systemseitige Benachrichtigen abgewiesener Flugkunden bei Rückgabe einer Reservierung zu verstehen, wie es im vorherigen Kapitel bereits angedeutet wurde. Ansätze wie der in [Paus 88] beschriebene, wo die Weitergabe von 'schmutzigen' Daten (dirty data) auf die Bildschirmausgabe beschränkt bleibt, weisen in diese Richtung und zeigen hier neue Wege auf.

In weiteren Arbeiten soll untersucht werden, welche Konsequenzen sich aus den Freigabemodalitäten (Datenzustände) ebenso wie aus dem Fortschritt der Problemlösungszyklen für den Entwurf der Speicher-, Sperr-, Sicherungs- und Recovery-Komponenten eines

Datenbanksystems ergeben. Die Entwicklung einer Betriebsumgebung, in der verschiedene Benutzer in ihren Problemlösungszyklen arbeiten und in Kooperation gemeinsam eine Anwendungssituation bewältigen, muß als Fernziel moderner Datenbankentwicklung definiert werden, um sich in ingenieurwissenschaftlichen Anwendungsgebieten behaupten zu können.

Literatur

[ChRa 90] Chrysanthis, P.; Ramamritham, K.: ACTA: A Framework for Specifying and Reasoning about Transaction Structure and Behavior, in: Garcia-Molina, H.; Jagadish, H.V.: Proceedings of the 1990 ACM SIGMOD International Conference on Management of Data, Atlantic City, Volume 19, Issue 2, June 1990.

[Davi 78] Davies, C.T. (Jr.): Data processing spheres of control, IBM System Journal, Vol. 17 (1978), No. 2, S. 179 - 198.

[GaSa 87] Garcia-Molina, H.; Salem, K.: SAGAS, in: Proceedings of the International Conference on Management of Data (SIGMOD), San Francisco, 1987, S. 249 - 259.

[Gray 81] Gray, J.: The Transaction Concept: Virtues and Limitations, in: Proceedings of the 7th International Conference on Very Large Data Bases (VLDB), Cannes, 1981, S. 144 - 154.

[HäRe 85] Härder, Th.; Reuter, A.: Architektur von Datenbanksystemen für Non-Standard-Anwendungen, in: Blaser, A.; Pistor, P. (Hrsg.): Datenbanksysteme in Büro, Technik und Wissenschaft, Karlsruhe, 1985, S. 253-286.

[Joha 90] Johannsen, W.: Integration of Different Transaction Models in Federative Distributed Database Systems, IBM European Networking Center, Heidelberg, Technical Report No. 43.9001, 1990.

[Lore 79] Lorenzen, P.: Praktische und theoretische Modalitäten, in: Philosophia Naturalis, 17. Jahrg., S. 261-279, sowie in Lorenzen, P.: Grundbegriffe technische und praktische Kultur, Suhrkamp-verlag, Frankfurt, S. 35-55.

[Lore 87] Lorenzen, P.: Lehrbuch der Konstruktiven Wissenschaftstheorie, BI-Verlag, Mannheim, 1987.

[Moss 85] Moss, J.E.B.: Nested Transactions - An Approach to Reliable Distributed Computing, MIT Press Series in Information Systems, Cambridge 1985.

[Paus 88] Pausch, R.: Adding Input and Output to the Transactional Model, Ph.D. thesis CMU-CS-88-171, Department of Computer Science, Carnegie Mellon University, Pittsburgh, 1988.

[Reut 81] Reuter, A.: Fehlerbehandlung in Datenbanksystemen: Datenbank-Recovery, Carl Hanser Verlag, München, 1981.

[ReWä 90] Reuter, A.; Wächter, H.: Neue Transaktionskonzepte, unveröffentlichtes Manuskript, Stuttgart, 1990.

[RTI 89] Relational Technology Incorporation: INGRES/SQL Reference Manual, Release 6.3, VAX/VMS, Nov. 1989.

[RELL 90] Rusinkiewicz, M.E.; Elmagarmid, A.K.; Leu, Y.; Litwin, W.: Extending The Transaction Model to Capture more Meaning, in: ACM SIGMOD RECORD, Volume 19, Number 1, March 1990, S. 3-8.

[Reut 90] Reuter, A.: Grundkonzepte und Realisierungsstrategien des ConTract-Modells, erscheint in: Informatik Forschung und Entwicklung, Heft 4, 1990.

[ScWe 87] Scheck, H.-J.; Weikum, G.: DASDBS: Konzepte und Architektur eines neuartigen Datenbanksystems, in: Informatik: Forschung und Entwicklung, Band 2, Heft 3, 1987.

[Wede 89] Wedekind, H.: Eine logische Analyse des Verhältnisses von Anwendungs- und Datenbanksystemen, in: Härder, T. (Hrsg.): Datenbanksysteme in Büro, Technik und Wissenschaft, Proceedings, GI/SI-Fachtagung, Zürich, 1989, Informatik-Fachberichte 204, Springer-Verlag, Berlin 1989, S. 19 - 42.

[Weik 87] Weikum, G.: Enhancing Concurrency in Layered Systems, in: Proc. 2nd Int. Workshop on High Performance Transaction Systems, Asilomar, 1987.

Gewinnung von dichten Tiefenbildern aus Farbstereoaufnahmen durch 'Simuliertes Ausfrieren'

P. Koller, H. Niemann

Sonderforschungsbereich 182, Teilprojekt D1
Universität Erlangen-Nürnberg
Martensstraße 3
D-8520 Erlangen

Überblick

Die Gewinnung von Tiefeninformation aus Stereobildern ist ein wichtiger Aspekt in der Bildverarbeitung, um nachfolgende Bildanalysealgorithmen mit 3D-Information versorgen zu können. Die Verwendung von Stereobildern ist sehr interessant, da keine besonderen Voraussetzungen an die Szenenumgebung gestellt werden. Auch eine gegenseitige Beeinflussung mehrerer Systeme, wie sie bei aktiven Verfahren erfolgen kann, ist nicht möglich. Im allgemeinen werden heute Grauwertstereobilder ausgewertet. Durch die Aufnahme und Auswertung von Farbstereobildern ist ein weiterer Informationsgewinn möglich. Zur Gewinnung von dichten Tiefenkarten aus Stereoaufnahmen eignen sich unter anderem *'Blockvergleich' (Blockmatching)* und *'Simuliertes Ausfrieren' (Simulated Annealing)*, die im folgenden vorgestellt werden. Diese Algorithmen besitzen auch Eigenschaften, die aus dem Bereich der *'Neuronalen Netze'* bekannt sind.

1 Einleitung

In vielen Bereichen der Industrie werden heutzutage Bildverarbeitungssyteme eingesetzt. Sie dienen zur Produktionskontrolle, Qualitätssicherung, Steuerung von Robotern und Automaten, Unterstützung von Fahrzeugleitsystemen usw.

In vielen Fällen werden aber nicht nur die zweidimensionalen Projektionen der Objekte, wie sie normalerweise von einer Kamera geliefert werden, sondern die kompletten 3D–Koordinaten dieser Objekte gebraucht. Die Gewinnung von 3D–Koordinaten kann durch Verfahren aus zwei unterschiedlichen Klassen erfolgen: *aktive Verfahren*, wie zum Beispiel **Laserscanner, Ultraschallmeßgeräte, Strukturiertes Licht, ...**, und *passive Verfahren*, wie zum Beispiel **Stereoverfahren, Form aus ...**, u. s. w. Die passiven Verfahren liefern im allgemeinen keine so große Genauigkeit wie die aktiven Verfahren. Sie können aber problemlos in Bereichen eingesetzt werden, wo sich mehrere aktive Sensorsystem gegenseitig stören würden oder wo ein Einsatz aktiver System auf Grund arbeitsschutzrechtlicher Bestimmungen (Laserschutz) nur schwierig möglich ist. Beim Einsatz von Stereoverfahren ist weiterhin die prinzipielle Möglichkeit gegeben, aus einer Stereoaufnahme (Zeitdauer der Aufnahme 1ms bis 40ms) eine *dichte Tiefenkarte* mit einer Lateralauflösung von 512^2 oder 1024^2 Pixeln zu erhalten [Nie87] [Nie90].

2 Gewinnung von Farbstereoaufnahmen

Die Gewinnung von Farbstereoaufnahmen erfolgt dabei in zwei Stufen:

1. Aufnahme der **Rohstereobilder**
2. Transformation der **Rohstereobilder** in **ideale Stereobilder**

Zur Aufnahme der Rohstereobilder dienen zwei Farb-CCD-Kameras, die auf einem Stereogestell montiert sind. Sie können dort rechnergesteuert relativ zueinander im Raum positioniert werden. Ihre Lateralauflösung beträgt 512^2 Bildpunkte. Die von den Farb-CCD-Kameras gelieferten *FBAS-Signale* werden nach der Umsetzung auf *RGB-Signale* zwei Bildspeichern zugeführt, digitalisiert und abgespeichert.

Nun werden die Rohstereobilder im zweiten Schritt gemäß des zugrundegelegten *Stereokameramodells* mit Hilfe von Transformationsmatrizen in *ideale Stereobilder* transformiert. Als Stereokameramodell wird ein Modell mit zwei *Lochkameras* mit parallelen optischen Achsen verwendet. Die Transformationsparameter werden dabei in einem separaten Schritt, der *Kalibrierung*, bestimmt. Nach der Transformation besitzt man nun *ideale Stereobilder*, die dem Stereokameramodell entsprechen und bei denen korrespondierende Bildpunkte auf einer Abtastzeile (*epipolare Linie*) liegen.

Diese Wahl des Stereokameramodells erfolgt unabhängig von der Wahl der Stereoverfahren bzw. der Bildprimitiva zur Berechnung des Disparitätsfeldes. Sie wird bestimmt durch den Wunsch nach einer 'einfachen' Abbildungsgeometrie sowie dem Wunsch nach Einschränkung des potentiellen Suchbereichs durch eine *Epipolargeometrie* [Pos90, S.18 ff.].

Nach dieser Transformation können die Stereobilder, die im *RGB-Format* vorliegen, noch weiteren Farbraumtransformationen unterworfen werden [Dip90, S.21-29]. Zur Zeit werden Stereobilder in den Farbräumen *RGB, rgY, HSI,* $U^* V^* W^*$, *Lab* verwendet.

3 Blockvergleich

Der ***Blockvergleich*** gehört zur Klasse der *Korrelationsverfahren* und ist von seiner Struktur her einfach zu implemetieren. Es handelt sich hierbei im wesentlichen um ein Minimierungsverfahren, bei dem lokale Korrespondenzkriterien ausgewertet werden. Um den Rechenaufwand zu begrenzen und um Mehrdeutigkeiten zu vermeiden, wird sowohl eine Auflösungshierarchie als auch eine Einschränkung des Disparitätsfeldes in jeder Auflösungsstufe verwendet. Diese Einschränkung wird von dem Tiefenbereich, den die Aufnahme überdeckt, sowie den ***Stereoparametern*** (Stereobasis, Brennweite, ...) bestimmt.

3.1 Algorithmus

Die Erzeugung der Auflösungshierarchie für den ***Blockvergleich*** erfolgt durch sukzessives Unterabtasten, wobei ein Pixel in der niedrigeren Auflösungsstufe durch Mittelwertbildung aus den vier korrespondierenden Pixeln der höheren Auflösungsstufe erzeugt wird. Dies ist ohne weitere Tiefpaßfilterung möglich, weil CCD-Kameras in jedem Pixel das Integral der auftreffenden Strahlungsleistung über die Fläche des Pixels bilden. Die Dimension der Stereobilder verringert sich dabei bei jedem Schritt um den Faktor 2 in beiden Achsen. Die Erzeugung der Startdisparitätsfelder in den höheren Auflösungsstufen erfolgt durch Multiplikation der Disparitätswerte aus der nächstniedrigeren Auflösungsstufe mit dem Faktor 2 und Linearinterpolation der Zwischenwerte.

Das Ziel des Algorithmus ist es ein ***dichtes Diparitätsfeld*** $D(x, y)$ zu erzeugen. D. h. für jeden Punkt (x, y) eines der beiden Stereoteilbilder sollte der korrespondierende Bildpunkt im anderen Stereoteilbild gefunden werden. Für Punkte des einen Stereoteilbildes, die keinen korrespondierenden Bildpunkt im anderen Teilbild haben, (verdeckte Bereiche) sollte der Algorithmus eine besondere Kennzeichnung generieren.

Der Algorithmus selbst kann so formuliert werden:

Berechne für jedes Pixel $P^R(x,y)$ des rechten Stereobildes das Minimum einer von der Disparität d abhängigen Korrelationsfunktion $K(d) = K(x,y,d)$, die durch

$$K(x,y,d) = \sum_{i=-(n_x-1)/2}^{(n_x-1)/2} \sum_{j=-(n_y-1)/2}^{(n_y-1)/2} \sqrt{\sum_{k=1}^{3} a_k (I_k^R(x+i, y+j) - I_k^L(x+d+i, y+j))^2}$$

gegeben ist.

Hierbei ist

- n_x die Fenstergröße in x-Richtung. $n_x \in \{3,5,7,...\}$
- n_y die Fenstergröße in y-Richtung. $n_y \in \{3,5,7,...\}$
- $I_k^R(x,y)$ die Intensität der k-ten Komponente des Farbvektors an der Koordinate (x,y) im rechten Stereoteilbild.
- $I_k^L(x,y)$ die Intensität der k-ten Komponente des Farbvektors an der Koordinate (x,y) im linken Stereoteilbild.
- a_k ein Gewichtungsfaktor für den Farbkanal k.

Die für die Berechnung der Korrelationsfunktion zugelassenen Disparitätswerte d sind sowohl von den Einschränkungsbedingungen der Aufnahmegeometrie als auch den Ergebnissen aus der niedrigeren Auflösungsstufe abhängig. Der Disparitätswert d, für den dieses Minimum erreicht wird, wird dann im Disparitätsfeld an der Stelle (x,y) eingetragen. Für die Wahl des Minimums gilt dabei noch die Einschränkung, daß das Minimum der Korrelationsfunktion nur dann als ***signifikantes Minimum*** akzeptiert wird, wenn es unterhalb einer gewissen Schwelle liegt. Diese Schwelle kann als Bruchteil S vom Mittelwert aller Korrelationswerte für das ganze Bild interaktiv gewählt werden.

$$D(x,y) = \left\{ d | K(x,y,d) \text{ ist Minimum und } K(x,y,d) < S \frac{1}{N_d} \sum_d K(x,y,d) \right\}$$

S ist ein Wert zwischen 0 und 1.
N_d ist die Anzahl der an der Position (x,y) erlaubten Disparitätswerte.

Da bei diesem Verfahren kein iteriertes Berechnen der Disparitätswerte stattfindet, kann es passieren, daß, bedingt durch Glättungseffekte in der Auflösungshierarchie und durch dadurch bedingte Einschränkungen des Suchbereiches, lokale Minima der Korrelationsfunktion detektiert werden, die nicht dem globalen Minimum entsprechen. Diese Fehler können mit dem Verfahren ***Simuliertes Ausfrieren*** vermieden werden.

3.2 Ergebnisse

Zum Testen des Algorithmus wurde ein sogenannter **Rubik–Würfel** aufgenommen. Um die berechneten Disparitätswerte mit den 'korrekten' Disparitätswerten vergleichen zu können, wurden die Disparitätswerte der Eckpunkte des Würfels am Bildschirm visuell bestimmt und die Disparitätswerte auf den Flächen des Würfels zwischen den Eckpunkten interpoliert. Danach wurde für ein mit dem Algorithmus berechnetes Disparitätsfeld der Mittelwert μ und die Standardabweichung σ der Differenz der Disparitätswerte mit den 'korrekten' Disparitätswerten ermittelt.

Als Beispiel wurde der **Rubik–Würfel** in der *RGB-Darstellung* mit einer 1-1-1 Gewichtung (Gleichgewichtung) der Farbkanäle und in der *rgY-Darstellung* mit einer 0-0-1 Gewichtung (Schwarz–/Weiß-Darstellung) verarbeitet. Die Fenstergrößen betrugen 11^2 und 21^2 Bildpunkte bei einer Bildgröße von 256^2 Pixeln. In Tabelle 1 sind die Ergebnisse für die beiden Fenstergrößen wiedergegeben.

	μ	σ
RGB, 11^2	-0.10	0.54
rgY, 11^2	-0.07	2.21
RGB, 21^2	-0.11	0.49
rgY, 21^2	-0.11	0.52

Tabelle 1:

Bei einer kleinen Fenstergröße (11^2) liefert die Verarbeitung des RGB–Bildes eine größere Genauigkeit als die des dazugehörigen Schwarz–/Weiß-Bildes. Bei der Fenstergröße 21^2 ist dieser Unterschied praktisch nicht mehr vorhanden, da das Fenster nun mehrere Farbflächen des Würfels überdeckt. Der erlaubte Disparitätsbereich war für diese Untersuchungen manuell stark eingeschränkt.

4 Simuliertes Ausfrieren

Im Jahr 1953 wurde erstmals von Metropolis und seinen Kollegen ein Algorithmus zur Simulation des Übergangs eines Festkörpers in das thermische Gleichgewicht vorgestellt [Met53]. Es dauerte dann weitere 30 Jahre bis Černy [Cer85] erkannte, daß es eine Analogie zwischen den Kostenoptimierungsproblemen der Kombinatorik und dem Abkühlen eines Festkörpers auf einen Grundzustand gibt.

Die Grundidee des *Simulierten Ausfrierens* besteht darin, den Prozeß, der beim Abkühlen einer Festkörperprobe aus dem flüssigen in den festen Zustand abläuft, auf dem Rechner nachzubilden. Die einzelnen Atome sind in der flüssigen Phase an keine Gitterplätze gebunden. Ihre Energie ist auf Grund der chaotischen (Wärme-)Bewegung sehr hoch, so daß die Gesamtenergie des Systems auch hoch ist. Kühlt man nun die Probe langsam ab (Energieentzug), so kann man beobachten, daß sich die Atome teilweise auf ihren Gitterplätzen in einer Kristallstruktur anordnen. Setzt man diesen Abkühlungsprozess lange und langsam genug fort, so gelangt man in einen Zustand, in dem alle Atome auf ihren Gitterplätzen quasi 'eingefroren' sind. Man hat nun den Zustand der niedrigsten Energie des Systems, den Grundzustand, und damit den Zustand höchster Ordnung erreicht. Möchte man dieses Verhalten auf dem Rechner simulieren, so muß man zuerst eine Energiefunktion definieren welche die Wechselwirkung der einzelnen Atome beschreibt. Man startet das System in einem Zustand hoher Energie ('hohe Temperatur') und erniedrigt nun schrittweise die Temperatur. Dies erreicht man dadurch, daß man vom Rechner Zustandsänderungen berechnen läßt und, in Abhängigkeit von der Temperatur, Zustandsänderungen, die eine Energieerhöhung bewirken, nur mit einer gewissen Wahrscheinlichkeit, die für $T \to 0$ auch gegen Null geht, zuläßt. Je mehr sich nun die Temperatur dem Nullpunkt nähert, um so mehr nähert man sich dem globalen Energieminimum für das System [Laa87, S.17 ff.].

Überträgt man diese Gedanken auf den Bereich der Stereobildverarbeitung, so kann man einige Analogien erkennen. Das 'Energieminimum, d.h. der Grundzustand ist im Idealfall erreicht, wenn das Korrespondenzproblem gelöst ist und zu jedem Bildpunkt aus einem Stereoteilbild der korrespondierende Bildpunkt aus dem anderen Stereoteilbild gefunden wurde. Die Begriffe *Energie* und *Temperatur* kommen aus dem Bereich der Physik und sind eng gekoppelt. Im Bereich der Kombinatorik sind sie gleichzusetzen mit dem Begriff *Kosten*. Die Energiefunktion beschreibt in der Physik die Kopplung der Atome, in der Stereobildverarbeitung die Kopplung korrespondierender Bildpunkte über die Disparitätsmatrix.

Da die Energiefunktion für alle Bildpunkte die gleiche Form hat, besitzt man ein hochparalleles

System. Da es sich um eine einfache lokal begrenzte Funktion handelt, läßt sich das System mit *Neuronalen Netzen* vergleichen, bei denen für die einzelnen Neuronen (= Bildpunkte) eine einfache Struktur und 'primitive' Verarbeitungsleistung gefordert wird.

4.1 Algorithmus

Bei der Implemetierung eines Algorithmus für *Simuliertes Ausfrieren* gibt es verschiedene Möglichkeiten, das 'Ausfrieren' zu realisieren. Allen Implementierungen gemeinsam ist jedoch die Bereitstellung einer *Kostenfunktion* oder *Energiefunktion.* Wir verwenden hierfür eine Funktion, die aus zwei Teilen besteht: einem Anteil, der wie beim *Blockvergleich* den *Korrelationsgrad* zweier potentiell korrespondierender Bildpunkte und deren Umgebung beschreibt, der zweite Anteil spiegelt die Umgebung des untersuchten Bildpunktes im Disparitätsfeld wieder. Gleiche oder ähnliche Disparitäten in der Nachbarschaft führen dabei zu einem energieabsenkenden Beitrag.

Die Energiefunktion $E(d) = E(x,y,d)$ für ein Pixel $P^R(x,y)$ des rechten Stereoteilbildes läßt sich demnach folgendermaßen definieren:

$$E(x,y,d) = E_K(x,y,d) + gE_D(x,y)$$

Dabei ist $E_K(x,y,d)$ der Energieanteil, der vom Korrelationsgrad der Bildpunkte $P^R(x,y)$ und $P^L(x+d,y)$ sowie ihrer Umgebungen abhängt. Er ist wie beim *Blockvergleich* folgendermaßen definiert:

$$E_K(x,y,d) = \sum_{i=-(n_x-1)/2}^{(n_x-1)/2} \sum_{j=-(n_y-1)/2}^{(n_y-1)/2} \sqrt{\sum_{k=1}^{3} a_k (I_k^R(x+i,y+j) - I_k^L(x+d+i,y+j))^2}$$

Die Parameter n_x, n_y, $I_k^R(x,y)$, $I_k^L(x,y)$ und a_k haben die gleiche Bedeutung wie beim *Blockvergleich.*

$E_D(x,y)$ ist der Energieanteil, der die 'Glattheit' des Disparitätsfeldes berücksichtigt. Er ist folgendermaßen definiert:

$$E_D(x,y) = \sum_{i=-(m_x-1)/2}^{(m_x-1)/2} \sum_{j=-(m_y-1)/2}^{(m_y-1)/2} \sqrt{(D(x+i,y+j) - D(x,y))^2}$$

Hierbei ist

- m_x die Fenstergröße in x-Richtung. $m_x \in \{3,5,7,...\}$

- m_y die Fenstergröße in y-Richtung. $m_y \in \{3, 5, 7, ...\}$

g ist ein Gewichtsfaktor, der es ermöglicht, das Verhältnis der beiden Energiebeiträge zu variieren. Siehe hierzu auch [Bar87].

4.1.1 Metropolis-Algorithmus

Nach der Definition der verwendeten Energiefunktion folgt nun die Beschreibung des *Metropolis-Algorithmus* in der hierarchischen Implementierung.

Er läßt sich in 5 Stufen gliedern:

1. Bildung der Auflösungshierarchie wie im Teil *Blockvergleich* beschrieben.
2. Initialisierung des Disparitätsfeldes in der niedrigsten Auflösungsstufe. Dabei werden die Disparitätswerte aus dem erlaubten Disparitätsbereich mit Hilfe eines Zufallszahlengenerators erzeugt.
3. Berechnung eines neuen Disparitätsfeldes nach folgender Vorschrift:
   (a) Erzeuge für jedes Pixel $P^R(x, y)$ einen neuen Disparitätswert d_{neu} aus dem erlaubten Disparitätsbereich mit Hilfe eines Zufallszahlengenerators
   (b) $\Delta E = E(x, y, d_{neu}) - E(x, y, d_{alt})$
   (c) $D(x,y) = \begin{cases} d_{neu} & \text{wenn} \quad \Delta E < 0 \\ d_{neu} \text{ mit } P(\Delta E) & \text{wenn} \quad \Delta E \geq 0 \\ d_{alt} & \text{wenn} \quad d_{neu} \text{ nicht akzeptiert wird} \end{cases}$

   $P(\Delta E)$ ist dabei proportional zu $\exp(\Delta E/T)$, wobei T eine (fiktive) Temperatur darstellt, die beim mehrmaligen Durchlaufen des Algorithmus schrittweise erniedrigt wird.

   (d) Wiederhole ab Stufe 3.a den Algorithmus, solange die Anzahl der akzeptierten neuen Disparitätswerte $N_{d_{neu}}$ größer als $N_{d_{alt}}$ ist.
4. Erniedrigung von T um einen bestimmten Betrag und Wiederholung ab Stufe 3 solange, bis keine signifikante Änderung der Gesamtenergie des Disparitätsfeldes erfolgt.
5. Wenn die höchste Hierarchistufe noch nicht erreicht ist, Erzeugung des Startdisparitätsfeldes der nächsthöheren Auflösungsstufe analog dem *Blockvergleich* und Start mit Stufe 3 in dieser Auflösungsstufe. Ansonsten Beendigung des Algorithmus.

Für die Stufen 3. und 4. siehe auch [Met53]. Um die Rechenzeiten in Grenzen zu halten, wird nur in der niedrigsten Auflösungsstufe der Bereich für d_{neu} auf den durch die Aufnahmegeometrie vorgegebenen Bereich eingeschränkt. In allen anderen Hierarchiestufen dürfen die neuen Disparitätswerte d_{neu} nur um einen gewissen Betrag ϵ um d_{alt} schwanken. Zur Berechnung der Wahrscheinlichkeit $P(E_{neu})$ für einen Disparitätswert, der einen energieerhöhenden Beitrag liefert, ist die Berechnung einer exp-Funktion notwendig. Diese ist i. a. ohne spezielle Hardware sehr zeitaufwendig. Deshalb wurde der *Creutz-Algorithmus* entwickelt, der diesen Nachteil vermeidet.

4.1.2 Creutz-Algorithmus

Der Unterschied zum *Metropolis-Algorithmus* liegt nur im Abschnitt 3.c und 4. Während beim *Metropolis-Algorithmus* bei konstanter Temperatur T die Gesamtenergie des Systems bei jedem Durchlauf niedriger wird, bleibt beim *Creutz-Algorithmus* die Gesamtenergie konstant [Cre83]. Für Schritt 3.c bedeutet das:

$$E_{ges} = \left(\sum_{x,y} E_D(x,y)\right) + E_{Dämon}$$

$$\Delta E = E(x,y,d_{neu}) - E(x,y,d_{alt})$$

$$D(x,y) = \begin{cases} d_{neu} & \text{wenn} \quad \Delta E < E_{Dämon};\ \text{setze}\ E_{Dämon} = E_{Dämon} - \Delta E \\ d_{alt} & \text{wenn} \quad d_{neu}\ \text{nicht akzeptiert wird} \end{cases}$$

In Schritt 4. wird nicht die Temperatur T erniedrigt, sondern dem System eine gewisse 'Menge' Energie entzogen, indem die Energie des *Energiedämons* erniedrigt wird:

$$E_{Dämon} \rightarrow E_{Dämon} - \delta E$$

Das Abbruchkriterium für die 4. Stufe ist das gleiche wie beim *Metropolis-Algorithmus.*

4.1.3 Diskussion

Sowohl der *Metropolis-Algorithmus* als auch der *Creutz-Algorithmus* sind auf Grund ihrer lokalen Struktur relativ einfach parallelisierbar. Dies, und die potentielle Möglichkeit das globale Minimum der Energiefunktion zu erreichen, lassen diese beiden Verfahren geeignet erscheinen, aus Farbstereoaufnahmen ***dichte Tiefenbilder*** zu berechnen. Betrachtet man die Algorithmen aus der Sicht der ***neuronalen Netze***, so kann man jedes Neuron $N(x, y)$ mit einem Pixel $P(x, y)$ identifizieren. Für jedes Neuron existiert die gleiche Energiefunktion $E_D(x, y, d)$. Die Entscheidung, ob ein Neuron 'feuert' oder nicht ist gleichbedeutend mit der Entscheidung ob ein neuer Disparitätswert d_{neu} akzeptiert wird oder nicht. Die Verbindungsstruktur der Neuronen untereinander läßt sich analog zur Energiefunktion in zwei Teile spalten. Einerseits bestehen Verbindungen aller Neuronen untereinander innerhalb einer Zeile y. Allerdings erhält nur die Verbindung mit dem Abstand $d = D(x, y)$ für ein Neuron $N(x, y)$ das Gewicht 1, alle anderen Verbindungen von diesem Neuron zu anderen Neuronen erhalten das Gewicht 0. Andererseits hat jedes Neuron Verbindungen zu seinen nächsten Nachbarn in der Matrix, das Gewicht dieser Verbindungen ist proportional zu dem Gewichtsfaktor g.

Im Rahmen einer Studienarbeit wurden erste Ergebnisse zum ***Metropolis-Algorithmus*** gewonnen.

4.2 Ergebnisse

Es wurde wie beim *Blockvergleich* ein Stereobild des **Rubik--Würfel** in der *RGB-Darstellung* verarbeitet. Die Lateralauflösung betrug 256^2 Pixel. Die Berechnung des Mittelwertes μ und der Standardabweichung σ erfolgte wie beim *Blockvergleich*. Die Darstellung der Ergebnisse in Tabellenform ist wegen der Vielzahl der veränderbaren Parameter schwer. Deshalb werden einige markante Beispiele vorgestellt.

	μ	σ
Fenstergröße 9^2	0.40	0.61
Fenstergröße 11^2	0.40	0.59
Disp. 90-145	3.73	25.62
Disp. 114-121	0.36	0.55
$g = 1.5$	0.40	0.62
$g = 0.1$	0.42	0.91

Tabelle 2:

Diese Werte sollen als Beispiele dafür dienen, daß ein leichte Variation der Fenstergröße relativ wenig Einfluß auf das Ergebnis besitzt, die Einschränkung des Disparitätsbereiches bei einer bestimmten Parameterwahl von entscheidender Bedeutung sein kann und dem Gewichtsfaktor g doch eine erhebliche Bedeutung zukommt.

5 Portierung auf Multiprozessoren

Der Creutz-Algorithmus aus dem vorhergehenden Kapitel *Simuliertes Ausfrieren* eignet sich besonders zur Portierung auf ein Mehrprozessorsystem, da für die eigentlichen Rechenoperationen keine speziellen Gleitkommaprozessoren (Exponentialfunktion) benötigt werden und der Lokalspeicherbedarf für die einzelnen Prozessoren gering gehalten werden kann. Die Portierung erfolgt in Zusammenarbeit mit dem Lehrstuhl Prof. D. Seitzer, Forschungsgruppe E (FG–E), sowie dem Lehrstuhl für Betriebssysteme von Prof. F. Hofmann, die auch Mitglieder des SFB 182 sind. Die Portierung erfolgt in einer ersten Version auf einem Multiprozessor der Firma Sequent Symmetry. Dieses Multiprozessorsystem stellt 12 Prozessoren der Firma INTEL vom Typ 80386 unter einer UNIX–Umgebung zur Verfügung. Für die Verwaltung und Verteilung der Systemresourcen sowie der Daten wird ein Programmpaket verwendet, das im Rahmen einer Diplomarbeit in der FG–E entwickelt worden ist [Kue90]. Die Implementierung des *Creutz-Algorithmus* erfolgt im Rahmen einer zur Zeit laufenden Diplomarbeit. Die Stereoteilbilder sowie die Disparitätsfelder werden in einem *'Shared Memory'-Bereich* abgelegt, so daß alle Prozessoren auf die Bild- und Disparitätsdaten Zugriff haben. Dann wird das Bildfeld auf jeder Hierarchiestufe in Abhängigkeit von der Prozessoranzahl in waagerechte Bildstreifen aufgeteilt. Diese separaten Bildstreifen werden dann den einzelnen Prozessoren zur Bearbeitung zugewiesen. Dabei kopiert sich jeder Prozessor die von ihm gerade benötigten Daten in seinen lokalen Speicher um Zugriffskonflikte im *Shared Memory* zu vermeiden. Die berechneten Disparitätswerte werden dann jedoch wieder zeilenweise im *Shared Memory* abgelegt. Nach jedem kompletten Abarbeiten der einzelnen Bildstreifen erfolgt eine globale Synchronisation der verwendeten Prozessoren.

Bei der Auswertung werden neben den Variationen der Parametersätze des *Creutz-Algorithmus* die *Speed-Up-Kurven* für verschiedene Prozessoranzahlen sowie die damit erreichbare Effizienz der Implementierung gemessen. Nicht in die Messung mit einbezogen wird die Erstellung der Auflösungshierarchie, da sich in Vorversuchen gezeigt hat, daß der damit verbundene Zeitaufwand gegenüber der eigentlichen Berechnung des Disparitätsfeldes bedeutugslos ist.

Literatur

[Bar87] S. T. Barnard: *Stereo Matching by Hierarchical, Microcanonical Annealing.* In *Proceedings Image Understanding Workshop*, S. 792–797, Los Angeles, 1987.

[Cer85] V. Černy: *Thermodynamical Approach to the Travelling Salesman Problem: An Efficient Simulation Algorithm.* J. Opt. Theory Appl., (45): S. 41–51, 1985.

[Cre83] M. Creutz: *Microcanonical Monte Carlo simulation.* Physical Review Letters, 50(19): S. 1411–1414, Mai 1983.

[Dip90] J. Dippel: *Kantendetektion in Farbräumen, Die Grundlage der Kantendetektion in verschiedenen Farbwertkoordinatensystemen anhand ausgewählter Maskenoperatoren.* Diplomarbeit, Lehrstuhl für Mustererkennung, Friedrich-Alexander-Universität Erlangen-Nürnberg, Erlangen, 1990.

[Kue90] W. Kuehnel: *Entwurf und Implemetierung eins objektorientierten Datenhaltungssystems für Multiprozessoren mit Globalspeicher.* Diplomarbeit, Lehrstuhl für Technische Elektronik, FG–E, Friedrich-Alexander-Universität Erlangen-Nürnberg, 1990.

[Laa87] P. v. Laarhoven, E. Aarts: *Simulated Annealing: Theory and Applications.* Mathematics and its Applications, D. Reidel Publishing Company, Dordrecht, 1987.

[Met53] N. Metropolis, A. Rosenbluth, M. Rosenbluth, A. Teller, E. Teller: *Equation of State Calculations by Fast Computing Machines.* J. of Chem. Physics, (21): S. 1087–1092, 1953.

[Nie87] H. Niemann: *Wissensbasierte Bildverarbeitung industrieller Szenen.* In K. Feldmann, et al. (Editoren): *Proc. Fachtagung Rechnerintegrierte Produktionssysteme*, S. 133–148, Friedrich-Alexander-Universität Erlangen-Nürnberg, Erlangen, 1987.

[Nie90] H. Niemann: *Pattern Analysis and Understanding.* Springer Verlag, Berlin, Second Ed., 1990.

[Pos90] S. Posch: *Automatische Tiefenbestimmung aus Grauwert-Stereobildern.* Dissertation, Deutscher Universitäts Verlag, Wiesbaden, 1990.

Basismechanismen zur Kooperation beim parallelen VLSI-Entwurf

Christoph Hübel, Wolfgang Käfer (Teilprojekt D2)
Horst Pahle, Ernst Siepmann (Teilprojekt B4)
Sonderforschungsbereich 124
Fachbereich Informatik
Universität Kaiserslautern

Überblick

Der Entwurf komplexer hochintegrierter Schaltkreise erfolgt nach bestimmten Entwurfsmethoden, die eine mehr oder weniger starke Strukturierung des gesamten Entwurfsablaufes vorschreiben. Wie am Beispiel einer konkreten VLSI-Entwurfsumgebung aufgezeigt, können Teile eines solchen Entwurfsablaufes, also Teilabläufe oder einzelne Entwurfsschritte, voneinander unabhängig und parallel abgewickelt werden. Andere Teilabläufe sind voneinander abhängig und erfordern eine strikt sequentielle Durchführung. Daneben gibt es eine ganze Reihe von Entwurfsschritten, die zwar untereinander in Beziehung stehen, aber dennoch eine kontrolliert parallele Bearbeitung erlauben. Die zwischen den parallel ausgeführten Entwurfsschritten auftretenden Wechselwirkungen haben ihre Ursache hierbei in einem gemeinsamen Ziel, nämlich der Entwicklung eines übergeordneten VLSI-Entwurfsobjektes, und in der Erkenntnis, daß dieses Ziel gemeinsam, also **kooperativ** am "schnellsten" oder am "besten" erreicht werden kann. Gegenstand der Kooperation sind die Entwurfsobjekte bzw. vorläufige und unvollständige Komponenten davon, so daß die Kontrolle der kooperierenden Abläufe besondere Anforderungen an die Entwurfsdatenhaltung stellt.

In dem vorliegenden Beitrag werden Basismechanismen vorgestellt, die eine Zerlegung der Entwurfsabläufe in Entwurfschritte und deren parallele Abwicklung in einer verteilten und heterogenen Systemumgebung ermöglichen. Besonderes Gewicht wird auf die Konzepte der Kooperationskontrolle gelegt. Die Anwendbarkeit der eingeführten Mechanismen wird an Beispielen aus der betrachteten VLSI-Entwurfsumgebung diskutiert.

1. Einleitung

Mit wachsender Integrationsdichte und der damit verbundenen Komplexitätserhöhung beim VLSI-Chip-Entwurf gewinnt die Strukturierung des Entwurfsablaufes und die Entwicklung einer Entwurfsmethodologie zunehmend an Bedeutung. Die in /Zim86/ beschriebene Entwurfsmethodik unterscheidet verschiedene Entwurfsbereiche, die jeweils durch hierarchisch angeordnete Beschreibungsebenen schrittweise verfeinert werden. Neben seinem Verhalten bzw. seiner Funktion wird das Entwurfsobjekt (VLSI-Baustein) in seiner realisierungs-unabhängigen Zusammensetzung, seiner Struktur beschrieben. Diese strukturelle Beschreibung umfaßt vor allem Schaltplan, Netz- und Komponentenliste einer VLSI-Zelle. Weitere Bereiche machen u.a. Aussagen über den konkreten physischen Aufbau des Entwurfsobjektes. Dazu gehört ein Floorplan, der als Grobstruktur anschließend schrittweise bis zum Masken-Layout konkretisiert wird.

Für einen Entwurf sind in allen Bereichen hierarchisch verfeinerte Beschreibungen und Darstellungen des betreffenden Entwurfsobjektes erforderlich. Dadurch ergeben sich vielfältige Abhängigkeiten zwischen diesen verschiedenen Repräsentationsformen des gleichen Entwurfsobjektes. Für die Gestaltung und Optimierung des Entwurfs in den einzelnen Bereichen sowie für die Übergabe von Spezifikations- und Schnittstellendaten zwischen den Bereichen gibt es eine Vielzahl von VLSI-Werkzeugen, deren Anwendung durch Präzedenzstrukturen geregelt wird. Die Werkzeuge aktualisieren oder transformieren dabei die Objektdarstellungen. Durch Parametrisierung und interaktive Nutzung der Werkzeuge werden häufig Versionen zu einer gegebenen Repräsentationsform abgeleitet, die natürlich dadurch vom Ausgangsobjekt abhängig werden. Neben dem Begriff der Version, der in seiner Bedeutung eine Weiterentwicklung einer bestimmten Objektdarstellung beschreibt, wird in /Zim86/ der Begriff der Alternative eingeführt, nach dem "gleichwertige" Objektrepräsentationen ohne einen zeitlichen Bezug als Alternativen bezeichnet werden. Versionen, Alternativen und vielfältige Abhängigkeitsbeziehungen entstehen in allen Entwurfsbereichen sowie auf allen Beschreibungsebenen. Die Vernetzung dieser Strukturen sowie ihre Handhabung erfordert Mechanismen zum Anlegen, Auffinden und Manipulieren von Versionen und Alternativen und zur Kontrolle der Abhängigkeitsbeziehungen.

Aufgrund der Komplexität der zu entwerfenden VLSI-Bausteine und der eingesetzten Werkzeuge bzw. Entwurfsalgorithmen ergeben sich i. allg. lange andauernde Entwurfszyklen. Zu ihrer Verkürzung erfolgt die Entwurfsabwicklung möglichst parallel in einer Gruppe kooperierender Entwerfer. Dies wird aus entwurfsorganisatorischer Sicht durch die hierarchische Zerlegung der Entwurfsobjekte unterstützt. Die Nutzung paralleler und kooperierender Aktivitäten ist nicht nur auf der Ebene der Entwerfer, sondern auch auf der Ebene der Entwurfswerkzeuge und der dort eingesetzten Algorithmen möglich. So ist vorstellbar, daß bestimmte durch den Entwerfer aktivierte Entwurfswerkzeuge automatisch weitere Entwurfswerkzeuge aktivieren, die jeweils Teile einer Entwurfsaufgabe übernehmen. Ebenso können die Algorithmen innerhalb eines VLSI-Entwurfswerkzeuges so angelegt sein, daß sie Parallelität nutzen und eine Lösung durch den kooperativen Ablauf interner Ablaufeinheiten ermittelt wird. Die in VLSI-Entwurfsumgebungen meist vorherrschende Rechnerausstattung - eine Vielzahl von Arbeitsplatzrechnern sind über ein lokales Kommunikationsnetzwerk untereinander und mit einigen wenigen zentralen Server-Rechnern verbunden - ermöglicht darüber hinaus eine echt-parallele Abwicklung der Entwurfsschritte. Die konkrete Umsetzung dieser Ideen macht eine Unterstützung durch Basismechanismen zur Zerlegung und zur flexiblen Verteilung der einzelnen Entwurfsschritte, also zum "Anstoßen" der parallelen Aktivitäten und zum "Aufsammeln" der erwarteten Resultate, sowie zur Kontrolle und zur Koordination der Abläufe erforderlich. Da sich sowohl die parallelen Aktivitäten als auch die Kooperation auf die Entwurfsobjekte beziehen, ergeben sich hieraus eine Reihe spezieller Anforderungen an die Datenhaltungskomponente innerhalb einer VLSI-Entwurfsumgebung.

Im vorliegenden Beitrag werden zunächst aus Sicht der VLSI-Entwurfsanwendung Beispiele aufgeführt, wie Parallelität genutzt und Kooperation durchgeführt werden kann. Anhand dieser Beispiele können eine Reihe allgemeinerer Anforderungen abgeleitet werden. Im dritten Kapitel werden dann ein Basiswerkzeug zur verteilten Abwicklung von Entwurfsschritten sowie erste Ansätze zu einer datenbank-gestützten Kooperationskontrolle in Entwurfsanwendungen vorgestellt.

2. Kooperation beim VLSI-CHIP-Entwurf - Eine Fallstudie

Im folgenden Kapitel sollen Ansätze zur Parallelisierung im VLSI-Entwurfssystem PLAYOUT /Zim88.2/ aufgezeigt werden. Hierbei wird grundsätzlich unterschieden, ob Parallelität in Folge des Einsatzes allgemeiner Entwurfsmethoden erziehlt wird (beispielsweise der hierarchischen Zerlegung) oder, ob Parallelität in speziellen VLSI-Algorithmen besteht. Hierzu werden in Kapitel 2.1 die in PLAYOUT genutzten allgemeinen Entwurfsmethoden vorgestellt. Kapitel 2.2 beschreibt die Anwendung dieser Entwurfsmethoden und in Kapitel 2.3 werden Ansätze zur Parallelisierung beschrieben, die durch den Einsatz dieser Entwurfsmethoden entstehen bzw. in VLSI-Algorithmen vorhanden sind.

2.1 Entwurfsmethoden

Bei der Erstellung großer Systeme werden häufig Entwurfsmethoden berücksichtigt, die eine Zerlegung des Gesamtproblems in kleine überschaubare Teilprobleme erlauben. Hierzu gehören der **Einsatz von Bibliotheken**, die **Methode der schrittweisen Verfeinerung** und die **hierarchische Entwurfsmethode**. Zunächst werden diese Methoden an Hand des Problems der Erstellung eines komplexen Softwaresystems kurz erläutert.

Bei der Erstellung komplexer Softwareprodukte bedient sich ein Programmierer häufig Bibliotheksbausteinen, die mächtigere Operatoren als die verwendete Implementierungssprache bereitstellen. Hierzu gehören beispielsweise Grafikroutinen, Routinen zur komplexen Stringverarbeitung, Routinen zur Definition einer interaktiven Benutzeroberfläche usw. Weiterhin wird ein Programmierer bestrebt sein, für häufig benutzte Operatoren, die nicht in Bibliotheken zur Verfügung stehen, eine eigene Bibliothek zu erstellen.

Die Erstellung des ausführbaren Codes erfolgt meist durch schrittweise Verfeinerung. Zunächst wird ein Pflichtenheft erstellt, anschließend werden diese Anforderungen als Programm in einer höheren Programmiersprache codiert, welches schließlich in ausführbaren Code übersetzt wird.

Der Entwurf des Programmsystems erfolgt in der Regel hierarchisch. Das Gesamtsystem wird in Moduln zerlegt, die unabhängig voneinander erstellt werden können. Jedes Modul wird hierbei in ein Definitionsmodul und ein Implementierungsmodul zerlegt. Das Definitionsmodul beschreibt die Schnittstelle des Moduls. Das Implementierungsmodul enthält die Realisierung, wobei teilweise Schnittstellenbeschreibungen weiterer Moduln genutzt werden.

2.2 Einsatz von Entwurfsmethoden im PLAYOUT-System

Im folgenden Abschnitt soll der Einsatz der in Abschnitt 2.1 vorgestellten Entwurfsmethoden für die Maskendatenerstellung einer Schaltung im PLAYOUT-System erläutert werden. Auf Grund der Verwendung dieser Methoden ergeben sich Anforderungen an die Strukturierung der Datenbasis, die daraus abgeleitet wird. Am Ende des Kapitels werden die PLAYOUT-Werkzeuge vorgestellt, die als Operatoren eingesetzt werden, um gemäß der beschriebenen Entwurfsmethoden einen vollständigen Entwurf durchzuführen.

Die PLAYOUT Entwurfsobjekte

Der Entwurf eines Layouts einer Schaltung in PLAYOUT erfolgt schrittweise in verschieden Stadien, die als **Entwurfsbereiche** oder **Domains** bezeichnet werden. Betrachtet man die in PLAYOUT eingesetzten Entwurfswerkzeuge, so kann beispielsweise eine Aufteilung in die folgenden Entwurfsbereiche erfolgen /Man90/.

- Verhalten (Domain Behavior)
- Schaltplan (Domain Structure)
- Flächenfunktion (Domain Shapefunction)
- Floorplan (Domain Floorplan)
- Maskendaten (Domain Masklayout)

Die Beschreibung einer Schaltung erfolgt zunächst im Entwurfsbereich **Verhalten**, durch eine funktionale Beschreibung des Befehlssatzes. In PLAYOUT wird hierzu die Sprache Mimola /KKM87/ benutzt. Daraus wird eine **Schaltplanbeschreibung** in Form einer Modul- und Netzliste abgeleitet. Für alle nicht primitiven Bausteine erfolgt danach die Berechnung einer **Flächenfunktion**, welche eine Abschätzung für mögliche Abmessungen eines Bausteins enthält. In der **Floorplanbeschreibung** werden die Moduln plaziert. Größe und Form der Moduln und der Verdrahtungsräume sind in dieser Entwurfsphase mit Hilfe der Flächenfunktionen und Durchführung einer globalen Verdrahtung bereits relativ genau abgeschätzt. Die **Maskendatenbeschreibung** enthält die exakte Layoutbeschreibung der zu entwerfenden Schaltung. Abb.2.1 skizziert die unterschiedlichen Aspekte einer Schaltung in den verschiedenen Entwurfsbereichen.

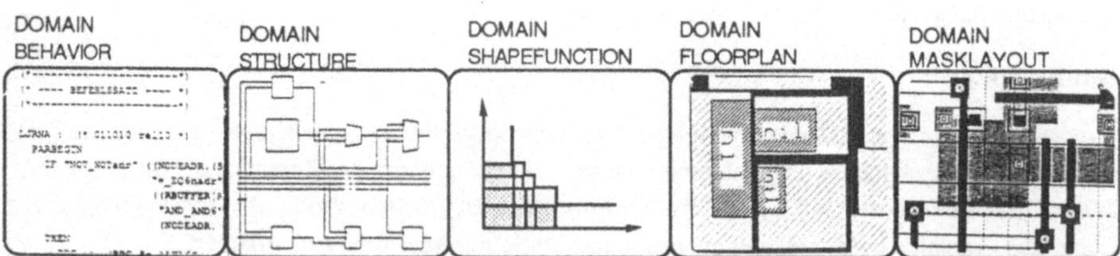

Bild 2.1: Beschreibung einer Zelle in Entwurfsbereichen

Beim Schaltungsentwurf ist es prinzipiell möglich, den Entwurf auf unterschiedliche, terminale **Bibliotheksbausteine** abzubilden. Um beispielsweise den Schaltplanentwurf einer Schaltung möglichst unabhängig von der zu realisierenden Technologie (z.B. bipoloar, nmos, cmos, ...) zu gestalten, werden Zellen aus dem Bereich der Register-Transfer-Logik gewählt, und zu einer Bibliothek zusammengefaßt. Für jede Technologie wird ebenfalls eine Bibliothek von Bausteinen bereitgestellt. Um eine Schaltung in einer anderen Technologie zu realisieren, muß diese nicht vollständig neu entworfen werden; es genügt eine Abbildung der technologieunabhängigen Bausteine auf technologieabhängige Bausteine durchzuführen.

Innerhalb der verschiedenen Entwurfsbereiche kann der Entwurf hierarchisch durchgeführt werden. Das heißt, die zu entwerfende Schaltung wird in kleinere Einheiten partitioniert, die weitestgehend unabhängig voneinander entworfen werden können.

Eine **Partition** beschreibt eine Menge von Elementen, wobei ein Element entweder ein terminaler Bibliotheksbaustein oder wiederum eine Partition sein kann. Die hierarchische Zerlegung einer Schaltung in Partitionen (vgl. Bild 2.2) kann in einem sogenannten **Hierarchiebaum** dargestellt werden kann. Die Wurzel des Baums beschreibt die zu entwerfende Schaltung. Diese wird gerade durch eine Verschaltung von Bibliotheksbausteinen, die durch die Blätter des Hierarchiebaums beschrieben sind, realisiert. Die inneren Knoten des Hierarchiebaums beschreiben die Zerlegung der Gesamtschaltung in Teilschaltungen.

Bild 2.2 zeigt die hierarchische Zerlegung einer Schaltung mit dem dazugehörigen Hierarchiebaum.

Im folgenden bezeichnen wir Objekte, die entweder einen Bibliotheksbaustein oder eine Partition beschreiben, auch als Zelle. Die Information zur Beschreibung einer **Zelle** wird aufgeteilt nach den oben eingeführten Entwurfsbereichen.

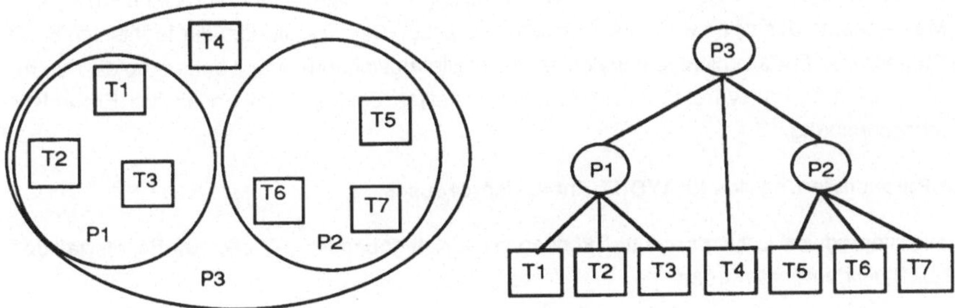

Bild 2.2: hierarchische Zerlegung einer Schaltung und Hierarchiebaum

Zur Unterstützung der hierarchischen Vorgehensweise wird die Beschreibung einer Zelle innerhalb einer Domain weiterhin unterteilt nach **Interface-Beschreibung** (Definitionsmodul) und **Contents-Beschreibung** (Implementierungsmodul). Hiermit können Zellen jedoch nur auf einer Hierarchieebene beschrieben werden. Die vollständigen Beschreibung einer Zelle über alle Hierarchieebenen wollen wir als **Konfigurations-Beschreibun**g bezeichnen.

Da in einem Entwurf mehrmals die gleichen Zellbeschreibungen vorkommen, werden diese **typisiert**. Es wird nur eine Typbeschreibung gespeichert, die dann beliebig oft **instanziiert** werden kann. Weiterhin können Zellbeschreibungen in **Alternativen** und **Versionen** vorliegen.

Der PLAYOUT Entwurfsprozess

Die Arbeitsweise des PLAYOUT-Entwurfsprozesses läßt sich in der oben beschriebenen Entwurfsumgebung folgendermaßen beschreiben. Eine ausführlichere Beschreibung ist in /Sür88/ oder /Zim88/ zu finden.

1. Erzeuge eine Verhaltensbeschreibung einer Schaltung in der MIMOLA-Beschreibungssprache.
2. Erzeuge daraus mit Hilfe des **MIMOLA-Synthesesystems** eine Schaltplanbeschreibung. Dem MIMOLA-System wird hierzu eine Bibliothek von Zellen im Entwurfsbereich Schaltplanbeschreibung zur Verfügung gestellt, die so verschaltet werden, daß gerade die funktionale Vorgabe, die in einer MIMOLA-Beschreibung vorliegt, erfüllt wird. Diese Bibliothek besteht aus Zellen der Register-Transfer-Ebene.
3. Im folgende Schritt werden die von MIMOLA benutzten Zellen auf die Zellbibliothek des physikalischen Entwurfsprozesses abgebildet. Dieser Schritt kann ebenfalls über mehrere Hierarchieebenen erfolgen.

4. Anschließend erfolgt die **Repartitionierung**. Hierbei wird die hierarchische Zerlegung der Schaltung an die Erfordernisse des physikalischen Entwurfsprozesses (Erzeugung der Zellbeschreibung in den Entwufsbereichen Flächenfunktion, Floorplan und Maskenlayout) angepaßt, ohne jedoch deren Funktionalität zu verändern.

5. Mit Hilfe des PLAYOUT-Werkzeugs **ShapeFunctionGenerator** /Kle87/ werden nun die Daten des Entwurfbereichs Flächenfunktion für alle nicht terminalen Zellen des Hierarchiebaums berechnet. Zu den terminalen Bausteinen, beispielsweise den Zellen einer Standardzellbibliothek für einen CMOS-Prozess, ist in der Regel nur eine mögliche Form bekannt. Für die nicht terminalen Zellen des Hierarchiebaums lassen sich eine Reihe möglicher Formen, die durch unterschiedliche, geometrische Anordnungen und Verdrahtung entstehen, mit Hilfe des **ShapeFunctionGenerators** abschätzen. Die Berechnung dieser Daten erfolgt bottom-up über die Zellen des Hierarchiebaums.

6. Im folgenden Schritt werden mit Hilfe des PLAYOUT-Werkzeugs **ChipPlanner** die Daten des Entwurfbereichs Floorplanbeschreibung generiert. Für jede Zelle wird die Form und Position innerhalb der im Hierarchiebaum übergeordneten Zelle bestimmt. Zusätzlich erfolgt auch eine Abschätzung der Größe und Form der Kanäle, in denen die Zellen verdrahtet werden. Die Berechnung dieser Daten erfolgt top-down über die Zellen des Hierarchiebaums.

7. Im letzten Schritt werden mit Hilfe der PLAYOUT-Werkzeuge **CellSynthesis** /Soh90/ und **ChipAssembly** /Gla88/ die Maskendaten der zu entwerfenden Schaltung erzeugt. Die Layoutdaten der terminalen Bibliothekszellen liegen bereits vor. Für alle nicht terminalen Zellen im Hierarchiebaum erfolgt bottom-up die Synthese des Layouts durch Plazierung und Verdrahtung der bereits erstellten Zell-Beschreibungen des Entwurfsbereichs Maskendatenbeschreibung.

2.3 Ansätze zur Parallelisierung des PLAYOUT-Entwurfsprozesses

Ansätze zur Parallelisierung von Entwurfsschritten können in die Kategorien 'Intra-Werkzeug-Parallelität' und 'Inter-Werkzeug-Parallelität' eingeordnet werden.

Mit 'Intra-Werkzeug-Parallelität' sollen Möglichkeiten zur Parallelisierung bezeichnet werden, die innerhalb der VLSI-Algorithmen der PLAYOUT-Werkzeuge auftreten.

Unabhängige Intra-Werkzeug-Parallelität

Eine Klasse von Algorithmen arbeitet hierbei so, daß ein und dasselbe Verfahren auf eine Menge von Daten vollkommen unabhängig angewendet wird. Beispiel hierfür ist der Algorithmus zur Berechnung der globalen Verdrahtung im PLAYOUT-Werkzeug 'ChipPlanner' /Anh90/.

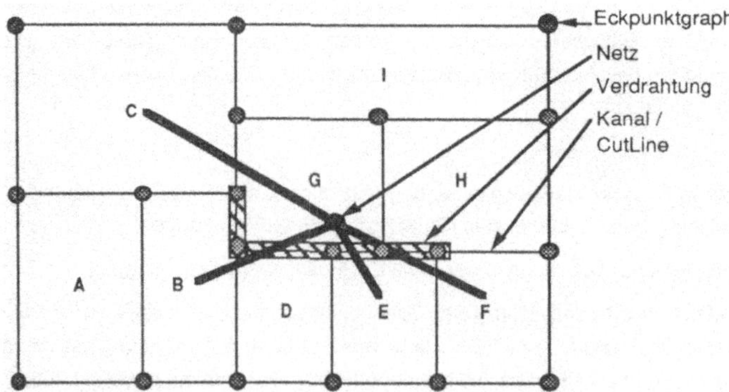

Bild 2.3: globale Verdrahtung auf dem Eckpunktgraph

Nachdem alle Zellen einer Schaltung auf einer Hierarchieebene plaziert sind, erfolgt die geometrische Realisierung der Verbindungsstrukturen dieser Zellen (Netze), also die Verdrahtung. Hierzu werden im Floorplan Kanäle definiert, worin die Verdrahtung realisiert werden muß. Im ChipPlanner sind nur Plazierungen möglich, denen eine Slicing-Struktur zu Grunde liegt. Das heißt, daß die zur Verfügung stehende Fläche durch Schnitte (**CutLines**) solange in zwei Teile geschnitten wird, bis jede Fläche die daraus entsteht nur noch eine Zelle enthält (siehe Bild 2.3). Jedem dieser Schnitte wird ein Kanal zugeordnet. Nimmt man zur Menge der Schnittlinien noch die vier äußeren Begrenzungslinien hinzu, und betrachtet man die Schnittpunkte als Knoten und die Linien als Kanten, so erhält man einen Graphen (**Eckpunktgraph**), der eine abstrakte Darstellung des Floorplans bildet. Die globale Verdrahtung sucht nun für jedes Netz auf diesem Graphen einen möglichst kurzen Weg,der alle an diesem Netz anschließenden Zellen verbindet. Jedes Netz wird hierbei unabhängig von allen anderen Netzen betrachtet. Es kann daher eine Parallelisierung vorgenommen werden, durch die eine Verdrahtung der einzelnen Netze auf unterschiedlichen Prozessoren ermittelt wird.

Intra-Werkzeug-Parallelität mit statischen Datenabhängigkeiten

Weiterhin existieren Algorithmen, bei denen die Lösung von Teilproblemen Datenabhängigkeiten berücksichtigen müssen. Beispiel hierfür ist die detaillierte Kanalverdrahtung, wie sie im PLAYOUT-Werkzeug **ChipAssembly** implementiert wurde.

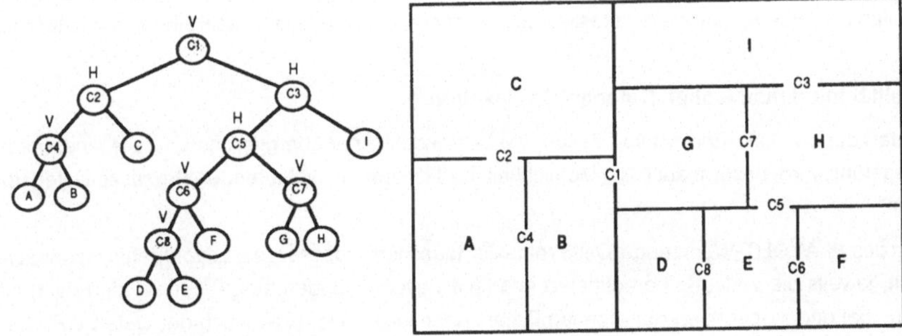

Bild 2.4: Slicingbaum mit Kanälen C1 - C8

Es handelt sich hierbei um einen 'Channel-Router', das heißt es werden Kanäle verdrahtet, bei denen die Anschlußpositionen oben und unten im Kanal fest vorgegeben sind,die Anschlußpositionen an den beiden Kanalenden jedoch noch nicht festgelegt sind. Der Channel-Router legt für jedes Netz die Lage im Kanal und somit auch die Anschlußpositionen an den Kanalenden fest. Daraus ergibt sich die Abhängigkeit, daß diejenigen Kanäle die seitlich auf einen Kanal münden vor diesem verdrahtet werden müssen (z.B. muß nach Bild 2.4 der Kanal C4 vor Kanal C2 verdrahtet werden). Da im PLAYOUT-System momentan nur Slicing-Geometrien behandelt werden, läßt sich diese Datenabhängigkeit mit Hilfe des binären Slicingbaums beschreiben. Jedem inneren Knoten des binären Baums ist ein zu verdrahtender Kanal zugeordnet. Ein Kanal ist dann verdrahtbar, wenn alle Kanäle, die den Söhnen im Slicingbaum des aktuell zu verdrahtenden Kanals zugeordnet sind, bereits verdrahtet wurden. Die Verdrahtung der Kanäle die den Söhnen im Slicingbaum zugeordnet sind, kann wiederum unabhängig voneinander parallel durchgeführt werden.

Innerhalb der PLAYOUT-Werkzeug-Umgebung können auch parallele Algorithmen mit dynamischen Datenabhängigkeiten eingesetzt werden. Auf ein Beispiel wird jedoch im Rahmen dieses Artikels verzichtet.

Inter-Werkzeug-Parallelität soll die Möglichkeit zur Parallelisierung außerhalb der PLAYOUT-Werkzeug-Umgebung bezeichnen. Hierbei werden im folgenden zwei Aspekte betrachtet. Zum einen Parallelität, die auf Grund der hierarchischen Entwurfsmethode entsteht, zum anderen Parallelität, die bei der parallelen Nutzung von Daten vorhanden ist.

Unabhänbige Inter-Werkzeug-Parallelität

Auf Grund der hierarchischen Aufteilung des Entwurfsablaufs innerhalb des PLAYOUT-Entwurfssystems wird der Hierarchiebaum innerhalb der verschiedenen Entwurfsbereiche entweder top-down oder bottom-up oder in einer Mischform durchlaufen. Für einen top-down bzw. einen bottom-up Entwurfsschritt gelten hierbei die folgenden Initialbedingungen:

Um einen top-down Entwurfsschritt mit Hilfe eines PLAYOUT-Werkzeugs durchführen zu können, muß die Interface-Beschreibung der aktuell zu entwerfenden Zelle im aktuell bearbeiteten Entwurfsbereich vorhanden sein. Das Ergebnis des Entwurfsschritts ist die Contents-Beschreibung dieser Zelle, so wie die Interface-Beschreibungen der darin enthaltenen Zellen der nächst tiefer gelegenen Hierarchieebene. Nach der Durchführung eines top-down Entwurfsschritts sind somit die Initialbedingungen zur Weiterführung des top-down Entwurfsvorgangs für die Subzellen erfüllt. Der Entwurf der Subzellen kann dann im PLAYOUT-Entwurfssystem in der Regel unabhängig und parallel durchgeführt werden. Ein Beispiel für diese Vorgehensweise ist der PLAYOUT-ChipPlanner. Er liest die Rahmenbeschreibung (Interface) einer Zelle in der Domain Floorplan ein und generiert daraus deren Inhaltsbeschreibung (Contents), die wiederum Rahmenbeschreibungen von Zellen der darunterliegenden Hierarchieebene enthält. Auf diese kann parallel der Chipplanning-Prozess angewendet werden.

Um einen bottom-up Entwurfsschritt mit Hilfe eines PLAYOUT-Werkzeugs durchführen zu können, müssen die Interface-Beschreibungen der Subzellen im aktuell bearbeiteten Entwurfsbereich vorhanden sein. Das Ergebnis des Entwurfsschritts ist die Interface- und Contents-Beschreibung der aktuell bearbeiteten Zelle. Der Entwurf der Subzellen wird im PLAYOUT-Entwurfssystem in der Regel unabhängig und parallel durchgeführt. Ein Beispiel für diese Vorgehensweise ist der PLAYOUT-ChipAssembler. Das Werkzeug benötigt in der Eingabe die Masklayout Interface-Beschreibungen der Subzellen und erzeugt daraus die Masklayout Interface- und Contents-Beschreibung der aktuell zu entwerfenden Zelle.

Inter-Werkzeug-Parallelität mit dynamischen Datenabhängigkeiten

Neben der Möglichkeit daß der parallele Entwurf von Zellen, die Bestandteil einer übergeordneten Zelle sind, unabhängig voneinander ausgeführt wird, besteht auch die Möglichkeit, daß die parallel ablaufenden Prozesse Daten untereinander austauschen.

Bei der Implementierung des PLAYOUT-Werkzeugs 'CellSynthesis' tauschen Prozesse, die Layoutdaten zu benachbarten Zellen berechnen, jeweils die vorläufig berechneten Interface-Beschreibungen aus. Diese werden dann als sogenannte 'Constraints' bei der Berechnung der eigenen Daten einbezogen. Der Austausch der Daten zwischen den Prozessen erfolgt hierbei asynchron. Es besteht jedoch die Möglichkeit die 'Berechnungsgeschwindigkeit' der beteiligten Prozesse einander anzugleichen.

Parallele Nutzung von Entwurfsdaten

Ein weiterer Aspekt bei der hierarchischen Zerlegung einer Schaltung ist der Aspekt der Wiederverwendbarkeit gleicher Teilschaltungen. Um den Entwurfsaufwand zu reduzieren, empfiehlt es sich, die hierarchische Zerlegung so zu wählen, daß möglichst viele identische Zellen entstehen. Die Nutzung dieser Daten kann parallel an verschiedenen Stellen im Entwurfsprozeß erfolgen.

Wird beispielsweise beim Entwurf eines komplexen VLSI-Bausteins im Entwurfsbereich Schaltplanbeschreibung eine noch nicht im Detail entworfene Zelle mehrfach benötigt, so genügt es deren Interface-Beschreibung festzule-

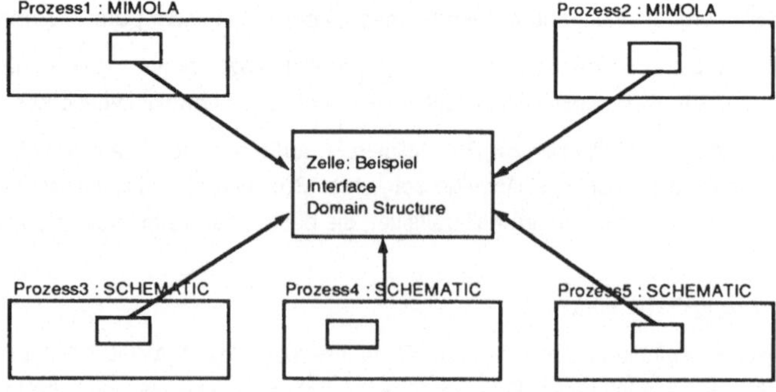

Bild 2.5: Kooperation paralleler Entwurfsprozesse über eine Interface-Beschreibung

gen. Die Zelle kann nun in verschiedenen, parallel ablaufenden Entwürfen durch Referenzierung dieser Interface-Beschreibung verwendet werden. Innerhalb des PLAYOUT-Systems kann etwa dem MIMOLA-Synthesesystem in einer Bibliothek die Interface-Beschreibung dieser Zelle vorgegeben werden. Das MIMOLA-System kann diese Zelle zum Entwurf einer Schaltung mehrmals verwenden. Auch können parallel mehrere Syntheseprozesse mit der gleichen Bibliothek bearbeitet werden. Weiterhin können zur gleichen Zeit, mit Hilfe eines Schematic Editors oder eines Modulgenerators, verschiedene Realisierungsformen zu dieser Zelle erstellt werden. Die Kooperation der Benutzer, die diese Zelle bearbeiten, kann in diesem Fall über die Interface-Beschreibung erfolgen.

2.4 Anforderungen an ein Datenbanksystem zur Unterstützung paralleler Entwurfsabläufe

Die Anforderungen des VLSI-Entwurfs an ein DBMS lassen sich grob in Anforderungen zur Unterstützung der Statik und in Anforderungen zur Unterstützung der Dynamik des Entwurfs unterteilen.

Zum Ersten zählt ein Datenmodell, mit dem sich die VLSI-Entwurfsmethodiken adäquat beschreiben lassen. Notwendig ist hierzu die Modellierbarkeit von komplexen Objekten, Vererbungsbeziehungen, (rekursiven) Hierarchien, Alternativen, Konfigurationen als Auswahl dieser Alternativen, Versionen mit Unterstützung von gemischten Alternativ/Versionsgraphen, Typen und ihren Verwendungen, Repräsentationen und Entwurfsbereichen, wobei eine beliebige Kombination dieser Konzepte möglich sein muß.

Betrachten wir nun die dynamischen Aspekte des Entwurfs. Durch die hierarchische Gliederung des VLSI-Entwurfsobjekts entsteht eine Möglichkeit zur parallelen Durchführung des Entwurfs. Die Subobjekte einer jeden Hierarchieebene können parallel entworfen werden, wobei unterschiedliche Grade der Kooperation über diesen Subobjekten möglich sind. Die Extremfälle sind keine Kooperation, was eine völlig unabhängige Bearteitung der Subobjekte zuläßt, und eine so enge Kooperation, daß die Subobjekte sequentiell entworfen werden müssen. Eine zweite Möglichkeit zu parallelem Entwurf ist bei den Alternativen gegeben, diese können in der Regel unabhängig voneinander entworfen werden.

Bei einer ungünstigen Modellierung von Hierarchien und Alternativen können diese Parallelisierungsmöglichkeiten behindert werden, insbesondere die Trennung der Schnittstellendaten (interface) von den Realisierungsdaten (contents) ist bei der Top-Down-Entwurfsmethodik unverzichtbar.

Entwurfsabläufe betreffen meistens nicht beliebige Objekte, sondern die zu einem komplexen Objekt zusammengesetzten Teilobjekte. Die komplexen Objekte bilden selbst wieder eine mehrstufige Komplex-Objekt-Hierarchie. Es erscheint deshalb sinnvoll, Ablaufeinheiten auf die Granularität der Entwurfsobjekte zu beziehen. Diese Ablaufeinheiten sollten z.B. das konsistente Löschen von Teilentwürfen unterstützen. Dabei können verschiedene Formen von Abhängigkeit und Kooperation zwischen diesen Ablaufeinheiten existieren, was zu gemischt sequentiellen und parallelen Abläufen führt. Die Ablaufeinheiten sollten geschachelt werden können, damit auch größtere Entwurfsteile gelöscht werden können. Es müssen Mechanismen zum Start, zur Beendigung und zum Abbruch dieser Ablaufeinheiten angeboten werden. Vereinfachend wirkt hier, daß beim Entwurf in der Regel nur neue Daten erzeugt werden und daß die gemeinsame Benutzung von Daten nur lesend erfolgt. Eine Ausnahme davon könnten Korrekturen von falschen Daten und gemeinsame Schnittstellen bilden (Pin Constraint Propagation).

Einerseits müssen die Entwurfseintscheidungen nachvollziehbar sein, was unter anderem eine umfangreiche Versionsverwaltung voraussetzt, andererseits sollten die nicht verwendbaren Teilentwürfe und die Fehlentwicklungen gelöscht werden können, um die Datenbank nicht unnötig aufzublähen. Das erfordert differenzierte und benutzerdefinierbare Purge-Operationen, die eine schnelle und fehlerfreie Bereinigung erlauben.

3. Mechanismen zur Unterstützung der Kooperation

Mit den im vorangegangen Kapitel aufgeführten Beispielen wurde eine Vielzahl von Möglichkeiten aufgezeigt, wie innerhalb des VLSI-Entwurfsprozesses Parallelarbeit möglich ist und zur Beschleunigung des Entwurfsvorganges eingesetzt werden kann. Für die praktische Umsetzung dieses Ansatzes sind nun geeignete Basismechanismen erforderlich, die Kommunikation bzw. Kooperation zwischen den parallel abgewickelten Entwurfsschritten unterstützten. Im folgenden sollen zwei konzipierte und teilweise realisierte Basismechanismen vorgestellt werden, die jeweils unterschiedliche Aufgabenbereiche abdecken. Zum einen wird ein Kommunikations- und Kooperationssystem erläutert, daß eine Zerlegung und eine flexible Verteilung einzelner Entwurfsschritte sowie die Koordination ihrer Abläufe in einer heterogenen und verteilten Systemumgebung erlaubt. Zum anderen sollen spezielle Datenhaltungskonzepte vorgestellt werden, die eine Verwaltung und Kontrolle der "Kooperationsgegenstände", der Entwurfsobjekte, ermöglichen.

3.1 Ein Basismechanismus zur verteilten Abwicklung von Entwurfsschritten

Die obigen Beispiele machen deutlich, daß es auf unterschiedlichen Ebenen eines integrierten VLSI-Entwurfsystems zur Verteilung und parallelen Abwicklung von Entwurfsschritten kommt. So werden einzelne, abgrenzbare Entwurfsaufgaben an Auftragsabwickler, also an Entwerfer, an automatisch ablaufende Entwurfswerkzeuge oder aber an Ablaufeinheiten innerhalb eines Werkzeugs delegiert. Als Verteiler von Entwurfsaufgaben tritt dabei ein ausgezeichneter Entwerfer bzw. ein entsprechendes Entwurfswerkzeug auf. Die zur Verteilung erforderlichen Mechanismen können unabhängig von der Art des Verteilers und unabhängig von der die Entwurfsaufgabe schließlich bewältigenden Komponente (Entwerfer, Werkzeug, interne Ablaufeinheit) betrachtet werden. D.h., nach einer Zerlegung einer Entwurfsaufgabe in einzelne Teilaufgaben durch einen Entwerfer bzw. durch ein VLSI-Entwurfswerkzeug wird eine Auftragserteilung durchgeführt, wobei sowohl die Abhängigkeiten zwischen den Teilaufgaben als auch die Existenz und die Auslastung aktiver Auftragsabwickler berücksichtigt werden müssen. Auf einer funktionalen Ebene sind die hierzu insgesamt notwendigen Mechanismen identisch, wenngleich ihre konkrete Ausgestaltung stark davon abhängt, ob nun ein Entwerfer im Dialog Entwurfsaufgaben an andere Entwerfer delegiert oder, ob ein Entwurfswerkzeug über eine Programmschnittstelle andere aktive Entwurfswerkzeuge oder Ablaufeinheiten anspricht. Kann im ersten Fall eine Art Mail-System als Realisierungsgrundlage genutzt werden, das den Aufbau einer mehr oder weniger losen auftragsbezogenen Verbindung zwischen Entwerfern erlaubt, so ist im zweiten Fall sicherlich eine Basiskomponente erforderlich, die eine engere Kopplung zwischen Entwurfswerkzeugen oder entsprechenden Ablaufeinheiten ermöglicht.

Im folgenden soll nun ein **Basiskooperationssystem** vorgestellt werden, das Funktionen anbietet, die eine enge auftragsbezogene Kooperation zwischen automatisch ablaufenden Entwurfswerkzeugen erlauben. Das sog. RCS (Remote Cooperation System) /HH89, Sch90/ stellt dabei eine Reihe von Unterprogrammen bereit, die als Kooperationsprimitive den Entwurfswerkzeugen die Durchführung einer auftragsbezogenen Zusammenarbeit ermöglichen. Unter einer auftragsbezogenen Kooperation verstehen wir dabei das Zusammenwirken zwischen Komponenten eines verteilten Systems, durch das eine Komponente (Auftraggeber) die Dienste oder Funktionen einer weiteren Komponente (Auftragnehmer) in Anspruch nehmen kann. Als Entwurfswerkzeuge kommen sowohl Komponenten in Betracht, die den konstruktiven Vorgang unmittelbar unterstützen (z.B. Chip-Planner, Chip-Assembly, etc.), als auch Systeme, die zur Entwurfsplanung und zum Entwurfsmanagement dienen (z.B. Design-Flow-Management). Das RCS bietet u.a. ein hohes Maß an **Transparenz** und **Flexibilität** bei der Abbildung von Komponenten des VLSI-Entwurfssystems auf die in einer konkreten Hardware-Umgebung vorhandenen Rechner. Daneben wird eine parallele Ausführung von Entwurfsschritten durch eine **asynchronen Auftragserteilung** ermöglicht. Um die logische Zerlegung eines Entwurfsschrittes möglichst unabhängig von der real verfügbaren Hardware zu halten, ist jede Systemkomponente in der Lage, eine prinzipiell **beliebige Anzahl von Aufträgen** entgegenzunehmen und, falls dies aus Anwendungssicht

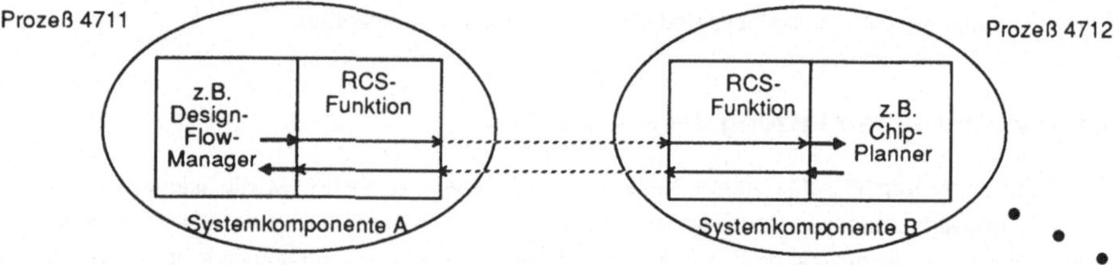

Bild 3.1: Abbildung der RCS-Systemkomponenten auf allgemeine Betriebssystemkonzepte

möglich ist, unabhängig von einander zu bearbeiten. Die Realisierung eines verteilten Entwurfssystems mit Hilfe des RCS sieht eine Einbettung der einzelnen Entwurfswerkzeuge in Systemkomponenten vor, die betriebssystemseitig jeweils auf einen Prozeß als Ablaufeinheit abgebildet werden. Die Kooperation zwischen Systemkomponenten wird entsprechend mittels der vom zugrundeliegenden Betriebssystem angebotenen Mechanismen zur Inter-Prozeßkommunikation realisiert. Die Annahme und die Abwicklung von Aufträgen wird durch ein Multi-Tasking-Konzept unterstützt, das eine Unterbrechung der Auftragsabarbeitung erlaubt, wenn externe Abhängigkeiten und Wartesituationen auftreten. Hiermit wird eine "verzahnte" Bearbeitung von Aufträgen durch eine Systemkomponente ermöglicht. Zur Umsetzung der durch das RCS angebotenen Kooperationsdienste sind u.a. eine Vielzahl von Verwaltungsdaten erforderlich. Diese sind dezentral organisiert und werden innerhalb der einzelnen Systemkomponente kontrolliert.

Bild 3.1 zeigt die Aspekte der Werkzeugeinbettung durch das RCS. Entwurfswerkzeuge werden als Komponenten eines verteilten Systems auf Prozesse des Betriebssystems abgebildet und setzen sich aus einem anwendungsbezogenen Teil und einem RCS-spezifischen Teil zusammen.

Der anwendungsbezogene Teil, das RCS-"Anwendungsprogramm", erfüllt die eigentliche Aufgabe des betroffenen Entwurfswerkzeugs. Der RCS-spezifische Teil realisiert die lokale RCS-Funktionalität und verwaltet alle, die jeweilige Komponente betreffenden RCS-Daten. Hierzu zählen u.a. die durch das Multi-Tasking-Konzept bedingten auftragsbezogenen Verwaltungsdaten sowie weitere wichtige Systeminformationen, wie beispielsweise die Verbindungsinformation für die Nutzung der durch andere Entwurfswerkzeug bereitgestellten Funktionen.

Im folgenden soll nun die Funktionalität des RCS etwas ausführlicher vorgestellt werden, ohne jedoch auf Fragen der Realisierung einzugehen. Hierzu sei auf /HH89, HKS90/ verwiesen, wo die wichtigsten Implementierungskonzepte beschrieben sind.

Die an der RCS-Schnittstelle zur Verfügung stehenden Operationen unterstützen eine auftragsbezogene Kooperation nach dem Client/Server-Konzept, wobei jede Komponente sowohl als Client als auch als Server auftreten kann. Die Kooperation zwischen den einzelnen Komponenten erfolgt dabei stets in den folgenden Schritten:

(1) Anstoßen einer Server-Funktion durch den Client (Auftragserteilung)

(2) Entgegennahme eines entsprechenden Auftrages durch den Server (Auftragsentgegennahme)

Operation	Beschreibung
Rc_Init	macht eine Komponente, die als Client und/oder Server arbeitet, dem RCS bekannt.
Rc_Terminate	zeigt dem RCS an, daß ein Server nicht mehr zur Verfügung steht.
Remote_Server_Start	stellt eine logische Verbindung zwischen einem Client und einem Server her.
Remote_Server_End	beendet eine logische Verbindung zwischen einem Client und einem Server.
Remote_Server_Initiation	startet einen Auftrag, der vom betreffenden Server asynchron ausgeführt wird.
Get_Server_Result	ruft das Ergebnis eines beendeten Auftrags ab.
Wait_For_Server_Termination	blockiert einen Client bis einer der angegebenen Aufträge beendet ist.
Look_For_Server_Termination	liefert den aktuellen Bearbeitungszustand der angegebenen Aufträge.
Abort_Server_Processing	bricht die Bearbeitung eines Auftrags ab.
Accept_Task	übergibt einen Auftrag an einen Server.
Break_Task	unterbricht die Bearbeitung eines Auftrags, bis einer der angegebenen Subaufträge beendet ist.
Reply_Task	übergibt am Ende eines Auftrags das ermittelte Ergebnis an den betreffenden Client.
Wait_For_Event	blockiert einen Auftrag, bis ein bestimmtes Ereignis eingetreten ist.
Signal_Event	signalisiert das Eintreten eines bestimmten Ereignisses.

Bild 3.2: Die wichtigsten Operationen des RCS

(3) Ausführung des Auftrages durch den Server (Auftragsabwicklung)

(4) Übermittlung von Ergebnissen an den Client (Antworterzeugung)

(5) Abholen der Ergebnisse durch den Client (Antwortentgegennahme)

Um die Möglichkeit einer parallelen Verarbeitung zwischen Client und Server zu bieten, erfolgt die Auftragserteilung asynchron nach dem Konzept des *Remote-Server-Invocation* /SE86/, d.h., Auftragserteilung und Antwortentgegennahme sind als unabhängige RCS-Funktionen konzipiert. Durch sukzessives Anstoßen von Server-Funktionen kann damit auch Parallelität zwischen der Auftragsabwicklung verschiedener Server erreicht werden. Für die Auftragsabwicklung auf Server-Seite (Punkte (2) und (3)) wird wie oben bereits erwähnt ein Multi-Tasking-Mechanismus angeboten, das eine verzahnte Abarbeitung von Aufträgen durch einen Server-Prozeß vorsieht. Im einzelnen ergibt sich auf Server-Seite das folgende schrittweise Vorgehen:

(1) Auftragsentgegennahme

(2) Aufschlüsselung des Bearbeitungskontextes

(3) Ausführung weiterer Teilschritte zur Auftragsabwicklung (bis Abhängigkeiten und mögliche Wartesituationen auftreten)

(4) Falls Auftrag vollständig bearbeitet: Antworterzeugung und Ergebnisübermittlung;
Sonst Sicherung des aktuellen Verarbeitungskontextes und Unterbrechung der momentanen Auftragsbearbeitung; Bearbeitung eines nächsten Auftrags.

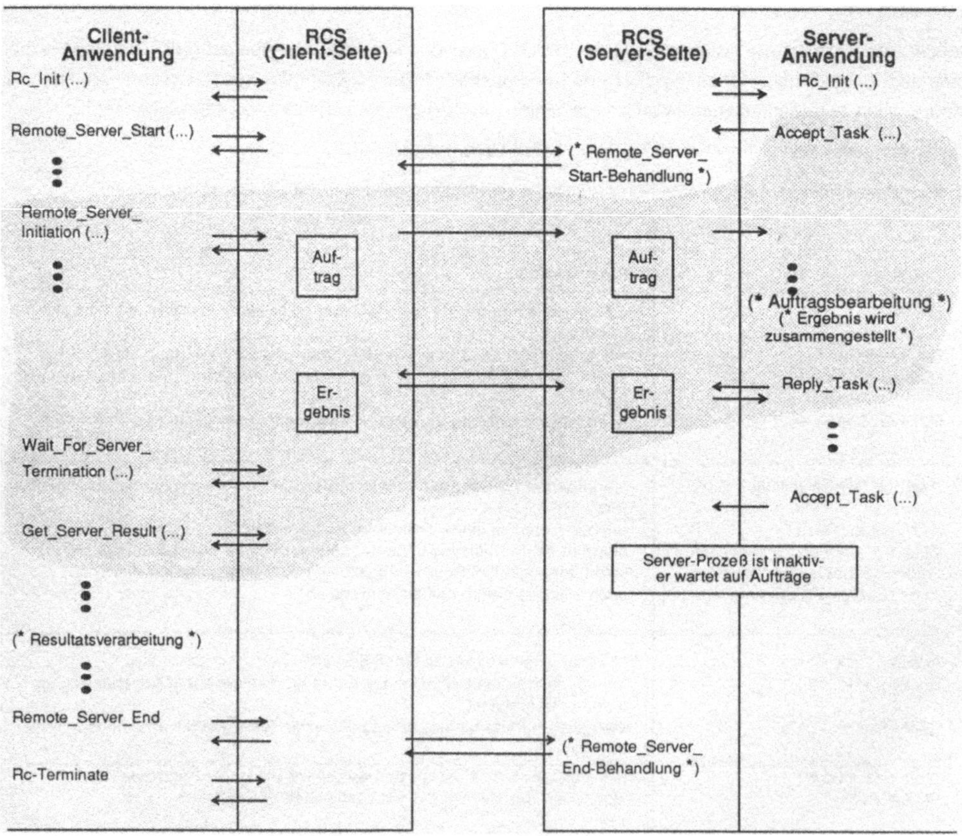

Bild 3.3: Beispielkooperation zwischen Client- und Server-Komponente

Dabei sollten durch die Server-Komponente jeweils möglichst viele Teilschritte zur Auftragsabwicklung durchgeführt werden und eine Bearbeitungsunterbrechung nur dann eingeleitet werden, wenn "externe" Abhängigkeiten auftreten, wenn also auf das Eintreten bestimmter Ereignisse gewartet wird, z.B. auf die Ergebnisübermittlung durch einen weiteren Server.

In Bild 3.2 sind die einzelnen RCS-Operationen im Überblick zusammengefaßt. Ihre Wirkungsweise ist in Bild 3.3 anhand einer einfachen Client/Server-Struktur verdeutlicht. Nach der Initialisierung der lokalen RCS-Komponente auf Client-Seite (Rc_Init) wird eine logische Verbindung zu dem benötigten Server aufgebaut (Remote_Server_Start). Anschließend kann der Client mit der eigentlichen Bearbeitung beginnen. Hierbei werden Aufträge an unterschiedliche Server (eventuell auch wieder an sich selbst) erteilt (Remote_Server_Initiation), die dann unabhängig voneinander und zunächst unabhängig von der weiteren Bearbeitung des Clients abgewickelt werden können. Während der weiteren Bearbeitung des Clients entstehen Abhängigkeiten zwischen den Komponenten: der Client wartet auf das Eintreffen von Auftragsergebnissen (Wait_For_Server_Termination). Nach dem Eintreffen der Ergebnisse werden diese abgerufen (Get_Server_Result), in den Verarbeitungskontext des Clients eingebracht und die Bearbeitung fortgesetzt. Nach Abschluß der gesamten Bearbeitung werden alle logischen Verbindungen durch den Client abgebaut (Remote_Server_End) und die Komponente aus Sicht des RCS beendet (RC-Terminate).

Auf Server-Seite findet ebenfalls zunächst eine RCS-Initialisierung statt (Rc_Init). Danach wird unmittelbar auf das Eintreffen von Aufträgen gewartet (Accept_Task). Der Server-Prozeß wird hierbei inaktiv. Er wird lediglich zwischenzeitlich zur Remote_Server_Start-Behandlung, also zum Aufbau der logischen Verbindung, geweckt, was allerdings durch das RCS verdeckt wird. Nach Eintreffen eines Auftrages wird die Server-Anwendung aktiviert und die Bearbeitung aufgenommen. In dem in Bild 3.3 dargestellten Fall werden dabei keine weiteren Subaufträge erteilt und die Bearbeitung daher nicht unterbrochen. Liegt schließlich ein Bearbeitungs-ergebnis vor, so wird es dem Auftraggeber übergeben (Reply_Task). Der Server führt diesen Zyklus in einer Schleife aus und wartet erneut auf das Eintreffen von Aufträgen, ggf. übernimmt er direkt die Bearbeitung eines bereits eingetroffenen Auftrags. Die in Bild 3.3 grau hinterlegte Aufrufsequenz beschreibt eine parallel zur Client-Anwendung abgewickelte Auftragsbearbeitung durch eine Server-Anwendung.

3.1.1 Datenbank-Unterstützung bei der Kooperationskontrolle

Kooperation kann allgemein, insbesondere also auch hier im Bereich des VLSI-Chip-Entwurfs, als die zielgerichtete Zusammenarbeit mehrerer Personen/Entwerfern (oder anderen aktiven Einheiten/Entwurfswerkzeugen) verstanden werden. Sie entsteht im eigentlichen Sinn durch den Austausch von Information, hier also durch den Austausch von Entwurfsobjekten bzw. Teilen davon. Ist das Ziel der Kooperation der Entwurf der ausgetauschten Objekte, so besitzen die ausgetauschten Daten zwangsweise vorläufigen Charakter und stellen i.allg. ein Zwischenergebnis eines noch nicht abgeschlossenen Entwurfsschrittes dar. In der vorgestellten VLSI-Entwurfsanwendung tritt dies in Form einer Versionen- und Alternativenbildung zu Tage. Aus der Sicht der den VLSI-Entwurf unterstützenden Datenhaltung dagegen ergeben sich aus dieser Betrachtungsweise zweierlei Anforderungen. Zum einen müssen Konzepte bereitgestellt werden, die eine explizite Beschreibung von Entwurfsobjekten als "vorläufig" und damit als "Zwischenergebnis eines Entwurfsschrittes" erlauben, zum anderen sind Mechanismen vorzusehen, die eine Kontrolle und eine Handhabung der durch den Austausch von Zwischenergebnissen entstehenden Abhängigkeiten zwischen den einzelnen Entwurfsschritten erlauben.

Im folgenden werden beide Anforderungen aufgegriffen und entsprechende Lösungsansätze aufgezeigt.

3.1.2 Ein Basisversionsmodell

Das in /HK89/ vorgestellte Basisversionsmodell erlaubt die anwendungsneutrale Handhabung von Versionen komplex-strukturierter Objekte. Es wird durch eine spezielle Komponente, die sog. Basisversionverwaltung, realisiert, die selbst wiederum auf dem Nicht-Standard-Datenbanksystem PRIMA /Hä88/ aufsetzt. Die Unabhängigkeit zur Anwendung wird durch die Verwendung möglichst neutraler Beschreibungsmittel erreicht. Der dem Basisversionsmodell zugrundeliegende Objektbegriff ist aus der Anwendung motiviert und beschreibt Objekte als "Einheiten der Verarbeitung", also als eine identifizierbare Menge semantisch zusammengehörender Daten. Aus Sicht des zugrundeliegenden Datenbanksystems handelt es sich um eine (heterogene) Menge (verknüpfter) elementarer Objekte. Insgesamt können komplexe Objekte des Basisversionsmodells folgendermaßen charakterisiert werden:

- sie stellen Einheiten der Verarbeitung dar
- sie sind typisiert, d.h., sie können eindeutig einem Objekttyp zugeordnet werden
- sie sind eindeutig identifizierbar
- sie setzen sich aus einer heterogenen, verknüpften Menge von elementaren Objekten zusammen (gemäß eines Ausschnitts eines zugrundeliegenden DB-Schemas)
- sie können sich mit anderen Objekten überlappen
- sie sind eventuell mit anderen Objekten verbunden
- sie sind eventuell versioniert

Die Versionierung der Objekte ist durch das Bedürfnis der Anwendung begründet, komplexe Änderungen auf den heterogenen Datenmengen als identifizierbares "Zwischenergebnis" abzulegen. Die Semantik der Version wird dabei ausschließlich durch die Anwendung bestimmt, z.B. als "letzte Version vor der Kaffeepause", "Schnittstelle o.k.", "Inhalt skizziert" bis hin zu "fertig zur Produktion". Die Semantik der Version beeinfluß wiederum die Art und den Zeitpunkt ihrer Entstehung, ihre Lebenszeit sowie ihre Sichtbarkeit. Aus Sicht einer Basisversionsverwaltung sind Versionen durch den Typ des zugehörigen Objekts beschriebene, heterogene Datenmengen, die den Integritätsbedingungen des zugrundeliegenden Datenmodells entsprechen müssen (Schemakonsistenz). Damit lassen sich Versionen folgendermaßen charakterisieren:

- sie gehören zu genau einem Objekt
- sie sind innerhalb des Objekts eindeutig identifizierbar
- sie bestehen aus heterogen verknüpften Datenmengen (gemäß der Objekttypdefinition)
- sie sind gemäß der Schemadefinition konsistent
- sie können anhand eines Abstammungsgraphen geordnet sein
- sie besitzen selbst keine Anwendungssemantik

Zur Handhabung der Objekte und Versionen werden u.a. die folgenden Operationen benötigt:

- **Operationen auf Objekten**
  - **Definition** des Objekttyps : Die elementaren Objekttypen und die zwischen ihnen bestehenden Beziehungen werden angegeben. Zusätzlich können objektspezifische (versionierte und nicht-versionierte) Attribute festgelegt werden.
  - **Erzeugen** eines Objekts: Es wird eine Objektausprägung erzeugt und die versionsunabhängigen, objektbeschreibenden Attribute mit Werten versorgt; das Objekt enthält sonst keine weiteren Daten.
  - **Löschen** von Objekten: Es wird eine Menge von Objektausprägungen zusammen mit den zugehörigen Versionen gelöscht. Die Menge wird deskriptiv bestimmt.
  - **Selektion** von Objekten: Es wird eine Menge von Objekten anhand einer deskriptiven Beschreibung selektiert. Die Auswahlbedingung kann neben den objektbeschreibenden Attributen auch Attribute der Versionen des Objekts ausnutzen.
- **Operationen auf Versionen**
  - **Erzeugen** einer Version: Es wird eine Objektversion erzeugt; die versionierten Attribute des Objekts sowie die elementaren Objekte und Verbindungen werden mit Werten belegt.
  - Löschen von Versionen: Es wird eine deskriptiv beschriebene Menge von Versionen aus einer deskriptiv beschriebenen Menge von Objekte (vgl. Objektselektion) gelöscht.
  - Selektion von Versionen: Es wird eine Menge von Versionen (aus einer deskriptiv beschriebenen Menge von Objekten) selektiert. Die Auswahlbedingung kann sowohl die versionierten Objektattribute als auch Attributen der Daten der Versionen ausnutzen.

Neben diesen sind noch weitere Operationen zum Führen eines Abstammungsgraphen notwendig, die im hier diskutierten Zusammenhang aber nicht weiter untersucht werden sollen. Vielmehr müssen noch einige von Beziehungen zwischen versionierten Objekten aufgezeigt werden. Zunächst können Beziehungen zwischen den Objekten selbst (Objektbeziehungen) und zwischen Objektversionen verschiedener Objekte (Versionsbeziehungen) unterschieden werden. Dabei kann die Beziehung zwischen den Objekten als Generalisierung der Versionsbeziehungen gesehen werden, die damit automatisch vom System gewartet werden kann. Häufig besteht der Wunsch, bei einer Versionsbeziehung die beteiligten Versionen nicht festlegen zu müssen, um von der Versionsentwicklung der referenzierten Objekte unabhängig zu bleiben. Hierzu verwendet man generische Referenzen, d.h., anstatt einer bestimmten Version eines Objektes wird zum Evaluierungszeitpunkt der Beziehung eine Version anhand einer gegebenen Auswahlbedingung ermittelt (bspw. die "neueste freigegebene", die "neueste Version eines alternativen Zweiges" usw.). Bild 3.4 veranschaulicht die betrachteten Objekt-, Versions- und Be-ziehungsstrukturen an einem Beispiel, bevor auf die Möglichkeiten zur Festlegung einer anwendungsbezogenen Versionensemantik eingegangen wird.

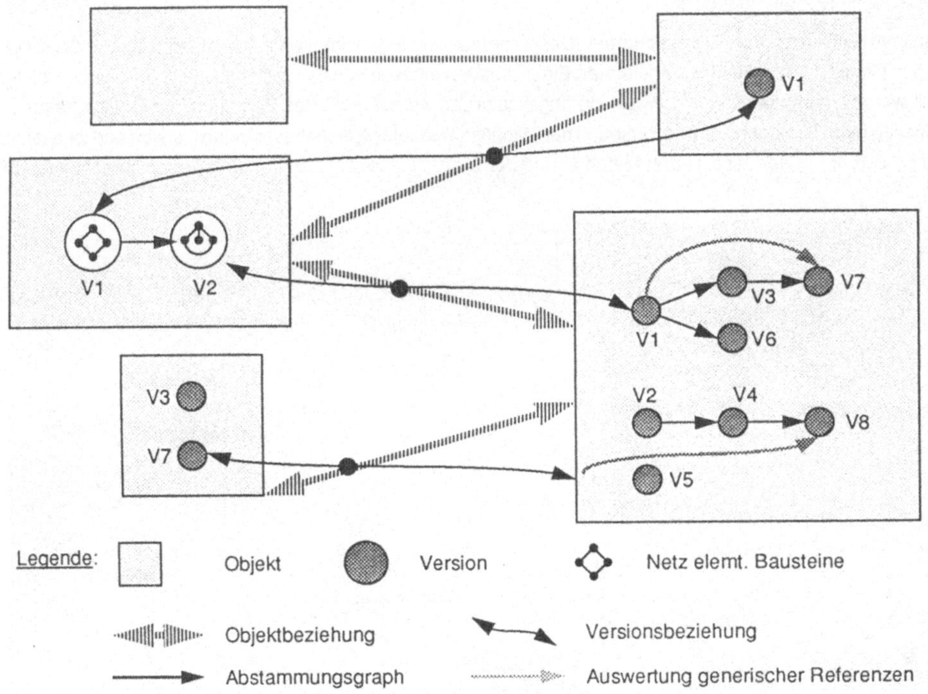

Bild 3.4: Objekt-, Versions- und Beziehungsstrukturen

Die Semantik einer Version ist eng verbunden mit der anwendungsspezifischen Vorstellung von einem **konsistenten** Anwendungsobjekt. Entsprechend der Tatsache, daß Versionen (interessante) Zwischenergebnisse repräsentieren, also in der Regel unvollständige Objekte darstellen, werden Mechanismen zur abgestuften Beschreibung der Konsistenz von Versionen benötigt. Eine binäre Unterscheidung zwischen konsistenten und inkonsistenten Objekten würde dem Sachverhalt und den Anforderungen nicht gerecht werden. In /Kä90/ wird daher das Konzept der **Eigenschaftsmengen** vorgeschlagen, in dem ein qualitativer Konsistenzbegriff für Versionen über eine Menge benennbarer Eigenschaften definiert wird. Jede Eigenschaft ist beschrieben durch einen identifizierenden Namen und eine Methode zur ihrer Überprüfung oder zur Erlangung der Eigenschaft. Die Methode selbst kann dabei als Integritätsbedingung auf der Ebene des zugrundeliegenden Datenmodells, als Regelmenge, als benutzerdefinierte Prozedur oder ähnliches beschrieben sein. Die Eigenschaftsmengen können und sollen auch nicht alle impliziten Eigenschaften der Entwurfsobjekte darstellen; sie sind vielmehr zur expliziten Repräsentation einiger weniger für das Entwurfsgeschehen bedeutungsvoller Eigenschaften gedacht. Die in einem Entwurfsvorgang "angestrebte" Semantik eines Objekts wird als Menge von Eigenschaften definiert, die wir im folgenden als die "Objektspezifikation" bzw. als **Spezifikationsmenge (S)** bezeichnen wollen. S faßt damit die Vorstellungen eines im Sinne der Anwendung abgeschlossenen Entwurfsvorganges als eine Sammlung von Zieleigenschaften zusammen.

Jede Teilmenge von Eigenschaften besitzt damit eine eigene Bedeutung, d.h., durch das Zuordnen einer solchen Eigenschaftsmenge zu einer Version wird die Semantik bzw. die erreichte Qualität der Version exakt beschrieben. Wir nennen diese der Version zugeordnete Eigenschaftsmenge im folgenden **Zustandsmenge (Z)**, weil sie den aktuellen Entwicklungsstand einer Version beschreibt. Zur Handhabung der Eigenschaften und der Eigenschaftsmengen werden folgende Operationen benötigt:

- **Definition/Löschen von Eigenschaften:** Der Name der Eigenschaft und die zugehörige Methode wird dem System bekannt gemacht. Zum Löschen von Eigenschaften (einschließlich der assoziierten Methode) muß sichergestellt werden, daß die betroffene Eigenschaft weder in einer Objektspezifikation noch in einer anderen Eigenschaftsmenge enthalten ist.
- **Zuordnen/Entfernen von Eigenschaften:** Das Zuordnen von Eigenschaften zu Objekten dient der Spezifikation des Objekts, d.h., alle hier aufgeführten Eigenschaften müssen von mindestens einer Version des Objekts erfüllt werden, wenn die Objektentwicklung abgeschlossen werden soll. Das Zuordnen von Eigenschaften zu Versionen dient hingegen zur Beschreibung der aktuellen Bedeutung einer bestimmten Version und ist deshalb an die Ausführung der assoziierten Methode und damit an die explizite Überprüfung der entsprechenden Ei-

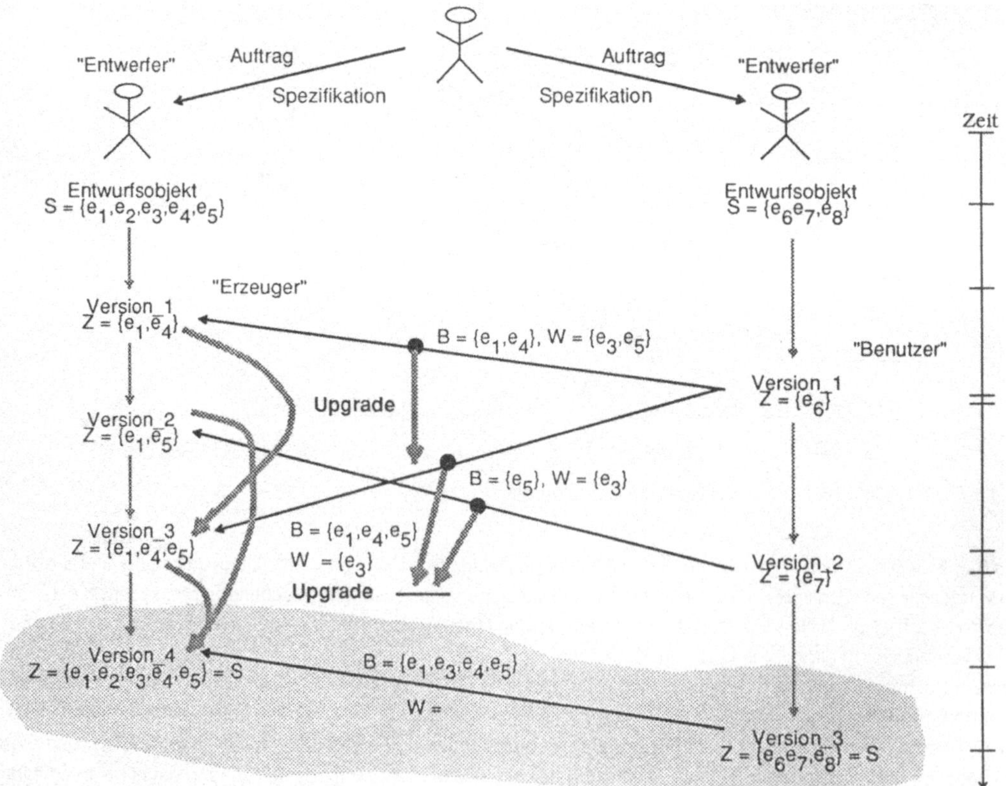

Bild 3.5: Beispiel eines Kooperationsablaufs

genschaft gebunden. Eigenschaften können sowohl aus der Spezifikation des Objekts als auch aus der Beschreibung von Versionen entfernt werden.

- **Selektieren von Objekten und Versionen über Eigenschaftsmengen:** Es können Objekte und Versionen selektiert werden, die bestimmte Eigenschaften in ihrer Spezifikation bzw. in ihrer Beschreibung enthalten.
- **Selektieren von Eigenschaftsmengen:** Die Eigenschaftsmengen von Objekten und Versionen können selektiert werden.

Das bisher vorgestellte Basisversionsmodell erlaubt die Handhabung von komplexen Objekten und Objektversionen. Darüber hinaus können die Objekte und Versionen durch Eigenschaftsmengen charakterisiert werden. Mit Hilfe der vorgestellten Beschreibungsmittel und Operationen läßt sich ein anwendungsorientiertes Versionenverständnis realisieren. Damit können die statischen Aspekte der Anwendung, also die Entwurfsobjekte und insbesondere deren Zwischenzustände auf die angebotenen Basismechanismen abgebildet werden.

Zur Unterstützung der Anwendungsdynamik, also zur Beschreibung der Vorgänge und Abläufe innerhalb des betrachteten Anwendungsbereiches, werden von DBS traditionell Transaktionen angeboten, die durch Einhalten des sog. Transaktionsparadigmas /Gr81, HR83/ und den damit verbundene ACID-Eigenschaften (atomicity, consistency, isolation, durability) eine sehr restriktive Ablaufsemantik vorgeben. Besonders die Isolationseigenschaft, durch die Änderungen innerhalb einer Transaktion erst zum Zeitpunkt des Transaktionsendes sichtbar werden, ist für die kooperative Zusammenarbeit mehrer Entwerfer eher hinderlich, so daß im Bereich der Datenbankforschung in immer stärkerem Maße über ein "Aufweichen" der Transakionseigenschaften nachgedacht wird /BKK85, Di87, KLM84, KSUW87, NFS90, Kä90/.

3.1.3 Ansätze zur Kooperationskontrolle

Zur Kooperation zwischen parallel ablaufenden Einheiten (den Entwurfsschritten) muß zwangsläufig ihre Isolation bzgl. der Objekte, auf denen sie wirken (den Entwurfsobjekten) durchbrochen werden. Aus Gründen der Reproduzierbarkeit und eines insgesamt geordneten Ablaufes soll dies allerdings kontrolliert erfolgen. In diesem Zusammenhang stellt sich die Frage, was überhaupt unter einer **korrekten** Kooperation zwischen parallel ablaufenden Entwurfsschritten zu verstehen ist, nach welchen Kriterien also die Kooperationskontrolle zu erfolgen hat. Ein pragmatisches Korrektheitskriterium für kooperierende Ablaufeinheiten sollte sich aus dem Hauptzweck der Kooperation, nämlich der zielgerichteten Zusammenarbeit zwischen diesen Einheiten ergeben:

> *Eine Kooperation zwischen mehreren Ablaufeinheiten soll im folgenden dann als korrekt durchgeführt gelten, wenn das gemeinsame Ziel dieser Ablaufeinheiten tatsächlich erreicht wurde.*

Dies setzt zunächst voraus, daß Kooperation ausschließlich dann erfolgt und auch nur dann zugelassen wird, wenn ein gemeinsames Ziel der kooperierenden Ablaufeinheiten existiert. In dem hier betrachteten Entwurfsumfeld kann ein solches gemeinsames Ziel immer mit der Struktur des Entwurfsobjektes in Verbindung gebracht werden. So besitzen Ablaufeinheiten nur dann ein sinnvolles gemeinsames Ziel, wenn sie Komponenten eines gemeinsamen Entwurfsobjektes entwickeln. Kooperationskontrolle kann daher in den folgenden beiden Punkten gesehen werden:

- **Festlegen eines Entwurfsziels und Kontrolle der Objektentwicklung** in Richtung dieses Entwurfsziels: Das Ziel eines Entwurfs kann mit den Mitteln der Basisversionsverwaltung in Form einer Spezifikationsmenge (S) formuliert werden. Die Entwicklung in Richtung dieses Ziels kann entsprechend durch die Menge der aktuellen Zustandseigenschaften (Z) der Objektversionen kontrolliert werden.
- **Unterstützung und Kontrolle des Kooperationsvorganges:** Es sind Operationen bereitzustellen, die den eigentlichen Austausch von Zwischenergebnissen bewerkstelligen und die dadurch entstehenden Abhängigkeiten warten, nachvollziehbar und kontrollierbar machen.

Der Austausch von Zwischenergebnissen kann immer in zwei Schritte unterteilt werden. Das Erzeugen einer vorläufigen Beschreibung eines Entwurfsobjektes, also einer Version, durch die eine und das Benutzen dieser Version durch eine weitere Ablaufeinheit (vgl. Bild 3.5) .

Der **Erzeuger** eines Objekts hat die Aufgabe mindestens eine Version des Objekts, die die Objektspezifikation erfüllt, zu erzeugen. Dies soll kooperativ, d.h. durch Austausch und Absprache mit den Benutzern des Objekts erfolgen. Dazu bietet der Erzeuger relevante Zwischenergebnisse seiner Arbeit, also Objektversionen mit ihren zugeordneten Eigenschaftsmengen (Z), an. Durch dieses *Anbieten* verliert der Erzeuger das Recht, **einseitig** diese Version zu Löschen oder Weiterzuentwickeln (d.h. zu Ändern). Ein Ausführen dieser Operationen verlangt also die Zustimmung der Benutzer der Version. Der Objekterzeuger ist allein für die Fortentwicklung der Objektversionen verantwortlich. Will er den Kooperationsvorgang mit den Benutzern der von ihm erzeugten Objektversionen korrekt beenden, so ist dies nur möglich, wenn mindestens eine Objektversion existiert deren Zustandseigenschaften mit der Objektspezifikation (Z = S), also der formalisierten Zielvorstellung des jeweiligen Teilentwurfs, übereinstimmt. Gleichzeitig wird gefordert, daß nur solche Objektversionen benutzt werden, die diese Zielvorstellung erfüllen.

Der **Benutzer** einer Version hat keinen direkten Einfluß auf deren Fortentwicklung. Allerdings kann er durch die *Benutzung* der Version über das Löschen und Ändern der Version mitbestimmen sowie Hinweise zu deren gewünschten Weiterentwicklung geben. Dazu werden wiederum Eigenschaftsmengen verwendet. Beim Aufbau der "benutzt"-Beziehung zu einer Version spezifiziert der Benutzer zwei Eigenschaftsmengen, die Menge der **benötigten Eigenschaften (B)** der Versionen und die Menge der **gewünschten Eigenschaften** (W), die möglichst bald vom Erzeuger der Version zur Verfügung gestellt werden sollten. Die Benutzung einer Version ist nur möglich, wenn die Version mindestens die benötigten Eigenschaften zur Verfügung stellt, also wenn $B \subseteq Z$ gilt. Die gewünschten Eigenschaften dienen hingegen lediglich als Hinweis für den Entwerfer der Version, welche Eigenschaften der Version vom Kooperationspartner dringend benötigt werden. Die gewünschten Eigenschaften müssen natürlich, ebenso wie die benötigten Eigenschaften, in der Objektspezifikation enthalten sein ($W \subseteq S$ und $B \subseteq S$). Ansonsten müßte das Kooperationsziel, d.h. die Objektspezifikation, entsprechend angepaßt werden.

Zur Durchführung der Kooperation ist somit folgende Funktionalität notwendig, die zum Teil schon durch die vorgestellten Operationen der Basisversionserwaltung bzw. durch das in Abschnitt 3.1 vorgestellte Basiskooperationssystem (RCS) zur Verfügung steht.

- **Anbieten** einer Version mit ihren aktuellen Eigenschaften:
  Diese Funktionalität kann durch das Zuordnen von Eigenschaften zu Versionen realisiert werden. Eine Version, der keine Eigenschaften zugeordnet sind, kann nicht benutzt werden, d.h., sie ist ausschließlich privat für den Erzeuger verwendbar. Durch die Zuordnung mindestens einer Eigenschaft wird die Version prinzipiell benutzbar und damit "öffentlich"; allerdings kann die Benutzung durch geeignete Autorisierungsmaßnahmen auf einen bestimmten Benutzerkreis (z.B. eine Entwerfergruppe) eingeschränkt werden.
- **Benutzen** einer Version:
  Beim Aufbau der Beziehung müssen die benötigten und gewünschten Eigenschaften angegeben werden, wobei die benötigten Eigenschaften von der adressierten Version zur Verfügung gestellt werden müssen. Das System interpretiert diese Beziehung, um bei Änderungen an der benutzten Version alle Benutzer zu informieren bzw. eine Konfliktlösung zu initiieren.
- **Upgrade** einer Version:
  Eine Version wird durch eine verbesserte Version, also einer Version, die mehr Eigenschaften der Objektspezifikation zur Verfügung stellt ($Z\text{-alt} \subseteq Z\text{-neu}$; $Z\text{-alt}, Z\text{-neu} \subseteq S$), ersetzt. Alle Benutzter der Version werden über die Verbesserung informiert - insbesondere kann mitgeteilt werden welche gewünschten Eigenschaften von der neuen Version erfüllt werden. Das System sorgt dafür, daß ggf. die alte Version erst dann physisch gelöscht wird, wenn alle Benutzer die Verbesserung akzeptiert haben.
- **Downgrade** einer Version:
  Eine Version soll durch eine neue Version ersetzt werden, die einige Eigenschaften der alten Version nicht mehr besitzt ($Z\text{-alt} \not\subseteq Z\text{-neu}$). Dabei kann die neue Version insgesamt gesehen durchaus mehr Eigenschaften der Objektspezifikation zur Verfügung stellen als die alte. Alle Benutzer werden über die Änderungsabsicht informiert, d.h., es wird jedem Benutzer mitgeteilt welche seiner benötigten Eigenschaften nicht mehr zur Verfügung stehen

sollen und ggf. welche seiner gewünschten Eigenschaften jetzt erfüllt werden können. Die alte Version bleibt solange gültig, bis alle Benutzer der Änderung zugestimmt haben.

Mit Hilfe dieser Operationen läßt sich die Kooperation in einer relativ natürlichen Art und Weise steuern und überwachen. Insbesondere die Upgrade-Operation unterstützt den zielgerichteten Entwurf innerhalb einer Entwerfergruppe, da alle vom Fortgang des Entwurfs abhängigen Gruppenmitglieder automatisch über den Verlauf der Entwicklung informiert werden können. Darüber hinaus werden die Benutzer angehalten auf die Fortentwicklung zu reagieren, da die Ersetzung der benutzten, alten Version durch eine neue und verbesserte Version von ihnen quittiert werden muß. Die Ersetzung kann also durch die Benutzer einer Objektversion solange verzögert (allerdings nicht verhindert) werden, bis sie eventuell notwendige Anpassungen (ihrer eigenen Version) durchgeführt haben und sie auf die Benutzung der neuen Version übergehen. Bei der Downgrade-Operation wird ähnlich vorgegangen. Da hierbei allerdings Eigenschaften einer Objektversion zurückgenommen werden können, die unter Umständen für einen Benutzer von entscheidender Bedeutung waren, ist der Downgrade-Fall wesentlich konfliktträchtiger. Zur Lösung eines solchen Konfliktes ist in der Regel eine Kommunikation auf der Ebene der Entwerfer erforderlich. Von Systemseite können hier lediglich Kommunikations- und Konfliktlösungsprotokolle angeboten werden, die sich letztendlich an einer gegebenen Projekthierarchie orientieren und ggf. eine endgültige Entscheidung durch einen Projektleiter herbeiführen.

Die oben vorgestellten Mechanismen bieten zusammen mit weiteren Maßnahmen zur Autorisierung, die eine Festlegung projektbezogener Zugriffsrechte erlauben, ein flexibles und mächtiges Hilfsmittel, um die Ablauf- und Kooperationsstrukturen innerhalb einer Entwurfsumgebung zu erfassen und um die wechselseitigen Abhängigkeiten zu erkennen und zu kontrollieren. Der Einsatz dieser Hilfsmittel setzt allerdings eine genaue Analyse der Entwurfsumgebung voraus, da neben den Datenstrukturen auch die Operationen und Konsistenzebenen im Datenbankschema definiert werden müssen. Insbesondere die Festlegung der Objekttypen spielt eine zentrale Rolle, da sie sowohl die Hauptelemente der Datenstrukturierung als auch der Ablaufkontrolle bilden, d.h., sie sind Gegenstand der Versionierung, der Konsistenzkontrolle und des Informationsaustausches. Die vorgestellten Hilfsmittel dienen somit nicht nur der Ausrichtung eines allgemeinen Datenbankkernsystems auf eine bestimmte Anwendung hin, sondern unterstützen darüber hinaus den Prozeß der Anwendungsanalyse. Die Nützlichkeit der vorgestellten Hilfsmittel ist im praktischen Einsatz noch zu evaluieren. Doch bereits der durch sie bewirkte Zwang zur genaueren Analyse und Dokumentation der Anwendung bildet einen unbestreitbarer Vorteil.

4. Einsatz der Basismechanismen zur Kooperation

In diesem Kapitel soll die Eignung der vorgestellten Versions- und Kooperationskonzepte am Beispiel des im Kapitel 2 beschriebenen 3-Phasen-Chipplanning mit Pin-Constraint-Propagation geprüft werden (siehe Bild 4.1). Zuerst müssen die Objekte der Kooperation bestimmt und ihnen Eigenschaften im Sinne von Kapitel 3.2.2 zugeordnet wer-

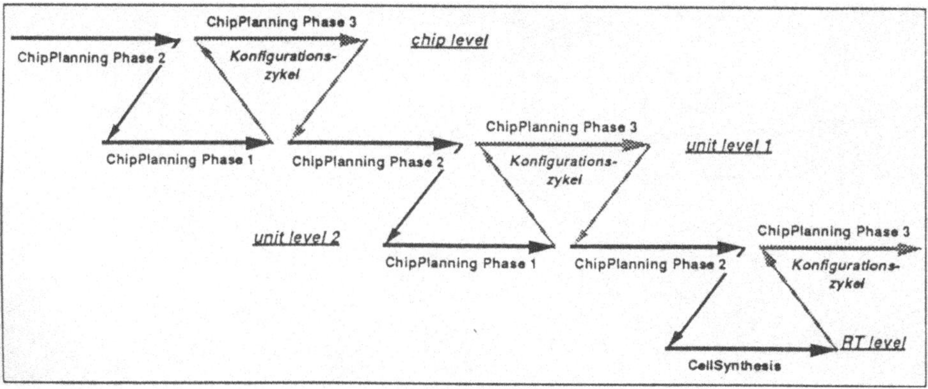

Bild 4.1 Ablauf beim 3-Phasen Chipplanning über mehrere Hierarchieebenen

den. Das gemeinsame Ziel der Kooperation soll die Erstellung von geeigneten, d.h. die Spezifikation erfüllenden und zueinander passenden Floorplans für alle Hierarchieebenen des Entwurfs sein. Objekte der Kooperation sind also die einzelnen Floorplans. Etwas schwieriger gestaltet sich die Definition der Eigenschaften für die Spezifikations- und die Zustandsmenge. Sowohl beim 3-Phasen-Chipplanning als auch beim Pin-Constraint-Propagation wird über den Rahmen der Floorplans und über die Kostenfunktionen der auf dem Rahmen liegenden Pins kommuniziert. Man könnte also diese Daten als Eigenschaften der Spezifikationsmenge des Floorplans betrachten. Beim 3-Phasen-

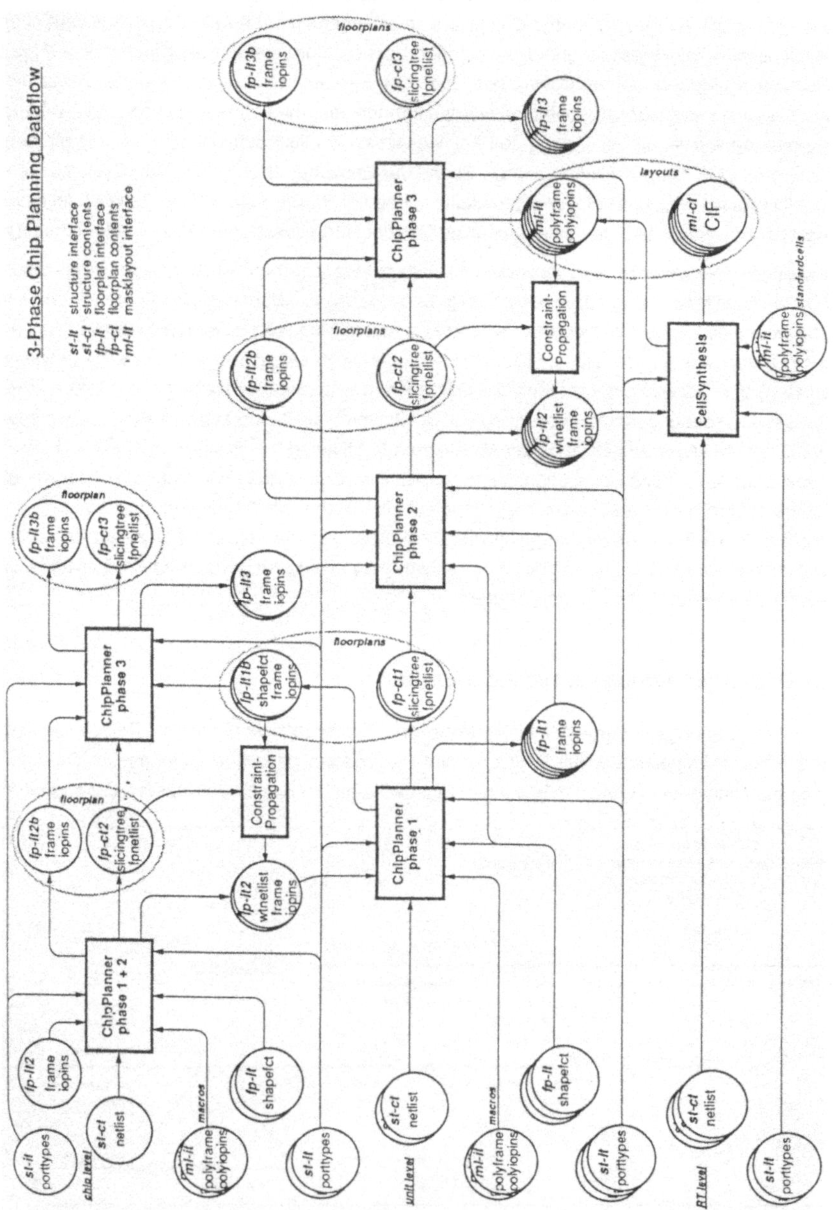

Bild 4.2 Datenkommunikation beim 3-Phasen-Chipplanning

Chipplanning wird zusätzlich noch eine verbesserte Flächenfunktion ausgetauscht. Alle diese Daten gehören zu der Schnittstellenbeschreibung des Floorplans und werden deshalb im PLAYOUT-System als Versionen des Objekts Floorplan-Interface (fp-it) modelliert und in den views frame, iopins und shapefunction repäsentiert /SZ89/.

In Bild 4.2 wird der Datenfluß beim 3-Phasen-Chipplanning gezeigt. Die Rechtecke symbolisieren den ChipPlanner als CAD-Tool und die Kreise stellen Entwurfsobjekte, die Teile der komplexen Objekte Schaltplan, Floorplan und Layout sind, dar. In den Kreisen sind jeweils die views der Entwurfsobjekte angegeben. Die Pfeile repräsentieren lesenden und schreibenden Zugriff auf die Daten. Die eigentliche Bereitstellung der Entwurfsdaten erfolgt durch das Data Management Interface (DMI) der Entwurfsdatenbank. Der Aufruf eines CAD-Tools mit Datenversorgung (check-out) und das Einbringen der vom CAD-Tool erzeugten Entwurfsdaten in die Datenbank (check-in) wird von dem DMI als Toolbox-Transaktion abgewickelt /Si89/. In Bild 4.2 wird davon abstrahiert und eine direkte Kommunikation zwischen den ChipPlannern angenommen.

Beim Chipplanning Phase 2 wird ein Floorplan entworfen, der die Rahmen und Pin-Kostenfunktionen für die Subzellen spezifiziert. Beim dann folgenden Chipplanning Phase 1 auf der nächst tieferen Hierarchieebene wird zu diesem spezifizierten fp-it2 ein Floorplan als Version des Objekts Floorplan-Contents (fp-ct1) entworfen. Mit diesem Floorplan wird natürlich eine neue Version des Rahmens und der Intervalle sowie der Flächenfunktion erzeugt. Diese Daten werden in einer neuen Version des Floorplan Interfaces (fp-it1b) abgelegt. Die Rahmengröße als Eigenschaft in der Zustandsmenge dieser Version kann mit der spezifizierten Rahmengröße verglichen werden. Ebenso können die Intervalle als Eigenschaft der Pin-Kostenfunktion daraufhin überprüft werden, ob sie in den spezifizierten Intervallen enthalten sind.

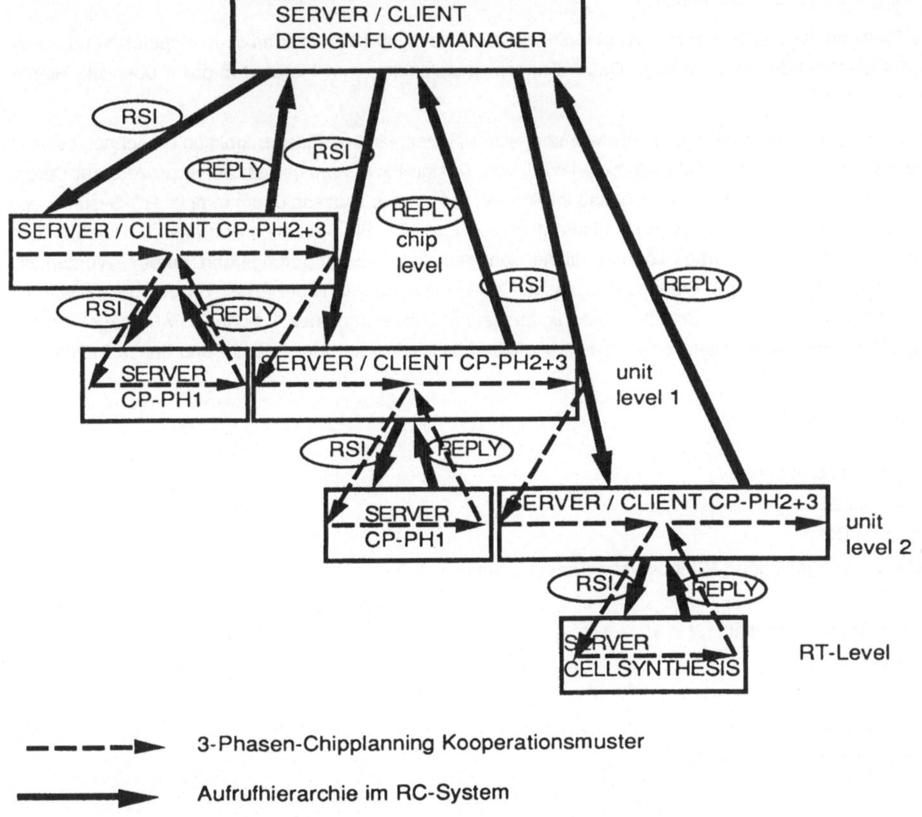

Bild 4.3 Beschreibung des 3-Phasen-Chipplannings mit Hilfe des RC-Systems

Auch wenn das nicht der Fall ist, muß diese Version nicht ungültig sein, denn beim Chipplanning Phase 3 aus CUD-Ebene wird versucht - trotz der Nichteinhaltung von spezifizierten Eigenschaften durch die Subzellen - einen konsistenten Floorplan zu erzeugen. Dazu werden die durch Chipplanning Phase 1 der Subzellen erzeugten Versionen der fp-it eingelesen.

4.1 Einsatz des RC-Systems zur Verteilung und parallelen Abwicklung des 3-Phasen-Chipplannings

Wie in Kapitel 3.1. beschrieben, bietet das Remote-Cooperation-System (RCS) zur engen, auftragsbezogenen Kooperation zwischen automatisch ablaufenden Entwurfswerkzeugen an. Im folgenden Abschnitt soll am Beispiel des 3-Phasen-Chipplannings eine mögliche Implementierung des in Bild 4.1 beschriebenen Kooperationsmusters mit Hilfe der RCS-Schnittstelle dargestellt werden. Hierzu werden zunächst einmal RCS-Systemkomponenten benötigt, die die eigentlichen Entwurfswerkzeuge darstellen, und die dann im Entwurfsprozess als Client beziehungsweise Server fungieren.

Mit Hilfe der RCS-Systemkomponente "Design-Flow-Manager" wird der gesamte PLAYOUT-Entwurfsprozess gesteuert. Er ist dafür verantwortlich, daß mit Hilfe der Entwurfswerkzeuge (MIMOLA, Repartitioner, Shapefunctiongenerator, Chipplanner, ...) der Entwurfsprozess über die verschiedenen Entwurfsbereiche und Hierarchieebenen korrekt durchgeführt wird. Das heißt, der Design-Flow-Manager wird vom Entwerfer als Server genutzt, um einen vollständigen Entwurf durchzuführen. Im Gesamtsystem übernimmt er weiterhin die Funktion als Client, der wiederum die Dienste der als Server implementierten PLAYOUT-Werkzeuge in Anspurch nimmt. Für die Berechnung der Daten des Entwurfsbereichs Floorplan wollen wir hier beispielsweise die RCS-Systemkomponenten "Chipplanning-Phase1" und "Chipplanning-Phase2+3" einführen.

Eine mögliche Form, in der das 3-Phasen-Chipplanning ablaufen kann, läßt sich mit den oben eingeführten Systemkomponenten folgendermaßen beschreiben. Das 3-Phasen-Chipplanning wird hierbei top-down über alle Hierarchieebenen durchgeführt.

Sind alle Daten zum aktuellen Entwurf in den Entwurfsbereichen Schaltplan und Flächenfunktion berechnet, so kann für die oberste Hierarchieebene (vgl. Bild 4.3 "chip-level") vom Design-Flow-Manager ein Serverprozess zur Durchführung des Chipplannings für Phase2 und Phase3 iniziiert werden. Dieser Prozess übernimmt im RC-System nach Durchführung der Planung in Phase2 die Rolle eines Client und erteilt für alle Subzellen Aufträge zur Durchführung der Planung in Phase 1. Diese Aufträge können parallel von mehreren Servern durchgeführt werden. Wurden alle Aufträge korrekt erledigt, so kann der Planungsprozess auf "Chip-Level-Ebene" in der Phase 3 weitergeführt werden (vgl. Bild 4.4). Nachdem auch dieser Schritt vollständig ausgeführt wurde, kann der "Design-Flow-Manager" für alle Zellen der nächst tiefer gelegenen Hierarchieebene erneut den Planungsprozess für Phase 2 und Phase 3 starten.

```
ChipplanningPhase2+3  ( ..... )
RC_Init (...);
(*---Start Auftragsbearbeitung---*)
ChipplanningPhase2 ;
For All Subcells i DO
    Remote_Server_Initiation ( "ChipplanningPhase1", Subcell i );
For All Subcells i Do
    Wait_For_Server_termination ( ... ) ;
    Get_Server_Result (...) ;
Do ChipplanningPhase3 ;
(*---End Auftragsbearbeitung---*)
Reply_Task ("ChipplanningPhase2+3")
RC_Terminate (...) ;
```

Bild 4.4 Beschreibung der RCS-Systemkomonente 'ChipplanningPhase2+3'

4.2 Diskussion des Kooperations- und Versions-Modells anhand des 3-Phasen-Chipplannings

Aus der Sicht des Kooperations-Modells spezifiziert der ChipPlanner auf CUD-Ebene die Floorplans der Subzellen und beauftragt die ChipPlanner auf Subzellenebene mit deren Entwurf, indem er diesen die Spezifikationsmenge als fp-it1 übermittelt. Die ChipPlanner auf Subzellenebene sind die Anbieter der ersten Versionen der Floorplans. Mit diesen Versionen werden die Eigenschaften der Zustandsmenge, nämlich die realisierte Rahmengröße und die eingeschränkten Pinintervalle, festgelegt und als fp-it1b an den ChipPlanner auf CUD-Ebene gemeldet.

Beim Chipplanning Phase 3 auf CUD-Ebene werden diese fp-it1b benutzt und die Rahmen der Subzellen unter der Berücksichtigung der gemeldeten Flächenfunktionen geringfügig modifiziert und zusammen mit den angepaßten Pinintervallen als neue Version der Spezifikation (fp-it3) an die ChipPlanner auf Subzellenebene ausgegeben. Diese benutzen jene Versionen der Floorplan-Interfaces um das Chipplanning Phase 2 durchzuführen und damit die Floorplans der Subsubzellen (zwei Hierarchieebenen tiefer) zu spezifizieren (fp-it2), womit der 3-Phasen Zyklus auf der Ebene tiefer von vorne anfängt.

Die Objekte der Kooperation werden also abwechselnd von ChipPlanner auf Subzellen- und auf CUD-Ebene erzeugt bzw. benutzt. Die gewünschten und benötigten Eigenschaften werden nicht bei der Benutzung einer Version, sondern mit der Spezifikation einer Version definiert und gelten dann für die nächste erzeugte Version. Beim 3-Phasen Chipplanning kooperieren also die ChipPlanner, die sich auf verschiedenen Hierarchieebenen befinden, durch alternierendes Erzeugen von neuen Versionen auf Interfaces der Floorplans, die die für die Kooperation relevanten Eigenschaften der Floorplans enthalten.

Beim Pin-Constraint-Propagation kooperieren zusätzlich die ChipPlanner auf der gleichen Hierachieebene indem sie die in der ersten Phase erzeugten fp-it1 der Nachbarzellen benutzen. Beim Entwerfen des Floorplans werden dann außer den spezifizierten Eigenschaften von der CUD-Ebene die realisierten Eigenschaften (die Pin-Intervalle), die die schon geplanten Nachbarzellen anbieten, berücksichtigt. Dabei sind die realisierten Eigenschaften eine Verfeinerung der spezifizierten Eigenschaften, d.h. eine Einschränkung der Pin-Intervalle. Die Ergebnisse hängen natürlich von der Aufrufreihenfolge der ChipPlanner auf Subzellen-Ebene ab. Außerdem ist es möglich, das Chipplanning Phase 1 mehrmals durchzuführen um jeweils auf geänderte Wünsche der Nachbarzellen einzugehen. Dabei wird jedesmal eine neue Version der fp-it1 erzeugt, die jeweils nur mit bestimmten Versionen der Nachbarzellen kompatibel sind. Dies gilt auch, wenn beim Chipplanning Phase 1 Alternativen erzeugt wurden.

Auf der übergeordneten CUD-Ebene kann mit dem Chipplanning Phase 3 gewartet werden, bis alle Subzellen mindestens einmal geplant wurden, oder bis auf Subzellenebene nur miteinader kompatible Versionen der fp-it1b vorliegen. Es kann aber auch für Teilmengen von fp-it1b der Subzellen jeweils ein Floorplan Phase 3 auf CUD-Ebene erzeugt werden (inkrementelles 3-Phasen-Chipplanning), womit jedesmal neue Versionen der fp-it3 der Subzellen und damit neue Spezifikationen sozusagen von oben beigesteuert werden.

Wie schon beim einfachen 3-Phasen-Chipplanning wird mit jedem Chipplanning Phase 3 die Spezifikation der beim Chipplanning Phase 2 erzeugten fp-it2 verändert, d.h. beim Chipplanning auf Subzellenebene darf nicht versucht werden die spezifizierte Rahmengröße der ursprünglichen (ersten) Version der fp-it2 einzuhalten, sondern es muß mit den Werten der jeweils aktuellen Version, die top-down entstanden ist, gearbeitet werden. Die beim Chipplanning Phase 1 erzeugten Versionen der fp-it1b der Subzellen sind für den ChipPlanner auf der höheren Ebene ein Upgrade des Floorplans. Dieselben Versionen stellen für die benachbarten ChipPlanner auf der gleichen Ebene in der Regel ein Downgrade der Spezifikation dar, da die Freiheit bei der Planung dadurch weiter eingeschränkt wird. Sollte diese Einschränkung zu gravierend sein, wäre eine Zurückweisung dieser Version durch die Nachbarzellen durchaus sinnvoll.

Das Datenbanksystem muß die geometrischen Nachbarschaften der Subzellen in einem Floorplan kennen, um jeweils die (aktuellen) Versionen der Nachbarzellen den ChipPlannern der Subzellen anzubieten. Desweiteren muß in der Datenbank nachvollziehbar sein, welche Versionen der kooperierenden Nachbarzellen bei der Erzeugung einer Version des Floorplans berücksichtigt wurden, z.B. durch eine Relation "benutzt".

5. Zusammenfassung

Im vorliegenden Beitrag wurden einige Aspekte der Datenhaltung und der Datenverarbeitung in Entwurfsumgebungen für den VLSI-Schaltkreisentwurf am Beispiel des PLAYOUT-Systems vorgestellt. Der Entwurf eines Chips wird i.allg. in eine Reihe von Phasen (oder Bereichen) zerlegt, die beginnend bei einer logischen Beschreibung des Chips in mehrere Stufen zu einem fertigen Layout konkretisert wird. Weiterhin wird in jeder Phase das Prinzip der Hierarchisierung angewendet, um komplexe Entwurfsprobleme in eine Reihe einfacherer zu zerlegen. Beide Methoden erlauben die parallele Durchführung von Entwurfsschritten, die meist durch interaktive oder automatische Werkzeuge realisiert werden. Dabei entstehen vielfältige Abhängigkeitsbeziehungen zwischen den jeweils betroffenen Daten bzw. zwischen den parallel ablaufenden Entwurfsschritten selbst.

Zur Handhabung dieser vielfältigen Abhängigkeitsbeziehungen wurden eine Basisversionsverwaltung und ein Basiskooperationssystem vorgestellt. Die Basisversionsverwaltung erlaubt die Darstellung eines sich fortentwickelnden Objekts in Form eines Abstammungsgraphen zwischen den einzelnen Versionen des Objekts sowie die Darstellung alternativer Entwicklungspfade. Weiterhin können (Abhängigkeits-) Beziehungen zwischen Versionen verschiedener Objekte zu Beziehungen zwischen den Objekten verallgemeinert werden (Generalisierung). In analoger Weise erlaubt das Basiskooperationssystem die Verwaltung von (parallel abgesetzten) Aufträgen mit ihren entsprechenden Parametern. Beide Hilfsmittel stellen anwendungsneutrale Basisfunktionen zur besseren Handhabung der komplexen Abhängigkeiten innerhalb der vorgestellten Entwurfsanwendung dar.

Eine effektivere Unterstützung des gesamten Entwurfsvorgangs verlangt nach einem festgelegten, anwendungsorientierten Einsatz der vorgestellten allgemeinen Hilfsmittel, bspw. beschrieben durch ein Ablaufschema. Dieses umfaßt die Strukturierung des parallelen Entwurfsvorgangs (wer darf oder soll mit wem über welchen Objekten kooperieren?) und dient als Grundlage zur Kontrolle der parallel ablaufenden Aktivitäten (wer hat welche Versionen welcher Objekte von wem benutzt bzw. wer oder welche anderen Versionen sind davon abhängig?). Darüber hinaus soll die Kontrolle der parallelen Aktivitäten das Entstehen konsistenter Entwürfe unterstützen. Hierzu wurde ein Kooperationsmodell vorgeschlagen, das auf einen partiellen Konsistenzbegriff, basierend auf charakteristischen, definierten Eigenschaften der Entwurfsobjekte, beruht. Dabei hat sich gezeigt, daß sowohl die Auswahl als auch die Definition der Eigenschaften im VLSI-Entwurf durchaus ein Problem darstellt. Die damit verbundene Beschreibung der gewünschten Konsistenz stellt eine essentielle Grundlage zur Ablaufsteuerung dar, so daß weitere Arbeiten in diesem Bereich dringend erforderlich sind.

6. Literatur

Anh90 Anhalt, J.: Globale Verdrahtung im PLAYOUT-Chip Planner, Diplomarbeit, Universität Kaiserslautern, 1990.

BKK85 Bancilhon, F., Kim, W., Korth, H.F.: A Model of CAD Transactions, in: Proc. 11th Int. Conf. on VLDB, 1985, pp. 25-33.

Di87 Dittrich, K.R.: Controlled Cooperation in Engineering Database Systems, in: Proc. IEEE Conference on Data Engineering (DE-3), Los Angeles, Feb. 1987.

Gla88 Glasmacher, K.: Ein einfaches Assembly-Verfahren, SFB 124 Bericht 33/88, Universität Kaiserslautern, 1988.

Gr81 Gray, J.: The Transaction Concept: Virtues and Limitations, in: Proc. 7th Int. Conf. on VLDB, Cannes, 1981, pp. 144-154.

HH89 Huber, H.-P., Hübel, Ch.: RCS - Ein Basissystem zur Realisierung verteilter Anwendungssysteme, Technischer Bericht, Universität Kaiserslautern, Dez. 1989.

HK89 Hübel, Ch., Käfer, W.: Modellierung und Handhabung versionierter Objekte, SFB-Bericht, Nr. 26/89, Universität Kaiserslautern, Dezember 1989.

HKS90 Hübel, Ch., Käfer, W., Sutter, B.: Ein Client/Server-System als Basiskomponente für ein kooperierendes Datenbanksystem, SFB-Bericht, Nr. 26/90, Universität Kaiserslautern, Mai 1990.

HR83 Härder, T., Reuter, A.: Principles of Transaction-Oriented Database Recovery, in: ACM Computing Surveys, Vol. 15, No. 4, Dec. 1983, pp. 287-317.

Kä90 Käfer, W.: A Framework for Version-based Cooperation Control, SFB-Bericht, Universität Kaiserslautern, 1990 (in Vorbereitung).

KKM87 Kelle, K., Krüger, G., Marwedel, P., Lowak, L., Terasa, L., Wosnitzen, F.: Werkzeuge des MIMOLA-Hardware-Entwurfssystems, Bericht Nr. 8707, Universität Kiel, 1987.

Kle87 Klein, A.: Ein Sizing-Modell für den VLSI-Entwurf, Diplomarbeit, Universität Kaiserslautern, 1987.

KLM84 Kim, W., Lorie, R.A., McNabb, D., Plouffe, W.: A Transaction Mechanism for Engineering Design Databases, Proc. 10th Int. Conf on VLDB (Singapore), Aug. 1984, pp. 355-362.

KSUW85 Klahold, P., Schlageter, G., Unland, R., Wiles, W.: A Transaction Model Supporting Complex Applications in Integrated Information Systems, in: ACM SIGMOD (Austin, Texas), 1985, pp. 388-401.

Man90 Mangels, L.: Entwurf und Abbildung eines Datenverwaltungssystems auf ein relationales Datenmodell für das VLSI-Entwurfssystem PLAYOUT, Diplomarbeit, Universität Kaiserslautern, 1990.

NFSZ90 Nodine, M.H., Fernandez, M.F., Skarra, A.H., Zdonik, S.B.: Cooperative Transaction Hierarchies, in: Technical Report No. CS-90-03, Feb. 1990.

Sch90 Schöning, H.: Realisierung von Parallelität bei der Bearbeitung von Anfragen auf komplexen Objekten, im vorliegenden Band.

SE86 Seifert, M., Eberle, H.: Remote Service Call (RSC): A Network Operating System Kernel for Heterogeneous Distributed Systems, in: NTG-Fachberichte Nr. 92, VDE-Verlag 1986.

Si89 Siepmann, E.: Eine objektorientierte Datenbankmodellierung für den VLSI-Entwurf, Datenbanksysteme für Büro, Technik und Wissenschaft, Informatik Fachberichte 204, 289-294, 1989.

SZ89 Siepmann, E., Zimmermann, G.: An Objectoriented Datamodel for the VLSI Design System PLAYOUT, 26th ACM/IEEE Design Automation Conference, Las Vegas, 1988.

Soh90 Sohn, H.: Implementierung eines Standardzellenplazierungsverfahrens mit Simulated Annealing unter Berücksichtigung von Formvorgaben und äußeren Anschlüssen, Diplomarbeit, Universität Kaiserslautern, 1990.

Sür88 Schürmann, B.: Hierarchisches Top Down Chip Planning, Informatik Spektrum, Band 11, Heft 2, 57-70, 1988.

Zi86 Zimmermann, G.: Top-Down Design of Digital Systems, in: Logic Design and Simulation, E. Hörbst (Eds.), Elsevier Science Publ., B.V., 1986.

Zim88 Zimmermann, G.: PLAYOUT - A Hierarchical Layout System, Proc. GI-18. Jahrestagung, Hamburg, Informatik-Fachberichte 188, 31-51, 1988.